Andreas Mylius / Raimund Boller

# Dreamweaver CS5
## Webseiten entwerfen und umsetzen

Andreas Mylius / Raimund Boller

# Dreamweaver CS5
## Webseiten entwerfen und umsetzen

**Mit 602 Abbildungen**

Bibliografische Information der Deutschen Bibliothek

Die Deutsche Bibliothek verzeichnet diese Publikation in der Deutschen Nationalbibliografie;
detaillierte Daten sind im Internet über http://dnb.ddb.de abrufbar.

**Herausgeber:** Ulrich Dorn
**Satz:** DTP-Satz A. Kugge, München
**art & design:** www.ideehoch2.de
**Druck:** Bercker, 47623 Kevelaer
Printed in Germany

**ISBN 978-3-645-60031-6**

# Vorwort

Seit der Geburtsstunde von Dreamweaver im Jahr 1997 ist der Funktionsumfang mit den Anforderungen aktueller Entwicklungstechniken kontinuierlich gewachsen. Im Jahr 2007 erschien das von Macromedia entwickelte Programm zum ersten Mal unter dem Dach der Adobe Creative Suite. Die Integration in die Adobe-Suiten verbesserte das Zusammenspiel mit anderen Anwendungen erheblich. Und – Dreamweaver CS5 hilft Webdesignern, noch ein Stück flexibler und rentabler zu arbeiten.

Dreamweaver ist das mit Abstand beste Programm seiner Art und schreibt in Bezug auf (X)HTML und CSS sauberen und schlanken Quellcode. Falls es trotzdem einmal notwendig sein sollte, auf Code-Ebene korrigierend einzugreifen, bietet das Programm auch in der Code-Ansicht komfortable Hilfen an, die das manuelle Eingeben erleichtern und beschleunigen. Ein wichtiges Kriterium in Bezug auf die Rentabilität ist die Geschwindigkeit, die bei der Erstellung von Webseiten mit Dreamweaver gegenüber der manuellen Programmierung um ein Vielfaches gesteigert wird.

Bei allen Vorschusslorbeeren: Dreamweaver ist kein Alleskönner. Dreamweaver ist ein WYSIWYG-Editor (what you see is what you get), mit dem Sie Webseiten in einer Entwurf-Ansicht erstellen und – zumindest theoretisch – den Quellcode links liegen lassen können. Da die verschiedenen Webbrowser aber bestimmte HTML-Befehle oder CSS-Regeln unterschiedlich interpretieren, ist die Entwurfsansicht eher ein Kompromiss, der auf einem vom W3C festgelegten Standard basiert – ein guter Kompromiss, der aber keine hundertprozentige Sicherheit gewährleistet. Ein Test in den verschiedenen Browsern bleibt unerlässlich, auch wenn die neue Live-Ansicht bereits eine sehr realistische Vorschau bietet.

Einfache Webseiten können auch von Nicht-Programmierern erstellt werden und durch die Integration in die Adobe Creative Suite führt die Verzahnung mit Fireworks, Flash, Photoshop oder Illustrator zu einem perfekten Workflow. Auch für die Entwicklung datenbankbasierter Webseiten hat Dreamweaver CS5 große Fortschritte gemacht. Auch wenn man sich hier an die Grenzen von Dreamweaver heranwagt, mit einigen Grundkenntnissen in PHP und MySQL kann man erstaunlich viel erreichen.

Dreamweaver-Bücher gibt es viele, doch kaum ein einziges beschäftigt sich mit der Erstellung dynamischer Webseiten, dem Schwerpunkt dieses Buches. Ziel ist es, Dreamweaver CS5 bei der Entwicklung statischer und vor allem dynamischer Websites im praktischen Einsatz vorzustellen. Wir werden dazu eine für Suchmaschinen optimierte Eingangsseite erstellen, die einem Webshop vorgeschaltet ist. Dabei lernen Sie den grundlegenden Dreamweaver-Workflow kennen und finden schnell heraus, wie man neue Sites einrichtet, Bilder und Texte einfügt und CSS-Regeln verwaltet.

Danach geht es an die Entwicklung eines überschaubaren Webshops, wobei so viel wie möglich direkt mit Dreamweaver CS5 umgesetzt wird. Sie werden überrascht sein, was Dreamweaver in diesem Bereich alles kann. Eine kurze Einführung in HTML, CSS, PHP und MySQL finden Sie ebenfalls in diesem Buch, um dem unbedarften Leser zumindest mit den Grundprinzipien vertraut zu machen. Abrunden wollen wir unser Buchprojekt mit grundsätzlichen Hinweisen zur Suchmaschinenoptimierung und Zusammenarbeit mit Content-Management-Systemen.

Genug der großen Worte. Lernen Sie jetzt den kompletten Workflow kennen, der für die Entwicklung eines suchmaschinenoptimierten Portals mit Shopanbindung notwendig ist. Ich hoffe, dass Ihnen die Lektüre einen praxisgerechten Einstieg in die Entwicklung datenbankbasierter Websites ermöglicht und die Motivation zur praktischen Umsetzung eigener Projekte weckt.

Andreas Mylius, Juli 2010

# Inhaltsverzeichnis

| | | |
|---|---|---|
| 1 | **Webdesign mit Dreamweaver CS5** | **13** |
| 1.1 | Das ist neu in Dreamweaver CS5 | 13 |
| 1.2 | Ausgangspunkt Begrüßungsbildschirm | 15 |
| 1.3 | Dreamweaver Arbeitsbereichlayout | 16 |
| 1.3.1 | Arbeitsbereichlayout und Bedienfelder | 16 |
| 1.3.2 | Bedienfelder und Bedienfeldgruppen | 17 |
| 1.4 | Exkurs: HTML und Cascading Style Sheets | 19 |
| 1.4.1 | Aufbau eines HTML-Dokuments | 19 |
| 1.4.2 | Cascading Style Sheets | 21 |
| 1.4.3 | Dreamweaver als Quellcode-Editor | 26 |
| 1.4.4 | Überschriften, Absätze und Zeilenumbrüche | 27 |
| 1.4.5 | Bilder und Hyperlinks | 28 |
| 1.4.6 | Listen und Tabellen | 28 |
| 1.4.7 | Formulare und Radio-Buttons | 30 |
| 1.4.8 | CSS-Regeln anwenden | 31 |
| 1.5 | HTML-Dokumente bearbeiten | 32 |
| 1.5.1 | Neue Webdokumente | 32 |
| 1.5.2 | Entwurf-Ansicht | 33 |
| 1.5.3 | Code-Ansicht | 33 |
| 1.5.4 | Teilen-Ansicht | 34 |
| 1.5.5 | Text eingeben | 35 |
| 1.5.6 | Absatz und Zeilenumruch | 38 |
| 1.5.7 | Bilder einfügen | 38 |
| 1.5.8 | Bildeigenschaften festlegen | 40 |
| 1.5.9 | Image Maps erstellen | 43 |
| 1.6 | Dreamweaver Extensions installieren | 45 |
| 1.6.1 | Lorem Ipsum Generator einbinden | 45 |
| 1.7 | Blick in die Voreinstellungen | 46 |
| 1.8 | Browservorschau und Device Central | 49 |
| 2 | **Projekt planen und Site einrichten** | **51** |
| 2.1 | Kundenbedürfnisse definieren | 51 |
| 2.2 | Zielgruppe bestimmen | 52 |
| 2.3 | Skizze und Entwurf | 52 |
| 2.4 | Projektstruktur festlegen | 54 |
| 2.5 | Einrichten einer neuen Site | 55 |

**3    Statische Webseiten erstellen** ........................................................ **59**

3.1      Layout mit Cascading Style Sheets ........................................ 59

3.1.1    CSS-Datei erstellen ............................................................. 59

3.1.2    HTML-Vorlage erstellen ...................................................... 60

3.1.3    Äußeren Container anlegen .................................................. 63

3.1.4    Weitere Container erstellen ................................................. 66

3.1.5    Container mit Inhalten füllen ............................................... 66

3.1.6    Klassennamen für die Navigation erstellen ......................... 68

3.2      Navigationsstruktur erstellen .............................................. 69

3.2.1    Container positionieren ....................................................... 70

3.3      Exkurs: Flash einbinden ....................................................... 77

3.4      Formatieren der Navigationsstruktur .................................... 80

3.5      Formatieren der Inhalte ........................................................ 82

3.6      Inhalte der Startseite ........................................................... 84

3.6.1    Transparente GIFs als Abstandhalter .................................. 88

3.7      Hyperlinks anlegen .............................................................. 88

3.7.1    Platzhalterlinks legen .......................................................... 88

3.8      Vorlagen erstellen ............................................................... 90

3.8.1    Bearbeitbare Bereiche definieren ........................................ 91

3.8.2    Unterseiten aus der Vorlage erstellen .................................. 92

3.9      Exkurs: Vorlage für den Einsatz in Typo 3 ............................ 93

3.10     Exkurs: WordPress-Projekt in Dreamweaver ....................... 94

3.10.1   XAMPP und WordPress aufsetzen ....................................... 94

3.11     Per FTP ins Netz .................................................................. 98

3.11.1   FTP-Server von Beginn an einrichten ................................... 98

**4    Suchmaschinenoptimierung** ..................................................... **103**

4.1      Arbeit am Inhalt: Onpage-Optimierung ............................... 103

4.2      Meta-Tags: Schlüsselwörter, Beschreibung und mehr ........ 104

4.3      Titel für die Website vergeben ............................................ 105

4.4      Domainname, Dokumentnamen und Ordnerstruktur .......... 107

4.5      Texte und Bilder optimieren ............................................... 108

4.6      Fehler bei der Webseitengestaltung ................................... 109

**5    Prinzip dynamischer Webseiten** ................................................ **111**

5.1      Webserver und Datenbank .................................................. 111

5.1.1    Oracle Database Server (Oracle Corporation) ................... 112

5.1.2    Microsoft SQL Server ........................................................ 112

5.1.3    PostgreSQL (PostgreSQL Global Development Group) ...... 112

5.1.4    MySQL (MySQL AB/Sun Microsystems) ............................ 113

5.1.5      PHP (PHP Group) ............................................................. 113
5.1.6      JSP (Sun Microsystems) .................................................. 113
5.1.7      ASP (Microsoft Corporation) ........................................ 114
5.1.8      ASP.NET (Microsoft Corporation) ................................ 114
5.1.9      ColdFusion (Adobe Systems) ........................................ 115
5.2        XAMPP: Das Webserverpaket ...................................... 115
5.2.1      XAMPP lokal installieren .............................................. 116
5.3        Dreamweaver für XAMPP einrichten ............................ 122
5.3.1      Einen Projekt-Ordner erstellen .................................... 122
5.3.2      Site für XAMPP einrichten ............................................ 123
5.3.3      Testen der neuen Site .................................................. 125
5.4        Hilfen und Referenzen in Dreamweaver ...................... 126

**6   Basiswissen: PHP und MySQL** ........................................... **129**
6.1        Das erste PHP-Skript .................................................... 129
6.1.1      Kommentare im PHP-Skript .......................................... 134
6.2        Variablentypen in PHP .................................................. 135
6.2.1      Übersicht der Variablentypen ...................................... 135
6.2.2      Variableninhalte ausgeben .......................................... 136
6.2.3      Berechnungen durchführen .......................................... 137
6.2.4      Zeichenkettenoperatoren ............................................ 141
6.2.5      Bedingte Anweisungen und Verzweigungen ................ 143
6.2.6      Schleifen ...................................................................... 147
6.2.7      Arrays .......................................................................... 153
6.2.8      Funktionen definieren .................................................. 159
6.2.9      Geltungsbereich von Variablen .................................... 167
6.3        MySQL-Datenbanken verwalten .................................... 169
6.3.1      phpMyAdmin einrichten ................................................ 169
6.3.2      Datenbank anlegen ...................................................... 170
6.3.3      Artikeldaten importieren .............................................. 173
6.4        SQL-Befehle eingeben .................................................. 174
6.4.1      Alle Artikel anzeigen .................................................... 175
6.4.2      Bestimmte Artikelinformationen anzeigen .................. 176
6.4.3      Artikel nach Preis und Artikelgruppe filtern ................ 177
6.4.4      Artikelnamen sortieren ................................................ 179
6.4.5      Abfrage über mehrere Tabellen mit Filter .................... 182
6.4.6      Datensätze hinzufügen ................................................ 183
6.4.7      Datensätze ändern ...................................................... 185
6.4.8      Mehrere Datensätze gleichzeitig ändern .................... 186
6.4.9      Datensätze löschen ...................................................... 188
6.5        PHP und MySQL im Zusammenspiel .............................. 190

**7    Bau eines Shopsystems** ............................................................ **199**

7.1     Festlegen der Site-Struktur .............................................. 199

7.1.1   Checkliste der Seitentypen ............................................. 200

7.2     Geliefertes Datenmaterial sichten ................................... 201

7.3     Das Grundlayout skizzieren .............................................. 203

7.4     Datenanalyse und -normalisierung ................................... 206

7.4.1   Tabellenstruktur des Webshops ....................................... 208

7.5     Datenbank, Tabellen und Felder erstellen ......................... 209

7.6     Datensätze importieren ................................................... 216

7.7     Testserver für den Shop einrichten ................................... 217

7.7.1   Ordnerstruktur für den Shop ........................................... 218

7.7.2   Site einrichten ............................................................... 219

7.8     Layout der Website erstellen ............................................ 222

7.9     Grundeinstellungen für das Layout ................................... 223

7.10    Webseite vertikal unterteilen .......................................... 226

7.11    Webseite horizontal unterteilen ....................................... 230

7.12    Inhalte für Kopf- und Fußzeile ......................................... 233

7.12.1  Inhalte für die Menüs erstellen ........................................ 235

7.12.2  Das Navigationsmenü (Menü links) ................................... 236

7.12.3  Das Benutzermenü (Menü rechts) ..................................... 240

7.13    Erstellen der Startseite ................................................... 245

7.14    Kundenregistrierung und Kundenlogin .............................. 257

7.14.1  Kundenregistrierung ...................................................... 257

7.14.2  Kundenlogin per Session-Technik ..................................... 275

7.14.3  Kundenlogout ............................................................... 290

7.14.4  Kundenpasswörter verschlüsseln ..................................... 291

7.15    Produkte auf der Übersichtsseite präsentieren ................... 294

7.16    Alternative Modellauswahl ............................................... 311

7.16.1  Farbmuster präsentieren ................................................. 311

7.16.2  Modelle anzeigen ........................................................... 317

7.17    Die Detailansichtsseite ................................................... 323

7.18    Der Warenkorb .............................................................. 348

7.18.1  Artikel dem Warenkorb hinzufügen .................................. 348

7.18.2  Warenkorb anzeigen ...................................................... 353

7.18.3  Warenkorb, Einträge aktualisieren ................................... 359

7.18.4  Warenkorb: Einträge löschen ........................................... 362

7.18.5  Warenkorb: Statusanzeige ............................................... 367

7.19    Bestellinformationen sammeln ........................................ 371

7.19.1  Versandhinweise und Zahlungsweise festlegen ................... 371

7.19.2 Die Bestellinformationen zusammengefasst darstellen .................. 374
7.20    Bestellvorgang abschließen .......................................... 388

**Stichwortverzeichnis** ........................................................ **399**
Bildnachweis ..................................................................... 404

# 1 Webdesign mit Dreamweaver CS5

Immer wieder spannend ist die Frage, welche Neuerungen in einer aktualisierten Version Einzug gehalten haben. Nun, ein paar Funktionen bzw. Detailverbesserungen werden Ihnen in diesem Buch direkt bei der Arbeit begegnen. Für denjenigen, der schon länger mit Dreamweaver arbeitet und sich dieses Buch hauptsächlich aufgrund des praktischen Bezugs oder zur Erstellung dynamischer Websites gekauft hat, ist eine Auflistung der neuen Features meist wünschenswert. Wir tragen dem Rechnung und fassen hier in Kürze die wichtigsten Neuerungen zusammen.

**Bild 1.1:** Dreamweaver CS5 startet mit neuem Programmlogo.

## 1.1 Das ist neu in Dreamweaver CS5

- Die Siteverwaltung ist benutzerfreundlicher geworden. Es beginnt mit einem neuen Icon, das eine zusätzliche Möglichkeit bietet, eine neue Site anzulegen. Hilfreiche Aufforderungen bei der Site-Erstellung helfen beim Vervollständigen der benötigten Angaben, z. B. um die Einträge für die Serververbindung festzulegen. Außerdem ist es jetzt möglich, unterschiedliche Verbindungsmöglichkeiten gleichzeitig einzustellen. Eine praktische Übung dazu finden Sie zum Abschluss des Kapitels 3 »Statische Webseiten erstellen«.

- Beim Öffnen neuer Dokumente zeigen sich ebenfalls Änderungen, auch wenn diese nicht auf den ersten Blick erkennbar sind. Die CSS-Vorlagen in Dreamweaver CS5 wurden komplett überarbeitet und bieten vor allem Einsteigern durch nützliche Tooltips und farbige Hervorhebung eine gute Möglichkeit, Zusammenhänge besser zu erkennen und Formatierungen zu verstehen.

- InContext Editing ist ein Dienst von Adobe zum Verändern von Webinhalten durch den Benutzer. Für diesen Service muss sich der Benutzer registrieren lassen. Beim Erstellen neuer Dokumente auf der Basis der Dreamweaver CS5-Vorlagen kann nun per Mausklick festgelegt werden, ob InContext Editing aktiviert werden soll. Diese neue Funktion ist sehr hilfreich zum Erstellen editierbarer Bereiche.

- Ein weiterer Dienst von Adobe ist CS Live, das man über eine Schalftläche oder unter *Fenster/Erweiterungen* aktivieren kann. CS Live ist eine Sammlung verschiedener Adobe Services, z. B. SiteCatalyst, ein Dienst, der über Internettrends informiert. Neuigkeiten rund um die CS5-Programme finden Sie unter *CS-News* und *Resources*. Optionen zur Online-Zusammenarbeit finden Sie unter *acrobat.com* und *Browser Labs* ist ein Dienst zur Anzeige eines Weblayouts in verschiedenen Browsern unter der Voraussetzung, dass diese alle installiert sind. Es gibt noch eine Reihe weiterer solcher Dienste, auf die Sie direkt aus Dreamweaver heraus zugreifen können, wenn Sie sich dafür angemeldet haben.

- Im Zusammenhang mit der Schaltfläche *Überprüfen* zeigt die neue *Live-Ansicht* in Dreamweaver schnell die Auswirkung angewandter CSS-Regeln. Besonders wertvoll ist die Möglichkeit, einzelne Elemente zu markieren und im *Stile*-Bedienfeld zu deaktivieren. Dabei können Sie direkt in der *Live-Ansicht* verfolgen, welche Auswirkungen die Regel auf das Layout hat. Um eine angewandte Regel zu aktivieren bzw. zu deaktivieren, klicken Sie in das *Stile*-Bedienfeld links vor den Namen der Eigenschaft. Durch Setzen bzw. Wegnehmen des unten abgebildeten Icons können Sie hin- und herschalten.

- Noch etwas mehr zur neuen *Live-Ansicht* finden Sie im Kapitel zu einer weiteren Neuerung, der internen Verwaltung von CMS-Systemen. Eine kleine Einführung dazu finden Sie im Exkurs »WordPress-Projekt in Dreamweaver«.

- Verbessert worden ist auch der Umgang mit verknüpften Dateien. Sie können nun in einem Schritt verschachtelte Dokumente, z. B. PHP-Dokumente oder CSS-Dateien, importieren. Wählen Sie beispielsweise über *Stylesheet anfügen* eine CSS-Datei aus, die ihrerseits die Importanweisung auf eine weitere CSS-Datei enthält, wird dieser Zusammenhang von Dreamweaver erkannt und dargestellt. Sie können anschließend über das *Stile*-Bedienfeld die Regeln in beiden Dokumenten bearbeiten.

- Zum Abschluss sollen noch zwei weitere Neuerungen kurz Erwähnung finden. Zum einen ist eine neue Rechtschreibprüfung verfügbar. Das neue Wörterbuch dient nun allen Adobe-Programmen gemeinsam als Grundlage für Rechtschreibung, Grammatik und Silbentrennung. Die andere Neuerung ist der Widget-Browser, der nach Download und Installation über ein Symbol auf dem Desktop gestartet werden kann. Diese Air-Applikation dient der Suche von Widgets über Adobe Exchange und hilft beim Verwalten und Einbinden in die eigene Webseite. Über CSS-Regeln kann das Widget später an die eigenen Bedürfnisse angepasst werden.

# 1.2    Ausgangspunkt Begrüßungsbildschirm

Nach dem Start von Dreamweaver CS5 meldet sich zuerst der Begrüßungsbildschirm. Er ist der ideale Einstiegspunkt, um seine Arbeit zu beginnen oder wieder aufzunehmen. Möchten Sie in Zukunft auf den Begrüßungsbildschirm verzichten, aktivieren Sie das Kontrollkästchen *Nicht mehr anzeigen*. Probieren Sie es aus. Sie können Ihre Wahl jederzeit wieder rückgängig machen, indem Sie in den *Voreinstellungen* im Bereich *Allgemein* die Option *Begrüßungsbildschirm anzeigen* wieder aktivieren.

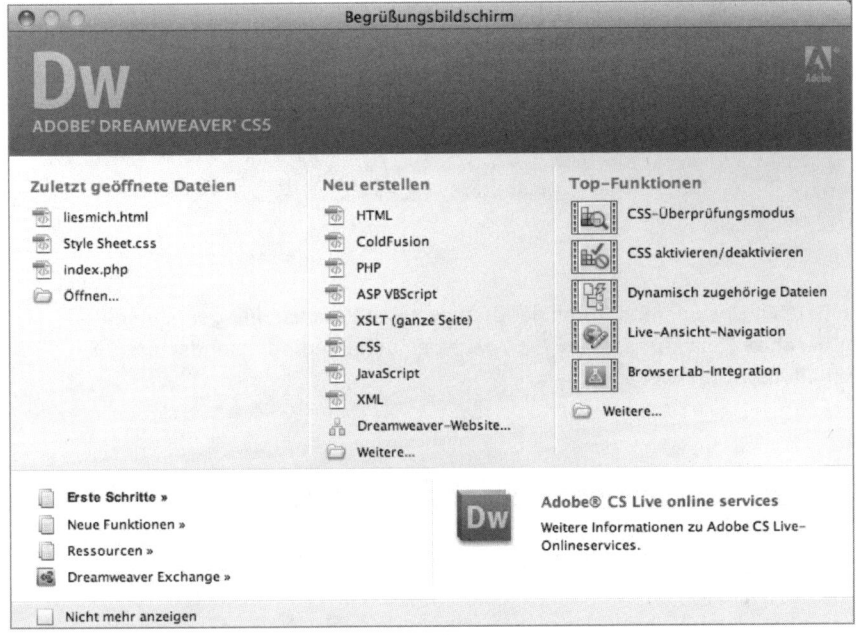

**Bild 1.2:**  Der Dreamweaver CS5-*Begrüßungsbildschirm*.

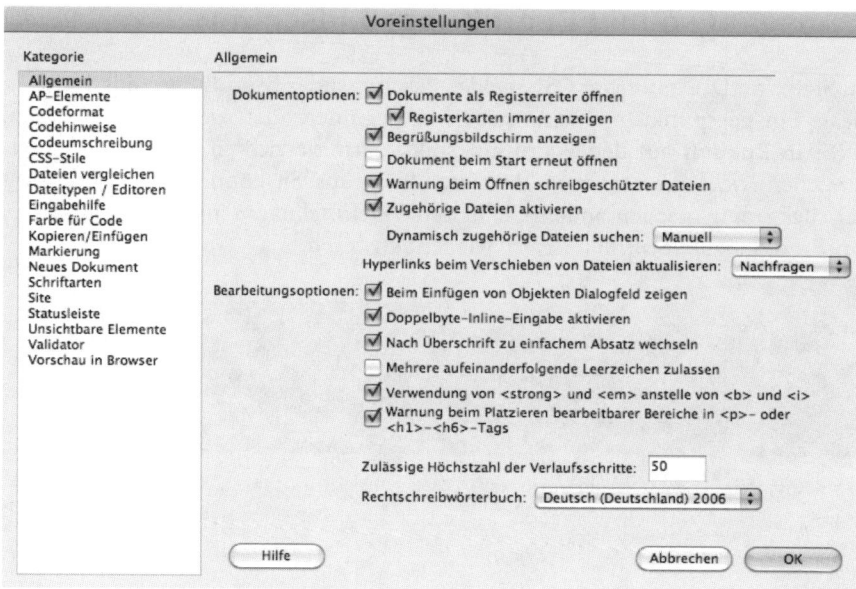

**Bild 1.3:** Im Bereich *Dokumentoptionen* der Dreamweaver-*Voreinstellungen* können Sie mit der Checkbox *Begrüßungsbildschirm anzeigen* den Begrüßungsbildschirm wieder einschalten.

## 1.3 Dreamweaver Arbeitsbereichlayout

Im oberen Bereich finden Sie nach dem Programmstart nur noch eine Menüleiste, die neben einigen Icons auch ein Suchfeld enthält. Weitere Icons und Optionen erhalten Sie erst, wenn Sie eine Datei öffnen oder neu erstellten.

**Bild 1.4:** Die Symbolleiste nach dem Programmstart.

### 1.3.1 Arbeitsbereichlayout und Bedienfelder

Abhänging von der Wahl des Arbeitsbereichlayouts ist die Anzeige der Bedienfelder am rechten Rand des Programmfensters. Das Arbeitsbereichlayout können Sie jederzeit über das Menü *Fenster/Arbeitsbereichlayout* ändern. Noch schneller geht es über die Schaltfläche innerhalb der Standardsymbolleiste.

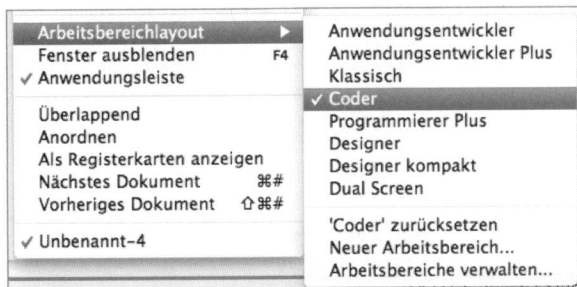

**Bild 1.5:** *Arbeitsbereichlayout* für *Anwendungsentwickler*, *Coder* und *Designer*.

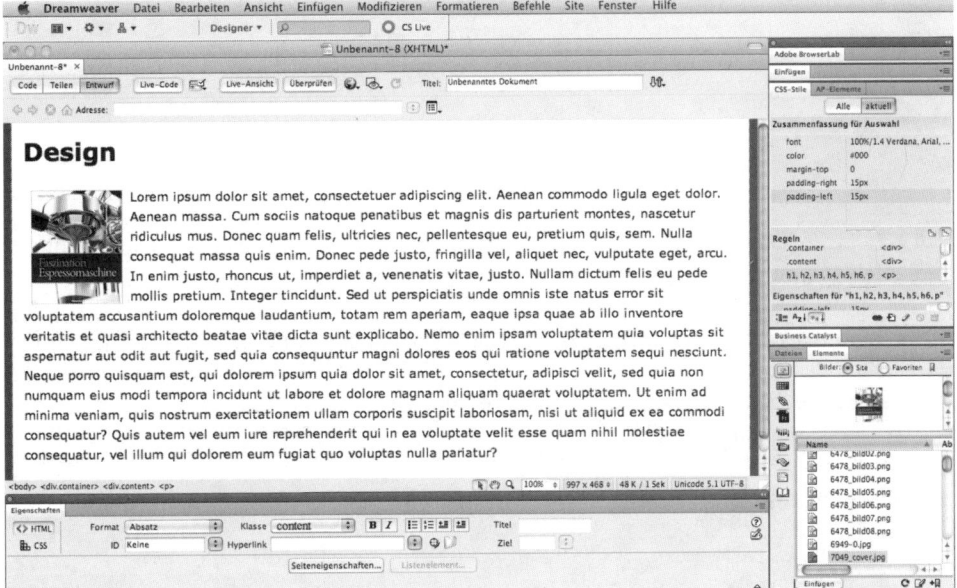

**Bild 1.6:** Dreamweaver im Arbeitsbereichlayout *Designer*.

Das richtige Arbeitsbereichlayout ist Geschmackssache und hängt von der jeweiligen Arbeitsweise ab. Benutzer älterer Dreamweaver-Versionen finden beispielsweise durch Wahl des Arbeitsbereichs *Klassisch* ihre gewohnte Symbolanordnung unterhalb der Dreamweaver-Menüleiste.

## 1.3.2 Bedienfelder und Bedienfeldgruppen

Über das Menü *Fenster* können Sie jederzeit weitere Bedienfelder, oft auch Paletten genannt, hinzuschalten oder auch wieder deaktivieren. Wie in allen Programmen der Adobe Creative Suite üblich, kann jedes Bedienfeld individuell im Arbeitsfenster platziert werden, indem Sie es am Reiter aus der Bedienfeldgruppe herausziehen und an anderer Stelle einrasten lassen.

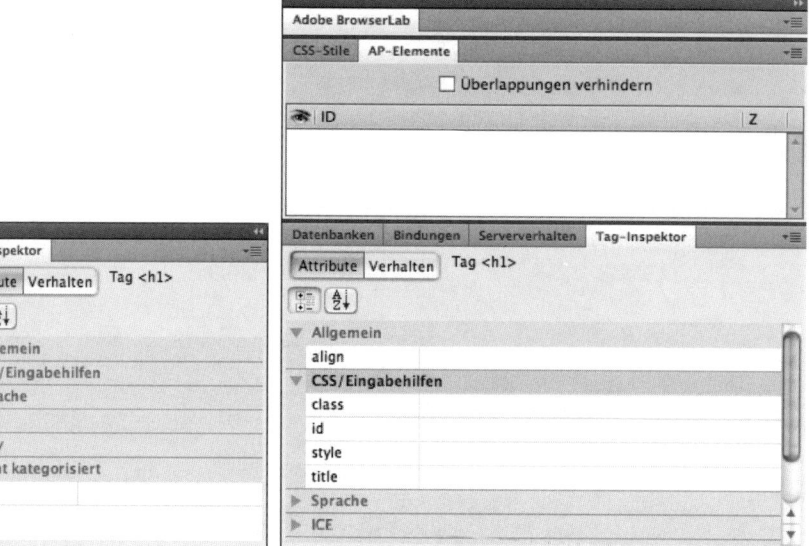

**Bild 1.7:** In diesem Beispiel wurde das freischwebende Bedienfeld *Tag-Inspektor* an eine Bedienfeldgruppe am rechten Bildschirmrand angedockt.

Auch komplette Bedienfeldgruppen können verschoben und neu platziert werden. Packen Sie das komplette Bedienfeld einfach mit dem Mauszeiger an der Fensterleiste und ziehen Sie es an eine andere Stelle. Sie können es dabei frei positionieren oder an anderer Stelle neu einrasten lassen.

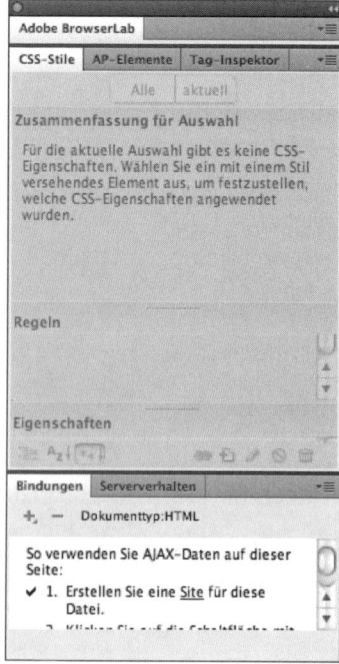

**Bild 1.8:** In diesem Beispiel wurde eine ganze Bedienfeldgruppe frei positioniert.

Sie können die Fenster auch individuell anordnen und das Layout als eigenen Arbeitsbereich speichern. Selbst erstellte Arbeitsbereiche können unter dem Eintrag *Arbeitsbereiche verwalten* umbenannt oder wieder gelöscht werden. Alle vordefinierten Abeitsbereichlayouts können mit *"Name" zurücksetzen* wieder in den Urzustand versetzt werden.

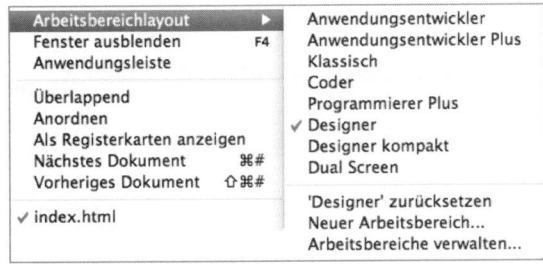

**Bild 1.9:** *Arbeitsbereichlayout* auswählen, neu erstellen und zurücksetzen.

# 1.4 Exkurs: HTML und Cascading Style Sheets

Für den Umgang mit Dreamweaver CS5 sind grundlegende HTML- und CSS-Kenntnisse unerlässlich. Dieses Buch richtet sich an Anwender, die bereits über HTML-Kenntnisse verfügen, mindestens jedoch rudimentäres Wissen als Voraussetzung akzeptieren. HTML ist eine Auszeichnungssprache. Die Regeln für die korrekte Schreibweise sind relativ simpel und leicht zu erlernen.

## 1.4.1 Aufbau eines HTML-Dokuments

Ein einfaches HTML-Dokument besteht aus drei Bereichen, nämlich der Angabe des Dokumenttyps, an der Sie erkennen, auf Basis welcher HTML-Version das Dokument geschrieben wurde, dem Header-Element, das den Titel der Seite und alle verwendeten Meta-Tags beinhaltet, und dem Body-Element, das sämtliche darstellbaren Inhalte der Seite enthält.

### Tags und Attribute

Die allgemeinen in einem HTML-Dokument verwendeten Befehle heißen Tags. Sie kennzeichnen Überschriften, Zeilenumbrüche, Absatzumbrüche, Tabellen und mehr. Tags stehen immer zwischen zwei spitzen Klammern, wie zum Beispiel der `<body>`-Tag, der den darstellbaren Hauptteil eines Dokuments einschließt. Im Unterschied zum einleitenden `<body>`-Tag erhält der abschließende `</body>`-Tag zusätzlich einen Schrägstrich.

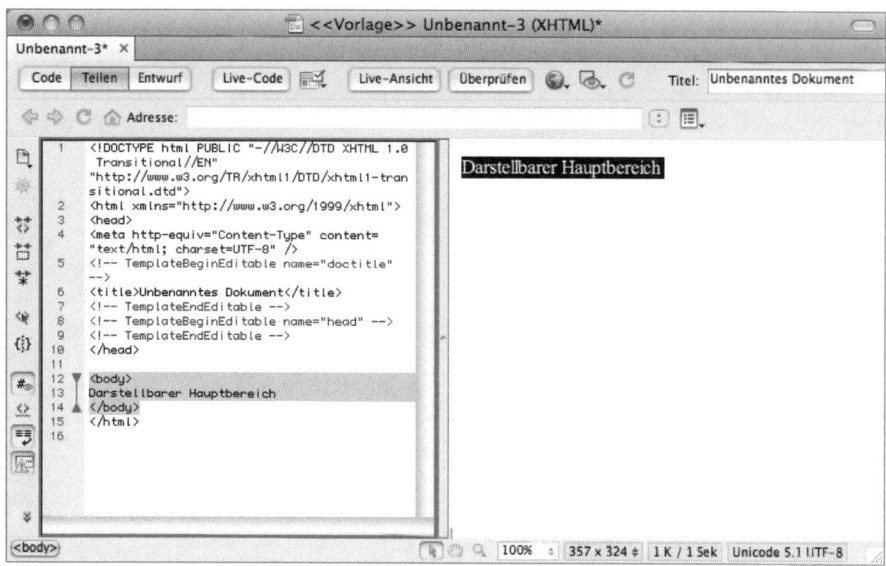

**Bild 1.10:** Der markierte <body>-Tag im Dreamweaver Dokument-Fenster.

### XHTML-konforme Standalone-Tags

Standalone Tags bezeichnen HTML-Elemente ohne Inhalt. So steht zum Beispiel der HTML-Tag <br> für einen erzwungenen Zeilenumbruch. Schreiben Sie Ihr Dokument XHTML-konform, dann erhält der schließende Tag zusätzlich einen Schrägstrich <br />. Die Leerstelle vor dem Schrägstrich ist notwendig. Alternativ zum Standalone-Tag können Sie einen Zeilenumbruch aber auch weiterhin mit <br></br> erzwingen.

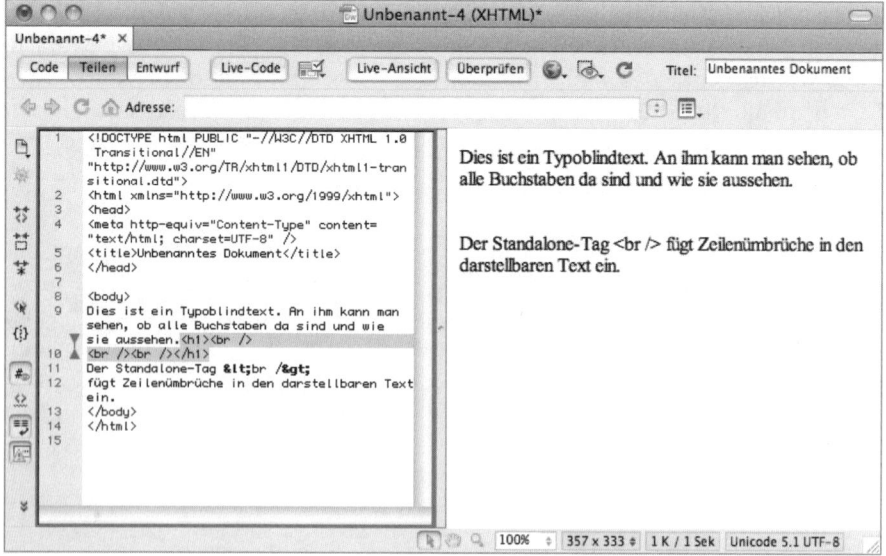

**Bild 1.11:** Der Standalone-Tag <br /> erzwingt einen Zeilenumbruch.

```
<html>
<head>
<title> Mein erstes Dokument   </title>
</head>
<body>
</body>
</html>
```

Die Anfangs- und Endmarker <html> </html> kennzeichnen den Beginn und das Ende des zu interpretierenden HTML-Codes. Im Header-Bereich stehen üblicherweise Angaben für Webbrowser oder Suchmaschinen, während innerhalb des Bodys alles steht, was für die sichtbare Ausgabe wichtig ist. Oft aber reichen Tags alleine nicht aus, um einem Webbrowser mitzuteilen, wie er die Inhalte einer Webseite darstellen soll. Hier kommen die Attribute ins Spiel. Attribute bieten die Möglichkeit, einen Tag genauer zu beschreiben – dazu ein kurzes Beispiel:

Der Tag <form> sagt zunächst einmal nur aus, dass ab dieser Stelle mit einem Formular begonnen werden soll. Eigentlich ist das aber nur ein Abschnitt, der versendet werden könnte. Erst durch das Hinzufügen von Attributen wird festgelegt, wohin der Abschnitt versendet wird und auf welche Art und Weise dies geschehen soll. Im folgenden Beispiel wird ein Formular zur Weiterverarbeitung an ein PHP Dokument versendet.

```
<form action="mailer.php">
```

Dabei ist action das Attribut. Über das =-Zeichen wird dem Attribut ein Wert zugewiesen, der in doppelten oder einfachen Anführungszeichen stehen muss. In modernen XHTML-Dokumenten muss jedes Attribut einen Wert bekommen. Bei Attributen, die früher keinen Wert besaßen, z. B. noresize, wird der eigene Name als Wert zugewiesen, um diese Regel zu erhalten. Die unten gezeigte Befehlszeile erstellt einen Frame ohne die Möglichkeit der Größenänderung und bekommt einen Namen sowie einen Inhalt zugewiesen. Die Reihenfolge der Attribute spielt dabei keine Rolle. In diesem Beispiel werden alle bisher genannten Regeln befolgt.

```
<frame name="navigation" src="navi.html" noresize="noresize"/>
```

## 1.4.2   Cascading Style Sheets

Bis zum Durchbruch der Cascading Style Sheets, kurz CSS, wurde nur mit den Tags und Attributen gearbeitet, die HTML zur Verfügung stellte. Dies hatte zur Folge, dass der Quellcode schlecht zu lesen war und nicht einfach und schnell geändert werden konnte, insbesondere dann, wenn diese Änderungen nicht ein einzelnes Webdokument, sondern das ganze Projekt betrafen. Datenstrukturierung und Design vermischten sich im Code. Heute favorisiert man einen anderen Weg, indem man durch den Einsatz von Cascading Style Sheets den logischen Aufbau eines HTML-Dokuments vom Layout trennt, mit folgenden Vorteilen:

* Leichter lesbare Dokumente (für Menschen und Interpreter)

* Bessere Layoutmöglichkeiten (z. B. kann man unter verschiedenen Maßeinheiten wählen)

- Komfortablere und schnellere Bearbeitungsmöglichkeiten

- Darüber hinaus ist es möglich, für verschiedene Ausgabemedien unterschiedliche Darstellungen anzugeben, z. B. eine für den Druck und eine für die Browserdarstellung.

Cascading Style Sheets erweitern die Möglichkeiten von HTML erheblich und werden heute vor allem für das Layout eingesetzt, während HTML für die Organisation des Dokuments zuständig ist. Prinzipiell werden einfach nur Eigenschaften vergeben und mit einem Wert belegt. Das können Sie direkt bei einem HTML-Tag durchführen, in dem Sie die CSS-Regeln als Wert für das HTML-Attribut style definieren. Und so funktioniert es:

```
<h2 style="color:red;  font-family:Verdana">
```

Hier werden einer Überschrift der zweiten Kategorie über das style-Attribut eine Farbe und eine Schriftart zugewiesen. color und font-family sind CSS-Eigenschaften, der Wert dafür steht jeweils hinter dem Doppelpunkt. Mehrere Eigenschaften werden durch ein Semikolon voneinander getrennt. Das ganze Potenzial von CSS kann man aber erst dann ausschöpfen, wenn man die Regeln in ein externes CSS-Dokument auslagert. Diese Datei, ein einfaches Textdokument mit der Dateiendung .css, kann mit jedem einfachen Texteditor erstellt und bearbeitet werden.

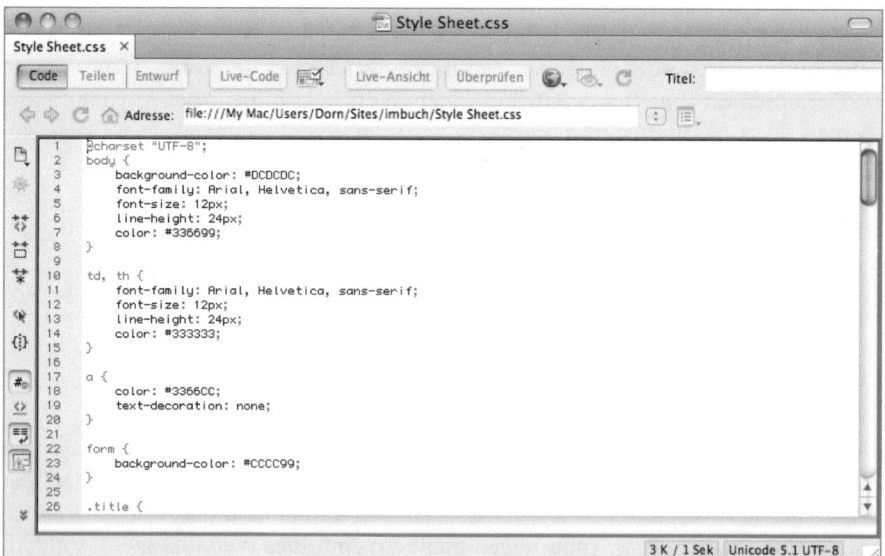

**Bild 1.12:** Beispiel einer in Dreamweaver geöffneten CSS-Datei. Die gleiche Datei können Sie aber auch mit jedem beliebigen Texteditor bearbeiten.

Dabei werden die Regeln entweder den Tags direkt zugeordnet – und gelten damit für diese immer, wenn man sie benutzt – oder können über sogenannte Klassen oder Pseudo-Klassen sowie eindeutig bezeichnete Bereiche (IDs) zugewiesen werden. Die Formate gelten dann für den eindeutig bezeichneten Abschnitt oder ganz individuell, wenn man einem Tag im HTML-Dokument eine Klasse zuweist.

Folgendes Code-Beispiel zeigt ein solches Dokument:

```
body {
margin-left: 0px;
margin-top: 0px;
margin-right: 0px;
margin-bottom: 0px;
background-color: #EA731A;
}
a {
    font-family: Arial, Helvetica, sans-serif;
font-size: 12px;
font-weight: bold;
color: #ffffff;
text-decoration:none;
}
.text {
    font-family: Arial, Helvetica, sans-serif;
    font-size: 13px;
    font-weight: normal;
    color: #444444;
    text-decoration:none;
}
.text2 {
    font-family: Arial, Helvetica, sans-serif;
    font-size: 13px;
    font-weight: bold;
    color: #333333;
    text-decoration:none;
}
ul#navigation {font-size:12px; width:176px;margin:0;padding:0;font-family:
Arial;  }
```

Viele Webdesigner erstellen ihr Layout inzwischen komplett mit Cascading Style Sheets. CSS beruht auf dem Prinzip der Vererbung, wonach Eigenschaften ihre Werte an untergeordnete Elemente vererben. Es können beliebig viele CSS-Regeln erstellt werden. Eine CSS-Regel kann für eine ID, eine Klasse oder einen HTML-Tag gelten. Ein HTML-Tag bestimmt allgemein das Aussehen für alle in HTML mit ihm ausgezeichneten Bereiche. Weichen Werte einer Eigenschaft in einer ID bzw. einer Klasse hiervon ab, werden sie durch die entsprechenden Werte in der ID bzw. Klasse überschrieben. Eine ID ist immer eindeutig und kann deshalb nur einmal vergeben werden, während eine Klasse mehrfach in einem HTML-Dokument angewendet werden kann. Ein HTML-Tag folgt dabei dem nachstehenden Schema:

```
Selektor {Eigenschaft1: Wert1; Eigenschaft2: Wert2; }
```

Beispiel für eine ID:

```
#aktuelles {margin:10px; padding:10px; font-size:0.9em; color:blue; }
```

Beispiel für eine Klasse:

```
.formular {margin:10px; border:1px dotted red; padding:10px; width:500px; }
```

Beispiel für einen HTML-Tag:

```
p {margin:10px; padding:10px; font-size:1em; color:black; line-height:1.5; }
```

Das Thema Cascading Style Sheets ist sehr komplex und kann hier nur angerissen werden. An dieser Stelle geht es nur um das grundsätzliche Verständnis. Noch einige wenige Abschnitte und Sie lernen die Möglichkeit kennen, ein eigenes Style-Sheet-Dokument zu erstellen und mit einem HTML-Dokument zu verknüpfen. Dreamweaver wird Sie dabei kräftig unterstützen.

Zum Ende dieses Kapitels möchte ich Ihnen eine Seite ans Herz legen, auf die in Schulungen immer wieder als Paradebeispiel für die Trennung von Struktur und Layout hingewiesen wird. Manch einer ahnt es bereits, es ist natürlich die Seite »Zen Garden«. Hier finden Sie eine Vielzahl überaus interessanter Layouts, die alle auf dieselbe Datenstruktur zugreifen. Nehmen Sie sich ein wenig Zeit und stöbern Sie in den verschiedenen Templates, die Sie auch alle herunterladen können.

### ⊡ Lesezeichen

http:// www. csszengarden.com

*Zen Garden*: Die Seite für den perfekten Einstieg in CSS. Wenn Sie im Firefox-Browser im Menü *Ansicht* unter *Webseiten-Stil* von *currentStyle* auf *Kein Stil* umschalten, wird der reine HTML-Quelltext angezeigt. Mit einem Klick auf den Link *css file* laden Sie die komplette CSS-Datei herunter. Sie werden staunen, was sich durch den geschickten Einsatz von CSS alles ändern kann.

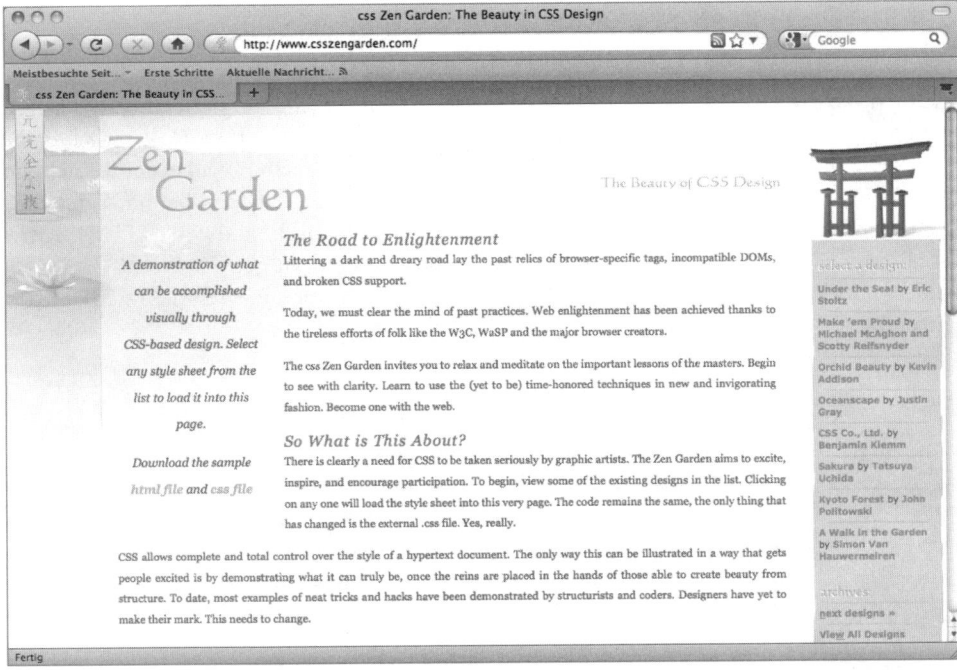

**Bild 1.13:** Willkommen im Zen Garden – hier lernen Sie CSS von seiner schönsten Seite kennen.

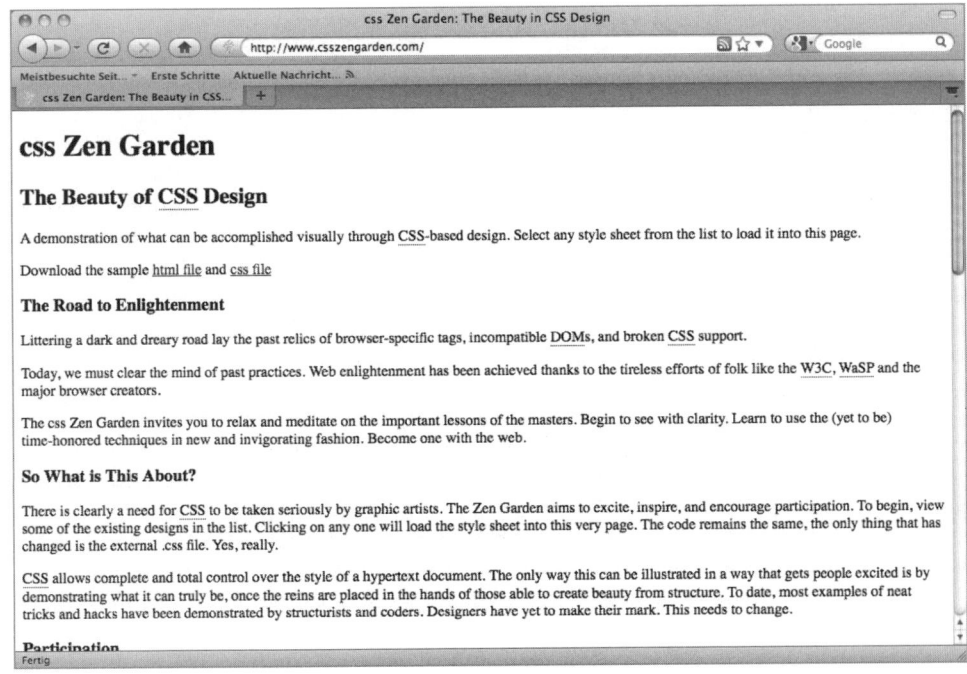

**Bild 1.14:** So sieht der Zen Garden ohne CSS-Verknüpfung aus.

### 1.4.3    Dreamweaver als Quellcode-Editor

Ein Programm wie Dreamweaver wird natürlich von den meisten Anwendern hauptsächlich dazu verwendet, das langwierige Eingeben von Quellcode per Hand zu vermeiden. Doch auch als Quellcode-Editor ist Dreamweaver ein tatkräftiger Helfer. Geben Sie an irgendeiner Stelle im Code einen Tag ein, erscheint nach Eingabe der öffnenden spitzen Klammer eine Auswahlbox mit einer Tag-Auswahl. Drücken Sie nach der Eingabe des Tags die ⌞Leertaste⌟, erscheint erneut eine Auswahlbox, die alle HTML-Attribute auflistet, die für den gesetzten HTML-Befehl zur Verfügung stehen. Aber auch andere Optionen wie Eventhandler für JavaScript oder Spry-Funktionalitäten werden angeboten.

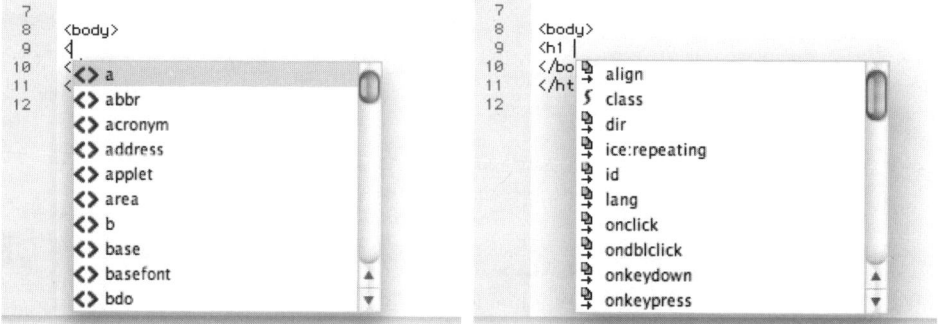

**Bild 1.15:** Dreamweaver unterstützt Sie vorbildlich bei der manuellen Eingabe von Quellcode.

Wählen Sie einen der angebotenen Einträge aus, werden Sie sofort nach dem weiteren Vorgehen gefragt. Das kann unterschiedlich aussehen, je nachdem, wie Ihre Auswahl ausgesehen hat. Es kann sein, dass sich ein Farbfeld öffnet, damit Sie auf komfortable Weise eine Farbe auswählen. Oder Sie wählen aus einer weiteren Auswahlliste erneut einen Vorschlag aus. In jedem Fall müssen Sie nun nicht mehr die absolut korrekte Schreibweise auswendig wissen. Gerade dem Fehlen von Klammern oder Anführungszeichen, bei einfachen Editoren eine häufige Fehlerquelle, kann man mit Dreamweaver leicht beikommen. Über die linke Leiste im Code-Editor kann man die Übersichtlichkeit des Dokuments steuern, indem man einzelne Tags oder markierte Bereiche vorübergehend ausblendet.

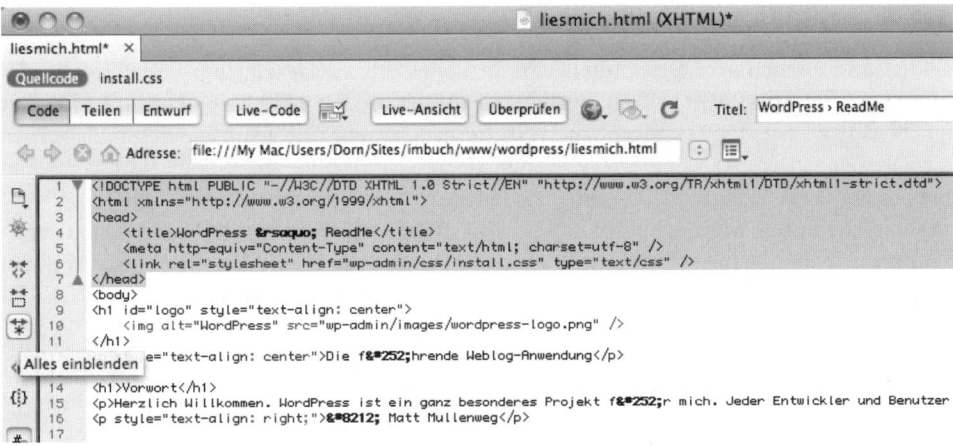

**Bild 1.16:** Code-Bereich von Zeile 1 bis Zeile 7 markieren und vorübergehend ausblenden.

## 1.4.4 Überschriften, Absätze und Zeilenumbrüche

Sie bilden den Ausgangspunkt für die Strukturierung von Texten in Dokumenten. Wenn Sie bereits mit einer Textverarbeitung gearbeitet haben, sind Sie wahrscheinlich mit dem Strukturieren und Gliedern von Texten vertraut. In HTML können wir Überschriften bis zur sechsten Ordnung festlegen. Die Ordnung meint hierbei die relative Bedeutung der Überschrift sowie des nachfolgenden Abschnitts für das Dokument.

Eine Überschrift erster Ordnung ist die höchste, eine Überschrift sechster Ordnung die kleinste Ordnungsstufe. In HTML werden z. B. Überschriften erster Ordnung mit <h1> </h1> und Überschriften sechster Ordnung mit <h6> </h6> ausgezeichnet. Die sinnvolle und korrekte Verwendung von Überschriften dient dem Browser bei der Darstellung der Seiteninhalte. Suchmaschinen bewerten Überschriften etwas stärker als anderen Text. Eine Überschrift in HTML ist wie folgt ausgezeichnet:

```
<h1>Herzlich willkommen auf unserer Homepage</h1>
```

Der Absatz ist ein häufig verwendetes Strukturelement für Texte. In HTML wird ein Text durch die Verwendung des Tags <p> als Absatz formatiert. Der Text zwischen den Tags <p> und </p> gehört zu den Blockelementen. Absätze beginnen in einer eigenen Zeile und sollten nicht ineinander verschachtelt werden. Ein Beispiel für einen Absatz ist:

```
<p>Ich freue mich, Sie auf meiner Website begrüßen zu dürfen</p>
```

Der Zeilenumbruch bewirkt einen sofortigen Textumbruch an der Stelle, an der er eingesetzt wird. In HTML wird der Zeilenumbruch mit dem Tag <br>, in XHTML-Schreibweise mit dem Standalone-Tag <br /> versehen. Er steht als Inline-Element in der Regel innerhalb eines Blockelements. Absätze und Zeilenumbrüche können bei der Darstellung der Seite von verschiedenen Browsern unterschiedlich interpretiert werden. Das Absatzbeispiel, um einen Zeilenumbruch ergänzt, lautet:

```
<p>Ich freue mich<br />Sie auf meiner Website begrüßen zu dürfen</p>
```

## 1.4.5    Bilder und Hyperlinks

Bilder sind elementarer Bestandteil von Websites, ob als Gestaltungs- oder Inhaltselement. Mithilfe des <img>-Tags binden Sie Bilder in ein HTML-Dokument ein. Der <img>-Tag ist wie der Zeilenumbruch ein Inline-Element und benötigt ebenfallls keinen schließenden Tag. Aktuelle Browser der siebten und höheren Generation verstehen neben den Dateiformaten GIF und JPEG auch das Grafikformat PNG. Es gibt eine Vielzahl an Attributen, mit denen der <img>-Tag weiter deklariert werden kann. Dazu gehören u. a. die Attribute src für den Pfad, der zur Bilddatei führt, sowie border für einen Bildrahmen. Ein Beispiel für das Erzeugen eines Bildes mit Rahmen habe ich nachstehend aufgeführt:

```
<img src="bilder/logo.gif" border="5"/>
```

Die Einbindung in das Layout der Website erfolgt durch ein Cascading Style Sheet. Um die Texte, Bilder und einzelnen Seiten miteinander zu verknüpfen, nutzen Sie Hyperlinks. Hyperlinks werden in HTML mit dem Tag <a> ausgezeichnet. Ein Hyperlink enthält das Attribut href sowie einen absoluten oder relativen Pfad als Wert. Die Schreibweise für einen Hyperlink ist:

```
<a href="http://www.Ihre-Domain.tld">Absoluter Pfad</a>
<a href="seite2.html">Relativer Pfad</a>
```

Zwischen dem öffnenden und schließenden <a>-Tag steht der Text, der als Hyperlink ausgezeichnet wird. Die Formatierung eines Hyperlinks erfolgt wieder mit CSS. Des Weiteren werden auch E-Mail-Adressen oder Verweise auf Dateien mittels Hyperlinks realisiert. Nachstehend ein Beispiel für einen E-Mail-Verweis – diese Zeile bewirkt das Öffnen eines Mailprogramms:

```
<a href = mailto:info@Ihre-Domain.tld>info@Ihre-Domain.tld</a>
```

## 1.4.6    Listen und Tabellen

Ebenfalls aus der Textverarbeitung vertraut ist uns der Umgang mit Listen. HTML kennt sowohl die geordnete als auch die ungeordnete Liste. Die geordnete Liste wird als Vorgabe durchlaufend nummeriert und beginnt in HTML mit dem Tag <ol>. Die einzelnen Listenpunkte werden mit <li> ausgezeichnet. Ein Beispiel für eine geordnete Liste beginnend mit der Zahl 1 ist:

```
<ol>
<li>Geordneter Listenpunkt 1</li>
<li>Geordneter Listenpunkt 2</li>
<li>Geordneter Listenpunkt 3</li>
</ol>
```

Eine ungeordnete Liste wird mit Aufzählungszeichen versehen. Die Darstellung des Aufzählungszeichens wird vom Browser bestimmt. Über das Attribut type können Sie Einfluss auf die Darstellung in HTML nehmen. Setzen Sie <ul type = "square" > in einer ungeordneten Liste, werden die Listenpunkte mit einem kleinen Quadrat versehen.

```
<ul type = "square">
<li>Ungeordneter Listenpunkt 1</li>
<li>Ungeordneter Listenpunkt 2</li>
<li>Ungeordneter Listenpunkt 3</li>
</ul>
```

Bei geordneten Listen kann das Attribut `type` ebenfalls genutzt werden, um wahlweise Zahlen, Buchstaben oder römische Ziffern als Listenzeichen zu verwenden. Durch einige Kniffe im Zusammenhang mit Cascading Style Sheets kann man mit Listen auch ansprechende Navigationsmenüs erstellen.

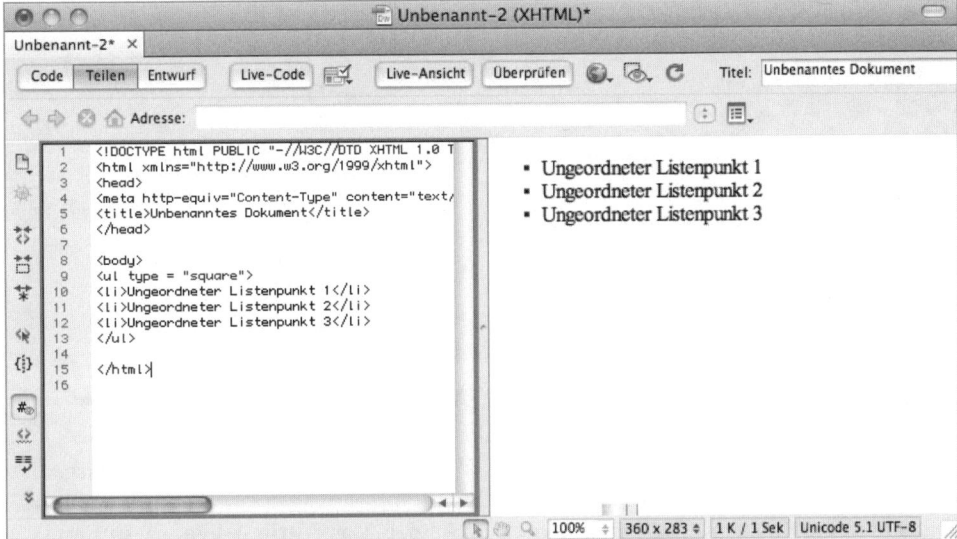

**Bild 1.17:** Liste in der *Teilen*-Ansicht.

Die Bedeutung von Tabellen für Websites hat stark nachgelassen. Tabellen werden heute kaum noch für das Layout einer Website verwendet. Übrig bleibt ihr ursprünglicher Einsatzzweck, die textliche und grafische Aufbereitung von Zahlen und Daten in Tabellenzeilen und -spalten. Tabellen in HTML sind Blockelemente; sie werden durch den `<table>`-Tag definiert und durch weitere Tags innerhalb des `<table>`-Tags gegliedert.

Hierzu zählen u. a. die Tags `<tr>` für eine Tabellenzeile, `<th>` für den Kopfbereich einer Tabellenspalte und `<td>` für eine Tabellenzelle. Die Möglichkeiten zum Tabellenlayout sind groß. Eine Vielzahl an Attributen steht in HTML zur Verfügung. Dennoch sollte auch das Tabellenlayout über Cascading Style Sheets realisiert werden. Hier die beispielhafte Schreibweise für eine einfache Tabelle unter Verwendung von Attributen für einen Rahmen, einen Zellenabstand und einer Breite für die Tabelle:

```
<table border = "1" cellspacing = "1" width = "500px">
<tr>
<th>Land</th>
<th>Hauptstadt</th>
</tr>
<tr>
```

```
<td width = "200"> Deutschland </td>
<td >Berlin </td>
</tr>
</table>
```

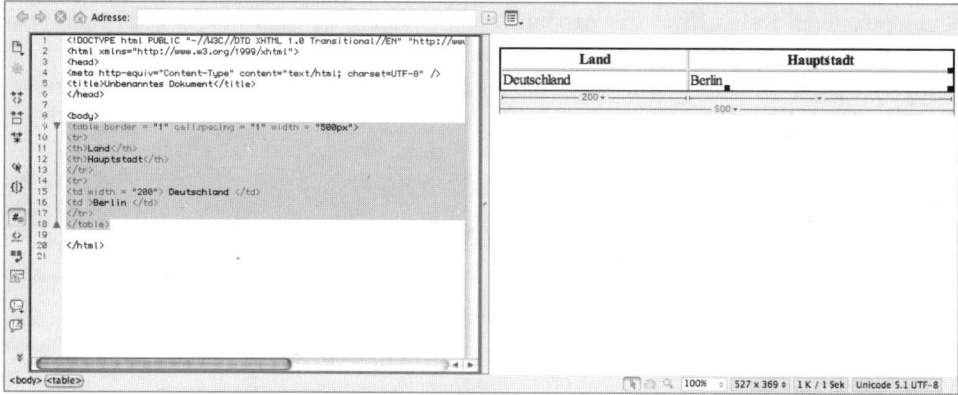

**Bild 1.18:** Tabelle in der *Code-* und *Entwurf*-Ansicht.

## 1.4.7    Formulare und Radio-Buttons

Formulare dienen als Kommunikationsmittel dem Austausch zwischen Benutzer und Websitebetreiber. Ein Formular ist ein Blockelement und steht innerhalb eines <form>-Tags. Die Methode zum Versenden wird über das Attribut method eingestellt, das Attribut action regelt, wohin das Formular nach dem Absenden verschickt wird. Formularfelder werden mit dem Tag <input> ausgezeichnet. Das Attribut type bestimmt, wie der Browser das Feld darstellt. So lassen sich Textfelder, Optionsschalter oder auch Kontrollkästchen darstellen.

Obligatorisch in jedem Formular ist ein Button zum Abschicken des Formulars. Das nachstehende Formular zeigt eine Optionsschaltergruppe, zwei Textfelder, ein mehrzeiliges Texteingabefeld sowie einen Button zum Versenden des Formulars. Verschickt werden die Daten, die innerhalb des <form>-Tags stehen.

```
<form action = "auswertung.php" method = "post">
<input type = "radio" name = "Geschlecht" value = "Mann" />Mann
<input type = "radio" name = "Geschlecht" value = "Frau" />Frau
Nachname: <input type = "text" name = "Nachname" />
E-Mail:<input type = "text" name = "Email" />
<textarea cols = "30" rows = "5">Ihre Nachricht</textarea>
<input type = "submit" value = "Abschicken" />
</form>
```

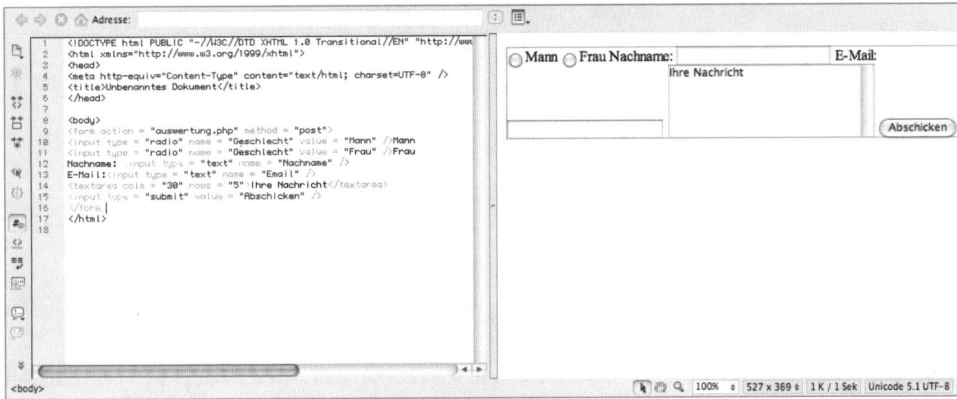

**Bild 1.19:** Formular in der *Teilen*-Ansicht.

Auch die Gestaltung eines Formulars erfolgt durch Verwendung von Cascading Style Sheets. Im Verlauf von Kapitel 7 »Bau eines Shopsystems« werden wir ein Bestellformular erstellen.

## 1.4.8 CSS-Regeln anwenden

Sie haben verschiedene Möglichkeiten, CSS-Regeln in ein HTML-Dokument zu integrieren. Zum einen können Sie im Header auf eine externe CSS-Datei verweisen oder direkt CSS-Tags im HTML-Dokument zuweisen. Der große Vorteil beim Verweisen auf eine externe CSS-Datei ist, dass das Layout nur einmal »geschrieben« werden muss. Layout-Anpassungen im CSS-Dokument wirken sich dann auf alle Seiten einer Website aus. Der Code für eine CSS-Verknüpfung sieht folgendermaßen aus:

```
<head>
<link rel = "stylesheet" type = "text/css" href = "stylesheet.css">
</head>
```

Die Integration einer CSS-Datei im Header des HTML-Dokuments gilt für die gesamte Website. Im Beispiel erhält der Container eine feste Breite und einen roten Rahmen.

```
<head>
…
<style type = "text/css">
div {width:500px; border:1px solid red; } </style> … </head>
```

Die dritte Möglichkeit ist, direkt im Tag Styles zuzuweisen. Hierdurch können Sie CSS-Regeln für die gesamte Website oder das gesamte Dokument überschreiben. Dieselbe CSS-Regel wie oben steht nun im Body und gilt nur für diesen einen Tag:

```
<body>
…
<div style = "width:500px; border:1px solid red;"> … </body>
```

In diesem Buch arbeiten wir fast ausschließlich mit extern abgelegten CSS-Regeln. Weiterführende Bücher zu den Themen HTML und CSS finden Sie auch im *FRANZIS.DE*- Onlineshop.

◎ Franzis

http://bit.ly/cy6Vs9
http://bit.ly/93ujya

HTML Handbuch
Webseiten-Layout mit CSS

## 1.5    HTML-Dokumente bearbeiten

Mit Dreamweaver können unterschiedlichste Dokumenttypen, die auf Textdateien basieren, erstellt und bearbeitet werden. Nicht jeder Dateityp wird jedoch gleich komfortabel unterstützt. Für PHP- oder XML-Dokumente beispielsweise gibt es bessere Editoren, für ActionScript ebenfalls. Dennoch: Nichts spricht dagegen diese Dateien auch mit Dreamweaver zu erstellen und zu bearbeiten.

### 1.5.1    Neue Webdokumente

Ein neues Webdokument erstellen Sie entweder direkt aus dem Begrüßungsfenster heraus oder über das Menü *Datei/Neu*, das deutlich mehr Möglichkeiten bietet. Nach dem Klick auf *Datei/Neu* öffnet sich das Dialogfeld *Neues Dokument*.

Wählen Sie nun zunächst in der linken Spalte die Kategorie *Leere Seite*, als *Seitentyp* wählen Sie *HTML* und als *Layout: <kein>*. Als *DocType* schlägt Dreamweaver mit *XHTML 1.0 Transitional* eine nicht ganz so strenge Regelauslegung vor. Wir akzeptieren den Vorschlag und bestätigen die Angaben mit *Erstellen*.

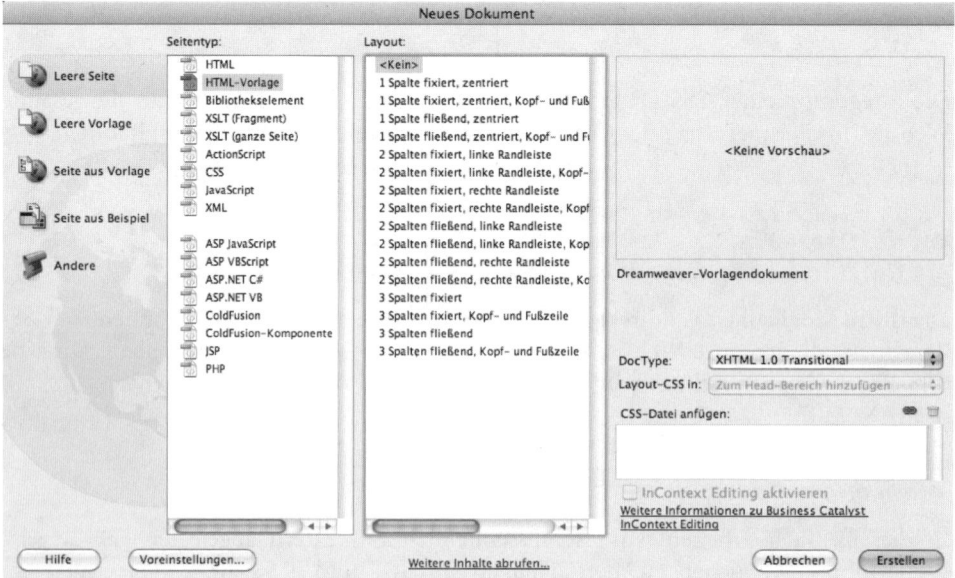

**Bild 1.20:** Vielfältige Möglichkeiten für die Erstellung eines neuen Dokuments.

## 1.5.2 Entwurf-Ansicht

Das neue Dokument scheint auf den ersten Blick völlig leer zu sein, was daran liegt, dass Sie sich gerade in der *Entwurf*-Ansicht befinden. Die Ansicht *Entwurf* zeigt die Seite so, wie sie auch später im Browser zu sehen ist. Sie erkennen den eingestellten Ansicht-Modus an den drei Buttons in der Symbolleiste – *Code, Teilen* und *Entwurf.*

**Bild 1.21:** Das scheinbar leere Dokument in der *Entwurf*-Ansicht.

## 1.5.3 Code-Ansicht

Klicken Sie jetzt auf den Button *Code,* wird der HTML-Quellcode des geöffneten Dokuments angezeigt, der bereits durch das Erstellen des neuen Dokuments entstanden ist – ohne dass Sie ein einziges Wort davon eingeben mussten. Ein erster Eindruck, wie viel Tipparbeit Dreamweaver Ihnen abnehmen kann. Jeder, der schon einmal Quellcode von Hand geschrieben hat weiß, wie leicht sich Tippfehler einschleichen, die oft nur nach längerer Suche entdeckt werden.

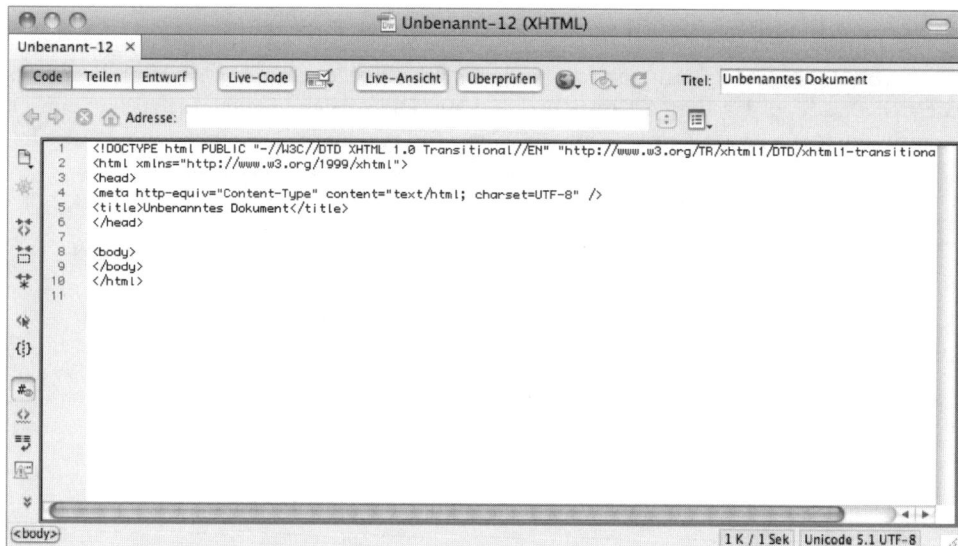

**Bild 1.22:** Nach dem Erstellen einer neuen Datei legt Dreamweaver automatisch das grundlegende Gerüst des HTML-Dokuments an und erweitert es entsprechend Ihren Aktivitäten.

## 1.5.4    Teilen-Ansicht

Wenn Sie auf den Button *Teilen* klicken, sehen Sie sowohl die *Entwurf-* als auch die *Code-*Ansicht. Ob die Teilung vertikal oder horizontal durchgeführt wird, steuern Sie mit dem Menübefehl *Vertikal teilen* im Menü *Ansicht*.

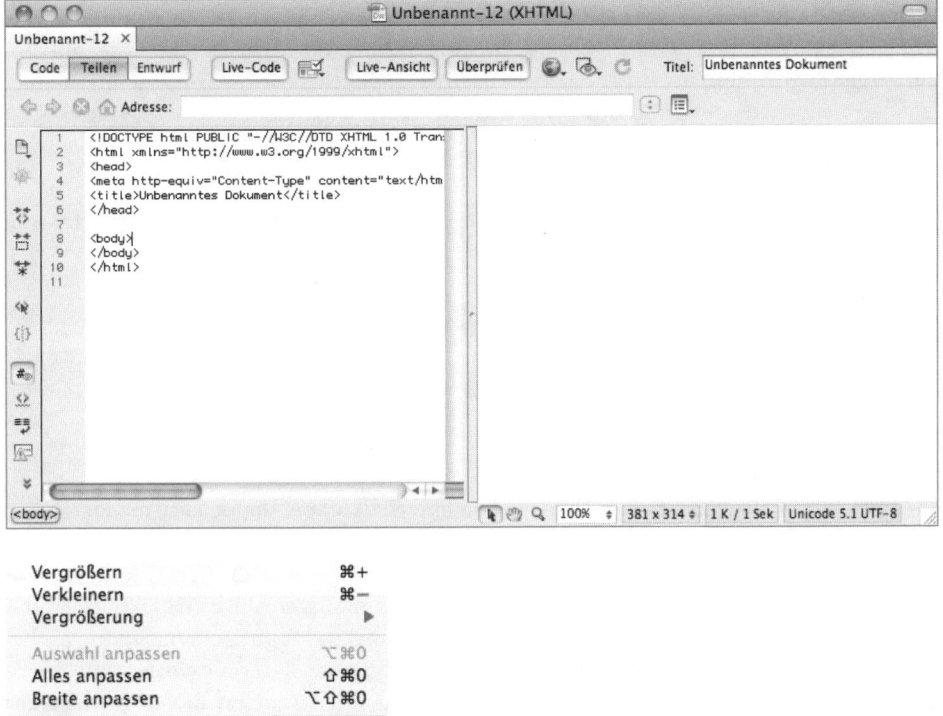

**Bild 1.23:** Das geöffnete Dokument in der *Teilen*-Ansicht. Ob der Quellcode neben oder unter dem Entwurf anzeigt werden soll, legen Sie über dem Menübefehl *Ansicht/Vertikal teilen* fest.

Geteilte Fenster sind für das Arbeiten, speziell bei kleineren Monitoren, etwas unpraktisch. Allerdings sind sie ein hervorragendes Mittel, die Schreibweise von HTML zu verinnerlichen und neue Tags oder Attribute kennenzulernen. Das wollen wir direkt einmal ausprobieren. Speichern Sie das Dokument vorher ab. Ein Dokument, das noch nicht oder noch nicht in aktuellster Fassung gespeichert wurde, erkennen Sie an einem Stern neben dem Dokumentnamen oben links innerhalb des Dokumentenfensters. Nach dem Speichern ist der Stern weg. In der Regel muss vor der Bearbeitung eines Dokuments immer zuerst eine Site eingerichtet werden. Da es momentan jedoch nicht um ein Projekt geht, sondern nur darum, verschiedene Bearbeitungsschritte zu lernen, verzichten wir erst einmal darauf.

## 1.5.5 Text eingeben

Texte können auf vielerlei Arten in Ihren Dokumenten landen. Oft erhalten Sie Texte in Form von Word-Dokumenten oder reinen Textdateien. Diese können Sie einfach per »Copy & Paste« einfügen. Es empfiehlt sich immer, nur den reinen Text ohne Formatierungen zu übernehmen, was später bei der Arbeit an einem Projekt deutich gemacht wird. Jetzt soll es sich zunächst um das Erstellen von Text mit Dreamweaver drehen.

Sobald Sie in die *Entwurf*-Ansicht klicken, sehen Sie eine blinkende Einfügemarke. Schreiben Sie den Text *Texteingabe in Dreamweaver CS5*. Doppelklicken Sie mit der Maus irgendwo innerhalb Ihres Satzes auf ein beliebiges Wort, um es zu markieren. Versichern Sie sich, dass unten am Bildschirm das Bedienfeld *Eigenschaften* angezeigt wird. Falls nicht, aktivieren Sie dessen Anzeige im Menü *Fenster/Eigenschaften*.

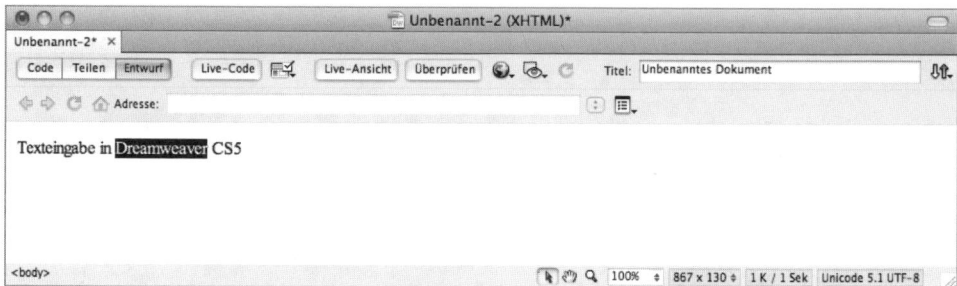

**Bild 1.24:** Text in ein leeres Dokument eingeben und ein Wort per Doppelklick markieren.

Das *Eigenschaften*-Bedienfeld bietet die Möglichkeit, ausgewählte Elemente gezielt zu bearbeiten. Die Anzeige im Bedienfeld ist abhängig vom ausgewählten Objekttyp. Ist das ausgewählte Objekt eine Tabelle, stehen andere Buttons und Icons zur Verfügung als bei Bildern oder Texten. Je nach Auswahl und beabsichtigter Änderung wirken die Maßnahmen entweder nur auf das ausgewählte Element oder auf den Block, in dem das Element liegt.

**Bild 1.25:** Das *Eigenschaften*-Bedienfeld.

**Achtung Dreamweaver-Einsteiger:**
Dreamweaver-Einsteiger vermissen oft einen bestimmten Eintrag im *Eigenschaften*-Bedienfeld. Oft liegt es daran, dass ein falsches Element ausgewählt ist. Es kann aber auch sein, dass Sie nur das halbe Fenster sehen. Ein unscheinbarer kleiner, nach oben zeigender weißer Pfeil am rechten unteren Fensterrand sorgt durch eine Halbierung des Bedienfelds dafür, dass Sie ein wenig platzsparender arbeiten können. Manche Objekte, wie z. B. Tabellen, besitzen jedoch sehr umfangreiche Einstellungsmöglichkeiten, die in der unteren Bedienfeldhälfte untergebracht sind. Im Zweifelsfall also immer einmal prüfen, bevor Sie den umständlicheren Weg über das Menü gehen.

Werfen Sie einen Blick auf das Dokumentfenster. Noch immer ist ein Wort des eingegebenen Textes markiert. Achten Sie darauf, dass unten links im *Eigenschaften*-Bedienfeld die Option *HTML* eingestellt ist. Klicken Sie im Bedienfeld *Eigenschaften* auf den Schalter *B* für fetten Text und heben die Markierung auf. Das Wort wird nun fett dargestellt. Stellen Sie die Einfügemarke in das so formatierte Wort, sehen Sie im *Eigenschaf-*

*ten*-Bedienfeld, dass die Schaltfläche aktiviert ist. In der *Code*-Ansicht zeigt sich, dass der Tag <strong> und nicht <b> für die Auszeichnung verantwortlich ist.

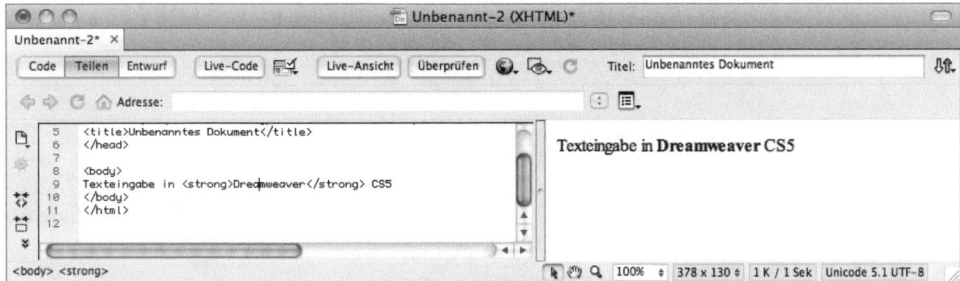

**Bild 1.26:** Ein einzelnes Wort formatieren. In der Code-Ansicht sehen Sie den <strong>-Tag. Übrigens: Auch in der Statuszeile des Dokumentfensters werden Tags angezeigt – hier <body> <strong>.

Diese Einstellung könnte man in den Voreinstellungen ändern, doch ist die voreingestellte Variante mittlerweile vorzuziehen. Markieren Sie nun das letzte Wort des Satzes und wählen Sie aus der Dropdownliste *Format* den Eintrag *Überschrift 1* aus.

Nun betrifft die Änderung trotz der Auswahl nicht das einzelne Wort, sondern den ganzen Satz. Überschriften gehören wie Absätze zu den Blockelementen. In einer einzelnen Zeile können nicht zwei Blockelemente ohne weitere Maßnahmen nebeneinander existieren. Deshalb kann in einer Zeile nicht eine Überschrift neben normalem Text stehen. Auch zwei unterschiedliche Überschriftengrößen innerhalb einer Zeile funktionieren nicht.

**Bild 1.27:** Eine Überschrift der Kategorie 1 zuweisen.

An solchen Beispielen sieht man bereits am Anfang deutlich, dass der sinnvolle Umgang mit Dreamweaver ohne grundlegende HTML- und CSS-Kenntnisse kaum möglich ist. Die Empfehlung an dieser Stelle lautet: Beschäftigen Sie sich weiter mit HTML und CSS, denn nur so verstehen Sie bei der Arbeit mit Dreamweaver, warum das Programm manche Dinge vielleicht nicht so durchführt, wie Sie es erwarten. Nutzen Sie die Foren und Communities zu diesen Themen und beschäftigen Sie sich mit den Tücken der Webbrowser. Denn nicht alles, was zum Beispiel in Mozilla Firefox perfekt aussieht, wird in Apple Safari, Opera oder Microsofts Internet Explorer identisch interpretiert. Dann wird Dreamweaver zu dem, was es eigentlich ist: einem wertvollen und mächtigen Werkzeug zur schnellen und komfortablen Erstellung professioneller Webprojekte.

### 1.5.6 Absatz und Zeilenumruch

Zum Ende dieses Abschnittes schauen wir uns noch an, wie neue Absätze und Zeilenumbrüche definiert werden. Klicken Sie hinter das letzte Wort der Überschrift und drücken Sie die Enter -Taste. Schreiben Sie nun den Satz *Hier beginnt der Infotext dieser Seite*. Achten Sie auf den Quellcode. Dreamweaver fügt bei Betätigen der Enter -Taste mit dem <p>-Tag automatisch einen Absatz ein.

Standardmäßig ist der Inhalt eines Absatzes immer linksbündig ausgerichtet. Zwischen einzelnen Absätzen entstehen Leerzeilen. Möchten Sie an einer Stelle eine neue Zeile beginnen, ohne neue Absätze mit Abständen oder neuen Absatzformatierungen zu erstellen, halten Sie beim Betätigen der Eingabetaste zusätzlich die Umschalt -Taste gedrückt. Dreamweaver erzeugt dann einen weichen Zeilenumbruch über <br />.

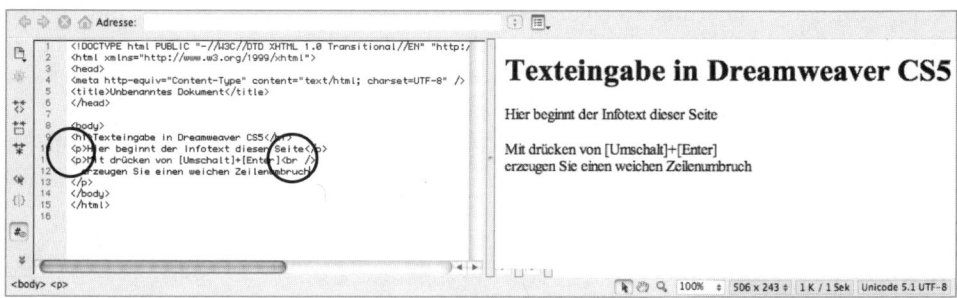

**Bild 1.28:** Der <p>-Tag erzeugt einen Absatzumbruch, der <br />-Tag erzeugt einen weichen Zeilenumbruch.

Sie sehen am Zeilenumbruch, dass Dreamweaver auch die XHTML-Schreibweise korrekt einhält. Abschließend sei gesagt, dass Text in der Regel meistens innerhalb von Blöcken wie <div>-Elementen, Absätzen, Listen oder Tabellen eingefügt wird. Außerdem muss man sich natürlich um die Schriftformate kümmern, wenn man das Schriftbild nicht komplett den Standardeinstellungen des Browsers überlassen möchte. Diese Überlegungen stellen sich bei jedem Projekt neu. Mehr dazu weiter hinten im Buch beim Bau des Shop-Systems.

### 1.5.7 Bilder einfügen

Auch das Einfügen von Bildern gestaltet sich sehr einfach. Wie bei vielen anderen Elementen, die in eine HTML-Seite eingefügt werden können, bietet Dreamweaver hier gleich mehrere Wege an. Direkt im Menü *Einfügen* finden Sie als zweiten Punkt den Befehl *Bild*. Oder Sie wählen den Weg über das *Einfügen*-Bedienfeld. In der Rubrik

*Allgemein* ist der Punkt *Bilder* mit dem Unterpunkt *Bild* aufgeführt, mit dem Sie ebenfalls ein neues Bild in die Webseite einsetzen können.

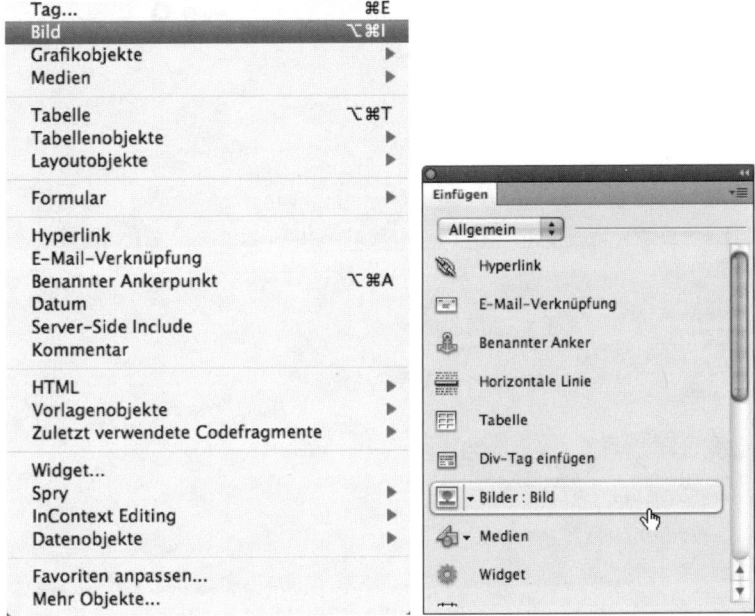

**Bild 1.29:** Bild einfügen über das Menü *Einfügen/Bild* oder das Bedienfeld *Einfügen*.

Für welchen Weg Sie sich auch entscheiden: Dreamweaver überprüft zunächst, ob Ihr Dokument bereits gespeichert wurde. Ist das nicht der Fall, weist das Programm Sie darauf hin und verwendet zunächst eine temporäre Pfadangabe, um dieses Bild zu verknüpfen. Bilddateien werden im Internet nicht als tatsächlicher Bestandteil einer Webseite gespeichert, sie werden lediglich mit dem HTML-Dokument verknüpft. Deshalb müssen Bilder auch separat mit auf den Webserver kopiert werden, wenn Sie Ihr Projekt später veröffentlichen.

Im nächsten Schritt wählen Sie die Grafik aus. Im Auswahldialog können Sie Ihren Computer nach der gewünschten Datei durchsuchen. Dreamweaver schränkt Ihre Auswahl dabei automatisch auf kompatible Bilddateien ein. Das könnten Sie zwar umstellen, aber andere Dateiformate als JPEG, GIF oder PNG werden später im Browser nicht dargestellt, also belassen Sie es ruhig dabei.

Jetzt überprüft Dreamweaver, ob Sie Ihre Seite als Teil eines Projektes angelegt haben. Wie Sie dieses tun können, erfahren Sie im Kapitel 2 »Projekt planen und Site einrichten«.

Nur so viel: Dreamweaver simuliert die Ordner eines Webservers auf Ihrem Computer und sammelt alle Dateien, die später für die Veröffentlichung Ihres Webprojekts benötigt werden, in diesen Ordnern. Das tut es auch mit dem Bild, das Sie jetzt auswählen. Ist dieses Bild bereits in Ihrem Projektordner gespeichert, ist alles klar und Dreamweaver geht zum nächsten Punkt. Wenn nicht, möchte das Programm diese Grafik in den Ordner kopieren und fordert Ihre Zustimmung dazu – bestätigen Sie mit *OK*.

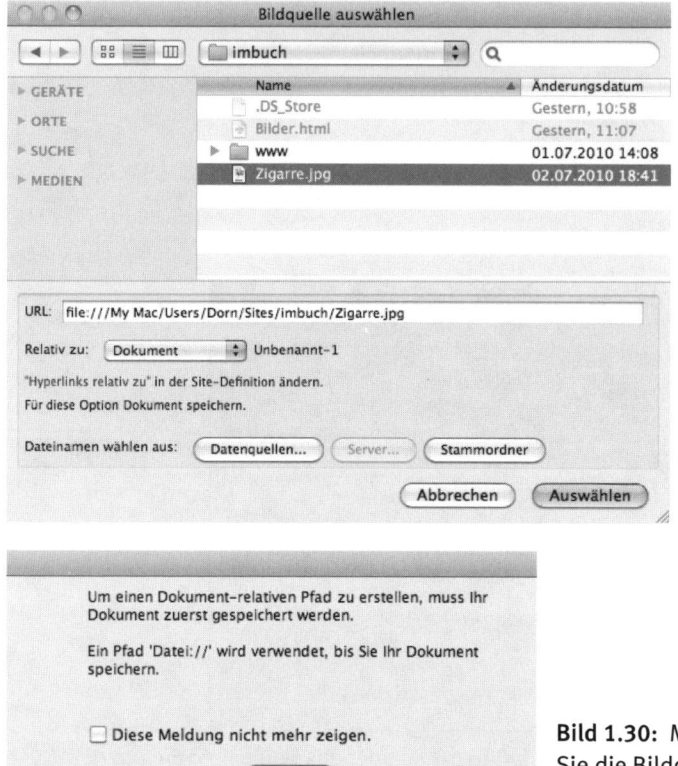

**Bild 1.30:** Mit *Auswählen* bestätigen Sie die Bildquelle und speichern danach das Dokument ab.

## 1.5.8 Bildeigenschaften festlegen

Schließlich kommt eine letzte Aufforderung: Sie sollen einen *Alternativtext* für das Bild angeben. Das hat zwei Funktionen: Sollte Ihr Bild aus irgendeinem Grund nicht angezeigt werden, erscheint der Alternativtext an Stelle des Bildes. Außerdem dient der Alternativtext Sehbehinderten im Rahmen eines barrierefreien Webdesigns als Unterstützung, denn sie können ihn sich vorlesen lassen. Geben Sie also eine kurze Beschreibung des Bildinhaltes an und drücken Sie *OK*. Ist Ihr Bild ein reines Schmuckelement ohne Inhalt, geben Sie nur ein Leerzeichen ein.

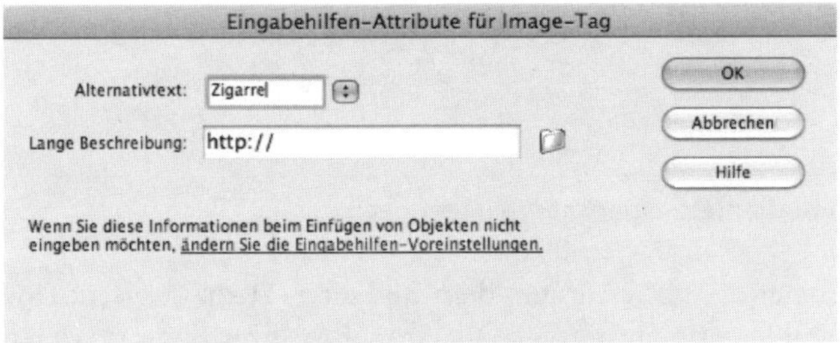

**Eingabehilfen-Attribute für Image-Tag**

Alternativtext: Zigarre

Lange Beschreibung: http://

OK

Abbrechen

Hilfe

Wenn Sie diese Informationen beim Einfügen von Objekten nicht eingeben möchten, ändern Sie die Eingabehilfen-Voreinstellungen.

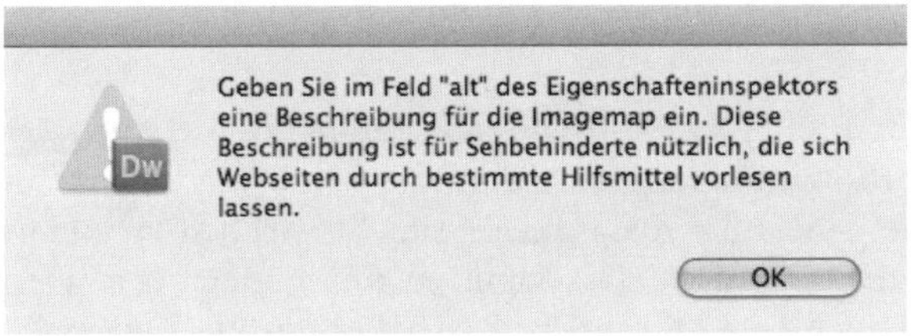

Geben Sie im Feld "alt" des Eigenschafteninspektors eine Beschreibung für die Imagemap ein. Diese Beschreibung ist für Sehbehinderte nützlich, die sich Webseiten durch bestimmte Hilfsmittel vorlesen lassen.

OK

**Bild 1.31:** Dem Bild einen Alternativtext zuweisen.

Jetzt ist Ihre Grafik eingefügt. In der Layoutansicht können Sie das Bild im Zusammenhang Ihrer Seite sehen und auswählen. Im Code sehen Sie jetzt an der Stelle des Bildes den Tag `<img>` mit verschiedenen Attributen, der das Bild in den XHTML-Code einbindet.

```
<img src="Zigarre.jpg" alt="Zigarre" width="195" height="350" hspace="10"
border="0" align="left"/>
```

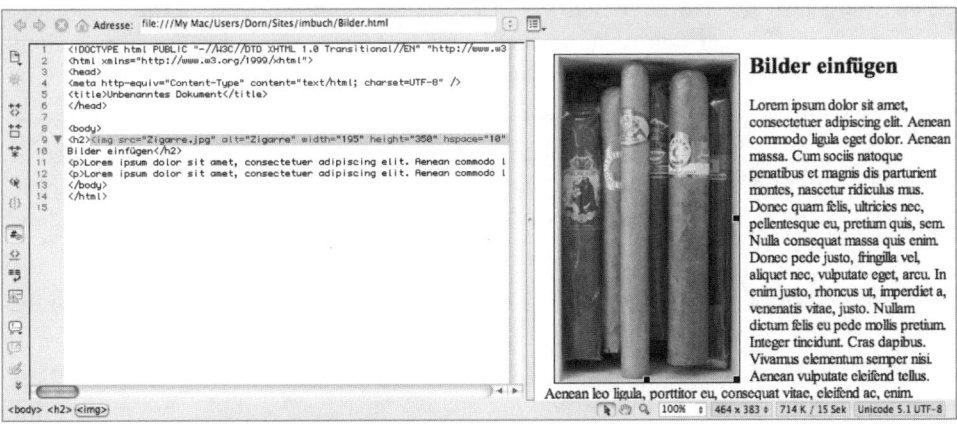

**Bild 1.32:** Das `<img>`-Tag zeigt eingebundene Bilder an.

Meist ist die Arbeit hier aber noch nicht getan. Oft müssen die Einstellungen für Bilder geändert oder überhaupt erst vorgenommen werden. Das erledigen Sie wieder mit dem Bedienfeld *Eigenschaften*. Sobald Sie das Bild auswählen, können Sie in diesem Bedienfeld alle notwendigen Optionen ausführen.

**Bild 1.33:** Bildeinstellungen im Bedienfeld *Eigenschaften* festlegen.

Das erste freie Feld in dem Fenster erlaubt es Ihnen, dem Bild eine ID zuzuweisen; eine individuelle Bezeichnung des Bildes, die Sie nur jeweils einmal in Ihrer Seite vergeben sollten und die wichtig für den späteren CSS-Einsatz ist. Auch JavaScripte können auf ID´s zugreifen.

Die Felder *B* und *H* zeigen die Breite und Höhe des Bildes an. Verändern Sie einen der beiden Werte, wird Ihr Bild proportional skaliert, verändern Sie beide Werte, wird es entsprechend verzerrt. Beachten Sie dabei aber, dass das Bild nicht wirklich verändert wird, lediglich die Darstellung wird manipuliert. Das kann zu unschönen Artefakten führen. Außerdem erreicht man so auch keine Reduzierung der Dateigröße. Setzen Sie Ihr Bild deshalb wieder auf die Ausgangswerte zurück. Ein Klick auf den halbrunden Pfeil neben den Werten genügt.

Bilder sollten möglichst immer schon im Vorfeld mit Hilfe eines entsprechenden Bildbearbeitungsprogramms wie Photoshop auf die richtige Größe skaliert werden, denn dort kann man die Darstellungsqualität und die Dateigröße in einem Vorschaufenster bereits vor dem Abspeichern beurteilen.

Die Eingabefelder für *V-Abstand* und *H-Abstand* erlauben es Ihnen, sowohl in der Vertikalen als auch in der Horizontalen Mindestabstände rund um Ihre Grafik festzulegen. Dabei geben Sie immer den Abstand für Rechts und Links sowie für Oben und Unten an. Mit CSS lässt sich das komfortabler für jede einzelne Seite steuern.

Das Feld *Quelle* zeigt Ihnen die Pfadangabe der Bilddatei an, die Sie hier ändern können, wenn Sie etwa ein anderes Bild an diese Stelle legen wollen. Mit *Hyperlink* können Sie direkt auf Ihr Bild eine Hyperlink-Verknüpfung legen, einfach eintippen oder auswählen. *Ziel* gibt dabei dann an, in welchem Browser-Fenster oder -Frame sich dieser Hyperlink öffnet.

Das Feld *Alt* zeigt den Alternativ-Text an, den Sie beim Einfügen angegeben haben, und den Sie hier jederzeit ändern können.

Mit der Option *Bearbeiten* rufen Sie ein in den Voreinstellungen festgelegtes Bildbearbeitungsprogramm auf. In diesem können Sie wie gewohnt Änderungen an dem Bild vornehmen. Sobald Sie speichern, werden sie in Dreamweaver übernommen. Andere Bearbeitungsoptionen wie Scharfzeichnen und Optimieren sind ebenfalls vorhanden, allerdings sind diese Optionen sehr grundlegend und die Anwendung eines externen Editors wird empfohlen.

Im Feld *Rahmen* können Sie Ihrem Bild einen Rahmen zuweisen. Geben Sie einfach eine Zahl an, diese entspricht dann der Dicke des Rahmens in Pixeln. Mit dem Wert *0* unterdrücken Sie die Anzeige eines Rahmens, der durch das Setzen eines Hyperlinks auf das Bild entstehen würde. Auch Rahmen gehören zu den Dingen, die man sinnvollerweise mit CSS-Regeln definiert.

Die Auswahl bei der *Ausrichtung* legt fest, wie sich nachfolgender Text zu dem Bild positioniert. So sorgt zum Beispiel die Einstellung *Links* dafür, das der nach dem Bild kommende Text rechts daran vorbeifliesst, *Mittig* dagegen setzt eine Zeile Text vertikal zentriert zum Bild, der restliche weitere Text steht unter dem Bild.

Für die Gestaltung mit Cascading Style Sheets hat man die Möglichkeit, dem Bild eine *Klasse* zuzuordnen, daher können Sie diese hier auswählen, sobald Sie eine entsprechende Klasse mit CSS selbst definiert haben.

## 1.5.9 Image Maps erstellen

Kehren wir noch einmal zur linken Seite des Bedienfelds *Eigenschaften* zurück. Mit der Option *Map* können Sie auf jedem Bild oder einer Grafik Maus-sensitive Felder einfügen, die dann einen eigenen Hyperlink erhalten. Dazu wählen Sie eines der Hotspot-Werkzeuge (Rechteck, Ellipse oder Vieleck) und ziehen das Feld über dem Bereich des Bildes auf, den Sie markieren wollen.

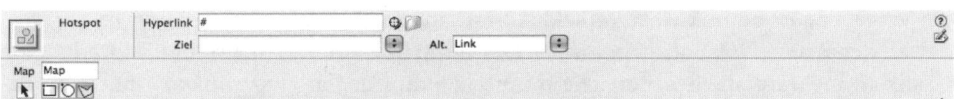

**Bild 1.34:** Mit dem *Tool für mehreckige Hotspots* (Vieleck) erstellen Sie eine Auswahl um das Bildelement – die Image Map.

Wenn Sie also wie in diesem Beispiel eine Zigarrenkiste einbauen und einer bestimmten Zigarre einen Hyperlink zuweisen wollen, benutzen Sie das *Tool für mehreckige Hotspots* und markieren damit die entsprechende Zigarre. In der *Entwurf*-Ansicht sehen Sie jetzt eine türkisfarbene Auswahl auf der Zigarre. Keine Angst, im Browser ist dieser Kreis nicht mehr zu sehen – nur mit der Maus zu berühren.

**Bild 1.35:** Der markierte Hotspot in der *Entwurf*-Ansicht.

Wenn Sie das Feld in der *Live-Ansicht* auswählen, verschwindet der Auswahlrahmen und der vergebene Hyperlink wird im Feld *Adresse* angeziegt. Diese unsichtbaren Felder werden in der Praxis Hotspots genannt. Durch ihre Hilfe kann man also ein Bild oder eine Grafik in mehrere »heiße« Bereiche unterteilen, auf denen Hyperlinks zu unterschiedlichen Zielen führen.

**Bild 1.36:** In der *Live-Ansicht* kann die neue Image Map getestet werden.

# 1.6 Dreamweaver Extensions installieren

Extensions oder Erweiterungen sind kleine Tools, mit denen Sie die Fähigkeiten von Dreamweaver ausbauen können. Es gibt kostenfreie und kostenpflichtige Helferlein. Diese und andere Programme finden registrierte User unter anderem auf der Adobe-Website. Am Beispiel des »Lorem Ipsum Generators« von Technocurve, einer Extension zur Erzeugung von Blindtext, lernen Sie jetzt die Arbeitsweise des Extension Managers kennen.

### ▣ Lesezeichen

http://bit.ly/UCv7w

Downlaod der *Lorem Ipsum*-Extension von Technocurve.

## 1.6.1 Lorem Ipsum Generator einbinden

Und so einfach funktioniert das Installieren einer Dreamweaver-Erweiterung:

1. Nachdem Sie die mxp-Datei von der Technocurve-Site auf Ihren Desktop (Windows) oder Schreibtisch (Mac) heruntergeladen haben, setzen Sie darauf einen Doppelklick.

2. Der Adobe Extension Manager öffnet sich und präsentiert Ihnen die Nutzungsbedingungen. Klicken Sie auf die Schaltfläche *Annehmen*. Es erscheint noch eine kurze Meldung, dass die Erweiterung »*Lorem Ipsum Generator*« erfolgreich installiert wurde. Bestätigen Sie die Meldung mir *OK*. Man mag es kaum glauben – das war es schon. So einfach können Dinge manchmal auch sein.

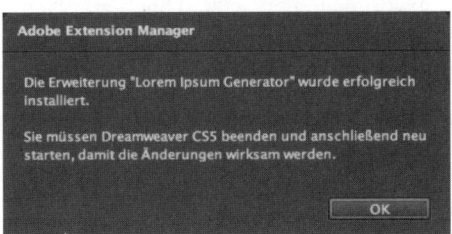

**Bild 1.37:** Die Erweiterung wurde erfolgreich installiert.

3. Im Fenster des Adobe Extension Managers wird die neue Erweiterung angezeigt. Am Haken und an *Aktiviert* erkennen Sie, das die Erweiterung ordnungsgemäß installiert wurde. Auf der linken Seite sehen Sie die Adobe-Produkte, für die es Erweiterungen gibt. Über den Eintrag *Entfernen* können Sie die Extension genauso schnell und leicht wieder loswerden.

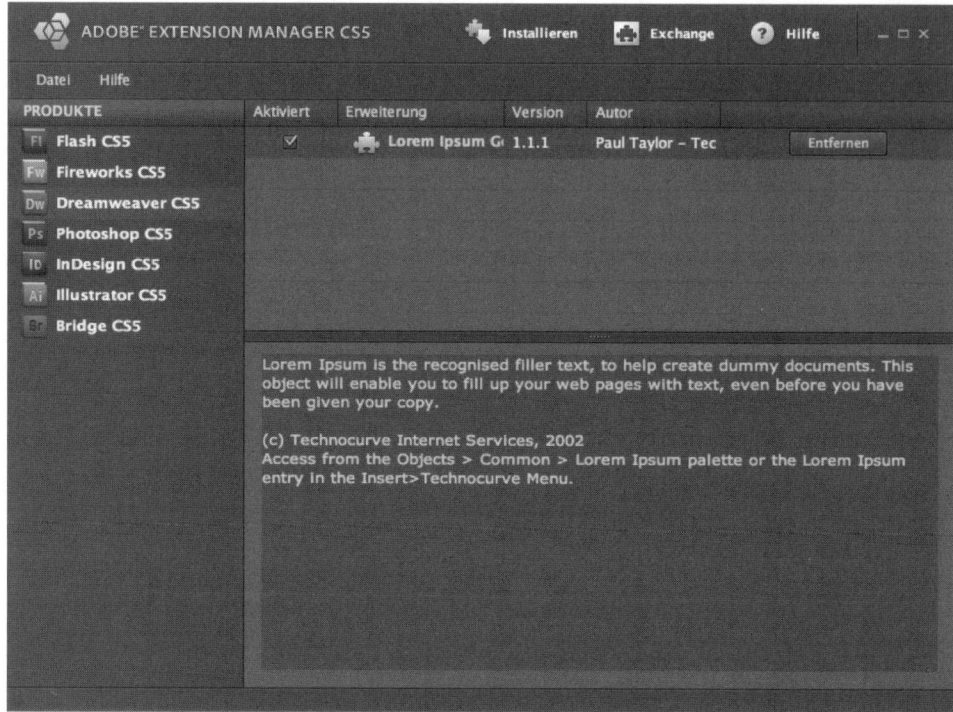

**Bild 1.38:** Anzeige der installierten Dreamweaver-Erweiterungen.

Falls man mehrere Erweiterungen installiert hat, diese jedoch nicht immer benötigt, kann man den Haken in der Rubrik *Aktiviert* entfernen und bei Bedarf später wieder aktivieren. Dann muss Dreamweaver nicht jedesmal alle Erweiterungen laden, die gar nicht benötigt werden. Sie können den Extension Manager jetzt schließen. Nach dem nächsten Start von Dreamweaver finden Sie die Erweiterung im Menü *Einfügen*.

Stöbern Sie ruhig mal auf der Adobe Website nach weiteren Erweiterungen. Das eine oder andere interessante Programm werden Sie bestimmt finden. Passen Sie jedoch auf: Die Entwicklung der kleinen Erweiterungen schreitet unaufhaltsam voran und nicht jede Erweiterung läuft mit jeder Version. Achten Sie also auf entsprechende Hinweise.

## 1.7    Blick in die Voreinstellungen

Sie erreichen die *Voreinstellungen* unter Windows über das Menü *Bearbeiten/Vorein-stellungen* oder über die Tastenkombination `Strg`+`U`. Arbeiten Sie mit einem Mac, finden Sie Voreinstellungen im Menü *Dreamweaver/Einstellungen* oder über die Tasten-kombination `Befehlstaste`+`U`. Diese beherbergen eine Vielzahl an Einstellungsmög-lichkeiten, die nachfolgend kurz angerissen werden.

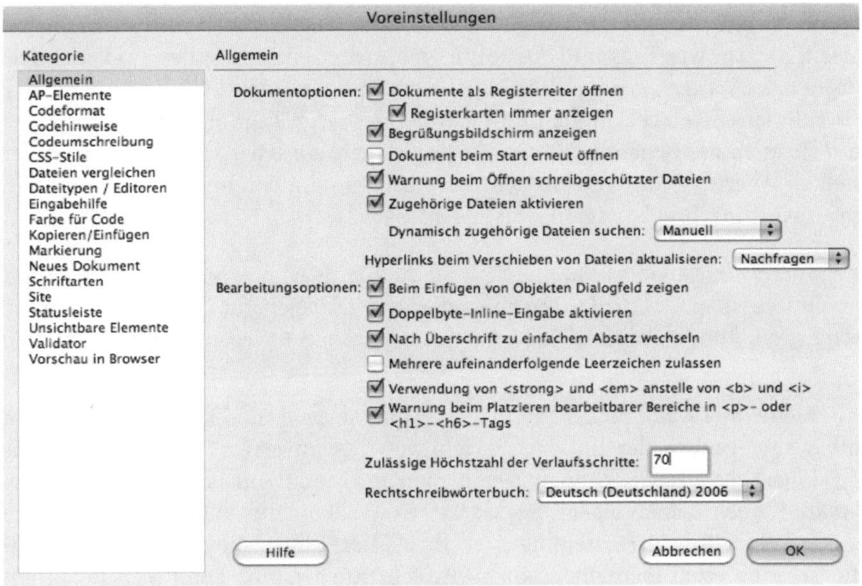

Voreinstellungen
Kategorie
Allgemein
Allgemein
AP-Elemente
Codeformat
Codehinweise
Codeumschreibung
CSS-Stile
Dateien vergleichen
Dateitypen / Editoren
Eingabehilfe
Farbe für Code
Kopieren/Einfügen
Markierung
Neues Dokument
Schriftarten
Site
Statusleiste
Unsichtbare Elemente
Validator
Vorschau in Browser
Dokumentoptionen: Dokumente als Registerreiter öffnen
Registerkarten immer anzeigen
Begrüßungsbildschirm anzeigen
Dokument beim Start erneut öffnen
Warnung beim Öffnen schreibgeschützter Dateien
Zugehörige Dateien aktivieren
Dynamisch zugehörige Dateien suchen: Manuell
Hyperlinks beim Verschieben von Dateien aktualisieren: Nachfragen
Bearbeitungsoptionen: Beim Einfügen von Objekten Dialogfeld zeigen
Doppelbyte-Inline-Eingabe aktivieren
Nach Überschrift zu einfachem Absatz wechseln
Mehrere aufeinanderfolgende Leerzeichen zulassen
Verwendung von <strong> und <em> anstelle von <b> und <i>
Warnung beim Platzieren bearbeitbarer Bereiche in <p>- oder <h1>-<h6>-Tags
Zulässige Höchstzahl der Verlaufsschritte: 70
Rechtschreibwörterbuch: Deutsch (Deutschland) 2006
Hilfe
Abbrechen
OK

**Bild 1.39:** Das Dialogfeld der Dreamweaver *Voreinstellungen*.

Die Voreinstellungen sind in verschiedene Kategorien unterteilt. Die gerade ausgewählte Kategorie *Allgemein* umfasst diverse Dokument- und Bearbeitungsoptionen. Hier können Sie auch den Begrüßungsbildschirm aktivieren bzw. deaktivieren. Auch die *Zulässige Höchstzahl der Verlaufsschritte*, die rückgängig gemacht werden können, kann hier eingestellt werden, in der oben stehenden Abbildung ist sie auf *70* gesetzt.

Voreinstellungen
Kategorie
Codehinweise
Allgemein
AP-Elemente
Codeformat
Codehinweise
Codeumschreibung
CSS-Stile
Dateien vergleichen
Dateitypen / Editoren
Eingabehilfe
Farbe für Code
Kopieren/Einfügen
Markierung
Neues Dokument
Schriftarten
Site
Statusleiste
Unsichtbare Elemente
Validator
Vorschau in Browser
Schließende Tags: Nach Eingabe von "</"
Nach Eingabe der öffnenden Tags ">"
Nie
Optionen: Code-Hinweise aktivieren
Beschreibungs-QuickInfos aktivieren
Verzögerung:
0 Sekunden
0
5
Menüs:
Tag-Namen
Attributnamen
Attributwerte
Objektmethoden und Variablen
HTML-Entities
Namen von CSS-Eigenschaften
Codehinweiswerkzeuge
DOM-Code-Hinweise
Verwenden Sie zum Hinzufügen bzw. Entfernen von Tags und Attributen den Tag-Bibliothek-Editor.
Hilfe
Abbrechen
OK

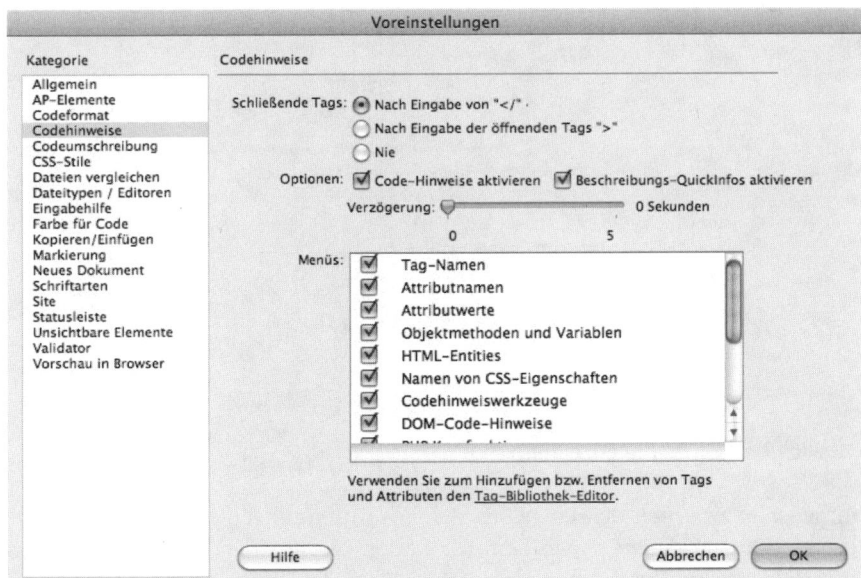

**Bild 1.40:** In den Kategorien *Codeformat*, *Codehinweise* und *Codeumschreibung* dreht sich alles um den von Dreamweaver erzeugten Quellcode.

Die Kategorie *Codeformat* ist für das Aussehen des Quellcodes verantwortlich. Sie können hier festlegen, wie Tags und Attribute geschrieben werden sollen und wie viele Einrückungen das Betätigen der ⎡Tab⎤-Taste erzeugt. In der Kategorie *Codeumschreibung* können Sie z. B. falsch verschachtelte und nicht geschlossene Tags automatisch reparieren lassen oder auch die Behandlung von Sonderzeichen einstellen. Das Verändern der voreingestellten Werte sollte mit Bedacht erfolgen, vor allem bei der Möglichkeit, Dreamweaver eigenmächtig korrigieren zu lassen.

In der Kategorie *Neues Dokument* können Sie Standardeinstellungen für das Dokument, den Dokumenttyp oder auch die Zeichencodierung festlegen, und in der Kategorie *Dateien vergleichen* können Sie den Pfad zu einem Programm legen, das zwei Dateien abgleicht.

Unsichtbare Elemente sind Sprachelemente, die im Browser für den User normalerweise nicht sichtbar sind und in der Entwurfsansicht von Dreamweaver durch kleine Icons symbolisch dargestellt werden können, wenn man im Menü *Ansicht/Visuelle Hilfsmittel/Unsichtbare Elemente* einen Haken gesetzt hat. Es werden dann aber nur die Elemente angezeigt, die durch die Voreinstellungen nicht gefiltert sind. Mit den Ankerpunkten von absolut positionierten Elementen, kurz AP-Elemente genannt, kann man Boxen oft besser markieren, speziell dann, wenn sie übereinander liegen. Deshalb haben wir diese Option angehakt.

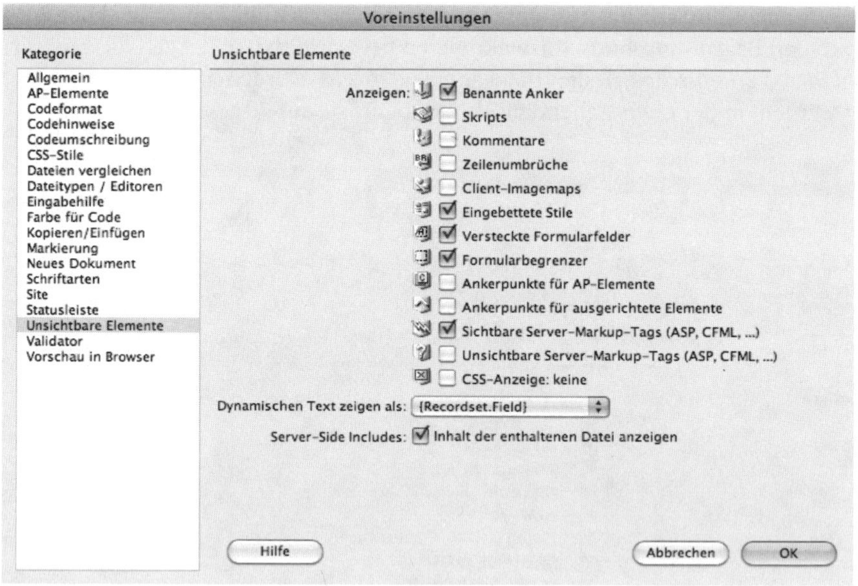

**Bild 1.41:** *Unsichtbare Elemente* anzeigen.

Das Zusammenspiel zwischen den einzelnen Adobe-Anwendungen ist weiter optimiert worden. In der Kategorie *Dateitypen/Editoren* finden Sie auf der linken Seite einen Bereich, in dem bekannte Dateiendungen aufgelistet werden. Haben Sie bereits andere Adobe-Anwendungen installiert, finden Sie hier Dateiformate wie PSD (Photoshop) oder FLA (Flash). Auf der rechten Seite können Sie angeben, mit welchem Programm dieses Dateiformat bearbeitet werden kann. Sie können auch mehrere Anwendungen dafür eintragen.

Die Schaltfläche *Zu primärem Editor machen* bestimmt, welches Programm sich automatisch öffnet, wenn man einen Doppelklick auf eine solche Datei setzt. Beide Spalten verfügen über ein *Plus*-Zeichen, um Dateiformate bzw. Anwendungen hinzuzufügen, und über ein *Minus*-Symbol, um sie bei Bedarf wieder zu entfernen. Eine weitere Kategorie lernen Sie im nächsten Kapitel gesondert kennen, nämlich die *Vorschau in Browser*.

## 1.8 Browservorschau und Device Central

In den Dreamweaver-Voreinstellungen legen Sie fest, mit welchen Browsern ein Dokument angezeigt werden soll. Über den *Plus*-Schalter, neben *Browser*, können der Liste weitere Browser hinzugefügt werden. Ein Klick auf den *Minus*-Schalter entfernt den markierten Browser wieder aus der Liste. Zusätzlich ist es möglich, einen Browser als *Primärbrowser* oder *Sekundärbrowser* auszuwählen. Durch Drücken der `F12`-Taste kann der Primärbrowser z. B. direkt aus Dreamweaver heraus aufgerufen werden, für den Sekundärbrowser benötigen Sie zusätzlich die `Strg`-Taste oder beim Mac die `Befehlstaste`.

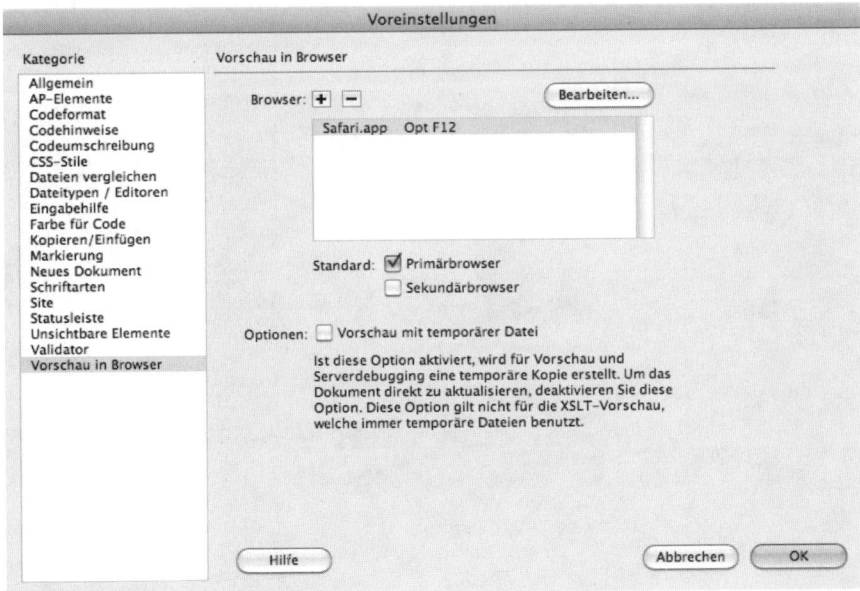

**Bild 1.42:** Browser für die Vorschau von Webseiten festlegen.

**Achtung!**
Sie können noch weitere Browser oder Browserversionen installieren, die dann aber ohne Tastaturkommando auskommen müssen. Allerdings sollten Sie auf einem Betriebssystem niemals zwei Versionen des Internet Explorers installieren. Der ist dermaßen eng mit dem Betriebssystem verzahnt, dass der Versuch, eine weitere Version zu installieren, zu einem nicht mehr funktionstüchtigen Betriebssystem führen kann.

Die Browservorschau kann auch im Menü *Datei/Vorschau in Browser* aufgerufen werden. Dort befindet sich auch, falls installiert, die *Device Central*, eine Adobe-Anwendung, die es ermöglicht, eine Vorschau für Anwendungen, die auf mobilen Endgeräten laufen sollen, anzuzeigen. Die Device Central beinhaltet bereits eine Bibliothek mit einer Vielzahl an Geräteprofilen, weitere können aus dem Internet geladen werden. Die Device Central liefert Infos zum Geräteprofil und einen Simulationsmodus für Anwendungsgeschwindigkeit und Display. Die Vorschau ist ganz brauchbar. Für eine tatsächliche Beurteilung einer zu entwickelnden Anwendung ist ein echtes Gerät zum Testen jedoch unersetzlich.

**Bild 1.43:** Die Abbildung zeigt eine Webseite auf einem 320 x 480 Touch Screen. Im Bereich *Testgeräte* finden Sie eine Liste mit bereits vorgegebenen Fenstergrößen, die beliebig erweitert werden kann.

# 2 Projekt planen und Site einrichten

Um festzulegen, wie ein Projekt am besten gestartet wird, müssen zunächst die Rahmenbedingungen untersucht werden. Ein Konzept ist bei größeren Projekten unverzichtbar, steht jedoch oft auch nicht im Verhältnis zu Ertrag und Aufwand. Auch eine später geplante Erweiterung um zusätzliche Seiten oder Funktionalitäten erfordert eine sorgfältige Vorbereitung. Sonst können spätere Änderungswünsche schnell zu einem Arbeitsaufwand führen, den der Kunde nicht mehr bezahlen möchte oder kann.

Versuchen Sie, mit Ihrem Kunden direkt abzuklären, ob das Projekt später eventuell ausgebaut werden soll, und beraten Sie ihn nach bestem Wissen und Gewissen. Er wird es Ihnen danken. Am besten fassen Sie das Ergebnis des Gesprächs schriftlich zusammen und lassen es gegenzeichnen. So haben Sie im Falle von Unstimmigkeiten ein zusätzliches Dokument, das zur Klärung von Ungereimtheiten hinzugezogen werden kann. Zunächst gilt es, die Frage zu klären, warum man das Projekt überhaupt durchführt. Antworten wie »Weil man eine Homepage braucht« oder »Um das Unternehmen zu präsentieren« haben keine Aussagekraft.

## 2.1 Kundenbedürfnisse definieren

Unser Kunde ist ein am Niederrhein bekannter Friseursalon und sein Partner aus Österreich. Beide haben in den letzten Jahren expandiert und neue Geschäftsfelder erschlossen. Beide bieten z. B. hochwertige Haarverlängerungen und medizinischen Haarersatz an und arbeiten bereits seit längerer Zeit zusammen. Nun möchten sie ihren Kunden die Möglichkeit bieten, modische, hochwertige Perücken, Kopftücher und notwendiges Zubehör direkt in einem Online-Shop zu bestellen. Ein Blick auf die Mitbewerber zeigt, dass dies bei einigen sehr gut, bei anderen weniger gut funktioniert. Ausschlaggebend für einen rentablen Produktverkauf ist eine gute Positionierung in den Suchmaschinen bzw. eine gut durchdachte Strategie für Anzeigenkampagnen.

Um die Suchmaschinen besser mit zielgerichteten Inhalten füttern zu können, werden wir deshalb vorab eine statische Seite erstellen, die es uns ermöglicht, ohne die Zwänge einer korsettähnlichen Shopstruktur zu arbeiten. Während das Hauptziel für den Shop Funktionalität und Bedienerfreundlichkeit sein soll, liegt bei dieser ersten Seite der Fokus auf einer Seitenstruktur, die in der Hauptsache »botfreundlich« ist. Wer unabhängig von der Kommunikationsaufgabe einfach nur schöne Layouts designen möchte, ist bei der Kunst oder der Gestaltung von Printmedien besser aufgehoben als beim Webdesign. Viele sehr schön gestaltete Seiten sind sehr häufig überhaupt nicht zu finden.

## 2.2    Zielgruppe bestimmen

Die zu erwartende Zielgruppe lässt Rückschlüsse zu auf die verwendete Hardware, Sprachkenntnisse, Surfverhalten und auch darauf, welche Technologien aufgrund von eingeschränkten Rechten nicht genutzt werden können. JavaScript und Flash-Plug-ins werden z. B. in öffentlichen Einrichtungen oft vom Webmaster deaktiviert. Unsere Zielgruppe lässt sich nicht so leicht bestimmen, es könnte zunächst einmal jeder sein. Denkt man dann genauer darüber nach, kann man sie doch eingrenzen. Folgende Aspekte sind wahrscheinlich:

* Die Käufer sind hauptsächlich weiblich.

* Oft ist der Grund des Kaufes die Folge einer krankheitsbedingten Therapie.

* Der Grund ist eine chronische Erkrankung.

* Der Grund ist ein modischer Aspekt.

Es kann alle Altersgruppen betreffen, sehr wahrscheinlich ist die Mehrzahl der Käufer zwischen 15 und 60 Jahre alt. Da der in Frage kommende Personenkreis sehr breit gefächert ist, setzen wir keine High-Tech-Rechner und auch keine DSL-Leitung voraus. Wir verzichten an den wichtigsten Stellen auf Technologien wie JavaScript bzw. Flash, setzen sie jedoch ein, um die Seite ein wenig aufzupeppen. Wir verwenden harmonisch zusammengestellte, blumige Farben, da die Zielgruppe zum größten Teil aus Frauen besteht. Nach diesen grundsätzlichen Vorüberlegungen können wir uns nun an die Arbeit für die statische Website machen.

## 2.3    Skizze und Entwurf

Noch immer spielt Papier eine große Rolle, und das obwohl seinerzeit schnell die Behauptung aufgestellt wurde, dass der Papierverbrauch durch den Einsatz von Computern reduziert werden würde. Das Gegenteil scheint manchmal der Fall, wenn man die Aktenschränke in den Büros betrachtet. Für einen ersten groben Entwurf ist eine Skizze auf Papier immer noch eine gute Wahl. Auch in unserem Fall war das so und einige Seiten sind dabei zwischendurch im Papierkorb gelandet, bevor wir zu dem folgenden Ergebnis kamen: Bei diesen Skizzen geht es auch schon um die Platzeinteilung auf der Webseite und grundsätzliche Überlegungen zur Bildschirmgröße.

**Bild 2.1:** Groben Skizze eines ersten Entwurfs.

Da wir eine konkrete Vorstellung von dem haben, was wir anfertigen wollen, haben wir mit Adobe Photoshop das Screendesign erstellt und dem Kunden vorgelegt. Nach einigen kleineren Änderungen lag das Endresultat vor, das als Basis für das CSS-Layout dienen soll.

**Bild 2.2:** Das erste Screendesign, erstellt in Adobe Photoshop. (Fotos: Fotolia)

## 2.4 Projektstruktur festlegen

Auch die Struktur des Projektes wird zunächst skizziert. Es gibt keine allgemein und überall gültige Regel, nach der eine Ordnerstruktur angelegt werden muss. Allerdings stellt man oft Schwierigkeiten im Umgang mit Verzeichnisbäumen fest. Sie sollten auf jeden Fall Leerzeichen in Ordner- und Dateinamen vergeben, alle Namen kleinschreiben und alle Dateien entweder mit der Dateiendung *.htm* oder der Endung *.html* benennen, nur nicht mischen.

Für unsere Projekte nutzen wir als Ausgangsbasis stets eine bereits angelegte Ordnerstruktur, die wir mit kleinen Änderungen oder Ergänzungen bei allen anstehenden Arbeiten verwenden. Der Ordner *kundenname* wird dann in den tatsächlichen Namen des Kunden geändert. Auf oberster Ebene in dem Ordner liegen dann weitere fünf Hauptverzeichnisse.

Im Ordner *rohmaterial* landen alle von uns noch unbearbeiteten Dateien, die unser Kunde ggf. anliefert. Das können z. B. Texte in Form von Worddokumenten sein, digitale Bilder, Scans, PDFs, Audiodateien oder Videofilme. Der Ordner *arbeitsdateien* ist unser Ablageort für bearbeitete Materialien in einem Format, das im Sinne von Crossmedia Publishing als leicht zu ändernde Ausgangsbasis für unsere Zielmedien dient.

Dort landen Montagen, verschiedene Bilder im Photoshop-Format oder die mit Premiere geschnittene, aber noch unkomprimierte Videodatei.

Dann gibt es natürlich einen Ordner *Web* für eine oder mehrere Homepages, einen Ordner *Print* für alle Druckmaterialien und einen Ordner *Multimedia* für Anwendungen, die auf mobilen Endgeräten oder DVDs laufen sollen. Diese Grundstruktur ist auf jeden Kunden übertragbar und enthält alle Aspekte unserer Aufgabenbereiche. Die einzelnen Ordner auf der ersten Ebene enthalten meistens nochmals weitere Unterordner, die unsere Struktur weiter unterteilt und sinnvoll verfeinert.

**Bild 2.3:** Grundlegende Ordnerstruktur der neuen Site.

Selbstverständlich bleibt es Ihnen überlassen, Ihre eigene Hierarchie festzulegen, die am besten zu Ihrer Arbeitsweise passt. Wenn Sie möchten, können Sie unsere Dummy-Struktur benutzen oder für Ihren Zweck verändern.

## 2.5 Einrichten einer neuen Site

Eine Site ist die Verwaltung aller relevanten Webinhalte unter einem von uns bestimmten Namen. Natürlich sind eigentlich nur die Dateien interessant, die zum Schluss auf den Server übertragen werden sollen. Obwohl es die Möglichkeit gibt, z. B. die Arbeitsdateien mit in die Site zu nehmen und das Übertragen per Cloaking zu verhindern, entscheiden wir uns dagegen. Es ist übersichtlicher, wenn nur die für das Web benötigten Dateien in der Siteansicht zu sehen sind.

1. Zur Vorbereitung erstellen Sie auf Ihrer Festplatte die oben gezeigte Ordnerstruktur. Da Ihr Kunde plant, für sein Unternehmen mehrere Homepages zu betreiben, legen Sie im Unterordner *web* drei Dummy-Ordner an – *homepage1* bis *homepage3*. Den Dummy-Ordner *homepage 1* benennen Sie direkt in *perueckenlexikon* um. Legen Sie den Ordner an der Stelle ab, wo Sie alle Arbeitsprojekte speichern, am besten auf einer separaten Festplatte. Im Menü *Site* wählen Sie den Befehl *Neue Site*.

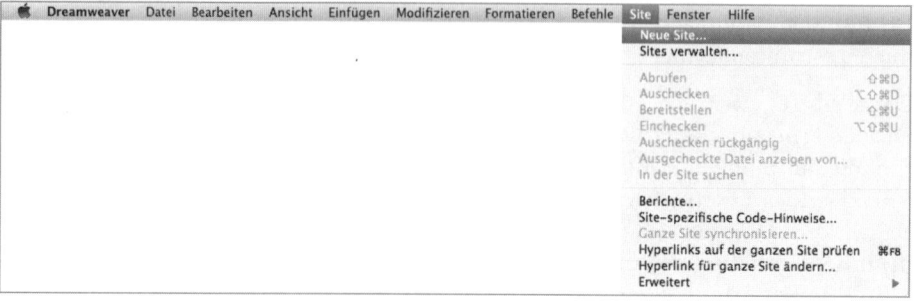

**Bild 2.4:** Über die Menüleiste eine neue Site anlegen.

2. Es öffnet sich das Dialogfeld *Site-Definition für »Sitename«*. Im Eingabefeld *Site-Name* tragen Sie den Namen Ihrer Website ein, hier *Perueckenlexikon*. Der Sitename dient der Organisation der Daten innerhalb von Dreamweaver und kann frei gewählt werden, sogar Sonderzeichen können Sie hier ausnahmsweise verwenden. Im Eingabefeld *Lokaler Site-Ordner* geben Sie den Verzeichnispfad zum lokalen Stammordner auf Ihrer Festplatte an. Wenn Sie unsere Dummy-Struktur benutzen, ist das der Ordner *perueckenlexikon*.

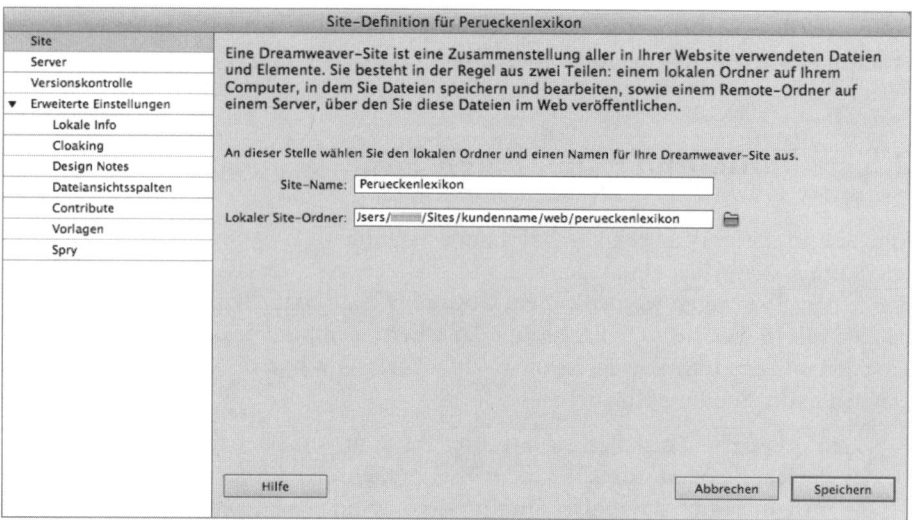

**Bild 2.5:** Name der Site und Pfad zum Festplattenordner eintragen.

3. Öffnen Sie den Bereich *Erweiterte Einstellungen/Lokale Info*. Tragen Sie hier im Feld *Standard-Bilderordner* den Pfad zu Ihrem Bilderordner ein – hier *images*.

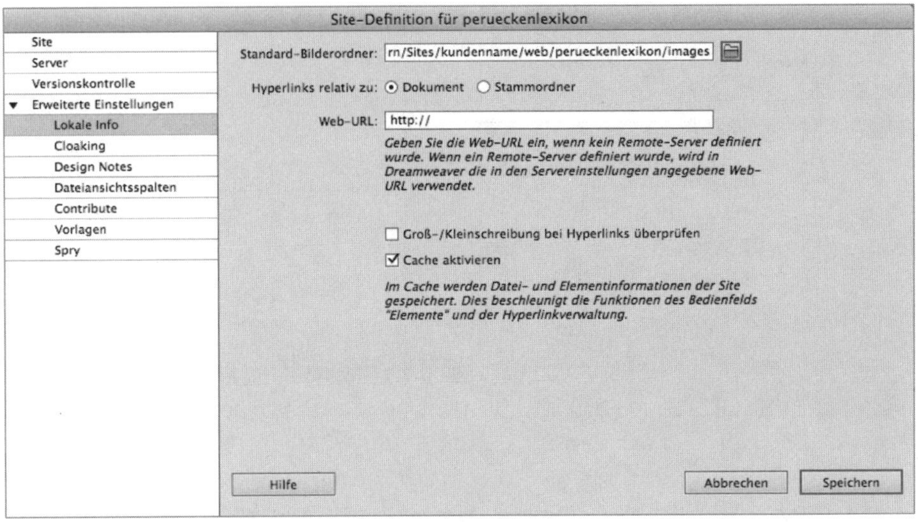

Site-Definition für perueckenlexikon

| | |
|---|---|
| Site | |
| Server | |
| Versionskontrolle | |
| ▼ Erweiterte Einstellungen | |
| Lokale Info | |
| Cloaking | |
| Design Notes | |
| Dateiansichtsspalten | |
| Contribute | |
| Vorlagen | |
| Spry | |

Standard-Bilderordner: rn/Sites/kundenname/web/perueckenlexikon/images

Hyperlinks relativ zu: ● Dokument ○ Stammordner

Web-URL: http://

*Geben Sie die Web-URL ein, wenn kein Remote-Server definiert wurde. Wenn ein Remote-Server definiert wurde, wird in Dreamweaver die in den Servereinstellungen angegebene Web-URL verwendet.*

☐ Groß-/Kleinschreibung bei Hyperlinks überprüfen
☑ Cache aktivieren

*Im Cache werden Datei- und Elementinformationen der Site gespeichert. Dies beschleunigt die Funktionen des Bedienfelds "Elemente" und der Hyperlinkverwaltung.*

Hilfe   Abbrechen   Speichern

**Bild 2.6:** Den Standard-Bilderordner *images* festlegen.

Im Bereich *Server* tragen Sie den Server ein, der als Host für Ihre Website fungiert. Wenn Sie Ihre Dreamweaver-Seiten nur bearbeiten möchten, muss dieser Schritt nicht durchgeführt werden. Nur wenn Sie eine Verbindung zum Internet herstellen, muss der Remote-Server definiert werden.

Wenn Sie später einen Zugang zum Webserver einrichten, wird der Webserver im lokalen Stammordner gespiegelt. Das heißt, der Inhalt Ihres lokalen Stammordners und der Inhalt des Ordners auf dem Webserver sind gleich, wenn Sie Ihre Daten übertragen haben. Auf den Standard-Bilderordner wird automatisch als Erstes zugegriffen, wenn man ein Bild einfügt. Das kann man aber auch später machen oder gar nicht, z. B. wenn man mehrere gleichwertige Bilderordner hat.

Hyperlinks können relativ zum Stammordner oder zum Dokument vergeben werden. Auf den Stammordner bezogene Verlinkungen zeigen sich nur bei dynamischen Webseiten. Nachteilig ist jedoch, dass Sie keine lokale Vorschau erzeugen können. Die Option *Groß- und Kleinschreibung bei Hyperlinks überprüfen* sollte man stets aktivieren, genau wie die Option *Cache aktivieren*. Das sind alle Optionen, die Sie zur Arbeit auf Ihrem Computer benötigen. Für das Übertragen auf den Webserver sind noch andere Einstellungen nötig, die wir an entsprechender Stelle besprechen.

4. Bestätigen Sie die Angaben mit Klick auf die Schaltfläche *Speichern*. Im Bedienfeld *Dateien* sollte nun der von Ihnen benannte lokale Stammordner auftauchen.

**Bild 2.7:** Im Bedienfeld Dateien taucht nun Ihr lokaler Stammordner auf.

**Dateioperationen nur innerhalb der Site**
Beim Anlegen einer neuen Website kann man viel falsch machen und den Grundstein für später auftretende Fehler legen. Deshalb sollten Dateioperationen nach dem Anlegen der Site ausschließlich innerhalb der Site-Verwaltung vorgenommen werden, denn wenn Sie Veränderungen mit dem Explorer vornehmen, bemerkt Dreamweaver das nicht und kann keine Korrekturen bei den Verlinkungen durchführen.

# 3 Statische Webseiten erstellen

Die statischen Webseiten werden jetzt auf Basis einer Vorlage erstellt, damit spätere Änderungen an der Linkstruktur leichter möglich sind. Darüber hinaus wird eine CSS-Vorlage erstellt, die als Formatvorlage mit anderen Webseiten verknüpft werden kann.

## 3.1 Layout mit Cascading Style Sheets

Wie man CSS-Stile erstellt, haben Sie bereits im Kapitel 1, »Webdesign mit Dreamweaver CS5« erfahren. Beginnen wir nun mit der praktischen Umsetzung.

### 3.1.1 CSS-Datei erstellen

1. Wählen Sie den Menübefehl *Datei/Neu* und erstellen Sie ein neues Dokument vom Typ *CSS*. In einer von Dreamweaver angelegten neuen CSS-Datei sind bereits Einträge enthalten, die auf den verwendeten Zeichensatz und die Sprache hinweisen. Die sind für uns jetzt nicht so wichtig, wir beachten sie gar nicht.

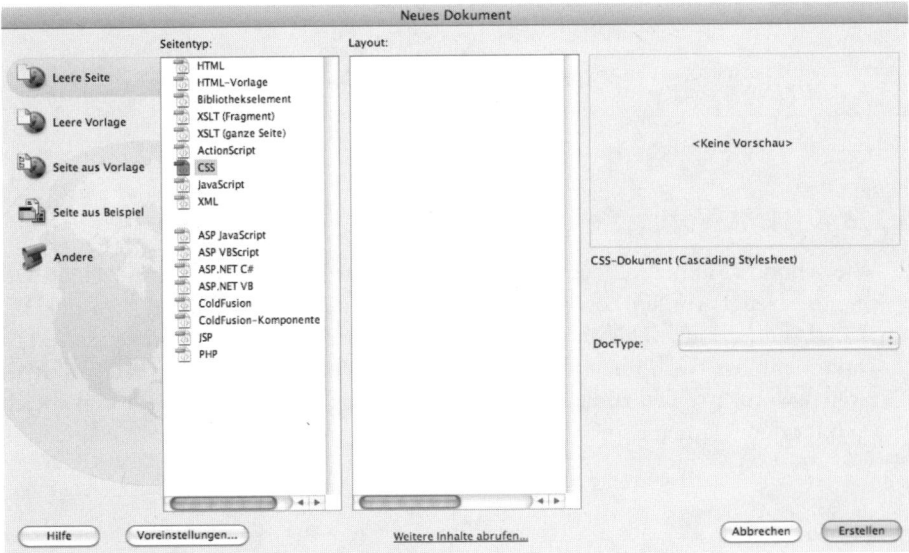

**Bild 3.1:** Erstellen einer neuen CSS-Datei.

2. Speichern Sie die CSS-Datei unter dem Namen *peruecken.css* ab. Bei allen Dateinamen ist es am besten, auf Sonderzeichen (mit Ausnahme des Unterstriches) zu verzichten und ausschließlich Kleinbuchstaben zu verwenden. Sie sind dann bei allen Sprachen und Betriebssystemen auf der sicheren Seite. Ihr CSS-Dokument taucht nun im Bedienfeld *Dateien* auf und steht innerhalb Ihrer Site zur Verfügung. Sie können es jetzt zunächst wieder schließen.

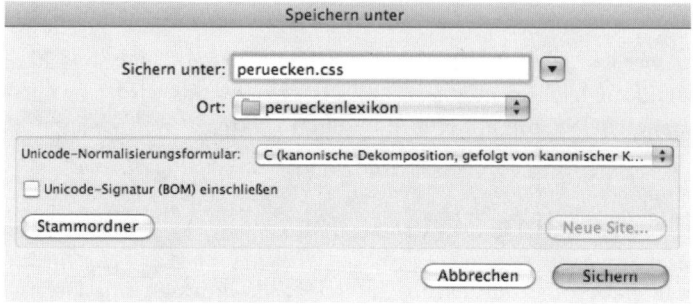

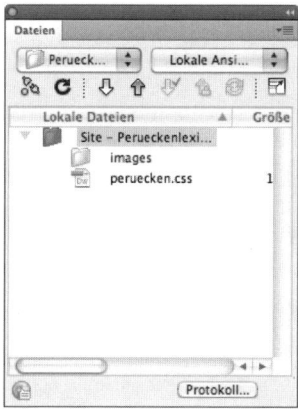

**Bild 3.2:** Die gespeicherte CSS-Datei wird im Bedienfeld *Dateien* angeziegt.

## 3.1.2    HTML-Vorlage erstellen

1. Wie schon erwähnt, soll eine Vorlage erstellt werden, aus der alle einzelnen Dokumente erzeugt werden können. Zum Einen können Sie im Menü *Neu* den Befehl *HTML-Vorlage* auswählen. Sie können kann aber aus jedem bestehenden HTML-Dokument im Nachhinein immer noch eine Vorlage erzeugen. Wir wählen den zweiten Weg, erstellen zunächst ein ganz normales HTML-Dokument und speichern es unter dem Namen *entwurf.html* ab.

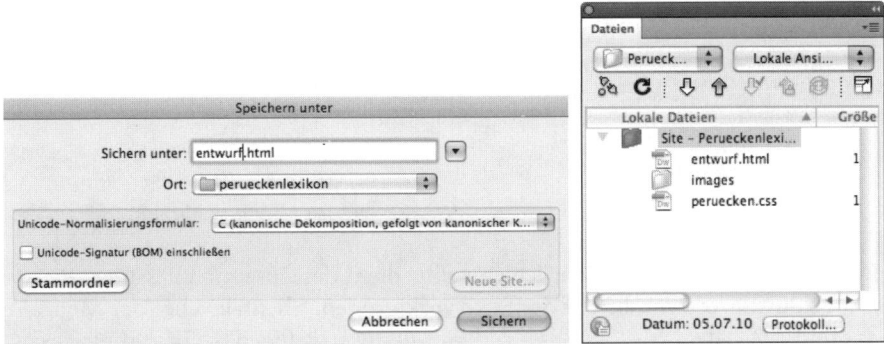

**Bild 3.3:** Die neue HTML-Datei wird ebenfalls im Bedienfeld *Dateien* abglegt.

2. Schalten Sie um auf die *Code*-Ansicht und Sie sehen ein komplettes HTML-Grundgerüst inklusive Titel und Angabe des verwendeten Zeichensatzes. Innerhalb des Titels steht allerdings noch »Unbenanntes Dokument«. Das ändern wir als Erstes, denn der Titel ist bereits erstes Futter für die Suchmaschinen. Mehr dazu erfahren Sie im entsprechenden Abschnitt. Ändern Sie den Titel um in *Perücken Lexikon – alles über Perücken.*

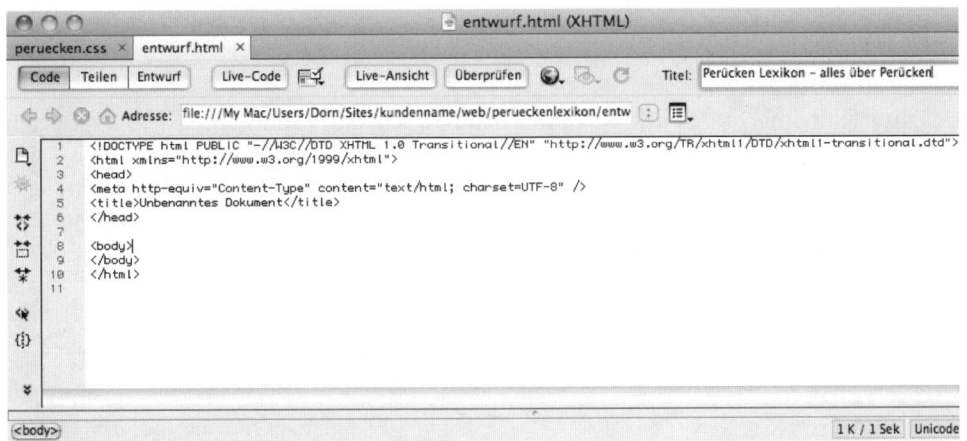

**Bild 3.4:** Das grundlegende HTML-Gerüst.

3. Meta-Angaben stehen genau wie der Titel der Seite im Kopf eines HTML-Dokuments und gehörten in den Anfangsjahren des World Wide Web zu den wichtigsten Infos für Suchmaschinenbots. Heute sind sie weniger wichtig, aber auch nicht überflüssig. Deshalb fügen wir in jedem Fall zunächst den Meta-Tag ein, der für eine kurze Beschreibung der Seite gedacht ist. Wählen Sie im Menü *Einfügen* den Befehl *HTML/Head-Tags/Beschreibung.* Im Dialogfeld *Beschreibung* geben Sie eine kurze Beschreibung Ihrer Seite ein. Im Beispiel »*Im Perücken-Lexikon erhalten Sie Hintergrundwissen zu Perücken, ihrer Haarstruktur und Machart. Details zu medizinischen Perücken oder modischen Perücken«.*

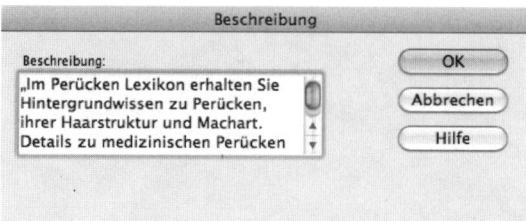

**Bild 3.5:** Die Beschreibung
der Seite festlegen.

4. Eine weitere Angabe, die nicht fehlen sollte, dient der Zusammenfassung von wichtigen Schlüsselwörtern, die auf der Seite vorkommen. Ebenfalls über das Menü *Einfügen* und den Befehl *HTML/Head-Tags/Schlüsselwörter* fügen Sie Ihre »Keywords« ein: »*Perücken, Perückenshop, medizinische Perücke, Karnevalsperücke, historische Perücke, Perückenmacher, Perückenlexikon, Maskenbildner, Echthaarperücken, Kunsthaarperücken*«.

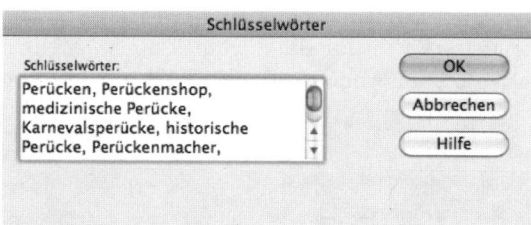

**Bild 3.6:** Die Schlüsselwörter
der Seite festlegen.

5. Nun fehlt im Header des Dokuments nur noch die Verknüpfung zur angelegten CSS-Datei. Öffnen Sie das Menü *Formatieren* und wählen Sie den Befehl *CSS-Stile/Stylesheet anfügen*. Wählen Sie in dem Dialogfeld *Externes Stylesheet anfügen* Ihre bereits angelegte Datei als Verknüpfung aus; die Schaltfläche *Durchsuchen* kann gegebenenfalls helfen, die Datei schneller zu finden.

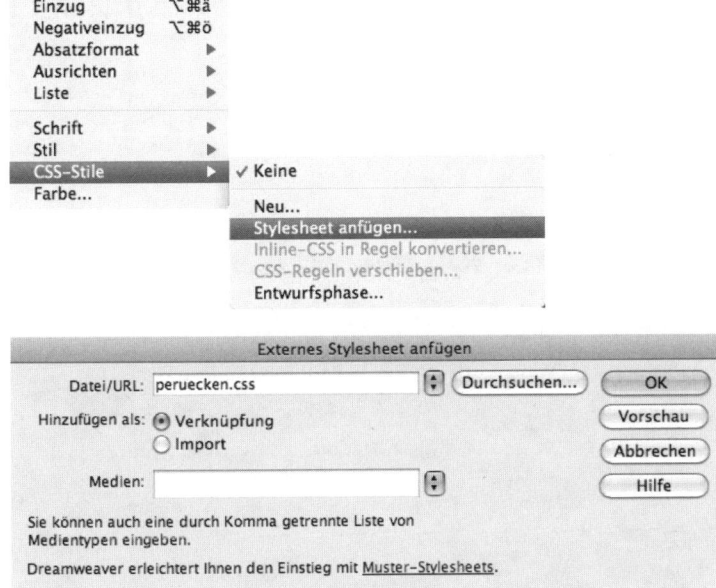

**Bild 3.7:** Die CSS-Datei mit dem Dokument verknüpfen.

Im Header des Dokuments sehen Sie dann diesen Eintrag:

```
<link href="peruecken.css" rel="stylesheet" type="text/css" />
```

6. Referenzen zwischen zwei CSS-Dateien sind über eine solche Verknüpfung nicht möglich. In der Popup-Liste *Medien* können Sie das Zielmedium für das Stylesheet angeben, sofern Sie möchten.

### ⊡ Lesezeichen

http://www.w3.org/

Auf der Webseite des W3C erfahren Sie mehr zu CSS und den Möglichkeiten, Stylesheets für bestimmte Ausgabemedien zu entwickeln.

## 3.1.3 Äußeren Container anlegen

1. Das Layout soll zentriert auf dem Bildschirm präsentiert werden und eine feste Breite haben. Deshalb erstellen Sie als Erstes einen Container, der alle anderen Elemente umrahmt. Stellen Sie den Cursor einfach in das noch leere Dokument der Entwurfs-ansicht und wählen Sie im Menü *Einfügen* den Befehl *Layoutobjekte/Div-Tag*.

2. Im Dialogfenster haben Sie die Möglichkeit, den Einfügepunkt noch genauer festzulegen, z. B. ganz gezielt vor oder hinter ein bestimmtes Tag zu setzen. Für unseren Zweck ist jetzt *Am Einfügepunkt* die richtige Wahl. Hätten Sie zu diesem Zeitpunkt bereits Klassen oder IDs angelegt, könnten Sie diese bereits in diesem Fenster dem `<div>`-Container zuweisen. Sie können aber auch neue IDs direkt hier

anlegen, und das wollen wir ausnutzen. Vergeben Sie im Feld *ID* den Namen *perueckencontainer*.

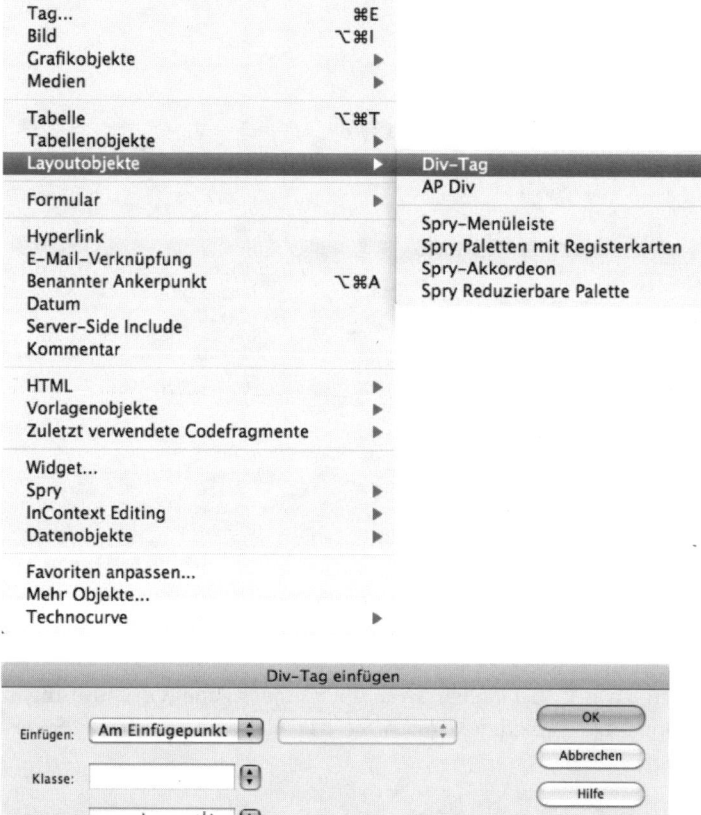

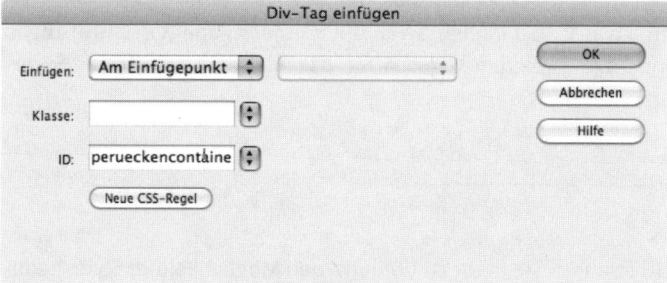

**Bild 3.8:** Einem ‹div›-Container eine ID zuweisen.

3. Es ist nun auch möglich, für den ID-Selektor direkt neue Regeln zu erstellen, die wahlweise im aktuellen Dokument oder in einer neuen bzw. bereits bestehenden CSS-Datei angelegt werden. Da Sie die Maße für den äußeren Container durch den Entwurf bereits kennen, können Sie das an dieser Stelle auch sofort demonstrieren. Klicken Sie auf den Button *Neue CSS-Regel.* Sie sehen die eben gewählte ID. Als Nächstes müssen Sie entscheiden, wo die Formatierung abgelegt werden soll. Da das Layout ja für alle Dokumente zur Verfügung stehen muss und wir hierfür bereits eine CSS-Datei angelegt haben, wählen Sie diese als Zielort aus. Bestätigen Sie mit *OK*.

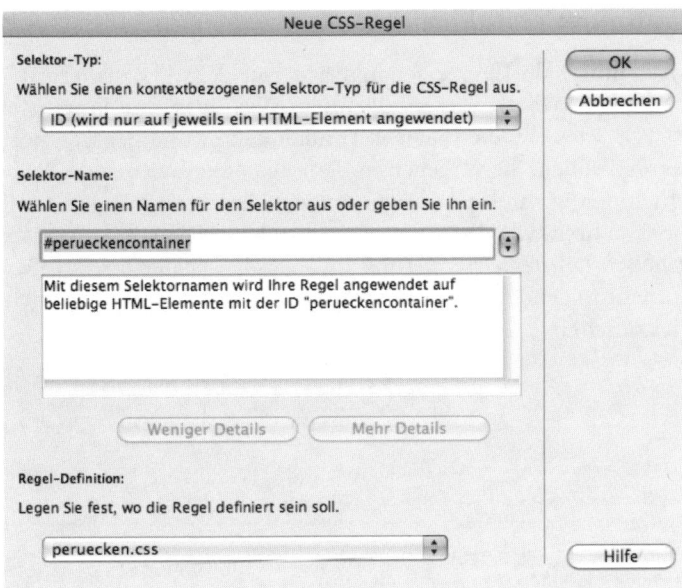

**Bild 3.9:** Einen kontextbezogenen Selektor-Typ für die CSS-Regel wählen.

4. Jetzt öffnet sich das Fenster *CSS-Regel-Definition für #perueckencontainer in peruecken.css*. Markieren Sie die *Kategorie Box* und nehmen Sie die Einstellungen entsprechend der Abbildung vor.

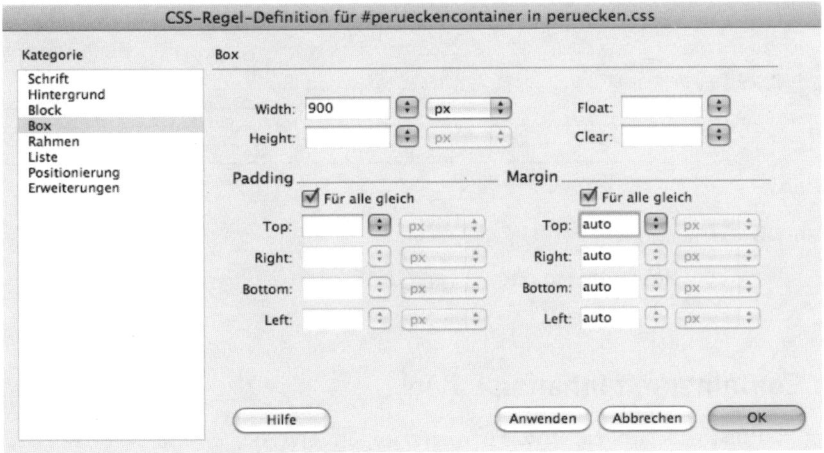

**Bild 3.10:** CSS-Regel definieren.

Diese äußere Box sorgt dafür, dass das Layout innerhalb einer festen Breite von *900* Pixeln bleibt. Alle Abstände nach außen und innen werden auf *0* gesetzt. Der Parameter *auto* bewirkt die Zentrierung. Der Browser verteilt den Außenabstand nach links und rechts selbst. Achtung: Das klappt nur, wenn ein Maß als Bezugspunkt angegeben wird wie in unserem Fall die *900* Pixel Breite.

### 3.1.4 Weitere Container erstellen

Platzieren Sie den Curser innerhalb Ihrer erzeugten Box mit dem Platzhaltertext, den Dreamweaver einfügt, um die Boxen besser zu erkennen. Wir fügen nun innerhalb der äußeren Box weitere `<div>`-Tags ein, die später mit Inhalt gefüllt und per CSS positioniert und formatiert werden sollen. Sie vergeben in dem Dialogfenster nur die IDs. Die Anzahl der `<div>`s entnehmen wir unserer Layoutvorlage. Die Boxen werden bei ihrer Erstellung standardmäßig so breit, wie die äußere Box es zulässt. Die von Dreamweaver eingefügten Hilfstexte helfen bei der Orientierung und werden später ersetzt. Danach sollte Ihr HTML-Dokument folgenden Quellcode enthalten. In der Entwurfsansicht ist natürlich noch nicht viel zu sehen.

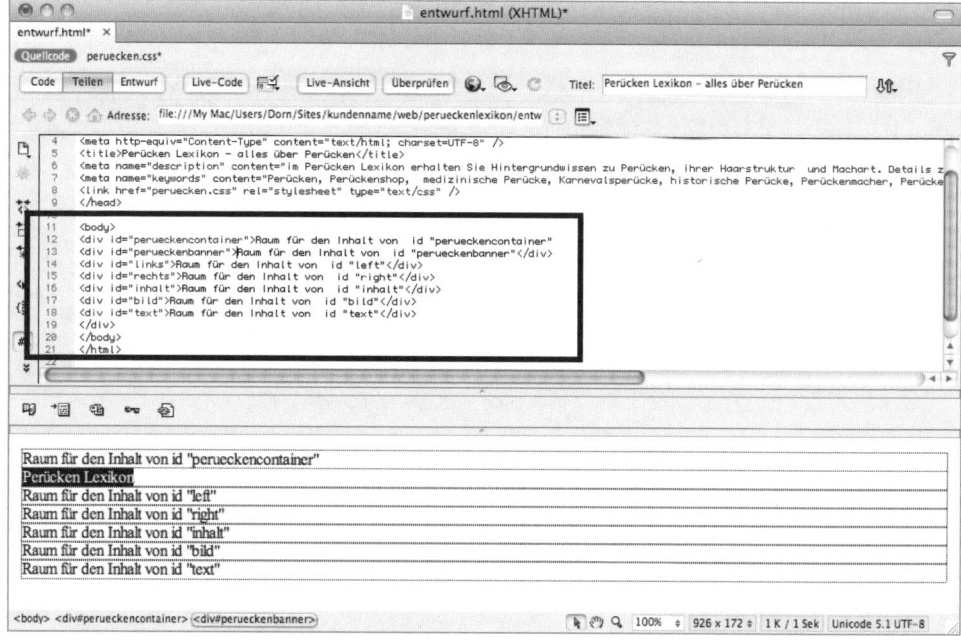

**Bild 3.11:** `<div>`-container anlegen und `id` vergeben.

### 3.1.5 Container mit Inhalten füllen

Da man die Positionierungen und Formatierungen erst bei gefüllten Boxen richtig beurteilen kann, werden wir diese nun mit Texten, Bildern und multimedialen Inhalten füllen. Die Box mit dem Namen *perueckencontainer* soll ein Bild und eine Überschrift enthalten. Die Überschrift ist wichtig für die Suchmaschinen. Das Bild werden wir später als Hintergrundbild einbinden.

1. Löschen Sie den eingefügten Platzhaltertext. Als Überschrift schreiben Sie: *Perücken Lexikon.* Markieren Sie den Text und wählen Sie aus dem *Eigenschaften*-Bedienfeld eine Überschrift der Kategorie `<h1>` aus.

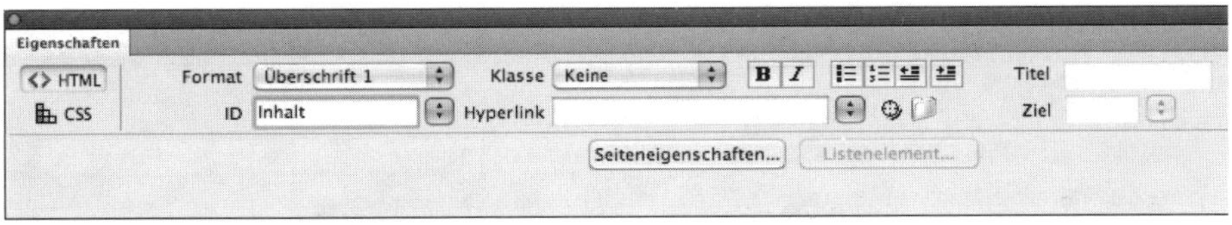

**Bild 3.12:** *Überschrift 1* zuweisen.

2. Der eigentliche Inhalt dieser und auch jeder anderen Seite, die zu dem Lexikon gehört, soll innerhalb der Box mit der id *inhalt* erstellt werden. Zunächst wird die Seite mit Blindtext gefüllt. Dafür nutzen Sie die installierte Lorem Ipsum-Erweiterung von Technocurve, siehe Kapitel 1.6 »Dreamweaver Extensions installieren«.

Sie finden die Extension im Menü *Einfügen/Technocurve*. Im folgenden Dialogfeld können Sie einstellen, wie viele Absätze Sie erstellen lassen wollen. Das ist gar nicht so wichtig. Wir wollen nur schon einmal etwas sehen und anfangen können, während wir auf den Text warten, den wir vom Kunden noch bekommen. Lassen Sie sich drei Absätze generieren. Danach sieht Ihr Dokument aus wie in folgender Abbildung.

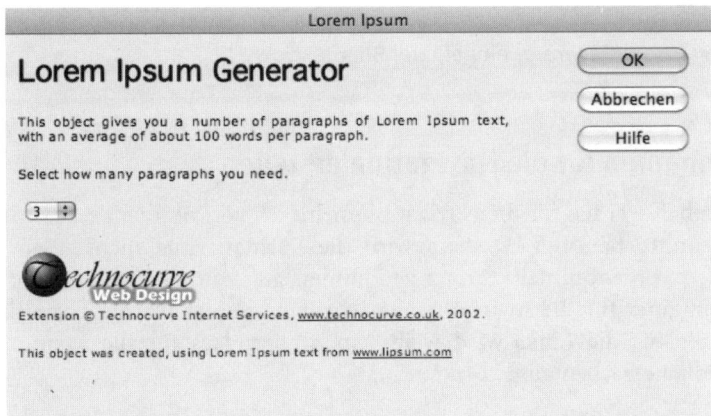

**Bild 3.13:** Der *Lorem Ipsum Generator* erzeugt drei Absätze Blindtext.

3. Die Boxen *bild* und *text* werden ebenfalls mit Bildern bzw. Texten gefüllt. Das können wir aber genauso gut erst einmal vernachlässigen. Kümmern wir uns nun um die Boxen links (*left*) und rechts (*right*) vom Inhalt, die die Navigation enthalten sollen.

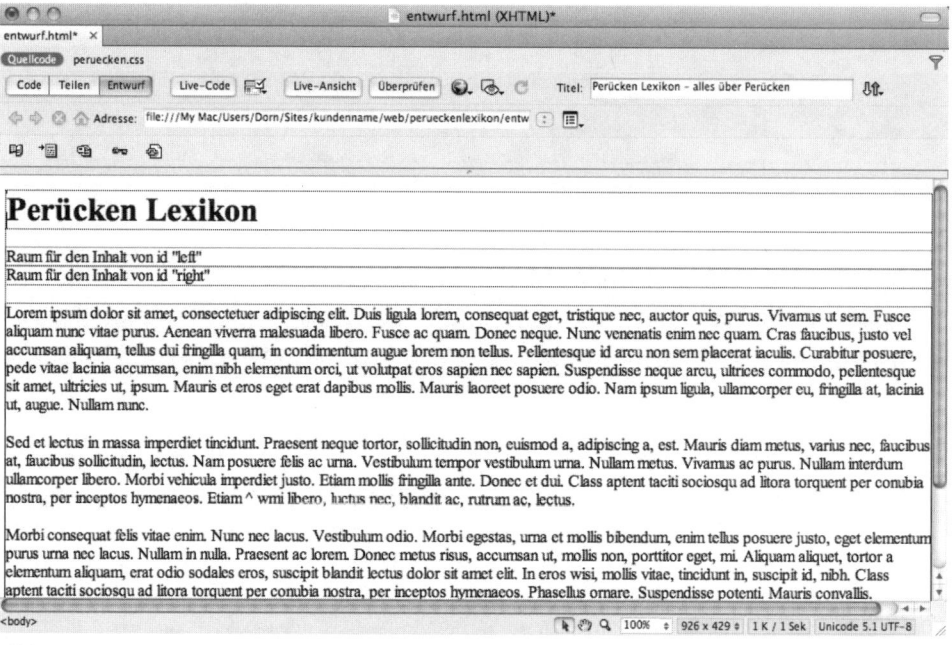

**Bild 3.14:** Vom *Lorem Ipsum Generator* eingefügter Blindtext.

## 3.1.6 Klassennamen für die Navigation erstellen

Anders als für den Inhalt werden für die Navigation mehrfach vorkommende, identische oder ähnliche Abschnitte benötigt. Deshalb wird die Formatierung nicht über IDs, sondern über Klassen vorgenommen. Streng genommen gibt es dabei zwei Arten von Containern: Ein Container für die Abschnittsüberschrift und einer für die Hyperlinks. Der Hintergrundfarbe für die Links wird weiß sein, während es für die Menüüberschriften unterschiedliche Farben gibt.

1. Allerdings sollen die Links auf der rechten Seite eine etwas andere Farbe erhalten, weshalb für die weißen Boxen auf der rechten Seite ebenfalls eine eigene Klasse erstellt wird. Platzieren Sie den Cursor innerhalb des Containers *left*. Löschen Sie den Platzhaltertext. Wählen Sie den Menübefehl *Einfügen/Layoutobjekte/Div-Tag* mit der Option *Am Einfügepunkt* aus. Schreiben Sie in das Feld für *Klasse* den Namen *hellbraun*.

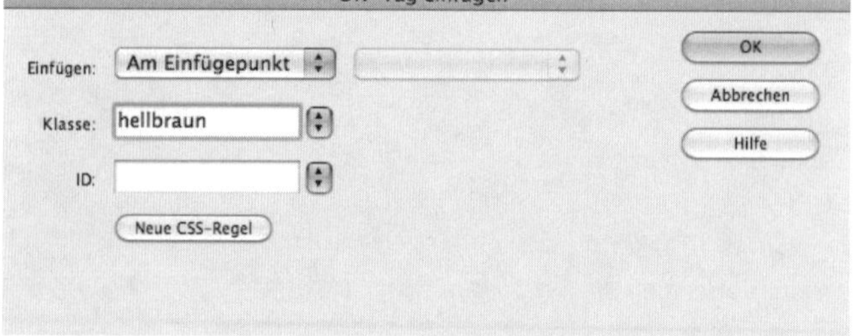

**Bild 3.15:**
Neue Klassen erstellen.

2. Innerhalb dieses <div>-Tags wird im folgenden Abschnitt die erste Menüüberschrift gesetzt. Wie Sie im Entwurf sehen können, folgt danach eine weiße Box. Fügen Sie deshalb, analog zur Vorgehensweise von eben, einen weiteren <div>-Tag mit der *Klasse: weiss* ein. Damit Sie diese Box auch an der richtigen Stelle einfügen, ist es vielleicht sinnvoll, den Cursor im Quellcode zu positionieren.

Da Sie auf der linken Seite nur diese beiden Farben benötigen und sich das Ganze noch zweimal wiederholt, können Sie die bereits erstellten Boxen auch kopieren. Das geht im Quellcode einfacher, da die Boxen noch leer sind. Markieren Sie in der Code-Ansicht die Zeilen gemäß der Abbildung.

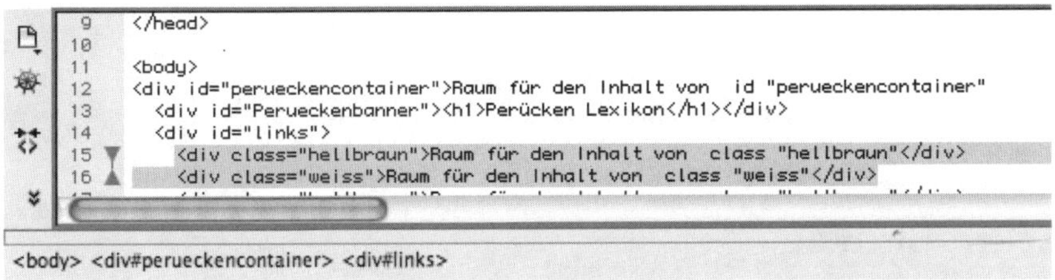

```
 9    </head>
10
11    <body>
12    <div id="perueckencontainer">Raum für den Inhalt von  id "perueckencontainer"
13        <div id="Perueckenbanner"><h1>Perücken Lexikon</h1></div>
14        <div id="links">
15            <div class="hellbraun">Raum für den Inhalt von  class "hellbraun"</div>
16            <div class="weiss">Raum für den Inhalt von  class "weiss"</div>
```

<body> <div#perueckencontainer> <div#links>

**Bild 3.16:** Zu kopierender Quellcode wird markiert.

3. Dann kopieren Sie den markierten Code mit Strg+C bzw. Befehlstaste+C und fügen ihn eine Zeile darunter mit Strg+V bzw. Befehlstaste+V wieder ein. Damit ist die Struktur der linken Seite fertig. Rechts brauchen Sie ein paar Farben mehr. Platzieren Sie Ihren Cursor innerhalb des Containers *right*. Legen Sie nun Ihre Container nach folgendem Schema an.

```
<div class="hellblau"></div>
  <div class="weissrechts"></div>
<div class="hellgruen"></div>
  <div class="weissrechts"></div>
<div class="lila"></div>
  <div class="weissrechts"></div>
<div class="braun"></div>
  <div class="weissrechts"></div>
<div class="violett"></div>
  <div class="weissrechts"></div>
<div class="traube"></div>
  <div class="weissrechts"></div>
<div class="braun"></div>
  <div class="weissrechts"></div>
```

Damit wäre auch das Gerüst für die rechte Navigationsseite fertiggestellt.

# 3.2 Navigationsstruktur erstellen

Als Nächstes werden die Menüüberschriften erstellt. Das sind alle Texte, die innerhalb von Boxen stehen und denen eine Klasse mit Farbnamen zugewiesen wurde, mit Ausnahme von weiss und weissrechts, die für die Platzierung der Hyperlinks gedacht sind. Die Texte für die Hyperlinks erstellen wir direkt mit. Stellen Sie den Cursor zunächst in die Box *hellbraun* oben links und schreiben Sie den Text *Perücken News*. Das Gleiche muss nun natürlich für alle eben angelegten Boxen durchgeführt werden – reine Fleißarbeit.

Nachdem Sie Ihre Texte auf der linken Seite eingefügt haben, stellen Sie fest, dass die Boxen nicht die richtige Breite haben. Nun ja, genau gesagt wurden noch gar keine Angaben hierzu hinterlegt. Das erledigen Sie später in der CSS-Datei und kümmern sich jetzt nicht weiter darum. Es ist allerdings wieder notwendig, die rechte Seite über den Quellcode zu erstellen, damit Sie den Cursor überhaupt innerhalb der rechten Box platzieren können. Wenn Sie alle Texte für die Überschriften und Hyperlinks eingegeben haben, stellt sich die Struktur in der *Entwurf*-Ansicht wie folgt dar:

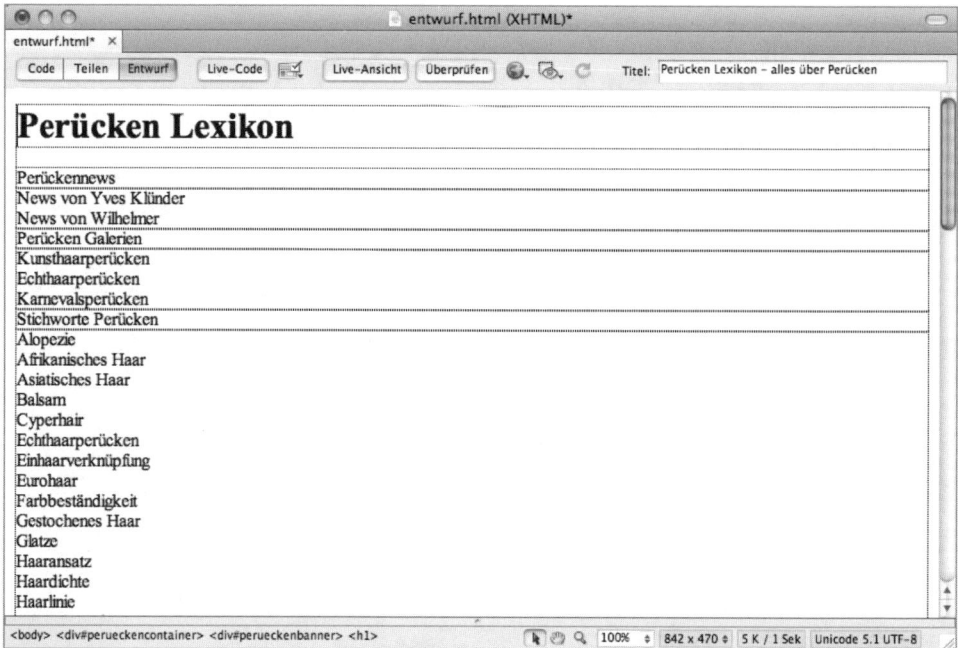

**Bild 3.17:** Alle Einträge stehen linksbündig untereinander, da die Boxen bisher keine Angaben zur Größe und Positionierung haben. Nur die Breite des äußeren Containers ist zu erkennen.

## 3.2.1 Container positionieren

Eine Struktur ist schon erkennbar, wenn auch noch nicht mit dem endgültigen Inhalt. Zeit, ein wenig zu layouten und allgemeine Regeln für Schriften und Farben festzulegen. Zunächst werden Sie die Boxen für die Navigation nach links und rechts bewegen. Die goldene Mitte soll dem Inhalt vorbehalten sein. Die linke Box soll eine Hintergrundfarbe erhalten, auf der linken Seite stehen bleiben und relative Positionierung und Außenabstände bekommen.

1. Wählen Sie den Menübefehl *Formatieren/CSS-Stile/Neu*. Zwar haben Sie bereits IDs im HTML-Dokument vergeben, Dreamweaver scheint davon aber nichts mitbekommen zu haben. Wählen Sie als *Selektor-Typ* eine *id* aus und schreiben Sie als Bezeichnung *#links* in das Feld *Selektor-Name*. Im Feld *Regel-Definition* wählen Sie *peruecken.css* und bestätigen mit *OK*.

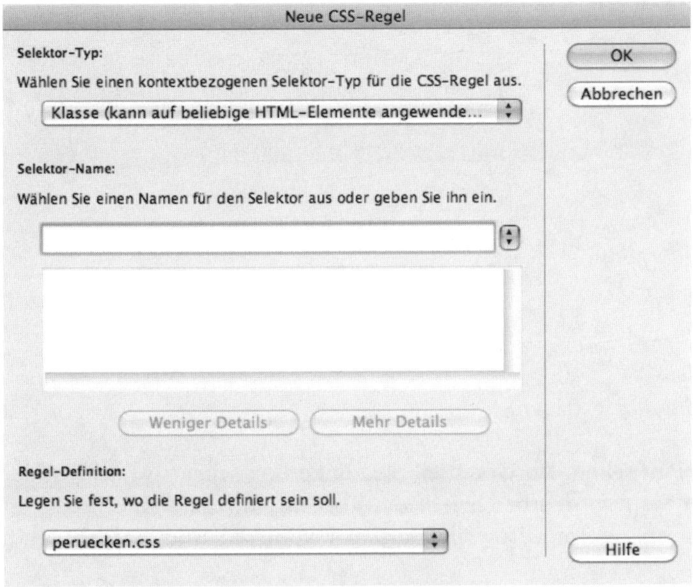

Neue CSS-Regel

Selektor-Typ:

Wählen Sie einen kontextbezogenen Selektor-Typ für die CSS-Regel aus.

Klasse (kann auf beliebige HTML-Elemente angewende...

Selektor-Name:

Wählen Sie einen Namen für den Selektor aus oder geben Sie ihn ein.

Weniger Details    Mehr Details

Regel-Definition:

Legen Sie fest, wo die Regel definiert sein soll.

peruecken.css

OK    Abbrechen    Hilfe

**Bild 3.18:** Voreinstellungen für die *Neue CSS-Regel*.

2. Es öffnet sich das Dialogfeld *CSS-Regel-Definition für #links in peruecken.css*. Hier erstellen Sie die CSS-Regel. Tragen Sie in der Kategorie *Hintergrund* die Farbe *#fff1e8* von Hand in das Feld neben der Farbauswahlbox ein. Wechseln Sie zur Kategorie *Box* und stellen Sie die Werte entsprechend der Abbildung ein.

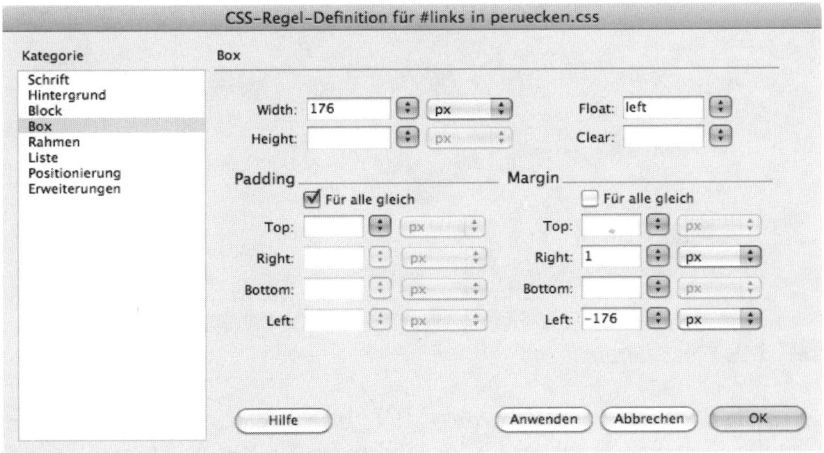

CSS-Regel-Definition für #links in peruecken.css

Kategorie: Schrift, Hintergrund, Block, **Box**, Rahmen, Liste, Positionierung, Erweiterungen

Box

Width: 176 px    Float: left
Height: px    Clear:

Padding — Für alle gleich
Top: px
Right: px
Bottom: px
Left: px

Margin — Für alle gleich
Top: px
Right: 1 px
Bottom: px
Left: -176 px

Hilfe    Anwenden    Abbrechen    OK

**Bild 3.19:** Größe der *Box* festlegen.

3. Nun wechseln Sie noch zur Kategorie *Positionierung* und stellen die Art der Positionierung auf *relative*. Klicken Sie auf die Schalftfläche *Anwenden*, um das Ergebnis zu begutachten, bevor Sie das Fenster schließen.

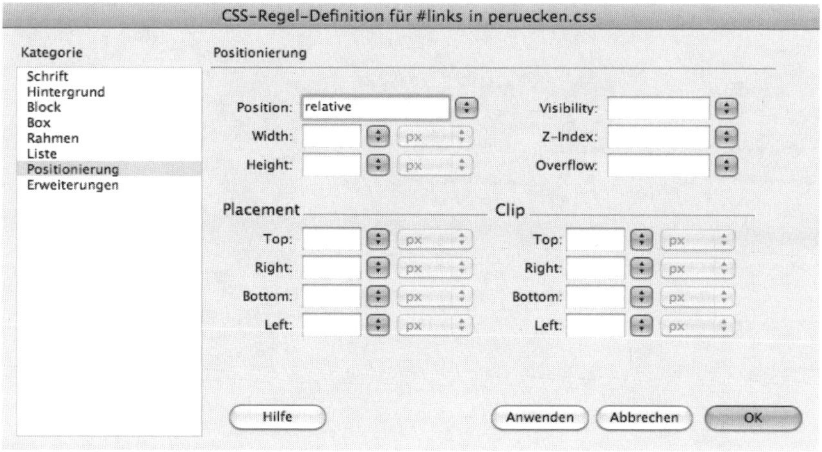

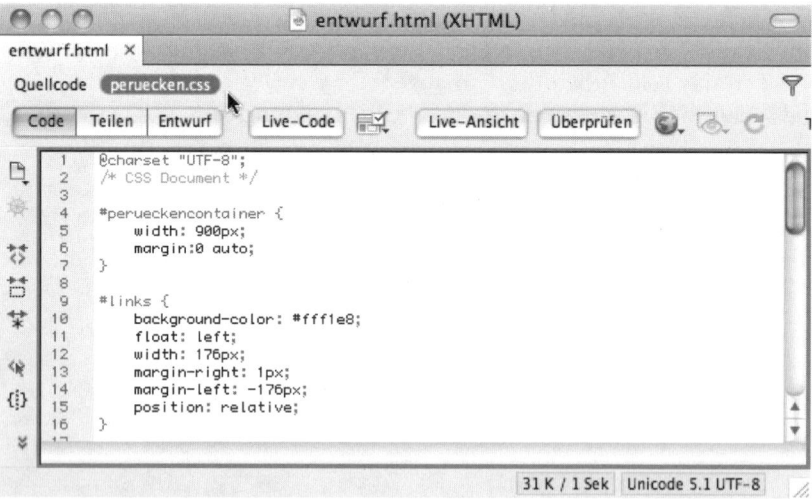

**Bild 3.20:** *Positionierung* festlegen.

Noch ist nicht viel zu sehen. Im Gegenteil: Die linke Box scheint verschwunden zu sein. Wiederholen Sie nun den beschriebenen Vorgang für die rechte Box. Wählen Sie die CSS-Datei aus, denn wir wollen diesmal kopieren und anschließend die Werte ändern.

**Bild 3.21:** CSS-Datei aufrufen.

4. Markieren Sie den ganzen Bereich von #links bis zur dazugehörigen geschweiften schließenden Klammer, kopieren Sie ihn und fügen Sie den Inhalt eine Zeile tiefer wieder ein. Löschen Sie #links und schreiben Sie stattdessen #rechts.

Folgende Werte müssen geändert werden:

```
margin-right:-176px;
margin-left:1px;
float:right;
```

5. Die Box ist genauso breit wie die linke, bei der Positionierung und den Abständen ist das Ganze für die rechte Seite angepasst. Hier fängt das Problem mit Dreamweaver an, denn die *Entwurf*-Ansicht zeigt nun nicht mehr das richtige Ergebnis an. In der *Browser-Vorschau* sowie in der *Live-Ansicht* ist die Anzeige jedoch in Ordnung.

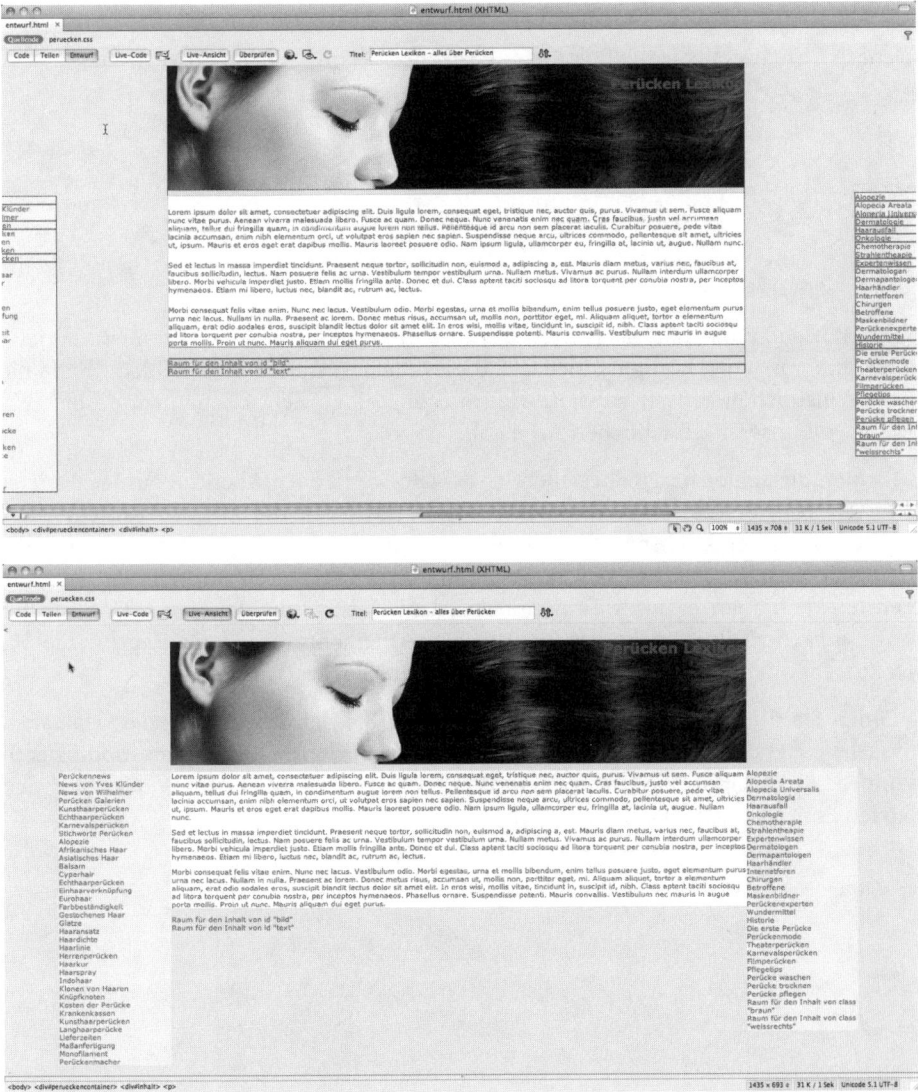

**Bild 3.22:** Oben die fehlerhafte *Entwurf*-Ansicht, unten die korrekte Darstellung in der *Live-Ansicht*. (Foto: Fotolia)

Das ist natürlich ärgerlich, doch dadurch lassen wir uns jetzt nicht ausbremsen. Es hat auch sein Gutes, direkt im Quellcode zu arbeiten. Man arbeitet in der Regel sorgfältiger und testet auch öfter im Webbrowser. Die Arbeit in der *Entwurf*-Ansicht verführt oft dazu, den Browsertest zu vergessen.

6. Als Nächstes erstellen Sie die Formatierung für die Box mit der id `#inhalt`, in der unser Platzhaltertext liegt. Legen Sie folgende Auszeichnungen fest:

```
#inhalt{
background-color:#FFFFFF;
position: relative;
margin: 0px; }
```

Danach formatieren Sie die Box `#perueckenbanner` mit folgenden Werten:

```
#perueckenbanner {
height:196px;
text-align: right;
background-color: #e1ddd9;
padding: 0px;
margin: 0px;
margin-bottom:10px;
```

Diese Box soll zusätzlich ein Hintergrundbild erhalten. Natürlich hätten wir das jetzt auch direkt machen können, doch Ziel dieses Buches ist es natürlich auch, Ihnen die unterschiedlichen Fenster näherzubringen. Von Zeit zu Zeit weichen wir deshalb ein wenig von unserer tatsächlichen Arbeit ab.

7. Möchten Sie später bereits bestehenden Regeln weitere Angaben hinzufügen, bietet sich das Fenster *CSS-Stile* an. Klicken Sie irgendwo in die *Entwurf*-Ansicht Ihres HTML-Dokuments. Öffnen Sie das Fenster mit der Gruppe, in der sich auch die CSS-Stile befinden, falls es sich noch nicht auf Ihrem Bildschirm befindet. Wie alle Fenster kann man es im gleichnamigen Menüeintrag (de)aktivieren. Das Fenster zeigt entweder die Regeln des ausgewählten Elements oder alle Regeln, die im Dokument oder in externen verknüpften Dateien abgelegt wurden.

8. Wählen Sie die Schaltfläche *Alle* und markieren Sie den Eintrag *#perueckenbanner*. Sie sehen jetzt darunter die abgelegten Regeln, die Sie in diesem Fenster modifizieren können. Sie können aber auch neue Regeln festlegen. Klicken Sie dazu auf den letzten Eintrag *Eigenschaft hinzufügen*.

**Bild 3.23:** Eine vorhande CSS-Regel erweitern.

9. Wählen Sie die Eigenschaft *background-image*, um ein Hintergrundbild zuzuweisen. Klicken Sie auf das Ordnersymbol, um die Bildquelle auszuwählen. Das Bild sollte sich innerhalb der Site befinden, am besten in einem separaten Ordner. Bei uns heißt der Ordner *perueckenbilder*. In ihm liegen alle Bilder der Site. Wählen Sie Ihr Bild für den Hintergrund aus. Danach zeigt sich das Bild der Seite wie in folgender Abbildung:

**Bild 3.24:** Das eingefügte Hintergrundbild. (Foto: Fotolia)

10. Wie man dem grafischen Entwurf entnehmen kann, soll der Hintergrund der kompletten Seite um die äußere Box herum auch eingefärbt werden. Der `<body>`-Tag repräsentiert den kompletten sichtbaren Teil einer Seite. Er wird genutzt, um ein paar generelle Einstellungen festzulegen. Es wäre besser, wieder über das Menü *Formatieren* zu gehen und dort einen neuen Stil für den `<body>`-Tag zu definieren. Wir möchten jedoch an dieser Stelle zeigen, wie man aus einer nicht so gelungenen Variante wieder eine optimale macht.

11. Klicken Sie deshalb im *Eigenschaften*-Bedienfeld auf die Schaltfläche *Seiteneigenschaften*. Achtung: Die Schaltfläche befindet sich im unteren Teil des Bedienfelds und ist nur sichtbar, wenn kein anderes Seitenelement markiert ist, das diesen Platz im

Fenster selbst benötigt. Klicken Sie im Zweifelsfall vorher irgendwo in Ihr Dokument. Nach dem Klick auf die Schaltfläche öffnet sich das Dialogfeld *Seiteneigenschaften*. Übernehmen Sie die hier eingetragenen Werte.

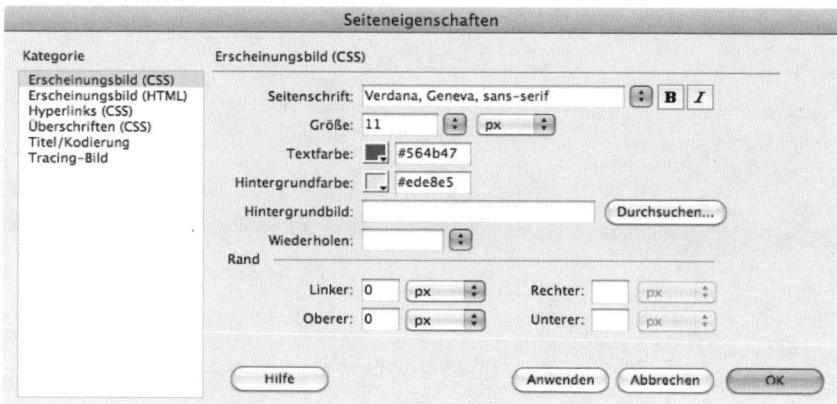

**Bild 3.25:** *Erscheinungsbild (CSS)* in den *Seiteneigenschaften* festlegen.

12. Bestätigen Sie Ihre Eingaben. Leider hat Dreamweaver die Einträge nicht in der CSS-Datei vorgenommen und nicht nur Regeln für den `<body>`-Tag abgelegt, sondern auch für Tabellenzellen. Sie finden die Auszeichnungen innerhalb eines CSS-Blocks im Dokumentenkopf der Code-Ansicht.

```
 8   <link href="peruecken.css" rel="stylesheet" type="text/css" />
 9   <style type="text/css">
10   <!--
11   body,td,th {
12       font-family: Verdana, Geneva, sans-serif;
13       font-size: 11px;
14       color: #564b47;
15   }
16   body {
17       background-color: #ede8e5;
18       margin-left: 0px;
19       margin-top: 0px;
20       margin-right: 0px;
21       margin-bottom: 0px;
22   }
23   -->
24   </style>
25   </head>
```

**Bild 3.26:** Zeilen kopieren und verschieben.

13. Kein Problem, das lässt sich schnell optimieren. Zunächst markieren Sie die drei Zeilen mit den Eigenschaften *font-family*, *font-size* und *color*. Schneiden Sie diese Zeilen aus und fügen Sie sie hinter der Zeile für den *margin-bottom* wieder ein. Statt in vier Zeilen anzugeben, dass wir auf keiner Seite einen Abstand brauchen, verwenden wir die Kurzschreibweise mit einer Zeile und fügen noch eine weitere Zeile für Innenabstände hinzu. Stellen Sie nun den Cursor mitten in die festgelegten Regeln und klicken Sie auf die rechte Maustaste. Wählen Sie *CSS-Stile* und anschließend *CSS-Regeln verschieben*.

14. Geben Sie im folgenden Dialogfeld die externe CSS-Datei als Zielort für die Stile an. Die im HTML-Dokument übriggebliebenen Reste können Sie nun löschen. Das ist der ganze `<style>`-Block. Ordnung muss sein, deshalb verschieben Sie die Regeln zum `<body>`-Tag im CSS-Dokument nach ganz oben. Gehen Sie grundsätzlich so

vor, dass erst die Stile für Tags, dann die für IDs und schließlich die Klassen und Pseudoklassen abgelegt werden.

## 3.3 Exkurs: Flash einbinden

Unterbrechen wir an dieser Stelle kurz für einen Exkurs ins Thema »Flash einbinden«: In der Planungsphase zur Beispielsite gab es anfangs auch Überlegungen für eine Variante, in der ein Flash-Film statt ein Hintergrundbild in den Header geladen werden sollte. Adobe Flash benötigt zur Darstellung in einem Browser ein Plug-In, das nach Angaben von Adobe mehr als 90 Prozent der Anwender installiert haben. Anhand der ursprünglichen Version erfahren Sie jetzt, wie Sie Flash-Filme in Dreamweaver einbinden.

1. Platzieren Sie den Cursor an die Stelle im Code, an der der das Flash-Element eingefügt werden soll. Im Beispiel liegt diese Stelle hinter `<div id="perueckenbanner">` `<h1>`. Dann wählen Sie aus dem Menü *Einfügen* den Befehl *Medien/SWF*.

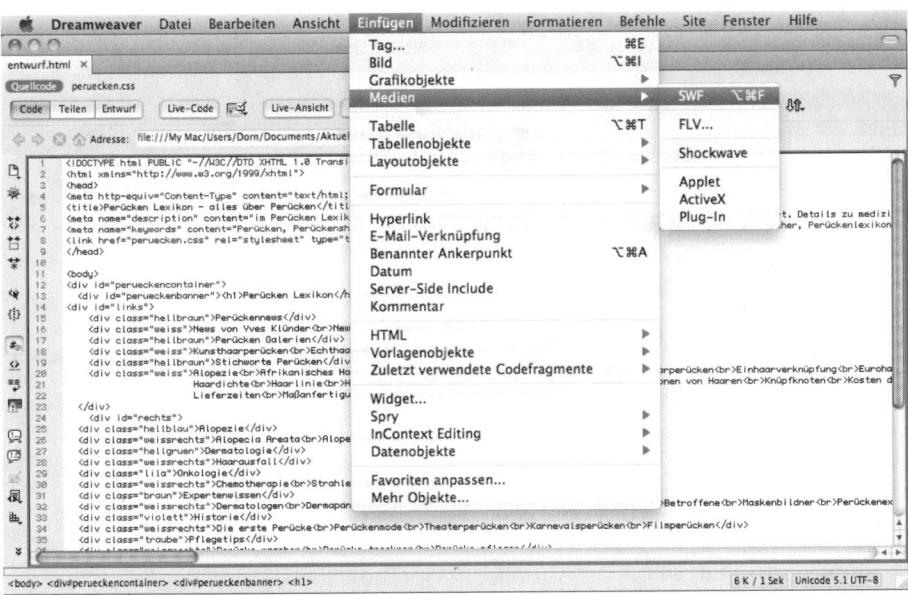

**Bild 3.27:** Flash-Medien in ein Dokument einfügen.

2. Im folgenden Dialogfenster können Sie noch Eingabehilfen festlegen und durch die Vergabe eines Titels auch etwas Greifbares für die Suchmaschinen vergeben. Wir verzichten an dieser Stelle darauf und betätigen direkt die Taste *OK*. Ihr Flash-Film ist nun automatisch in die ausgewählte Box eingefügt worden. Die SWF-Datei wird in Dreamweaver durch einen grauen Platzhalter angezeigt, um Performance zu sparen.

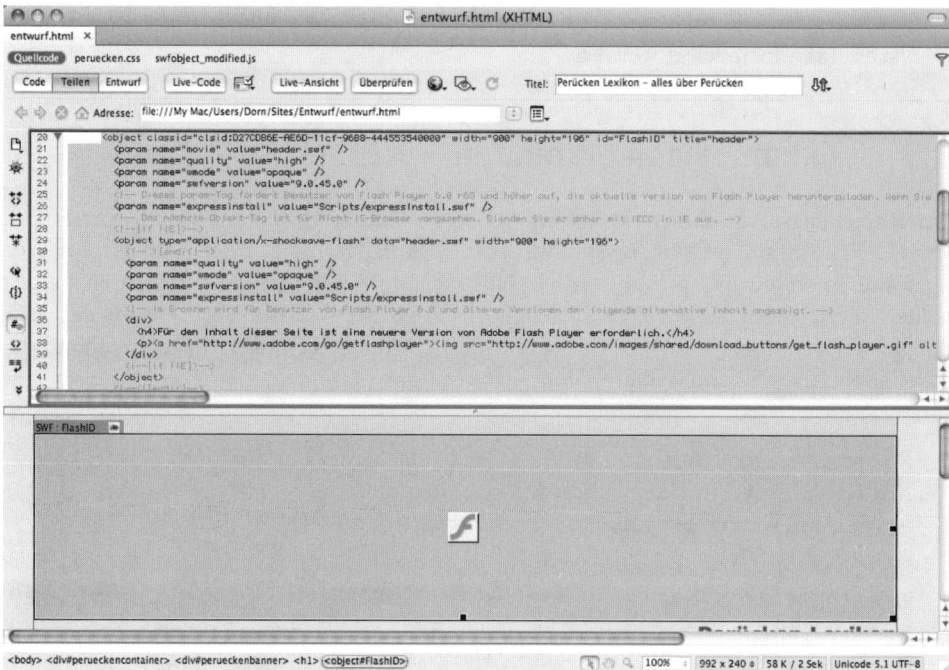

**Bild 3.28:** Das eingefügte Flash-Element wird durch einen Platzhalter angezeigt.

3. Im Browser wird der Film korrekt angezeigt, wenn das richtige Plug-In installiert ist. Es ist jedoch auch möglich, den Film in der Arbeitsumgebung von Dreamweaver anzuzeigen. Wählen Sie den Platzhalter einfach aus und klicken Sie danach auf die Schaltfläche *Abspielen* im Bedienfeld *Eigenschaften*.

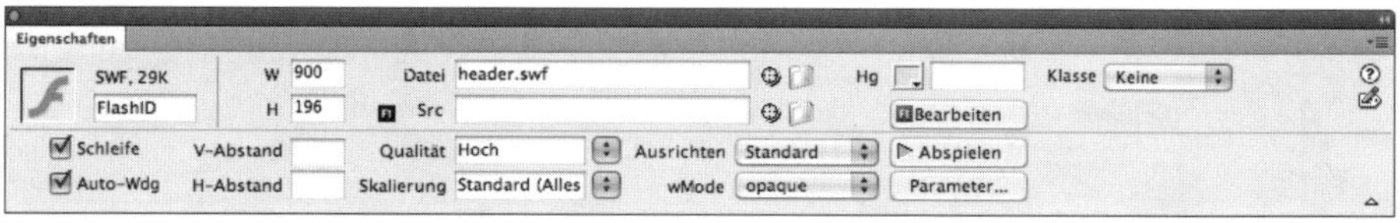

**Bild 3.29:** Flash-Filme über die Schaltfläche *Abspielen* testen.

Durch Klick auf *Stop* wechseln Sie zurück in den Platzhaltermodus. Einige Eigenschaften des Flash-Films werden durch den Code im HTML-Dokument bestimmt. Dazu zählen die Filmmaße, die Wiedergabequalität und die Positionierung des Films. Diese Werte können Sie direkt im *Eigenschaften*-Bedienfeld ändern. Mit Aktivieren und Deaktivieren der Optionen *Schleife* bzw. *Auto-Wdg* legen Sie fest, wie der Film abgespielt werden soll.

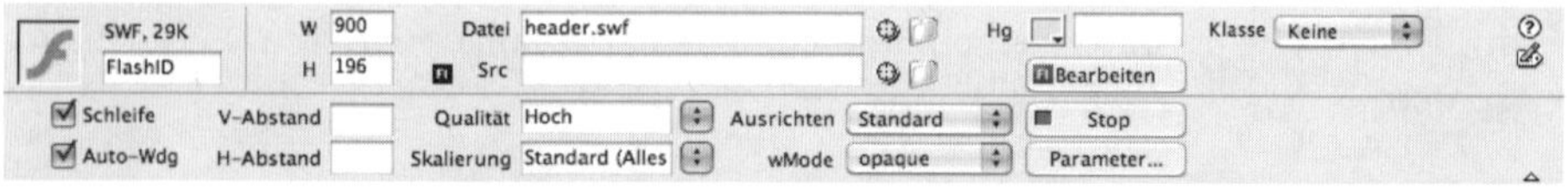

**Bild 3.30:** Mit *Stop* halten Sie den Film an, mit *Bearbeiten* starten Sie die Anwendung Flash CS5.

Erwähnenswert ist auch die Schaltfläche *Bearbeiten*. Mit ihr öffnen Sie die Anwendung Adobe Flash CS5, mit der Sie die Flash-Arbeitsdatei bearbeiten können. Die Flash-Arbeitsdatei besitzt die Endung *.fla* und ist die veränderbare Arbeitsdatei, aus der die *.swf*-Datei erzeugt wurde.

**Bild 3.31:** Mit einem Klick auf die Schaltfläche *Bearbeiten* im *Eigenschaften*-Bedienfeld startet Flash CS5. Hier können Sie die Flash-Datei weiter bearbeiten.

4. Nun könnten Sie die Animationsdatei in Flash verändern und die swf-Datei neu schreiben. Das Ergebnis wäre sofort in Dreamweaver zu sehen. Wer sich für Flash interessiert und mit dem Programm arbeiten will, sollte sich entsprechende Fachlektüre besorgen. An dieser Stelle geht es nur um die Einbindung. Achten Sie darauf, dass später nicht nur Ihre swf-Datei auf den Webserver übertragen werden muss, sondern auch die .fla-Datei.

Im Bedienfeld *Dateien* finden Sie einen Ordner *Scripts*, der das entsprechende Javascript enthält. Auch dieser muss auf dem Webserver landen, damit später alles reibungslos funktioniert und Webbesucher ohne Flash entsprechende Anweisungen bzw. Hinweise erhalten. Sie sollten diesen Ordner nicht verschieben und nichts am Inhalt der enthaltenen Scripte ändern, wenn Sie nicht genau wissen, was Sie tun. Die hinterlegten Scripte sind für Programmieranfänger relativ kompliziert und ein einziger Fehler kann zum kompletten Versagen aller Funktionen führen.

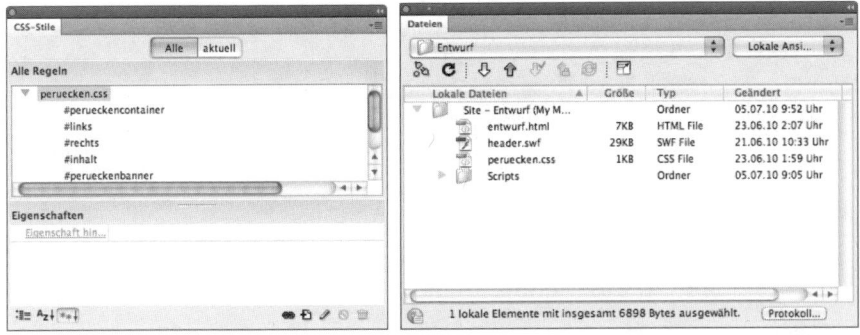

**Bild 3.32:** Das Bedienfeld *CSS-Stile* und das Bedienfeld *Dateien* mit dem Ordner *Scripts*.

Abschließend bleibt zu sagen, dass es sehr von Ihrer Zielgruppe abhängt, ob Sie Flash einsetzen oder nicht. Zweifellos sind einige der besten Websites mit Flash realisiert worden. Für Spiele, Lernanwendungen und visuell orientierte Präsentationen, die durch Sounds und Videos unterstützt werden, gibt es »noch« kein besseres Programm. Doch wenn die reine Information, der Verkauf im Vordergrund steht oder Behörden und Firmen mit eigener Administration die Zielgruppe sind, sollte man besser auf den Einsatz von Flash verzichten.

## 3.4   Formatieren der Navigationsstruktur

Unser Layout ist schon einigermaßen fortgeschritten, so dass nun die Navigationsstrukturen durch weitere Formatierungen verdeutlicht werden können. Es werden Hintergrundfarben, Schriftfarben und Abstände zu den Rändern eingestellt. Die Rubrikenüberschriften werden alle weiß und fett ausgezeichnet. Den Boxen haben Sie ja schon bei der CSS-Erstellung entsprechende Klassennamen gegeben. Fügen Sie nun die folgenden neuen Stile in Ihre CSS-Datei ein. Das machen Sie direkt im Code mit Unterstützung von Dreamweaver oder über das Menü *Einfügen*. Beide Möglichkeiten haben Sie kennengelernt. Es liegt an Ihnen, ob Sie die eine oder andere Variante bevorzugen.

```
div.braun {
background-color:#beb1ab;
color:#FFFFFF;
font-weight:bold;
margin-left:10px;
margin-right:10px;
margin-top:10px;
padding:5px;
}
div.hellbraun {
background-color:#D5A694;
color:#FFFFFF;
font-weight:bold;
margin-left:10px;
margin-right:10px;
margin-top:10px;
padding:5px;
}
div.weiss, div.weissrechts {
background-color:#FFFFFF;
color:#65887b;
font-weight:normal;
margin-left:10px;
margin-right:10px;
padding:6px 2px 6px 5px;
}
div.hellblau {
background-color:#b1b7b5;
color:#FFFFFF;
```

```css
font-weight:bold;
margin-left:10px;
margin-right:10px;
margin-top:10px;
padding:5px;
}
div.hellgruen {
background-color:#aebba9;
color:#FFFFFF;
font-weight:bold;
margin-left:10px;
margin-right:10px;
margin-top:10px;
padding:5px;
}
div.lila {
background-color:#b5b1c8;
color:#FFFFFF;
font-weight:bold;
margin-left:10px;
margin-right:10px;
margin-top:10px;
padding:5px;
}
div.violett {
background-color:#c0adc3;
color:#FFFFFF;
font-weight:bold;
margin-left:10px;
margin-right:10px;
margin-top:10px;
padding:5px;
}
div.braun {
background-color:#C0B1AC;
color:#FFFFFF;
font-weight:bold;
margin-left:10px;
margin-right:10px;
margin-top:10px;
padding:5px;
}
div.traube {
background-color:#C7ACB3;
color:#FFFFFF;
font-weight:bold;
margin-left:10px;
margin-right:10px;
margin-top:10px;
padding:5px;
}
```

## 3.5    Formatieren der Inhalte

Viel fehlt nicht mehr, um das Layout für die Eingangsseite fertigzustellen. Als Nächstes legen Sie Formatierungen für die Boxen an, die mit #bild bzw. mit #text bezeichnet werden. Diese befinden sich unterhalb des Hauptinhalts. Die Box für die Bilder soll in jedem Fall links vom Text stehen. Außerdem legen wir wieder Breiten und Abstände fest. Ergänzen Sie Ihr CSS-Dokument um folgende Einträge:

```
#bild {
width:120px;
padding-left:5px;
padding-right:5px;
margin-top:10px;
float:left;
}
#text {
width:400px;
padding-left:5px;
padding-right:5px;
margin-top:10px;
float:right;
}
```

An welcher Stelle diese Einträge genau stehen, ist im Prinzip egal. Wir haben sie hinter die Regeln für die Box #inhalt gesetzt.

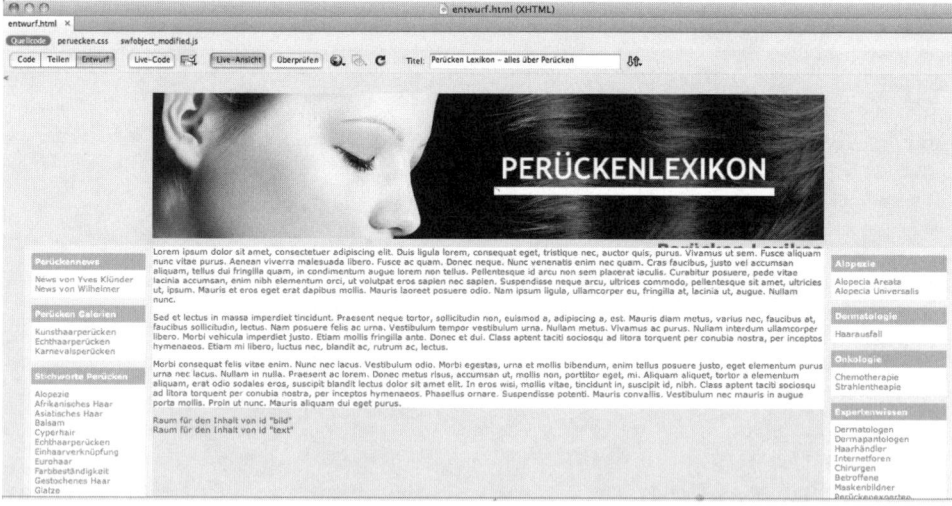

**Bild 3.33:** Nun  zeigt die *Live-Ansicht* für die Boxen dieses Bild.

Auf der linken Seite werden später Bilder untergebracht. Die rechte Seite ist für weitere kurze Textpassagen gedacht. Die Breiten der Boxen stimmen bereits. Die Navigationsboxen stehen jedoch immer noch außen neben dem Inhalt, wie die Browservorschau zeigt. Eigentlich sollen sie ja innerhalb der Gesamtbreite von 900px positioniert sein, wie in der Photoshop-Datei zu sehen ist. Um dieses Problem zu beheben, fügen Sie zwei zusätzliche Boxen in das HTML-Dokument ein.

Fügen Sie vor der Box mit dem Namen `links` im Quellcode Ihres Dokuments folgende zwei Zeilen ein:

```
<div id="aussen" >
<div id="innen">
```

Sie erzeugen damit unter dem Banner, innerhalb des Hauptcontainers, eine äußere und eine innere Box. Geschlossen werden die Boxen erst später, nämlich erst direkt vor dem Abschluss-Tag der äußeren Box. Sie können den letzten abschließenden `<div>`-Tag kopieren und direkt davor zweimal einfügen. In der CSS-Datei legen Sie für die Boxen folgende Regeln an:

```
#aussen{
    border-left: solid 176px #ffffff;
    border-right: solid 176px #ffffff;
    background-color: #ffffcc;
}
#innen{
    margin:0px;
    width:100%;
    background-color: #FFFFFF;
}
```

**Bild 3.34:** Die beiden auf weißem Hintergrund nicht sichtbaren Rahmen zwingen die innere Box mit dem Inhalt nun sowohl links als auch rechts nach innen.

## 3.6 Inhalte der Startseite

So, fast geschafft. Nun kopieren wir noch ein paar Inhalte, die unser Kunde mittlerweile angeliefert hat, und fügen sie ein. In einer der erhaltenen Word-Dateien befindet sich der Text für den oberen Inhaltsteil. Achten Sie darauf, die Inhaltstexte ohne Formatierung zu übernehmen. Obwohl in den Voreinstellungen unter *Kopieren/Einfügen* die Option *Nur Text* eingestellt werden kann, bleiben immer ein paar Text-Auszeichnungen erhalten.

Deshalb kopieren Sie den vom Kunden gelieferten Text aus Word in den Windows Editor oder einen anderen Texteditor Ihrer Wahl. Öffnen Sie das Word-Dokument und kopieren Sie den kompletten Inhalt in die Zwischenablage. Anschließend öffnen Sie Ihren Texteditor und fügen den Text wieder ein. Nun kopieren Sie ihn noch einmal vom Editor in die Zwischenablage.

Stellen Sie nun die Einfügemarke in Dreamweaver an den Anfang der Box mit `<div id="inhalt">` und fügen Sie den Text in den Code ein. Wenn Sie vorher den Platzhaltertext markieren, wird dieser direkt durch den neuen Inhalt ersetzt.

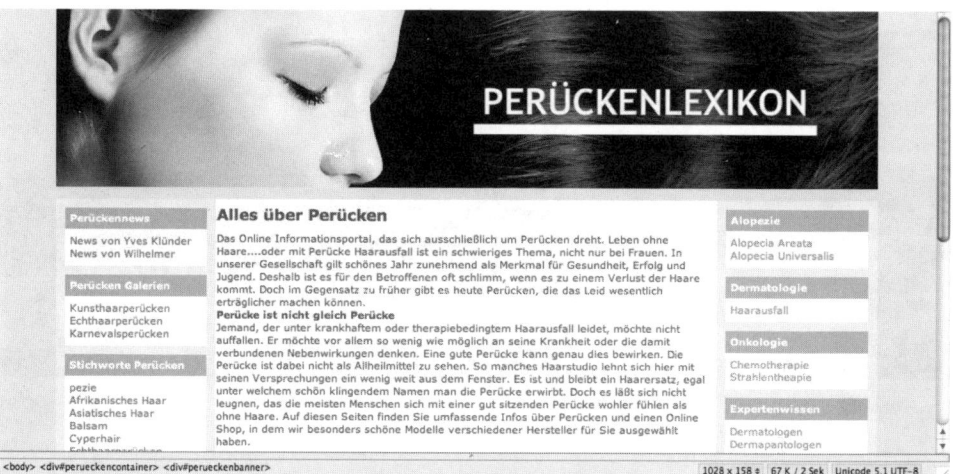

**Bild 3.35:** Der im Inhaltsbereich eingefügte Text. (Foto: Fotolia)

Nun machen Sie noch ein paar generelle typografische Angaben. Noch ist es dem Browser überlassen, welche Schrift und Schriftgröße verwendet wird. Das ist schlecht, da dies aufgrund verschiedener Standardeinstellungen in den Browsern zu unterschiedlichen Darstellungen führen könnte. Für dieses Beispiel wird die Schriftart `Verdana` eingesetzt und als Schriftgröße `11px` eingestellt. Um die Lesbarkeit zu verbessern, erhöhen wir den Zeilenabstand. Außerdem wollen wir etwas Schwärze fortnehmen. Folgende Zuweisungen stehen danach im `body`-Tag.

```
body {
font-size: 11px;
font-family: Verdana, Arial, SunSans-Regular, Sans-Serif;
background-color: #ede8e5;
color:#564b47;
```

```
line-height:130%;
margin:0px;
padding:0px;
}
```

Die Darstellung des Fließtextes sieht nun so aus wie in der vorherigen Abbildung. Vor den Text wollen wir noch eine Überschrift mit dem wichtigsten Keyword platzieren, um bei den Suchmaschinenrankings ein kleines Plus zu erhalten. Fügen Sie den Satz *Alles über Perücken* ein. Dann markieren Sie den Satz und zeichnen ihn als Überschrift der Kategorie 2 aus. Wenn Sie wollen, können Sie für h2 in der CSS-Datei noch die Größe ändern. Ein Randabstand nach oben hält Abstand zur vorherigen Box.

```
h2 {font-sise:16px; padding-top:10px;}
```

In der linken Spalte werden zuerst einmal Platzhalterbilder platziert, die später durch vom Kunden ausgesuchte Fotos ersetzt werden sollen. Kopieren Sie die Grafik mit dem Platzhalterbild *Locke* in Ihren Bilderordner. Klicken Sie in die linke Box mit der Bezeichnung bild und löschen Sie den von Dreamweaver eingesetzten Platzhaltertext. Ziehen Sie das Bild nun aus dem *Dateien*-Bedienfeld in Ihren Container und drücken Sie anschließend Umschalt + Enter für einen Zeilenumbruch.

Das alt-Attribut, nach dem Sie beim Einfügen von Bildern gefragt werden, ist nicht nur wichtig für Suchmaschinen, sondern ermöglicht die Erfassung der Texte durch spezielle Lesegeräte. Sehbehinderte Personen können sich so Beschreibungen der Bilder vorlesen lassen.

Nun fügen Sie noch die Inhalte aus der anderen Kundendatei ein, und zwar neben jedes Bild einen Abschnitt. Die Texte gehören natürlich in die andere Box und liegen erfreulicherweise direkt als reine Textdatei vor. Setzen Sie die Texte nach dem Beispiel der folgenden Abbildung ein. Zeichnen Sie die erste Zeile jedes Blockes fett aus. Jeder der drei Textblöcke steht dabei in einem eigenen <div>-Block. Die letzte Zeile wird durch einen Zeilenumbruch vom Text getrennt.

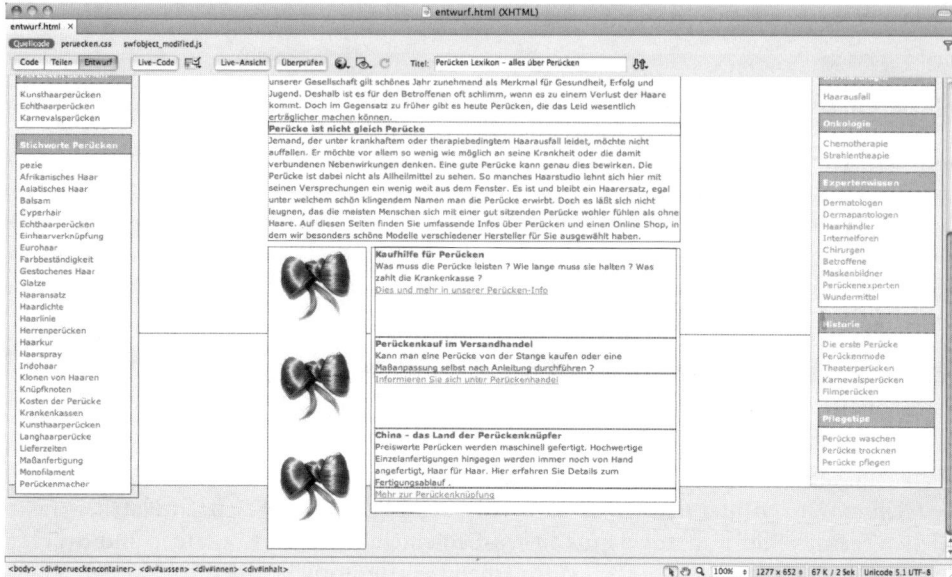

**Bild 3.36:** Drei weitere Textblöcke im *Inhalt*-Bereich.

Dabei fällt auf, dass wir die beiden Spalten noch mit weißer Hintergrundfarbe füllen müssen. Wählen Sie aus dem *CSS-Stile*-Bedienfeld jeweils für die Boxen bild und text die Hintergrundfarbe, indem Sie auf *Eigenschaft hinzufügen* klicken. Nun müssen Sie noch ein wenig an den Höhen und Abständen der Boxen feilen und ein paar generelle Einstellungen in Bezug auf das Schriftbild vornehmen. Als Erstes geben wir der äußeren Box eine feste Höhe, die für die Aufnahme aller Elemente ausreicht. Ergänzen Sie in der CSS-Datei die Box perückencontainer um die Zeile height 660px.

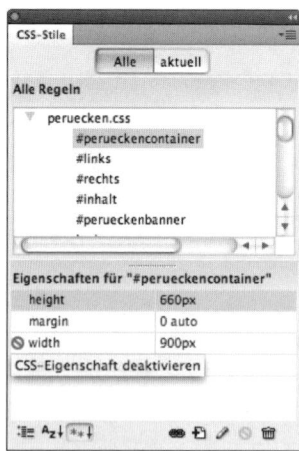

**Bild 3.37:** Höhe der Box festlegen.

Ein wenig Feinschliff ist noch nötig. Als Nächstes wird der Abstand zwischen dem oberen Inhaltsbereich und den beiden darunter liegenden Spalten entfernt. Genauer gesagt möchten wir sie optisch zusammenfassen. Bisher war die Trennung ganz nützlich, um die Container besser voneinander zu unterscheiden. Jetzt setzten Sie die Höhe der Box `aussen` auf den Wert `100%`.

Die gelbe Hintergrundfarbe erweist sich als nützlich, da man nun erkennen kann, dass wir den Hauptcontainer bis unten aufgefüllt haben. Tauschen Sie die Farbe jetzt gegen Weiß aus. Auch den beiden Boxen `links` und `rechts` geben wir die Höhe von 100 Prozent, um die rosafarbene Abgrenzung bis unten zu erhalten. Dabei fällt auf, dass noch eine Platzhalterbox unten auf der rechten Seite vergessen wurde. Diese war ursprünglich für eine Rubrik `Links` vorgesehen. Das Vorhaben wurde jedoch im Laufe des Projekts verworfen, da die Verlinkungen nach außen nicht zu sehr in die Navigationsstruktur eingebettet werden sollten. Sie können die Box löschen.

Jetzt sieht alles schon ziemlich gut aus. Das Feintuning der Navigationsstruktur folgt zu einem späteren Zeitpunkt. Damit diese Einträge nicht auf jeder Seite des Projekts durchgeführt werden müssen, wird die Linkstruktur in einer Vorlage als nicht editierbarer Bereich festgelegt.

**Bild 3.38:** Vorschau der Website im Safari-Browser. (Foto: Fotolia)

Zum Abschluss der Layoutarbeiten an der Eingangsseite wird der Inhaltsbereich noch ein wenig angepasst. Die Bilder auf der linken Seite sollen nicht direkt aneinanderstoßen. Zwar sollen die Bilder später ausgetauscht werden, doch auch oder gerade dann, wenn der Hintergrund der Grafiken nicht weiß ist, tut ein wenig Abstand gut. Damit das ausschließlich für alle Bilder gilt, die im Inhaltsbereich eingefügt werden, schreiben Sie folgende Regel in die externe CSS-Datei:

```
#bild img {margin-bottom:20px; }
```

Damit wird für jedes Bild im Container `bild` ein Abstand nach unten definiert. Im rechten Bereich werden ebenfalls noch Abstände gebraucht, um die Textblöcke voneinander zu trennen. Diese werden individuell gesetzt, da die Textblöcke nicht die gleiche Länge haben werden.

### 3.6.1 Transparente GIFs als Abstandhalter

Immer noch werden von vielen Webdesignern transparente GIFs als Abstandshalter genutzt. Vorteil dieser Methode ist, dass sie in jedem Browser funktioniert. Auch wenn die Methode im Hinblick auf leicht zu wartende, sauber strukturierte und suchmaschinenoptimierte Layouts eigentlich nicht mehr verwendet werden soll, wollen wir auch sie zum Abschluss kurz vorstellen.

Für Abstände, die man mit transparenten GIFs realisieren möchte, brauchen Sie lediglich eine Grafik von 1 mal 1 Pixel Höhe und Breite. Anders als sichtbare Grafiken können Sie diesen Platzhalter auch beliebig skalieren, da die Darstellungsqualität keine Rolle spielt.

Fügen Sie im ersten und auch im zweiten Textblock eine weitere Zeile ein, in der Sie die Grafik mit dem Namen `platzhalter.gif` einfügen. Ändern Sie dann die Höhe der eingefügten Grafik auf `55` Pixel. Ändern Sie auch die Breite auf `30` (das ist eigentlich bedeutungslos, aber es erleichtert das Markieren, falls es mal nötig ist).

```
<img src="platzhalter.gif" width="30" height="55" /></div>
```

## 3.7 Hyperlinks anlegen

Die Erstellung der Unterseiten ist für unser Beispiel ohne Belang und würde Sie auch nur langweilen. Es dreht sich nur um die Platzierung von Texten und Bildmaterial, damit genügend passender Content als Suchmaschinenfutter und ausreichend Interseiten für die Verlinkungen mit themenverwandten Fremdseiten zur Verfügung stehen. Zu Beginn der Erstellung dieses Portals standen weder die genaue Anzahl noch die genauen Themenunterseiten fest. Für diese Seiten wurden erst einmal Platzhalterlinks gelegt. Ausnahme: der Link, der zum Shop führt.

### 3.7.1 Platzhalterlinks legen

Platzhalterlinks legt man durch das Einfügen des Zeichens # als Zieladresse. Der Text wird dann als Link ausgezeichnet, führt aber ins Nichts bzw. verweist auf sich selbst.

**Bild 3.39:** Nach getaner Arbeit stellt sich die Seite auf diese Weise dar.

Nach dieser Fleißarbeit stellen Sie sicher fest, dass man die Darstellung der Linktexte auch noch ein wenig verändern sollte. Wir wollen die Unterstreichung in den Navigationsstrukturen links und rechts abstellen und die Farben ändern, für jede Seite allerdings unterschiedlich. Ergänzen Sie dafür die CSS-Vorlage um folgende Einträge:

```
div.weiss a {
    color: #8F6149;
    text-decoration:none;
}
div.weissrechts a {
    color: #929292;
    text-decoration:none;
}
```

Alle anderen Textlinks färben Sie um, indem Sie eine Regel für den Tag a platzieren. Fügen Sie folgende Regel ein:

```
a {color:#C69;}
```

Das Layout ist jetzt fertig.

◉ **Download**

http://www.buch.cd

Download der Beispieldateien.

## 3.8    Vorlagen erstellen

Speichern Sie jetzt das fertige HTML-Dokument als Vorlage ab. Dreamweaver CS5 speichert alle Vorlagendateien mit der Endung *.dwt* im Ordner *Templates* im lokalen Stammordner der Site. Ist dieser nicht vorhanden, wird er von Dreamweaver automatisch erstellt, sobald eine neue Vorlage gespeichert wird. Speichern Sie Vorlagen auf keinen Fall außerhalb des Ordners *Templates* und legen Sie keine anderen Dateien dort ab. Damit keine fehlerhaften Pfadangaben entstehen, muss der Ordner im lokalen Stammverzeichnis bleiben und darf nicht verschoben werden. Wählen Sie den Menübefehl *Datei/Als Vorlage speichern* und speichern Sie die Vorlage unter dem Namen *entwurf.dwt* ab.

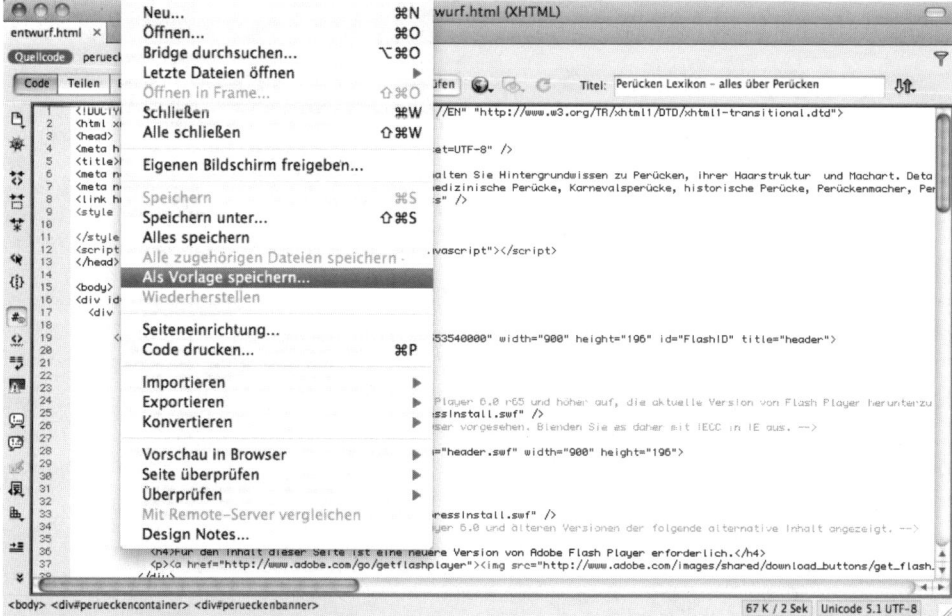

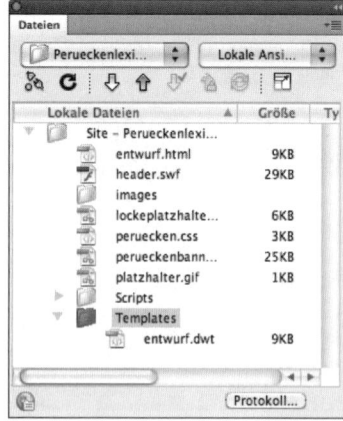

**Bild 3.40:** Die gespeicherte Vorlage wird im Stammordner der Site im Unterordner *Templates* abgelegt.

Ziel ist es, die neue Vorlage als Ausgangsbasis für jedes weitere Dokument der Website zu nutzen und dafür zu sorgen, dass spätere Änderungen an der Navigationsstruktur nur einmal gemacht werden müssen. Die Vorgehensweise erinnert stark an die Arbeit mit externen CSS-Dokumenten, nur dass es diesmal um physikalische Elemente und nicht ums Layout geht. Zu diesem Zweck müssen wir die Vorlage nun noch unterteilen. Es soll Bereiche geben, die später nur in der Vorlage geändert werden können. Jedes mit der Vorlage verknüpfte Dokument erbt dann diese Änderungen von der Vorlage.

**Bild 3.41:** Schauen Sie sich den Quellcode der Vorlage an. Sie finden dort farbig dargestellte Kommentare, die für die Bereichsunterteilung zuständig sind.

Standardmäßig sind alle Dokumentteile später nur in der Vorlage bearbeitbar, nicht in den Webdokumenten. Und so erstellen Sie Bereiche, die später in den einzelnen Dokumenten bearbeitet werden können:

## 3.8.1   Bearbeitbare Bereiche definieren

Markieren Sie im Code den Bereich, den Sie als *Bearbeitbarer Bereich* definieren möchten, und wählen Sie danach den Menübefehl *Einfügen/Vorlagenobjekte/Bearbeitbarer Bereich*. Geben Sie im Feld *Name* einen eindeutigen und innerhalb dieser Vorlage einmaligen Namen ein, wie stets ohne Sonderzeichen. Bestätigen Sie Ihre Eingabe. Bearbeitbare Bereiche werden in der Vorlage durch einen rechteckigen Rahmen hervorgehoben. Die Markierungsfarbe kann in den Voreinstellungen verändert werden.

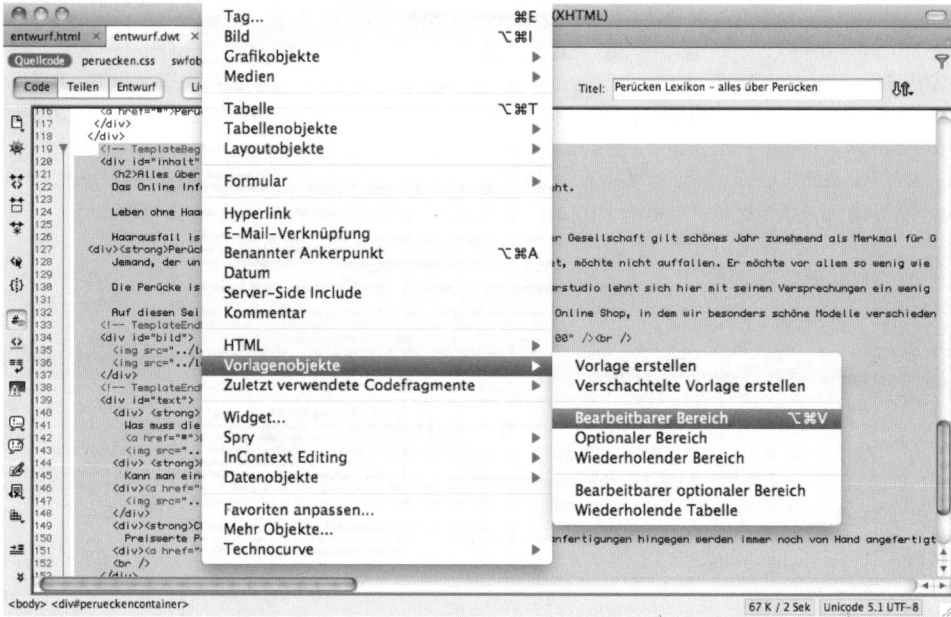

**Bild 3.42:** Bearbeitbare Bereiche in der Vorlage definieren.

Erstellen Sie nun nach Belieben bearbeitbare Bereiche. Im Beispiel sind alle Bereiche bearbeitbar, mit Ausnahme der Navigationsstruktur und des Headers mit dem Hintergrundbild.

## 3.8.2 Unterseiten aus der Vorlage erstellen

Nach Fertigstellung der Vorlage können Sie sämtliche Seiten aus der Vorlage erstellen. Wählen Sie den Menübefehl *Datei/Neu* und anschließend die Rubrik *Seite aus Vorlage*. Die von Ihnen erstellte Vorlage taucht auf der rechten Seite auf – hier *entwurf*.

Im geöffneten neuen HTML-Dokument können Sie jetzt nur in den freigegebenen Bereichen etwas ändern. Auch im Quellcode wird dieser Umstand sichtbar, denn nicht editierbare Abschnitte sind ausgegraut. Falls Sie einmal die Verbindung zwischen einer Vorlage und einem Webdokument trennen möchten, ist auch das sehr einfach. Sie sollten das aber nur tun, wenn die individuellen Änderungen es erfordern. Dazu finden Sie im Menü *Modifizieren* den Befehl *Vorlagen/Von Vorlage lösen*.

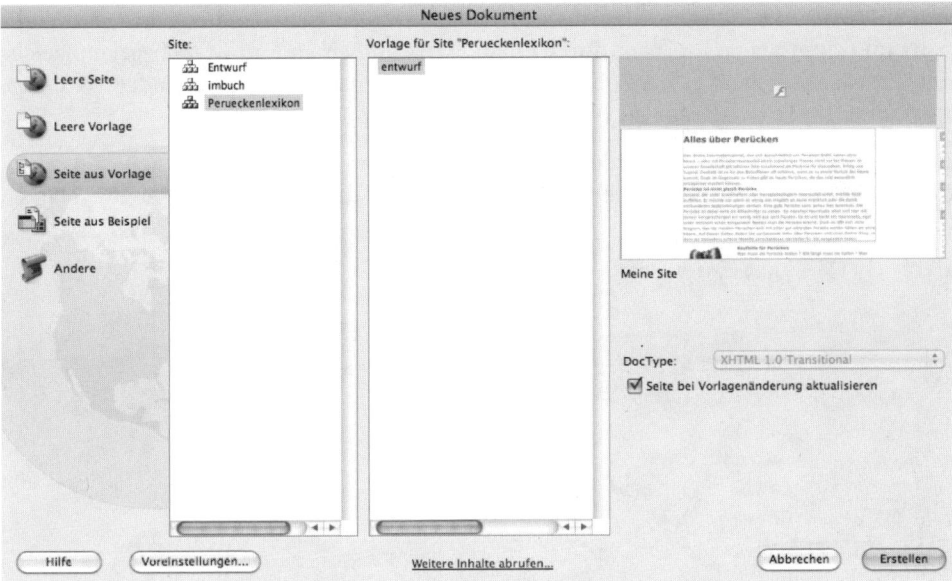

**Bild 3.43:** Seite aus einer Vorlage erstellen.

Wie im Vorwort bereits erwähnt, ist der Schwerpunkt dieses Buchs der Aufbau eines Webshops. Die statischen Seiten dienen vor allem dem Zweck der Suchmaschinenoptimierung. Alle anderen Seiten unseres Beispiels sind vom Layout her annähernd gleich, nur mit unterschiedlichen Texten und Bildern. Die nun folgenden Lektionen widmen sich deshalb direkt dem Thema eines Webshops, der von der Hauptseite durch einen Link direkt betreten werden kann. Bevor wir uns nun den dynamischen Seiten und ein paar dafür notwendigen Grundlagen zu PHP und MySQL zuwenden, noch ein paar Tipps zur Arbeit mit Dreamweaver in Verbindung mit Content-Management-Systemen.

## 3.9 Exkurs: Vorlage für den Einsatz in Typo 3

Portale werden oft mit Content-Management-Systemen wie Typo3, Joomla oder WordPress erstellt. Das ermöglicht es Redakteuren, ihre Beiträge selbst einzupflegen, ohne sich mit dem Webdesign oder anderen Funktionen auf der Seite beschäftigen zu müssen. Typo 3 kommt besonders bei großen Redaktionssystemen zum Einsatz – bei TV-Anstalten, Zeitschriften-Verlagen etc. Doch damit Typo3 eine HTML-Seite im Browser anzeigen kann, benötigt es in der Regel ein Template. Hierzu erstellen Sie mit Dreamweaver zuerst eine HTML-Designvorlage. Natürlich können Sie danach mit Dreamweaver die fertige HTML-Designvorlage auch für die Weiterverwendung in Typo 3 abwandeln.

Arbeiten Sie mit der Typo3-Extension TemplaVoilà, brauchen Sie in Dreamweaver nichts weiter vorzubereiten und können das Template direkt in Typo3 über den Dateimanager hochladen.

Wählen Sie den klassischen Weg, müssen Sie Typo3 zuerst die Bereiche bekannt geben, die es mit dynamischem Inhalt belegen soll. Das erreichen Sie durch die Verwendung von Subparts und Markern. Der wesentliche Unterschied zwischen beiden ist, dass Subparts im Gegensatz zu Markern durch einen Start- und einen End-Marker gekennzeichnet sind. Zusätzlich ist es bei Subparts möglich, Kommentartext einzubinden. Wichtige Platzhalter sind etwa die für die Navigation und den Content.

Das folgende Code-Beispiel verdeutlicht die Umsetzung für Typo3. Die Stelle, an der in der Designvorlage die Navigation zu finden ist, wird durch einen Marker mit Namen NAVIGATION ersetzt.

```
<div class = "navigation">
<ul>
<li><a href = "#">HOME</a></li>
<li><a href = "#">PROFIL</a></i>
<li><a href = "#">KONTAKT</a><li>
</ul>
</div>
Änderung für das Typo3-Template:
<div class = "navigation">
###NAVIGATION###
</div>
```

Nachdem Sie alle notwendigen Bereiche mit Platzhaltern überschrieben bzw. erweitert haben, binden Sie Ihr Template wie gewohnt in Typo3 ein.

# 3.10   Exkurs: WordPress-Projekt in Dreamweaver

Die neue Version von Dreamweaver erlaubt auch die Verwaltung von CMS-Projektstrukturen wie z. B. Joomla, Drupal oder WordPress. Weil solche Strukturen aus vielen Einzelteilen, sogenannten Includes, generiert werden, kann man nicht so leicht wissen, wie die Seiten später aussehen werden. Die neuen Dreamweaver CS5-Funktionen erlauben das Finden und Anzeigen abhängiger Elementstrukturen auf Knopfdruck. Die verbesserte *Live-Ansicht* ermöglicht das Betrachten und sogar das Navigieren der dynamischen Seiten.

## 3.10.1   XAMPP und WordPress aufsetzen

1. Vor der lokalen Arbeit mit WordPress installieren Sie das Webserverpaket XAMPP (siehe Kapitel 5.2.1 »XAMPP lokal installieren«. Nach der Installation starten Sie im XAMPP-Fenster *Controls* den *Apache*-Webserver und die *MySQL-Datenbank*.

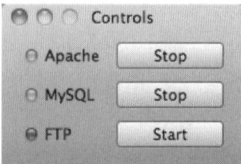

2. Laden Sie WordPress 3 aus dem Internet auf Ihre Festplatte, kopieren Sie den Wordpress-Ordner in das *htdocs*-Verzeichnis im *XAMPP*-Programmordner *XAMPP/xampfiles/htdocs/wp* und benennen Sie den Ordner *Wordpress* in *wp* um.

3. Legen Sie nun in Dreamweaver eine neue Site an, der *Servername* spielt keine Rolle. Unter *Verbinden über* wählen Sie *Lokal/Netzwerk* und geben danach den Pfad zum *Serverordner* an. Als *Web-URL* tragen Sie *http://localhost/wp* ein und bestätigen mit *Speichern*.

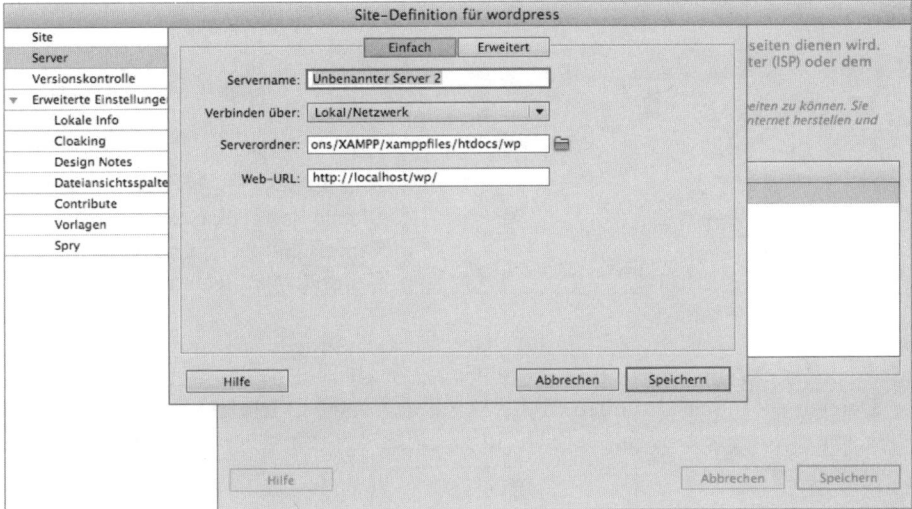

**Bild 3.44:** Eingabe der Verbindungsdaten im Dialog *Site-Definition für wordpress*.

4. Im Bedienfeld *Dateien* wird die komplette Site nun angezeigt. Öffnen Sie jetzt das PHP-Dokument *index.php*. In der *Entwurf*-Ansicht sehen Sie zunächst einmal nichts. Werfen Sie stattdessen einen Blick in die *Code*-Ansicht.

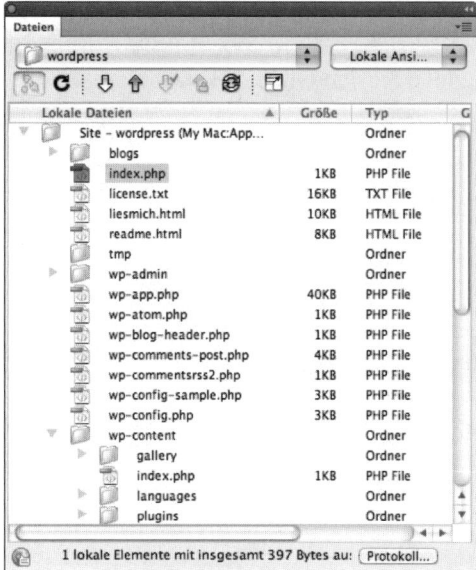

**Bild 3.45:** Im Bedienfeld *Dateien* sehen Sie die Verzeichnisstruktur des vom Remote-Server heruntergeladenen Wordpress-Projekts.

5. In der *Code*-Ansicht sehen Sie, dass Verknüpfungen zu anderen PHP-Dateien existieren. Wenn Sie auf den Textlink *Suchen* klicken, werden sämtliche abhängigen Dateien gefunden und oben in der Leiste angezeigt. Wichtig: In den Dreamweaver-*Voreinstellungen* muss im Bereich *Allgemein* die Option *Zugehörige Dateien aktivieren* eingeschaltet sein.

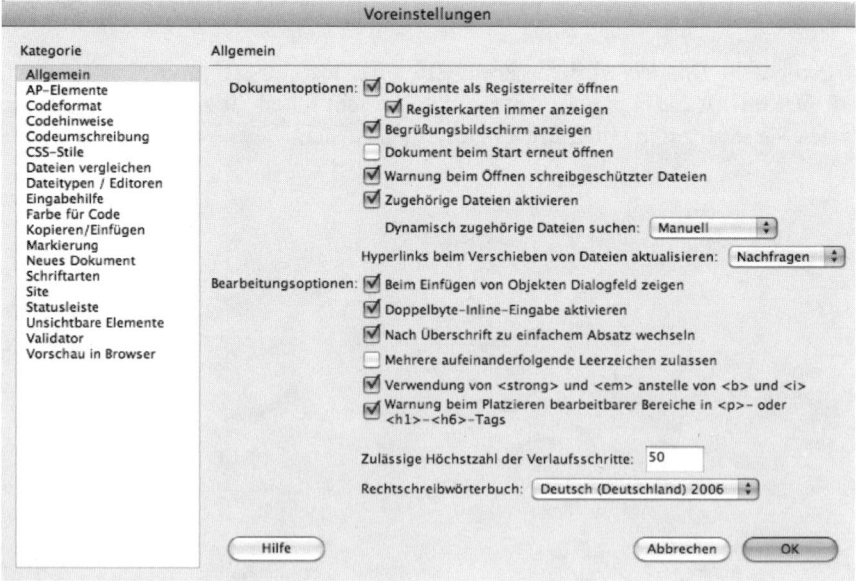

**Bild 3.46:** Anpassen der *Voreinstellungen*.

6. Manchmal werden zu viele Dateien gefunden, wodurch das Ergebnis unübersichtlich wird. In diesem Fall sorgt eine Filterfunktion dafür, dass nur bestimmte Dateitypen angezeigt werden. Die Schaltfläche dazu finden Sie ganz rechts in der Zeile, in der auch die Dateien aufgeführt werden.

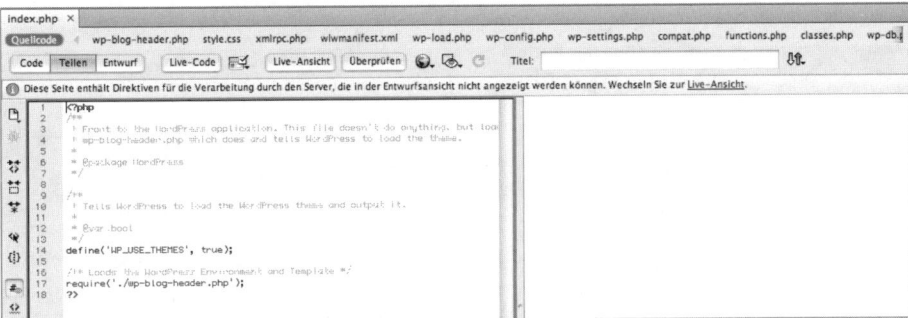

**Bild 3.47:** Dreamweaver meldet, dass die Seite über dynamisch zugehörige Dateien verfügt, und zeigt diese oberhalb der Symbolleiste in einer Reihe nacheinander an.

7. Wenn Sie jetzt auf die Schaltfläche *Live-Ansicht* klicken, wird die Startseite der WordPress-Umgebung im Dokumentfenster angezeigt. Bei geteilter Ansicht und aktivierter Live-Ansicht werden im Entwurf markierte Elemente auch im Code ausgezeichnet. Navigieren Sie durch die Seiten, wird die Code-Ansicht ebenfalls aktualisiert.

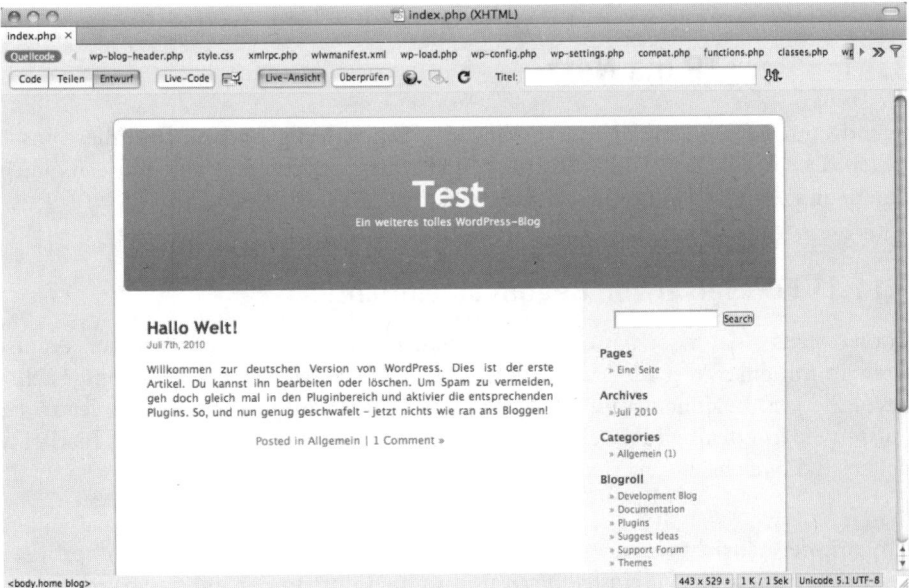

**Bild 3.48:** Die WordPress-Startseite in der *Entwurf*-Ansicht.

8. Falls die WordPress-Seite nicht angezeigt wird und Dreamweaver einen Database-Error meldet, prüfen Sie die WordPress-Datei *wp-config.php* und gleichen die Einträge wie folgt ab:

```
// ** MySQL settings - You can get this info from your web host ** //
/** The name of the database for WordPress */
define('DB_NAME', 'wordpress');
/** MySQL database username */
define('DB_USER', 'root');
/** MySQL database password */
define('DB_PASSWORD', '');
/** MySQL hostname */ define('DB_HOST', 'localhost');
```

Möchten Sie PHP-Code ändern, ergänzen oder neu schreiben, hat Dreamweaver CS5 auch hier Verbesserungen eingearbeitet. Code Hints helfen sowohl bei vordefinierten PHP-Funktionen als auch bei einigen Codes mit nützlichen Tipps. Auch Syntaxfehler werden angezeigt, was Ihnen hilft, effizienter und schneller zu arbeiten. Drückt man innerhalb eines PHP-Codeblocks die Strg+Leertaste, werden elementare PHP-Funktionen angezeigt.

Wählen Sie eine Funktion aus, finden Sie dazu in der angezeigten Hilfe Beschreibungen und Beispiele. Tooltips helfen, geschriebenen Code zu vervollständigen. Das klappt sogar mit eigenen Funktionen oder Variablen. Deklarieren Sie z. B. eine Funktion oder eine Variable, gibt es auch bei späterem Zugriff darauf den ein oder anderen nützlichen Tooltip. Mehr zur Arbeit mit PHP-Code erfahren Sie im Kapitel 6 »Basiswissen: PHP & MySQL« und bei der Arbeit am Webshop.

## 3.11 Per FTP ins Netz

Irgendwann ist man mit der Erstellung der Seiten fertig und möchte diese ins Netz stellen. Der in Dreamweaver integrierte FTP-Client macht es leicht und ermöglicht es Ihnen, diese Aufgabe ohne ein weiteres Hilfsprogramm zu erledigen.

### 3.11.1 FTP-Server von Beginn an einrichten

Voraussetzung dafür ist natürlich, dass man bei einem Webhoster seiner Wahl eine Domain mit einer Webadresse wie zum Beispiel *www.Meine-Seite.de* bereitgestellt hat. Bevor Sie jetzt beginnen, Ihre lokal gespeicherte Seite auf den eigenen Server zu laden, müssen Sie in Dreamweaver einen FTP-Zugang einrichten. Wenn Sie sich hierbei nicht sicher sind, welche Daten sie eintragen müssen, wenden Sie sich am besten an Ihren Webhoster.

Um mit der Einrichtung des FTP-Zugangs schon vor Erstellung des Webprojekts zu beginnen, öffnen Sie *Voreinstellungen* und wählen dort in der linken Spalte den Punkt *Site*. Hier legen Sie grundlegende Einstellungen fest, z. B. ob im Dateifenster die lokalen Dateien links oder rechts neben Ihren Serverdateien erscheinen sollen etc.

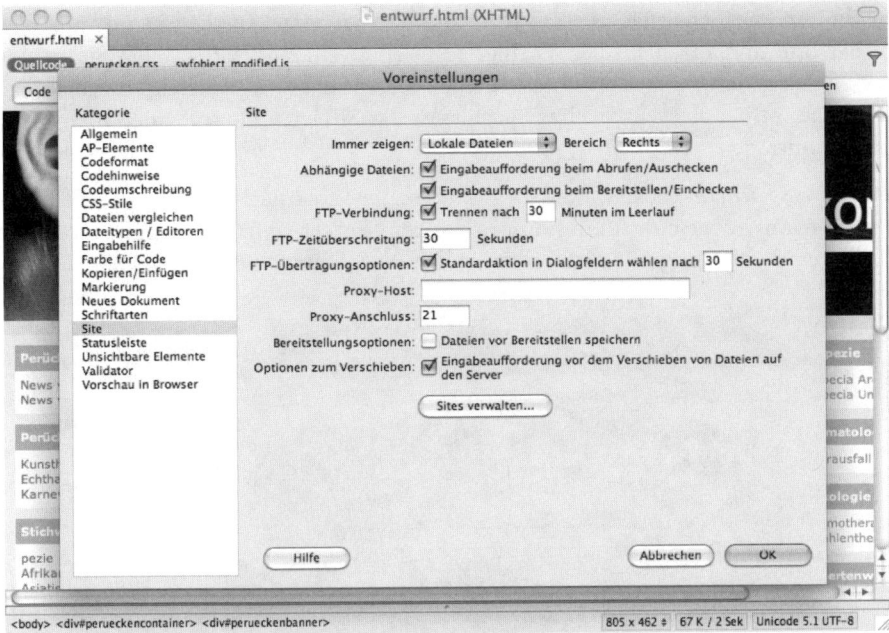

**Bild 3.49:** Grundlegende *Voreinstellungen* festlegen.

Des Weiteren bestimmen Sie in den Voreinstellungen, nach wie vielen Minuten Dreamweaver die Verbindung zum Server unterbrechen oder wie viel Zeit zwischen den Verbindungsversuchen vergehen soll, falls eine erste Verbindung fehlgeschlagen ist. Befindet sich Ihr Computer hinter einer Firewall, können Sie unter den Punkten *Proxy-Host* und *Proxy-Anschluss* die entsprechenden Änderungen vornehmen. Wünschen Sie noch eine Speicherung Ihrer Dateien, bevor diese hochgeladen werden, aktivieren Sie das Kästen *Dateien vor dem Bereitstellen speichern*.

Damit Sie nun die Informationen für Ihren Server eintragen können, klicken Sie auf die Schaltfläche *Sites verwalten*. Danach erscheint ein neues Fenster mit den angelegen Seiten.

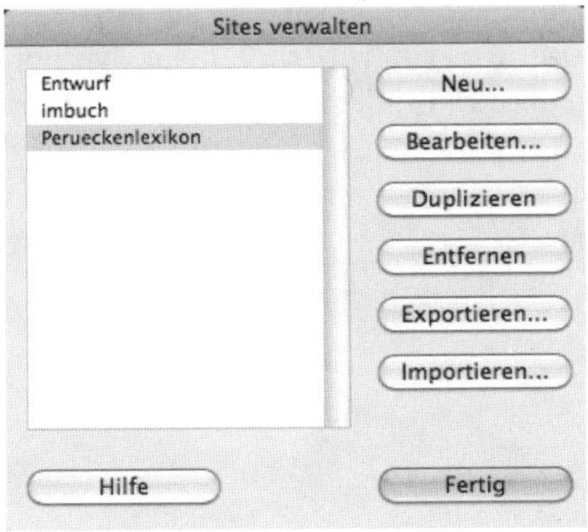

**Bild 3.50:** Eingetragene Sites im Dialog *Sites verwalten*.

Klicken Sie auf die Schaltfläche *Neu,* um eine Site zu erstellen. Legen Sie nun den Namen der Site und Ihren lokalen Ordner fest. Im zweiten Schritt wählen Sie in der linken Menüleiste den Punkt *Server* aus. Klicken Sie auf das *Plus*-Zeichen unterhalb der weißen Fläche, öffnet sich ein zweites Fenster, in das Sie jetzt alle Informationen Ihres Webhosters eintragen.

Bevor Sie auf *Speichern* klicken, können Sie über die Schaltfläche *Testen* noch einmal sehen, ob Dreamweaver eine Verbindung zu Ihrem Server und Verzeichnis herstellen kann. Fällt der Verbindungstest positiv aus, speichern Sie einfach die Daten ab.

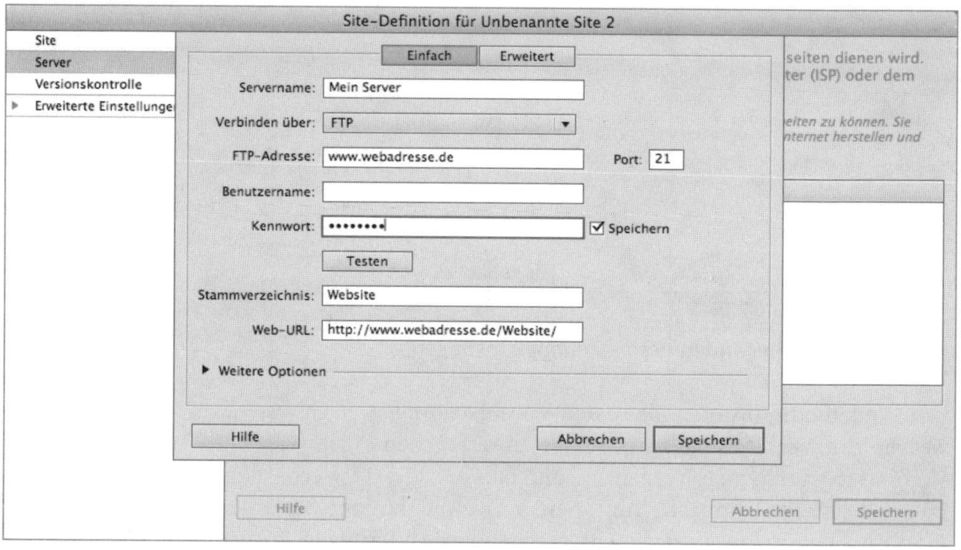

**Bild 3.51:** Der Server ist jetzt für Dreamweaver fertig eingerichtet.

Im Bedienfeld *Dateien* werden jetzt alle Dateien und Ordner Ihrer Website angezeigt. Ob das Fenster mit den Serverdaten links oder rechts liegt, haben Sie zuvor in den *Voreinstellungen* festgelegt.

Wenn Sie jetzt die fertige Website auf Ihren Server laden möchten, gibt es zwei Möglichkeiten. Entweder Sie ziehen die hochzuladenden Dateien vom lokalen Fenster einfach in das Fenster *Serverdateien,* oder Sie klicken wahlweise in der darüberliegenden Symbolpalette auf den nach oben gerichteten Pfeil. Mit beiden Methoden werden Ihre Dateien nun auf den Server übertragen. Möchten Sie umgekehrt Dateien von Ihrem Server lokal speichern, ziehen Sie sie vom Serverfenster in das lokale Fenster oder klicken in der Symbolpalette auf den nach unten gerichteten Pfeil.

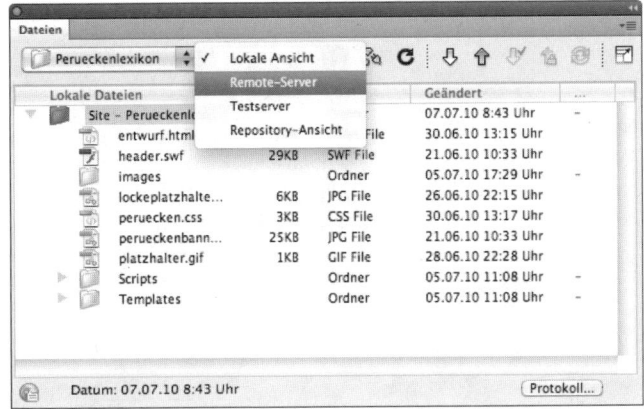

**Bild 3.52:** Anzeige der
lokalen- oder der Remote-
Server-Dateien.

# 4 Suchmaschinenoptimierung

Wenn alle Seiten fertig sind, können Unternehmen und deren Webmaster sich nicht einfach zurücklehnen und ausruhen. Erfolgreich wird Ihr Webauftritt nur dann, wenn Sie auch Besucher bekommen. Deshalb gilt es jetzt, auch die Bots der Suchmaschinen anzulocken und ihnen mitzuteilen, dass es eine neue Seite gibt (Bekanntmachung) und diese zudem wertvolle Informationen enthält, die der User durch eine günstige Platzierung finden sollte (Wertung). Dieser Prozess wird allgemein Suchmaschinenoptimierung oder in der Kurzform auch SEO genannt.

Mittlerweile gibt es aufgrund des hohen Stellenwertes, den diese Arbeit für einige Unternehmen besitzt, eigene Berufsbezeichnungen für diesen Zweck. Ganze Agenturen haben sich auf dieses Segment spezialisiert. Dementsprechend schwierig und manchmal sogar fast unmöglich ist es, mit Ihrer neuen Internetsite schnell hohe Positionen in den Listings der wichtigsten Suchmaschinen, insbesondere Google, zu erreichen.

Das soll keine Entmutigung sein, sondern lediglich eine Feststellung, die Sie in Ihrer Preiskalkulation berücksichtigen müssen. Je mehr Mitbewerber sich in Ihrem Geschäftsfeld online präsentieren und je besser deren Internetmarketing funktioniert, umso mehr Zeit werden Sie alleine oder mit einem Team in die Erstellung guter Inhalte und in den Aufbau eines hochwertigen Linknetzwerkes investieren müssen. Erschwerend kommt hinzu, dass die großen Suchmaschinen ihre Algorithmen zur Bewertung des Rankings in regelmäßigen Intervallen verändern. Das kann Ihre Position immer wieder verbessern oder verschlechtern und ggf. eine größere Aktivität Ihrerseits veranlassen.

## 4.1 Arbeit am Inhalt: Onpage-Optimierung

Letzen Endes ist Suchmaschinenoptimierung eine kontinuierliche Tätigkeit mit unterschiedlich hohem Zeitaufwand, je nach Schwierigkeitsgrad. Diese Zeit ist es, die bei der Kalkulation des zu veranschlagenden Betrags die größte Rolle spielt. Wir werden innerhalb dieses Workshops am Beispiel der Startseite die Pflichtaufgaben jeder Seitenoptimierung vornehmen. Das gilt dann im Wesentlichen für alle Seiten. Die Arbeit am Inhalt der Seiten wird als Onpage-Optimierung bezeichnet, während die Recherche nach Verbündeten und das sinnvolle Verlinken mit fremden Seiten Offpage-Optimierung genannt wird. Sie gehören zum Internetmarketing.

Offline-Optimierung spielt in diesem Buch keine Rolle, da es nicht zu den Aufgaben gehört, für die das Programm Dreamweaver irgendeine Rolle spielt. Einige der folgenden Optimierungstechniken haben wir bereits beim Erstellen der Seiten erledigt. An dieser Stelle werden die minimalen notwendigen Schritte der Onpage-Suchmaschinenoptimierung ausführlicher zusammengefasst. Diese können Sie auch ohne größeren Aufwand realisieren, um schon einmal die Grundvoraussetzungen für gute Platzierungen zu erfüllen.

## 4.2 Meta-Tags: Schlüsselwörter, Beschreibung und mehr

Meta-Angaben werden im Kopf eines HTML-Dokuments abgelegt und waren das Zauberwort für die Suchmaschinenoptimierung in den ersten Jahren des World Wide Web. Heute verfehlen die Zaubertricks jedoch meist ihre Wirkung und sind aus der Sicht der großen Suchmaschinen bestenfalls noch kleine Helferlein. Weglassen sollte man sie jedoch auch nicht, da kleinere Suchmaschinen und Webkataloge sich durchaus hier bedienen können und sie auch bei den Großen manchmal Zünglein an der Waage sind.

Warum ihre Wirkung abnehmen musste, ist einfach zu verstehen. Wenn es zehn Webseiten zu einem Thema gibt und noch wenige Webmaster, die ihr Handwerk richtig verstehen, reichen ein paar Schlüsselbegriffe und eine knackige Inhaltsangabe aus, um darüber die Positionierung festzulegen. Wenn aus den zehn Seiten im Laufe der Zeit aber Millionen werden, die das gleiche Thema behandeln, und immer mehr Webmaster die gleichen Schlüsselwörter eintragen, wird es nicht mehr möglich sein, ausschließlich nach diesem Verfahren zu bewerten. Trotz allem werden wir die Sache abrunden und die Eintragungen aus oben angeführten Gründen vornehmen.

Öffnen Sie Ihr Dokument und wählen Sie im Menü *Einfügen* den Eintrag *HTML/ Head-Tags/Schlüsselwörter* aus. Es öffnet sich ein kleines Fenster, in dem Sie Ihre Schlüsselwörter durch Kommas getrennt eintragen können.

Auch wenn es manchmal Gegenstand von Diskussionen in entsprechenden Foren zu diesem Thema ist: Ich habe in den ganzen Jahren noch nicht feststellen können, ob es einen Vorteil bringt, Leerzeichen statt Kommas als Trennstelle zu nutzen. Auf jeden Fall ist es unsinnig, mehrere Hundert Schlüsselwörter einzutragen, zehn reichen meist völlig aus. Allerdings sollten sie auf jeder einzelnen Seite Ihrer Site ausgetauscht bzw. variiert werden. Was weiter vorn steht, ist wichtiger als die Einträge weiter hinten. Wenn Sie mit Ihren Einträgen fertig sind, bestätigen Sie Ihre Eingabe mit *OK*.

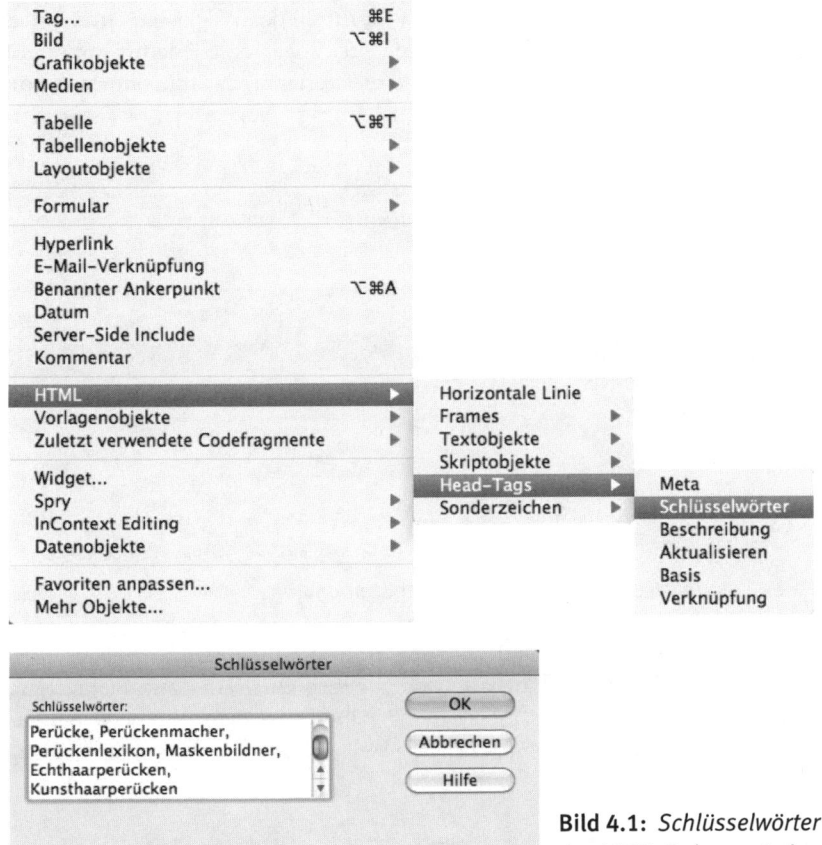

**Bild 4.1:** *Schlüsselwörter* in das HTML-Dokument eingeben.

Ihre Schlüsselwörter sind nun Bot-gerecht im Header des Quellcodes eingetragen. Auf die gleiche Art und Weise fügen Sie nun die *Beschreibung* ein. Erstellen Sie eine kurze Inhaltsbeschreibung für die Seite, für die wir gerade den Text einfügen. Zwar erlauben Suchmaschinen durchaus einiges an Text in der Description, aber je weniger Text die Beschreibung enthält, umso wichtiger wird jedes Wort angesehen. Die wichtigsten Keywords in der Beschreibung unterzubringen ist sicher auch keine schlechte Idee. Anbei nun unsere kompletten Einträge für die Startseite des Perückenlexikons:

```
<meta name="description" content="im Perücken Lexikon erhalten Sie
Hintergrundwissen zu Perücken, ihrer Haarstruktur und Machart. Details zu
medizinischen Perücken oder modischen Perücken" />
<meta name="keywords" content="Perücken, Perückenshop, medizinische Perücke,
Karnevalsperücke, historische Perücke, Perückenmacher, Perückenlexikon,
Maskenbildner, Echthaarperücken, Kunsthaarperücken" />
```

## 4.3 Titel für die Website vergeben

Der Titel ist nicht nur zu Bookmark-Zwecken da. Er wird auch und vor allem von den Suchmaschinen erfasst und spielt für das Ranking eine wesentlich größere Rolle als die

Schlüsselwörter. Nicht jeder kennt das Potenzial, das er durch das Weglassen eines guten Titels verschenkt. Deshalb fügt Dreamweaver den Titel sogar mit jedem Dokument schon einmal ein. Eine sinnvolle Benennung wäre zu viel verlangt, das müssen wir schon selbst tun. Dreamweaver vergibt solange den Standardeintrag *Unbenanntes Dokument*.

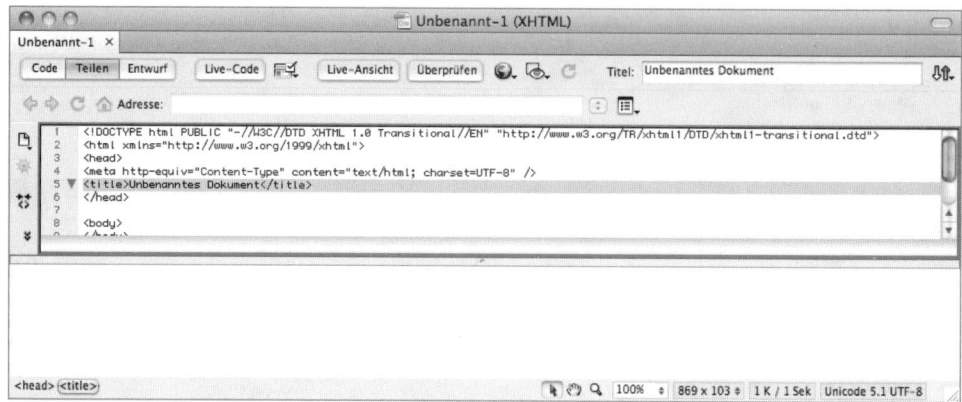

**Bild 4.2:** Ein neues Dokument erhält den Standard-Titel *Unbenannt-1*.

Nun kann man ja sagen: Wenn der Titel von den Bots der Suchmaschinen gescannt wird, dann ist es sinnvoll, diesen Titel auszutauschen gegen einen, der aussagekräftiger ist und besser zum Thema der Seite passt. Genau das haben wir getan. Wie viele Seitenersteller das jedoch vernachlässigt haben, erkennen Sie, wenn Sie genau diesen Eintrag googeln: *unbenanntes Dokument.*

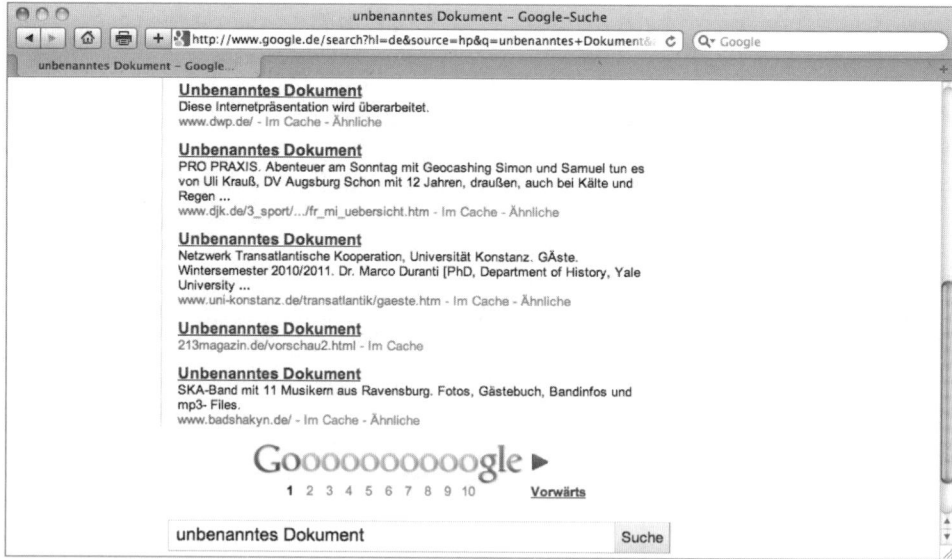

**Bild 4.3:** Google findet unzählige Sites ohne Titel.

Vielleicht sollte man den Glücklichen, der die Spitzenposition innehat, einmal fragen, wie er das gemacht hat. Allerdings sind Zweifel, ob dies überhaupt so geplant war, durchaus berechtigt, denn wer möchte schon etwas unter dem Eintrag *unbenanntes Dokument* finden? Wir tauschten ihn in unserem Dokument deshalb gegen den folgenden Titel aus:

```
<title>Perücken Lexikon - alles über Perücken</title>
```

Die Änderung können Sie direkt im Quellcode vornehmen (siehe oben) oder im *Eigenschaften*-Bedienfeld, wenn kein anderes Element markiert ist.

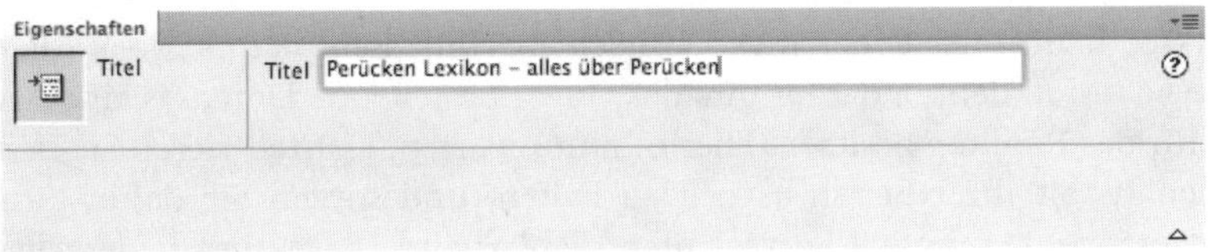

**Bild 4.4:** *Titel* im *Eigenschaften*-Bedienfeld eintragen.

Die Änderung kann auch über das Menü *Modifizieren/Seiteneigenschaften erfolgen*. Last but not least besteht noch die Möglichkeit, die Seiteneigenschaften über ein Kontextmenü aufzurufen. Dazu klicken Sie mit der rechten Maustaste in einen freien Bereich innerhalb der Webseite und wählen im Kontextmenü den Eintrag *Seiteneigenschaften* aus.

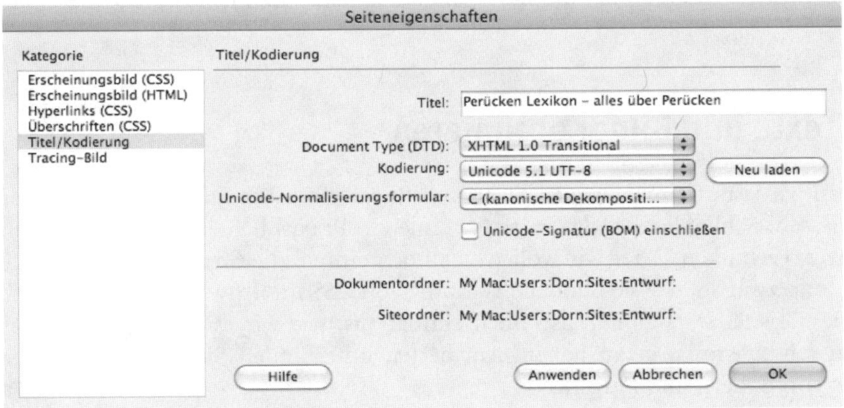

**Bild 4.5:** Den Titel im Dialogfeld *Seiteneigenschaften* eintragen.

# 4.4 Domainname, Dokumentnamen und Ordnerstruktur

Es mag für die Übersicht oft besser sein, viele Ordner und Unterordner anzulegen, doch Suchmaschinen erfassen Seiten innerhalb einer flachen Ordnerstruktur besser. Die Ordnerstruktur von *www.wikipedia.de* ist ein gutes Beispiel dafür. Auch wir haben uns für eine möglichst flache Verzeichnistiefe entschieden. Einen Domainnamen haben wir ja schon und ein Teil der Ordnerstruktur ist ebenfalls schon erstellt.

Zunächst ein paar generelle Anmerkungen zu Domainnamen und zum Benennen von Dateien und Ordnern. Benutzerfreundlich ist natürlich ein kurzer Domainname und auch für Sie als Betreiber ist er von Vorteil, weil ein kurzer, prägnanter Begriff sich leichter merken lässt. Das ist nicht unwichtig für Besucher, die Ihre Seite später noch einmal besuchen möchten, vor allem im Hinblick darauf, dass sich Suchmaschinenplatzierungen verändern können. Für die Bots der Suchmaschinen und damit auch für neue Besucher erfolgsversprechender ist jedoch die Tatsache, dass es ein nicht unerheblicher Vorteil für das Ranking ist, wenn das wichtigste Schlüsselwort (im Beispiel Perücken) auch im Domainnamen vorkommt.

Das gilt auch für Ordner und Dateinamen, wenn auch längst nicht im gleichen Maße. Einen anderen Faktor kann man leider nicht so leicht beeinflussen, nämlich das Alter der Domain. Viele Faktoren deuten darauf hin, das länger bestehende Domains eine Art Vertrauensbonus für das Ranking besitzen. Hier hilft nur warten. Konzentrieren Sie sich solange darauf, den Inhalt Ihrer Seiten aktuell zu halten, und sorgen Sie dafür, dass keine von Ihnen gesetzten Links ins Leere laufen. Fehlerhafte Links sind leider eine verbreitete Krankheit im Internet und führen unter Umständen dazu, dass Ihr Ranking ein wenig schlechter ist, als es eigentlich sein könnte.

Noch ein Wort zur Textmenge, die ein einzelnes Dokument haben sollte. Erstellen Sie keine endlos langen Dokumente, sondern verteilen Sie umfangreiche Infos stattdessen auf mehrere Seiten. Als ungefähre Richtlinie kann die Textmenge gelten, die auf eine Schreibmaschinenseite passt. Auf diese Art und Weise können Sie den Inhalt im Textbereich besser auf die Schlüsselwörter im Kopfbereich anpassen und so z. B. auf einer Seite das Schlüsselwort *Drucker* und auf einer anderen Seite das Schlüsselwort *Scanner* stärken.

## 4.5 Texte und Bilder optimieren

Bisher haben wir ja nur einige wenige Texte und Bilder eingefügt und dabei wollen wir es auch belassen. Schließlich ist das in erster Linie ein Praxisbuch zu fortgeschrittenen Dreamweaver-Techniken. Aber wir wollen uns noch einmal die Struktur der Startseite anschauen, und zwar so, wie sie ohne die Wirkung von CSS im Browser dargestellt wird. Schalten Sie die CSS-Darstellung also noch einmal aus, wie wir es beim Erstellen der CSS-Regeln schon einmal getan haben. Am besten unterbinden Sie danach auch die Darstellung von Bildern und Plug-Ins.

Danach betrachten Sie die Seite annähernd wie ein Suchmaschinenbot. Der interessiert sich in erster Linie für den Text auf unserer Seite, die Häufigkeit bestimmter Wörter und den Abgleich mit den von uns verfassten Schlüsselwörtern sowie die Reihenfolge und Häufigkeit von Überschriften. Eine sehr wichtige Rolle spielen auch Hyperlinks und außerdem, da die Motive von Bildern ja nicht entschlüsselt werden können, die alternativen Beschreibungen der Bilder. Wie man diesen Text über das alt-Attribut eingibt, haben Sie bereits erfahren. Die Überschriften sollten kurz und aussagekräftig sein und jede Kategorie – H1 bis H6 – sollte nur einmal pro Dokument und in der richtigen Reihenfolge vorkommen. Eine Überschrift der Kategorie 1 sollte also immer vor der Überschrift der Kategorie 2 stehen usw.

Natürlich müssen Sie aber nicht alle Überschriftenkategorien nutzen. Positiv auswirken können sich auch Schlüsselwörter innerhalb von Überschriften. Über die Häufigkeit eines bestimmten Schlüsselwortes sind schon zahlreiche Diskussionen geführt worden. In jedem Fall ist davon abzuraten, Seiten zu erstellen, die fast auschließlich oder zu einem sehr großen Teil aus dem Schlüsselwort bestehen. Erstens ist das für die User eine Quälerei und zweitens könnte es auch als Keyword-Spamming betrachtet werden. Besonders Google stehen heute ausgefeilte Mechanismen zur Verfügung, um sogenannte Dirty Tricks, die nur darauf aus sind, die Bots zu täuschen, auffliegen zu lassen.

Zu diesen Methoden gehören z. B. auch unsichtbarer oder in der Hintergrundfarbe angelegter Text, Schriftgrößen, die man niemals lesen kann, oder außerhalb des sichtbaren Bildschirmbereichs platzierter Text. Die Konsequenz kann sein, dass eine Domain dauerhaft aus dem Index der Suchmaschine fliegt. Der Schaden kann um ein Vielfaches höher sein als der fragwürdige Nutzen, mit unsauberen Methoden schneller gute Positionen zu erreichen. Eine Schlüsselwortdichte zwischen vier und acht Prozent scheint ein vernünftiges Maß zu sein, mit dem sich sowohl benutzerfreundliche Texte erstellen als auch die Wertigkeit eines Keywods verdeutlichen lassen.

## 4.6    Fehler bei der Webseitengestaltung

Im Hinblick auf die Suchmaschinenoptimierung wollen wir noch ein paar typische Fehler unter die Lupe nehmen. Viele Suchmaschinen werten JavaScript nicht aus. Besonders kritisch wird es, wenn Sie eine Navigation mit aufwendigen Pull-Down-Menüs erstellen. Das mag ja schick aussehen, birgt jedoch die Gefahr, dass eine Suchmaschine die angegebenen Linkziele nicht findet. Wer trotzdem darauf nicht verzichten möchte, sollte zumindest eine alternative Navigation anbieten. Auch eine Site, die hauptsächlich aus multimedialen Inhalten besteht, liefert wenig, was sich für ein hohes Ranking verwerten ließe.

Falls Ihre Seiten auf einem Webserver liegen, der häufig von Ausfällen betroffen oder sehr langsam ist, können Bots Ihre Seiten oft entweder gar nicht finden oder warten nicht lange genug, wenn diese nur verzögert vom Server ausgeliefert werden. In einem solchen Fall ist es besser, sich einen neuen Webhosting-Anbieter zu suchen. Das nachträgliche Verschieben von Dateien auf dem Webserver oder falsch geschriebene Hyperlinks sind häufig die Ursache dafür, dass Seiten nicht gefunden werden. Achten Sie also unbedingt auf die korrekte Verlinkung und Platzierung aller Seiten.

🔲 **Franzis**

http://bit.ly/5hSqlO
http://bit.ly/ajZrji

Suchmaschinenoptimierung & Usability
Suchmaschinenoptimierung

# 5 Prinzip dynamischer Webseiten

Im Gegensatz zu statischen Webseiten, die bei jeder Inhaltsänderung erneut überarbeitet werden müssen, werden bei dynamischen Webseiten die Inhalte erst beim Aufruf der Webseite vom Webserver zusammengestellt und zum Webbrowser des Benutzers geschickt.

Gibt der Benutzer in das Suchformular einen Begriff ein und drückt den Suchen-Knopf *(1)*, wird der Inhalt des Formulars zum Webserver geschickt und dort vom Anwendungsserver ausgewertet *(2)*. Aus den ausgewerteten Informationen generiert der Anwendungsserver eine Suchabfrage und sendet sie an den Datenbankserver *(3)*. Daraufhin sucht der Datenbankserver den gewünschten Begriff in der Datenbank und sendet das Ergebnis der Suchabfrage wieder zurück an den Anwendungsserver *(4)*. Dort werden aus dem Ergebnis eine oder mehrere Webseiten erstellt und zurück an den Webserver geschickt *(5)*. Der Webserver liefert dann die Ergebnisseiten an den Browser des Benutzers *(6)*.

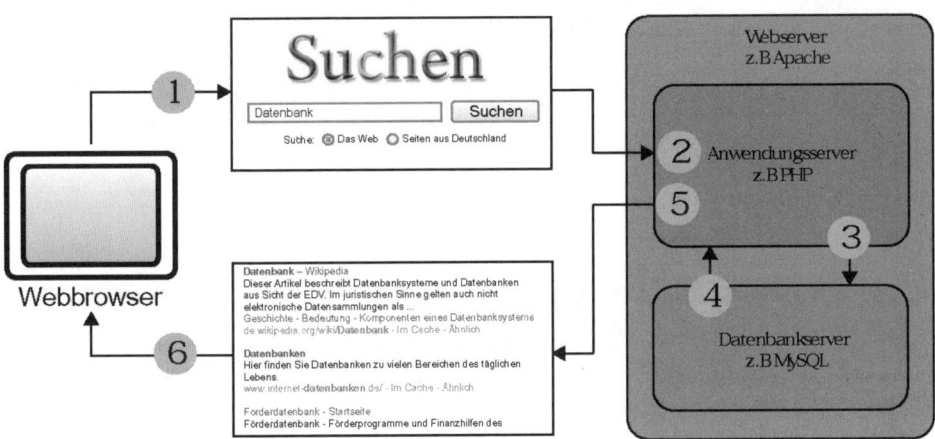

**Bild 5.1:** Beispiel einer Suchmaschinenabfrage.

## 5.1 Webserver und Datenbank

Ein Webserver läuft üblicherweise unter Linux, Windows oder Unix. Als Serversoftware kommt häufig der Apache-HTTP-Server zum Einsatz. Der Apache ist sehr stabil, leistungsfähig und für sehr viele Betriebssysteme erhältlich. Der zweite bedeutende Webserver ist Microsoft Internet Information Services (IIS). Dieser funktioniert jedoch nur unter einem Windows-Betriebssystem. Die Inhalte dynamischer Websites werden typischerweise in einer Datenbank gespeichert. Folgende Datenbanken kommen in der Praxis zur Anwendung:

### 5.1.1 Oracle Database Server (Oracle Corporation)

Die Oracle Database ist für mittelgroße Datenbanken bis hin zu Datenbanken der Unternehmensklasse geeignet. Oracle-Datenbanken laufen auf Unix-, Windows-, Mac OS X- (x86) und Linux-Servern. Sie speichern relationale und objektrelationale Daten sowie XML-Daten. Neben der kommerziellen Version ist auch eine kostenlose Express Edition verfügbar.

⊡ **Lesezeichen**

http://www.oracle.com/us/products/database

Oracle Database

### 5.1.2 Microsoft SQL Server

Der Microsoft SQL Server ist ein relationales Datenbanksystem, das für mittelgroße bis große Datenbestände geeignet ist. Der Microsoft SQL Server läuft typischerweise auf Windows Server 2005/2008 und bietet eine gute Integration in andere Windows-Anwendungen und Entwicklungsumgebungen von Microsoft. Neben der kommerziellen Version ist auch eine kostenlose Express Edition verfügbar.

⊡ **Lesezeichen**

http://www.microsoft.com/sqlserver

Microsoft SQL Server

### 5.1.3 PostgreSQL (PostgreSQL Global Development Group)

PostgreSQL ist ein freies objektrelationales Datenbanksystem, das Datenbanken mit mehreren Terabytes Daten und Tausenden von gleichzeitigen Nutzern unterstützt. PostgreSQL läuft auf Windows- (ab Windows 2000), Mac OS X- (ab Version 10.4) und Linux-Servern. Neben der Open-Source-Version ist auch eine kommerzielle Version von der Firma Enterprise DB unter dem Namen Postgres Plus verfügbar.

⊡ **Lesezeichen**

http://www.postgresql.org

PostgreSQL

## 5.1.4 MySQL (MySQL AB/Sun Microsystems)

Der MySQL Server ist ein relationales Datenbanksystem unter Open-Source-Lizenz und mit mehr als zehn Millionen aktiven Installationen die am schnellsten wachsende Datenbank weltweit. MySQL-Datenbanken sind für mittelgroße Datenmengen ausgelegt und laufen auf Unix-, Windows-, Mac OS X- (ab Version 10.4), Linux- und i5/OS-Servern. Neben der Open-Source-Version gibt es auch von der Firma Sun Microsystems eine kommerzielle Version unter dem Namen MySQL Enterprise.

☐ **Lesezeichen**

http://www.mysql.com

MySQL Server

## 5.1.5 PHP (PHP Group)

PHP (PHP Hypertext Preprocessor, früher Personal Home Page Tools) ist eine weitverbreitete Open-Source-Skriptsprache speziell für Webanwendungen, die auch in HTML-Dokumente eingebettet werden kann. Dabei werden die Skripte zur Laufzeit vom PHP-Interpreter (Anwendungsserver) verarbeitet und die Ausgabe an den Webserver weitergeleitet. Meistens ist dies ein HTML-Dokument, es ist mit PHP aber auch möglich, andere Dateitypen wie Bilder, PDF-Dateien oder Flash-Animationen zu erzeugen.

Aufgrund der einfachen Syntax (ähnlich wie in Perl, Java oder C) und der dynamischen Typisierung ist PHP im Vergleich zu anderen Programmiersprachen relativ einfach zu erlernen. Dies hat zu einer rasant steigenden Beliebtheit geführt. Nicht nur wegen der Einfachheit, sondern auch aufgrund der äußerst umfangreichen Funktionsbibliothek und der hohen Datenbankkompatibilität ist für viele Entwickler PHP die erste Wahl. Zusätzlich bietet PHP gute Unterstützung zur objektorientierten Programmierung, Erweiterungen zur effizienteren Speicherverwaltung, Komprimierungswerkzeuge wie gzip, bz2, zip, Rar, Werkzeuge zur Manipulation von XML-Dateien und vieles mehr.

In den folgenden Kapiteln wird anhand eines Testsystems auf PHP/MySQL-Basis exemplarisch die Entwicklung dynamischer Webseiten vorgestellt.

☐ **Lesezeichen**

http://php.net

PHP (PHP Group)

## 5.1.6 JSP (Sun Microsystems)

JSP (Java Server Pages) ist eine von Sun Microsystems entwickelte Technik, die es Web-Entwicklern und Designern ermöglicht, schnell entwickelte und leicht zu pflegende webbasierte Anwendungen zu erstellen. JSP erweitern das Einsatzspektrum von Java um die Möglichkeit, Aktionen auf dem Server durchzuführen. Da Java und JSP plattformunabhängig sind, können sie auf jedem Betriebssystem ausgeführt werden. JSP sind einfache Text-Dokumente, die neben dem HTML-Code zusätzlichen Java-Code enthalten.

Durch den erstmaligen Aufruf einer JSP-Seite wird auf dem Webserver ein spezielles Servlet durch die JSP-Engine erzeugt. Danach wird nur noch auf das erstellte Servlet zugegriffen. Auf diese Weise erhöht sich die Geschwindigkeit des Webservers, da im Gegensatz zu Skriptsprachen der Quellcode nicht jedesmal interpretiert werden muss. Webseiten werden so aufgebaut, dass der Webdesigner mittels JSP die dynamischen Inhalte ohne Programmierkenntnisse einfügt. Der logische Teil befindet sich in Java-Servlets und wird vom Programmierer erstellt.

☐ **Lesezeichen**

http://java.sun.com/products/jsp

Java Server Pages

## 5.1.7 ASP (Microsoft Corporation)

ASP (Active Server Pages) ist eine von Microsoft entwickelte Technologie zur Erstellung interaktiver Webseiten. Dabei ist ASP keine Programmiersprache, sondern dient als Basisinterpreter für Skriptsprachen wie Visual Basic Script oder JavaScript. ASP wurde ursprünglich nur von Microsoft Internet Information Services (IIS) unterstützt. Mittlerweile gibt es auch Umsetzungen für andere Webserver, z. B. Apache ASP.

☐ **Lesezeichen**

http://www.asphelper.de

Active Server Pages

## 5.1.8 ASP.NET (Microsoft Corporation)

ASP.NET (Active Server Pages.NET) ist die Nachfolgetechnologie der Active Server Pages und Teil des Microsoft .NET Frameworks. Im Gegensatz zu ASP können alle Programmiersprachen, die das .NET Framework unterstützt, benutzt werden. Gebräuchlich sind nahezu ausschließlich C# und Visual Basic.NET. ASP.NET läuft vorrangig auf dem Microsoft- eigenen Internet Information Services-Webserver, aber es gibt mittlerweile auch den XSP-Webserver (Teil des Mono-Projektes), der Open Source ist. Dieser Server steht für Windows und Linux zur Verfügung und kann über das Apache-Modul *mod_mono* an den Apache Webserver angebunden werden.

☐ **Lesezeichen**

http://www.asp.net

Active Server Pages.NET

### 5.1.9 ColdFusion (Adobe Systems)

ColdFusion ist eine für dynamische Webseiten konzipierte Softwarelösung von Adobe Systems, die aus der ColdFusion Markup Language (CFML) und dem ColdFusion-Anwendungsserver besteht. Die einfache Tag-basierte Programmiersprache CFML ermöglicht einen einfachen Einstieg in die Programmierung und bietet erfahrenen Programmierern sehr leistungsfähige Werkzeuge.

Hierzu trägt auch die einfach gehaltene Installation und Administration des Servers bei. Mit CFML ist auch objektorientierte Programmierung möglich. Allerdings ist ColdFusion bei Webentwicklern nicht immer die erste Wahl, da eine Lizenz für den ColdFusion-Anwendungsserver recht teuer ist. Mittlerweile gibt es auch hier einige freie CFML-Engines (New Atlanta BlueDragon und Railo Technologies/JBoss Railo).

⊡ **Lesezeichen**

http://www.adobe.com/products/coldfusion

ColdFusion

## 5.2 XAMPP: Das Webserverpaket

Bei der Entwicklung von dynamischen Webseiten braucht man einen Webserver zum Testen der entwickelten Webseiten. Wenn Sie nicht immer alle Seiten online stellen möchten, um das Ergebnis zu begutachten, können Sie auf Ihrem lokalen Rechner den Apache-Webserver, die Datenbank MySQL und die Programmiersprache PHP installieren. Da sowohl das Einrichten eines Webservers als auch das Aufsetzen einer MySQL-Datenbank nicht ohne sehr gute Kenntnisse in der Systemadministration möglich sind, benutzen wir hier das Webserverpaket XAMPP, das das Aufsetzen und Betreiben eines eigenen Webservers wesentlich erleichtert. XAMPP enthält unter anderem den Apache-Webserver, die Datenbank MySQL und die Programmiersprachen Perl und PHP.

XAMPP ist eine Abkürzung für **Apache**-Webserver, **MySQL**-Datenbank und die Programmiersprachen **Perl** und **PHP**.

Ursprünglich gab es zwei Versionen des XAMPP-Programmpakets: LAMPP und WAMPP. LAMPP war die **Linux**- und WAMPP die **Windows**-Version. Durch die Zusammenfassung dieser beiden Versionen mussten sich die Entwickler einen neuen Namen für das Programmpaket ausdenken: XAMPP. Das **X** in XAMPP steht also stellvertretend für das Betriebssystem, unter dem XAMPP läuft. Das hier verwendete Programmpaket XAMPP 1.7.2 enthält folgende Komponenten:

- Apache-Webserver 2.2.12
- MySQL-Datenbank 5.1.37
- PHP 5.3.0 Programmiersprache
- phpMyAdmin 3.2.0.1 Administrationsprogramm der MySQL-Datenbanken
- Perl 5.10.0 Programmiersprache

- sowie das Mercury Mail Transport System 4.62 (E-Mail Server), den FileZilla FTP Server 0.9.32, die Flash-Bibliothek Ming 0.4.2 für PHP zum Erstellen von Flash-Dokumenten sowie die PDF-Bibliothek pdflib lite 7.0.4p4 für PHP zum Erstellen von PDF-Dokumenten.

### ⊡ Lesezeichen

http://www.apachefriends.org

Auf der Apache Friends-Website steht das XAMPP-Programmpaket für Windows, Mac OS X und Linux zur Verfügung.

Die Installation von XAMPP wird im Folgenden am Beispiel von Windows beschrieben. Unter Mac OS X verläuft der Vorgang analog.

## 5.2.1 XAMPP lokal installieren

Kopieren Sie die heruntergeladene Datei *xampp-win32-1.7.2.exe* auf Ihren Desktop und doppelklicken Sie auf die *exe*-Datei.

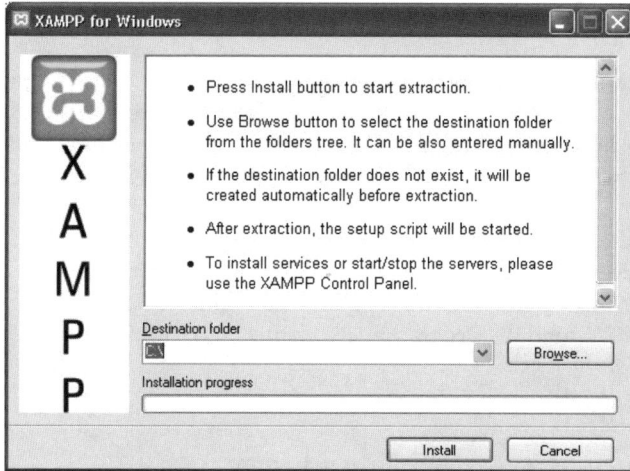

**Bild 5.2:** Starten der XAMPP-Installation.

Standardmäßig wird XAMPP auf das Laufwerk C: installiert. Sie können auch ein anderes Laufwerk auswählen, sollten aber XAMPP jeweils auf der obersten Ebene des Laufwerks installieren. XAMPP erzeugt keine Einträge in der Registry und lässt sich bei Bedarf durch einfaches Verschieben in den Papierkorb löschen.

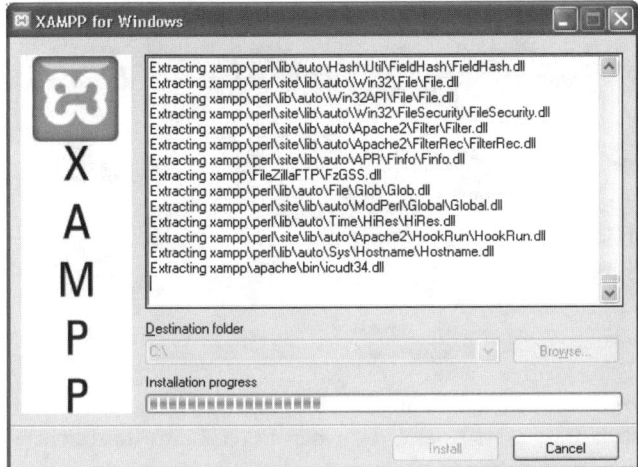

**Bild 5.3:** Kopieren der Dateien in den XAMPP-Ordner.

Nachdem der Fortschrittsbalken für die Installation durchgelaufen ist, wird automatisch das Konfigurationsskript *setup_xampp.bat* aufgerufen, um XAMPP einzustellen.

1. Soll eine Verknüpfung im Startmenü und auf dem Desktop eingerichtet werden? Bestätigen Sie diesen Punkt mit Ja (*y*), um später XAMPP vom Desktop aus starten und stoppen zu können.

**Bild 5.4:** Verknüpfungen zum Control-Panel erstellen.

2. Sollen die Pfadangaben zum Ordner XAMPP übernommen werden? Bestätigen Sie auch diesen Punkt mit Ja (*y*), damit das Setup-Skript die Pfadangaben in den Konfigurationsdateien der einzelnen Programme korrekt schreiben kann. Das ist wichtig, falls XAMPP nicht auf der obersten Ebene eines Laufwerks installiert wurde.

**Bild 5.5:** Pfadangaben festlegen.

3. Soll auch der Laufwerksbuchstabe der Pfadangabe hinzugefügt werden? Da wir XAMPP auf die lokale Festplatte kopiert haben, die einen festen Laufwerksbuchstaben hat, wählen wir bei diesem Punkt Ja (*y*).

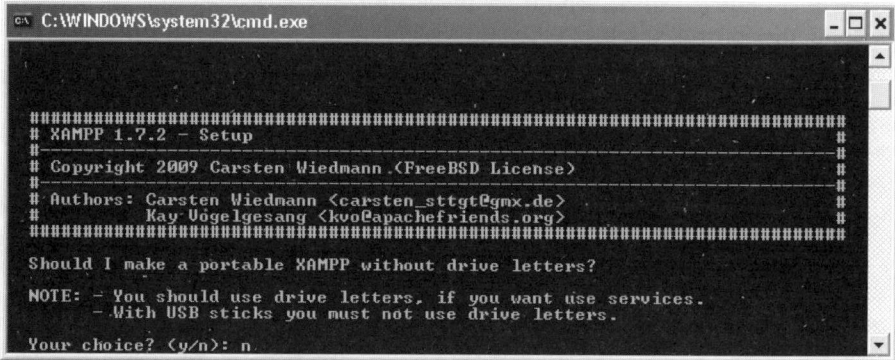

**Bild 5.6:** Festplatten- oder USB-Version.

**Hintergrund:** XAMPP kann auch auf einem USB-Stick installiert werden. Da sich bei einem USB-Stick der Laufwerksbuchstabe je nach angeschlossenem Rechner ändern kann, sollten bei der Installation auf einen USB-Stick den Pfadangaben keine Laufwerksbuchstaben hinzugefügt werden.

4. Jetzt werden die Konfigurationsdateien der verschiedenen Programmbestandteile aktualisiert und es erscheint folgende Meldung:

```
C:\WINDOWS\system32\cmd.exe                                         _ □ ×
Should I make a portable XAMPP without drive letters?

NOTE: - You should use drive letters, if you want use services.
      - With USB sticks you must not use drive letters.

Your choice? (y/n): y

relocating XAMPP...
relocate XAMPP base package
relocate Apache
relocate FileZilla FTP Server
relocate Mercury
relocate MySQL
relocate OpenSSL
relocate Perl
relocate PHP
relocate phpMyAdmin
relocate Sendmail
relocate Webalizer
relocate XAMPP Demopage
relocating XAMPP successful.

XAMPP is ready to use.

Press <Return> to continue:
```

**Bild 5.7:** Aktualisierung der Konfigurationsdateien. Bestätigen Sie die Meldung mit *Return*.

5. Als Nächstes weist das Konfigurationsskript darauf hin, dass es die Zeitzone auf *Europa/Paris* in die Konfigurationsdateien von PHP und MySQL geschrieben hat.

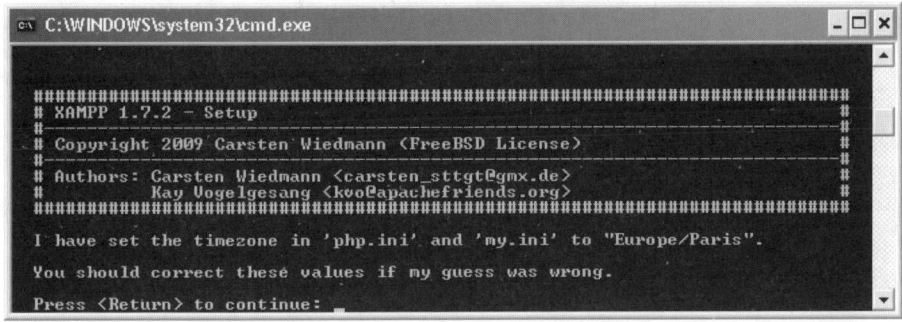

```
C:\WINDOWS\system32\cmd.exe                                         _ □ ×

###################################################################
# XAMPP 1.7.2 - Setup                                             #
#-----------------------------------------------------------------#
# Copyright 2009 Carsten Wiedmann (FreeBSD License)               #
#-----------------------------------------------------------------#
# Authors: Carsten Wiedmann <carsten_sttgt@gmx.de>                #
#          Kay Vogelgesang <kvo@apachefriends.org>                #
###################################################################

I have set the timezone in 'php.ini' and 'my.ini' to "Europe/Paris".

You should correct these values if my guess was wrong.

Press <Return> to continue: _
```

**Bild 5.8:** Einstellung der Zeitzone. Bestätigen Sie auch diese Meldung mit *Return*.

6. Zum Schluss wird der folgende Bildschirm angezeigt. Zum Beenden des Konfigurationsskripts geben Sie *x* ein und drücken die Eingabetaste.

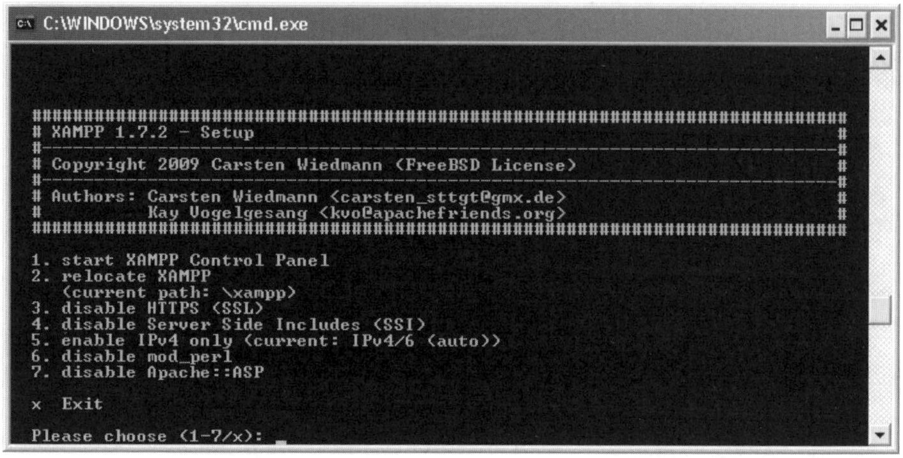

**Bild 5.9:** Beendigung des Konfigurationsskripts.

XAMPP (und die darin enthaltenen Programme) sind jetzt im Ordner *C:\xampp* (falls Sie kein anderes Laufwerk ausgewählt haben) installiert und konfiguriert.

Starten Sie jetzt das XAMPP Control Panel entweder über das Desktop-Symbol oder über das Windows-Startmenü unter *Programme/XAMPP for Windows/XAMPP Control Panel.* Mit dem Control Panel können Sie die verschiedenen Komponenten von XAMPP starten, stoppen und konfigurieren.

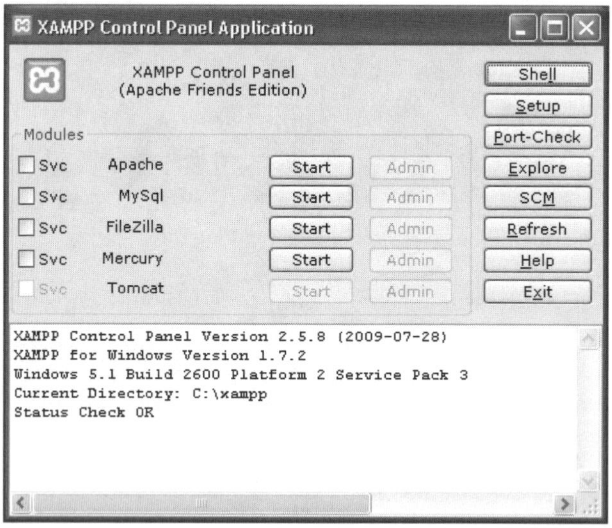

**Bild 5.10:** Die *XAMPP Control Panel Application.*

Starten Sie jetzt den Apache-Webserver und die MySQL-Datenbank. Sollte beim Starten des Apache-Webservers oder der MySQL-Datenbank eine Sicherheitsmeldung der Firewall erscheinen, klicken Sie auf *Nicht mehr blocken,* damit der Apache-Webserver und die MySQL-Datenbank auf dem lokalen Computer erreichbar sind.

**Hinweis:** Denken Sie daran, alle Komponenten zu stoppen, bevor Sie Ihren Computer ausschalten.

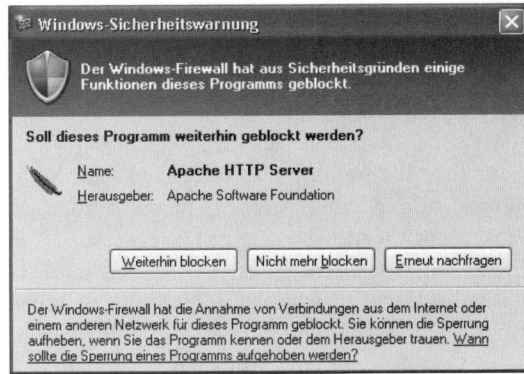

**Bild 5.11:** Firewall-Sicherheitsmeldung.

Zum Testen, ob der Apache Webserver und die MySQL-Datenbank problemlos funktionieren, öffnen Sie ein Browserfenster und geben in die Adresszeile *http://localhost* ein. Sie sollten dann die XAMPP-Startseite sehen. Wählen Sie die gewünschte Sprache aus, um auf die XAMPP-Hauptseite zu gelangen.

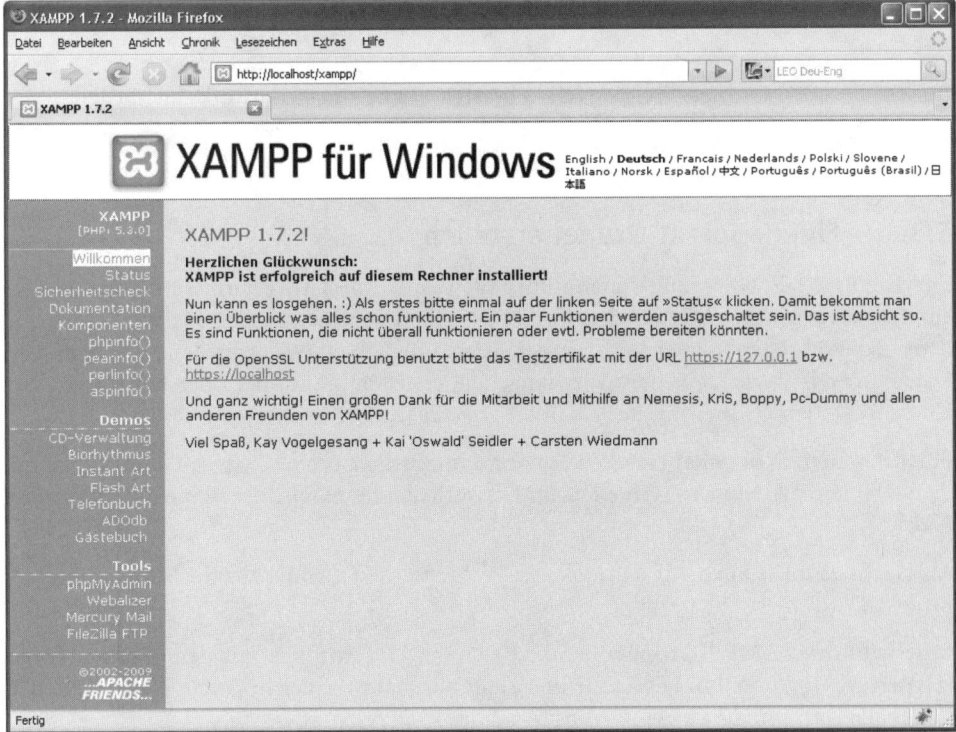

**Bild 5.12:** Die XAMPP-Hauptseite.

Unter dem Menüpunkt *Status* sehen Sie, welche XAMPP-Komponenten aktiviert bzw. deaktiviert sind. Unter dem Menüpunkt *Dokumentation* finden Sie Links zu Online-Dokumentationen der Hauptbestandteile von XAMPP. Des Weiteren finden Sie unter dem Menüpunkt *Demos* verschiedene Anwendungen, die mit den Modulen von XAMPP möglich sind.

## 5.3 Dreamweaver für XAMPP einrichten

Beim Erstellen von Dateien und Ordnern für Ihre Webseiten ist zu bedenken, dass Windows keine Unterscheidung zwischen Groß- und Kleinschreibung macht und auch Leerzeichen in Datei- und Ordnernamen erlaubt. Wenn die fertigen Webseiten dann aber auf einen Webserver im Internet hochgeladen werden, ist es sehr wahrscheinlich, dass Linux als Betriebssystem installiert ist. Linux unterscheidet sehr wohl zwischen Groß- und Kleinschreibung, und Datei- und Ordnernamen müssen dann in Anführungszeichen gesetzt werden. Darum sollte man bei der Erstellung von Dateien und Ordnern auf die Groß- und Kleinschreibung verzichten und alle Datei- und Ordnernamen klein schreiben sowie auf Leerzeichen und sonstige Sonderzeichen verzichten. Zum Trennen von einzelnen Wörtern ist der Unterstrich zu bevorzugen.

Wenn Sie einen Ordner mit dem Namen *Meine Websites* im Ordner *Eigene Dateien* anlegen, ergibt sich folgender Pfad:

```
C:\Dokumente und Einstellungen\Ihr Benutzername\Eigene Dateien\Meine
Websites
```

Besser ist es, den Ordner direkt auf der obersten Ebene eines Laufwerks anzulegen.

```
C:\meine_websites
```

### 5.3.1 Einen Projekt-Ordner erstellen

Für die Offline-Entwicklung dynamischer Webseiten mit XAMPP muss in Dreamweaver ein Testserver eingerichtet werden. Dafür brauchen wir zuerst einen Projekt-Ordner, in dem alle Webseiten gespeichert werden. Um möglichen Fehlerquellen, die Pfad und Dateinamen betreffen, aus dem Weg zu gehen, erstellen Sie auf der obersten Ebene eines Laufwerks einen Ordner mit dem Namen *projekte* (z. B. *C:\projekte*).

Für das weitere Vorgehen erstellen Sie dann im Ordner *projekte* einen Unterordner mit dem Namen *dynamische_webseiten* und innerhalb dieses Ordners einen Unterordner *bilder*.

Als Nächstes muss auch auf dem lokalen Webserver ein Ordner für die Speicherung der Projekt-Dateien erstellt werden.

Innerhalb des XAMPP-Ordners befindet sich ein Unterordner mit dem Namen *htdocs* (Hypertext Documents). Dieser Ordner stellt das Hauptverzeichnis des Webservers dar, in das alle Dateien, die zu einer Website gehören, gespeichert werden.

Nun öffnen Sie den Ordner *xampp\htdocs* und erstellen einen Ordner mit dem Namen *dynamische_webseiten*. Folgende Ordnerstruktur sollte dann vorhanden sein:

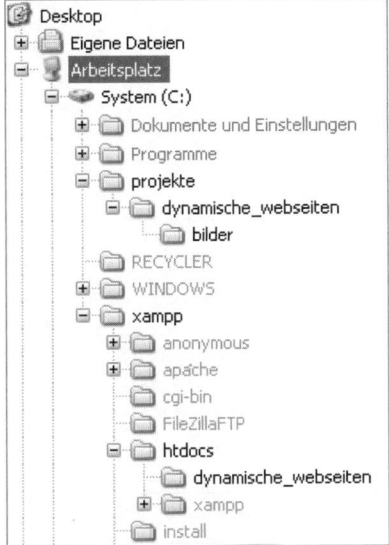

**Bild 5.13:** Ordnerstruktur für den Testserver

## 5.3.2 Site für XAMPP einrichten

Öffnen Sie Dreamweaver und wählen Sie unter dem Menüpunkt *Site* den Unterpunkt *Neue Site* aus. Schneller geht es aber über die Karteikarte *Erweitert*. In der Kategorie *Site* geben Sie zuerst einmal über das Feld *Site-Name* den Namen der Site *Dynamische Webseiten* an. Geben Sie jetzt unter *Lokaler Site-Ordner* den Pfad zu Ihrem lokalen Stammordner an und wählen Sie im Ordner *projekte* den Ordner *dynamische_webseiten*.

**Hinweis:** Der Site-Name dient dazu, der neuen Website einen eindeutigen Namen zu geben, damit Dreamweaver diese Site verwalten kann. Der Name wird nicht für Ordner- oder Dateinamen benutzt, deshalb können Sie hier ohne Probleme Groß- und Kleinschreibung benutzen und auch Leer- und Sonderzeichen verwenden.

Öffnen Sie in der Kategorie *Erweiterte Einstellungen* den Bereich *Lokale Info* und legen Sie hier den Standard-Bilderordner fest. Wählen Sie dazu den Bilder-Ordner innerhalb des Odners *dynamische_webseiten* aus. Im Eingabefeld *Web-URL* fügen Sie hinter der URL *http://localhost/* noch den Ordnernamen *dynamische_webseiten/* ein.

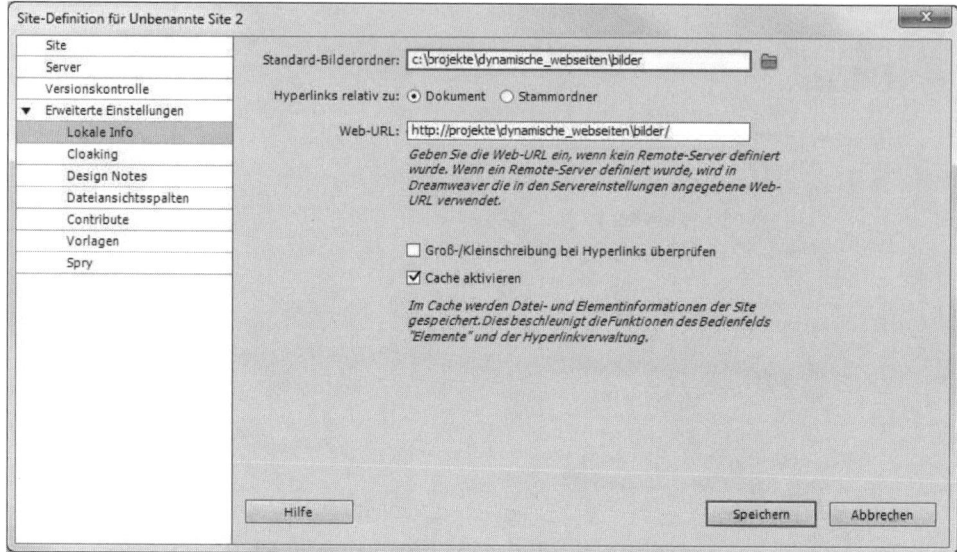

**Bild 5.14:** Einstellungen der *Site-Definition* in der Kategorie *Erweiterte Einstellungen/Lokale Info*.

Jetzt klicken Sie in der Kategorienauswahlliste auf die Kategorie *Server* und wählen als Servername *PHP MySQL*. Im Feld *Verbinden über* wählen Sie aus der Liste *Lokal/ Netzwerk* etwas Geeignetes aus.

Beim Punkt *Server-Ordner* klicken Sie auf das Ordnersymbol und wählen dann den Ordner *xampp/htdocs/dynamische_webseiten*. Unter *Erweitert* wählen Sie bei *Server- modell PHP MySQL* aus.

Weitere Einstellungen sind zum jetzigen Zeitpunkt nicht erforderlich. Bestätigen Sie Ihre Einstellungen mit *Speichern* und schließen Sie das Fenster *Site-Definitionen*.

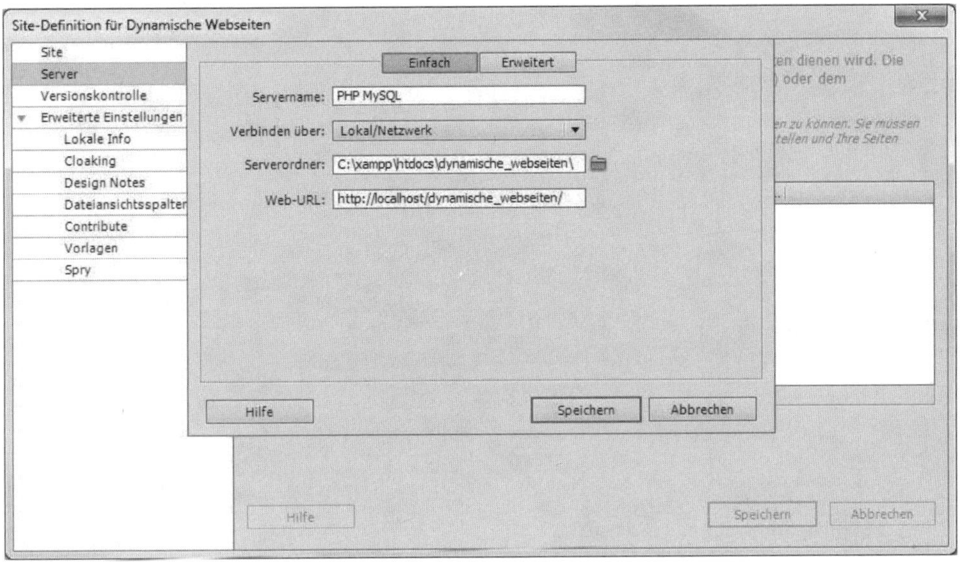

**Bild 5.15:** Server-Einstellungen festlegen.

**Hinweis:** Falls die Meldung erscheinen sollte, dass das Site-URL-Präfix für den Testserver nicht mit dem Site-URL-Präfix der HTTP-Adresse übereinstimmt, ignorieren Sie die Meldung und klicken auf *OK*.

Damit ist die Einrichtung von Dreamweaver zur Zusammenarbeit mit XAMPP abgeschlossen und man kann nun mit dem Erstellen von dynamischen Webseiten beginnen.

## 5.3.3 Testen der neuen Site

Erstellen Sie eine neue leere Seite vom Seitentyp PHP. Wechseln Sie nun in die Codeansicht und löschen Sie den kompletten Quelltext. Fügen Sie folgenden Code ein:

```php
<?php
   phpinfo();
?>
```

Speichern Sie nun das Dokument unter dem Namen *phpinfo.php* in der Site *Dynamische Webseiten* und schauen Sie sich das Dokument in der *Live-Ansicht* von Dreamweaver an. Werden die automatisch generierten PHP-Informationen angezeigt, ist alles in Ordnung. Sollte das nicht der Fall sein, prüfen Sie bitte, ob der Apache-Webserver gestartet ist und ob die Einstellungen für den Testserver korrekt sind.

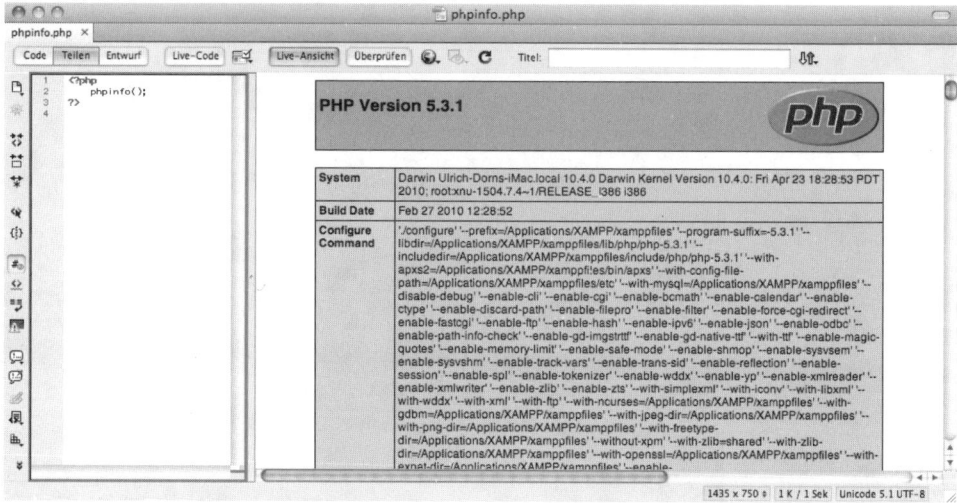

**Bild 5.16:** PHP Info in der *Live-Ansicht*.

## 5.4 Hilfen und Referenzen in Dreamweaver

Zu Dreamweaver CS5 gehört ein interaktives Online-Hilfesystem, die *Adobe Community Help*, die regelmäßig von Adobe aktualisiert wird. Zusätzlich enthält dieses Hilfesystem Kommentare von Benutzern und Experten, die Ihnen zusätzliche Tipps und Lösungen bieten. Sollte einmal keine Verbindung zum Internet bestehen, wird eine lokale Version des Hilfesystems geöffnet. Sie erreichen die Hilfe entweder über den Menüpunkt *Hilfe/Dreamweaver-Hilfe* oder noch schneller über die Taste <F1>.

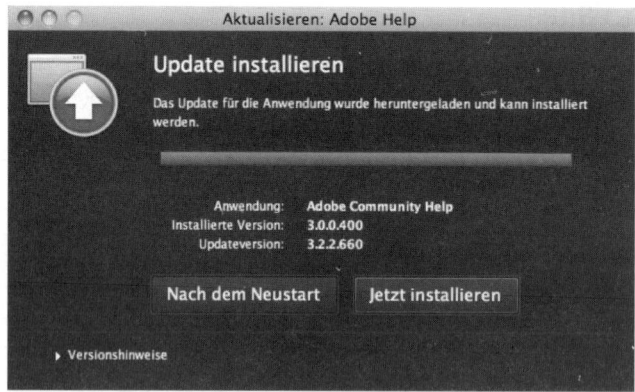

**Bild 5.17:** Die Adobe Community-Hilfe wird nach dem ersten Start aktualisiert.

Im Willkommen-Fenster der Adobe Communty Help klicken Sie auf das *Dreamweaver*-Programmsymbol. Dadurch wird das Online-Hilfesystem zu *Adobe Dreamweaver CS5* mit den entsprechenden Informationen geöffnet.

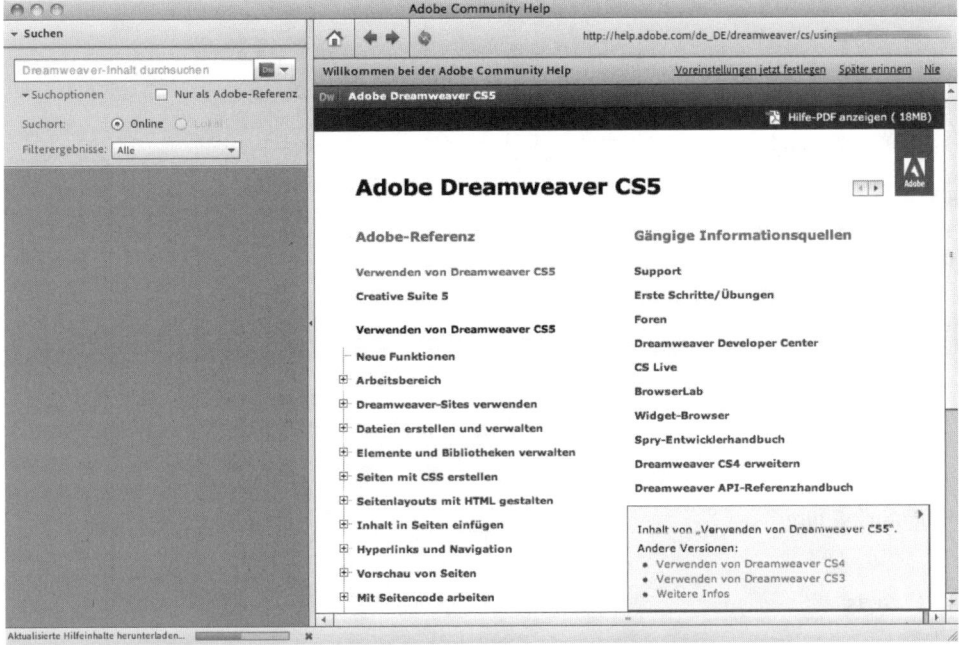

**Bild 5.18:** Die *Adobe Dreamweaver CS5* Online-Hilfe.

Dreamweaver stellt mit dem Bedienfeld *Referenz*, zu erreichen unter *Hilfe/Referenz*, eine große Anzahl von Büchern bereit, die bei der Arbeit mit Dreamweaver sehr nützlich sind.

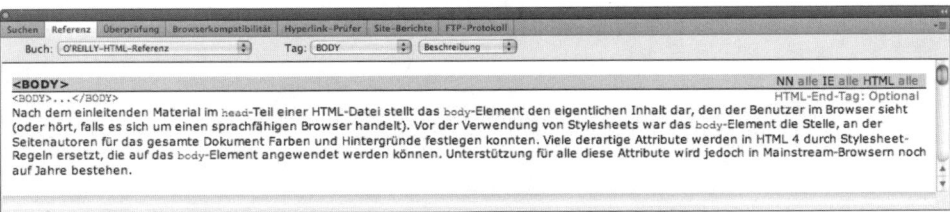

**Bild 5.19:** Anzeige der *O´REILLY-HTML-Referenz* im Bedienfeld *Referenz*.

Sie erreichen die Referenz auch, indem Sie in der Codeansicht mit der rechten Maustaste auf einen Tag, ein Attribut oder ein Schlüsselwort klicken und im Kontextmenü die Option *Referenz* auswählen oder die Einfügemarke in einen Tag, ein Attribut oder ein Schlüsselwort setzen und die Tastenkombination `Umschalt` + `F1` drücken. Das Bedienfeld *Referenz* wird dann geöffnet und zeigt Informationen über den Tag, das Attribut oder das Schlüsselwort an, auf das Sie geklickt haben.

Weiterführende Bücher und Lernkurse zu den Themen HTML & CSS, PHP & MySQL sowie WordPress finden Sie auch im *franzis.de*-Onlineshop.

## ▣ Franzis

http://bit.ly/cy6Vs9
http://bit.ly/dyMgL2
http://bit.ly/93ujya

HTML Handbuch
Lernkurs HTML & CSS
Webseiten-Layout mit CSS

## ▣ Franzis

http://bit.ly/3NuP1T
http://bit.ly/biRgOU

PHP5 / MySQL5
PHP quick & dirty

## ▣ Franzis

http://bit.ly/c8y3g4

PHP für WordPress

# 6 Basiswissen: PHP und MySQL

Um PHP-Skripte auszuführen, muss der Webserver Dokumente mit Skript-Code an den PHP-Interpreter weiterreichen. Zur Unterscheidung zwischen statischen und dynamischen Dokumenten dient die Dateiendung, die bei statischen Dokumenten *.html*, bei dynamischen Dokumenten mit PHP-Code *.php* ist. Der Webserver leitet also alle Dokumente mit der Endung *.php* an den PHP-Interpreter weiter. Als Nächstes untersucht der PHP-Interpreter, ob sich im übermittelten Dokument ein PHP-Bereich befindet. Ein PHP-Bereich wird mit den Zeichen *<?php* geöffnet und mit *?>* beendet. Alles, was davor oder danach steht, wird als HTML angesehen.

Um die Skripte zu testen, speichern Sie die Dokumente mit der Dateiendung *.php* in der Site *Dynamische Webseiten* und wählen unter *Datei/Vorschau* einen Browser aus. Schneller geht es mit F12 (Primärbrowser) bzw. Strg F12 (Sekundärbrowser).

## ▣ Download

http://www.buch.cd

Alle Beispieldateien zum Buch stehen hier zum Download zur Verfügung.

## 6.1 Das erste PHP-Skript

Die erste Funktion, die Sie kennenlernen, dient der Ausgabe von Text und heißt *echo()*. Dabei wird der Text in den runden Klammern in Anführungszeichen gesetzt. Anschließend muss dem PHP-Interpreter noch mitgeteilt werden, dass der Befehl abgeschlossen ist. Das geschieht mit einem Semikolon (*;*).

```
echo("Hier ist PHP");
```
Ausgabe mit `echo`.

Genau genommen ist *echo()* keine richtige Funktion, sondern ein Sprachkonstrukt. Das heißt, dass *echo()* nicht zwangsläufig mit runden Klammern geschrieben werden muss.

```
echo "Hier ist PHP";
```
Ausgabe mit `echo` ohne Funktionsklammern.

Erstellen Sie nun ein neues Dokument vom Seitentyp *PHP*, *Layout <Kein>* und speichern Sie die Datei unter *ausgaben.php*. Wie man sieht, erstellt Dreamweaver automatisch ein HTML-Grundgerüst, genau wie bei einem HTML-Dokument.

Schreiben Sie nun folgenden Programmcode in den Dokument-Body:

```php
<?php
   echo "Hier ist PHP";
   echo "Peter sagt:";
   echo "Das geht ja ganz einfach.";
?>
```

Mehrere Ausgaben mit echo.

Das Ganze sieht dann so aus:

```
<!DOCTYPE html PUBLIC "-//W3C//DTD XHTML 1.0 Transitional//EN"
"http://www.w3.org/TR/xhtml1/DTD/xhtml1-transitional.dtd">
<html xmlns="http://www.w3.org/1999/xhtml">
<head>
<meta http-equiv="Content-Type" content="text/html; charset=utf-8" />
<title>Ausgaben mit PHP</title>
</head>

<body>
<h1>Ausgaben mit PHP</h1>
<?php
   echo "Hier ist PHP";
   echo "Peter sagt:";
   echo "Das geht ja ganz einfach.";
?>
</body>
</html>
```

Inhalt der Datei *ausgaben.php*.

Sehen Sie sich nun das Ergebnis in der Browservorschau an. Da für die Site *Dynamische Webseiten* ein Testserver erstellt wurde, muss die Datei auf den Testserver kopiert werden, bevor sie im Browser angezeigt werden kann. Das macht Dreamweaver automatisch im Hintergrund. Zuvor fragt Dreamweaver Sie, ob eine eventuell schon vorhandene Kopie des Dokuments auf dem Testserver aktualisiert werden soll. Da außer Ihnen niemand an diesem Dokument arbeitet und Sie sich das Ergebnis der Programmierung anschauen möchten, klicken Sie hier auf *OK*.

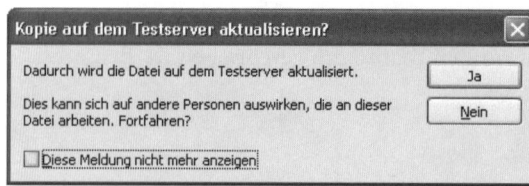

**Bild 6.1:** Soll die Kopie auf dem Testserver aktualisiert werden?

Die zweite Meldung dient der Nachfrage, ob Dateien, von denen dieses Dokument abhängig ist, mit auf den Testserver kopiert werden sollen. Solche Dateien sind z. B. eingebundene CSS- oder JavaScript-Dateien.

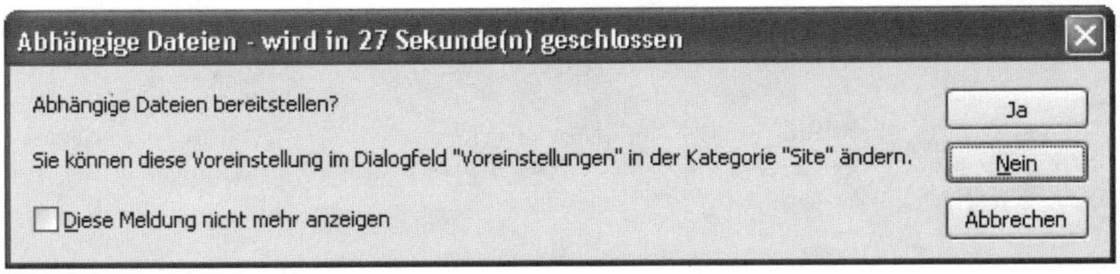

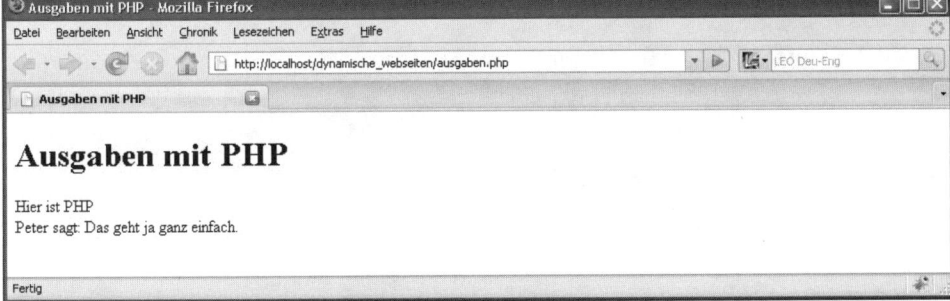

**Bild 6.2:** Dateibereitstellung auf dem Testserver.

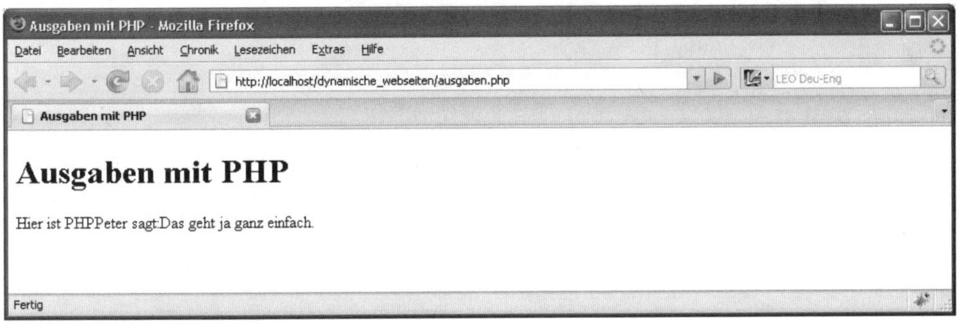

**Bild 6.3:** Ausgaben mit PHP.

Wie Sie sehen, werden die einzelnen Ausgaben direkt hintereinander geschrieben. Um Leerzeichen oder Zeilenumbrüche auszugeben, müssen diese explizit angegeben werden. Ändern Sie den Programmcode wie unten dargestellt.

```php
<?php
    echo "Hier ist PHP<br />";
    echo "Peter sagt: ";
    echo "Das geht ja ganz einfach.";
?>
```

**Bild 6.4:** Ausgabe von Leerzeichen und Zeilenumbrüchen.

Mit PHP können Sie auch HTML-Tags ausgeben, z. B. <h1> und <p>:

```php
<?php
   echo "<h2>Hier ist PHP</h2>";
   echo "<p>Peter sagt: ";
   echo "Das geht ja ganz einfach</p>";
?>
```

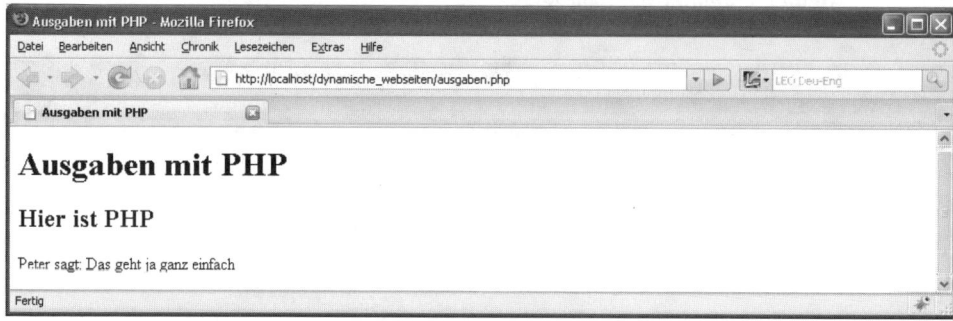

**Bild 6.5:** Ausgabe von HTML-Tags im Browserfenster.

PHP-Programmcode muss nicht zwangsläufig im Bodybereich des Dokuments stehen. Er kann an jeder beliebigen Stelle im Dokument vorkommen. Hier ein kleines Beispiel. Erstellen Sie ein neues PHP-Dokument und speichern Sie es unter *php_bereiche.php*.

**Hinweis:** Zeichenketten mit einem $-Zeichen am Anfang sind Variablen, die Sie im übernächsten Abschnitt kennenlernen.

```php
<?php
   $titel = "Dynamische Webseiten mit PHP";
   $style = "p {font-size: 18px; color:#3333cc; background-color: #FFFF33;
padding: 20px}";
   $ausrichtung = "align='center'";
?>
<!DOCTYPE html PUBLIC "-//W3C//DTD XHTML 1.0 Transitional//EN"
"http://www.w3.org/TR/xhtml1/DTD/xhtml1-transitional.dtd">
<html xmlns="http://www.w3.org/1999/xhtml">
<head>
<meta http-equiv="Content-Type" content="text/html; charset=utf-8" />
<title><?php echo $titel?></title>
<style type='text/css'>
h1 {
   color:#FF9900;
   background-color: #993300;
   border: thick ridge #CC0000;
   padding: 5px;
}
<?php echo $style?>
</style>
```

```
</head>
<body>
<h1 <?php echo $ausrichtung?>><?php echo $titel?></h1>
<p>Dieser Text wird mit PHP formatiert!</p>
</body>
</html>
```

Listing *php_bereiche.php*.

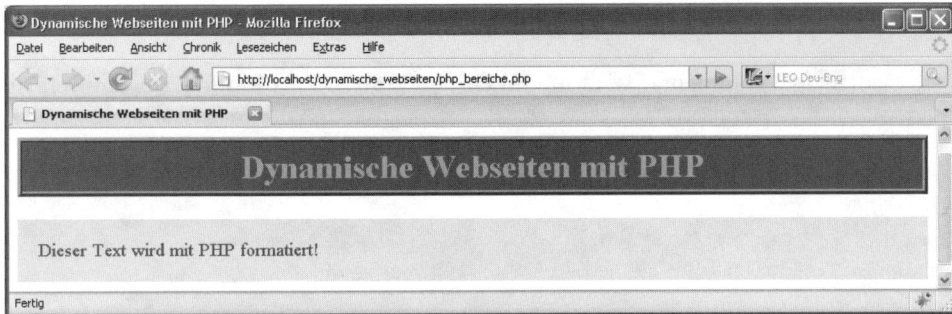

**Bild 6.6:** Mehrere PHP-Bereiche in einem Dokument.

Schaut man sich den Quelltext im Webbrowser an, ist von den PHP-Bereichen nichts mehr zu sehen. Das liegt daran, dass der PHP-Interpreter die einzelnen Bereiche auswertet und nur die Ausgaben (z. B. mit echo) ins Dokument geschrieben werden.

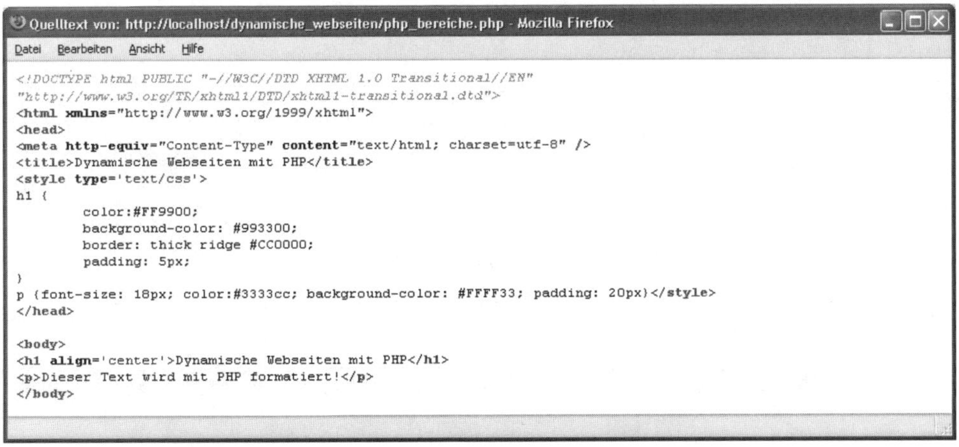

**Bild 6.7:** Der Quelltext im Browserfenster.

Hinweis: In den folgenden Beispielen wird der Übersichtlichkeit halber nur der PHP-Bereich dargestellt. Fügen Sie den Programmcode, wenn nicht anders vermerkt, zwischen <body> und </body> ein.

## 6.1.1 Kommentare im PHP-Skript

In PHP gibt es genau wie in HTML die Möglichkeit, Kommentare zu schreiben. Dabei wird zwischen ein- und mehrzeiligen Kommentaren unterschieden.

Der einzeilige Kommentar wird mit einem doppelten Slash (//) eröffnet und geht bis zum nächsten Zeilenumbruch.

```
//Das ist ein einzeiliger Kommentar
```
Einzeiliger Kommentar.

Der mehrzeilige Kommentar wird mit einem Slash Stern (/*) eröffnet und mit einem Stern Slash (*/) beendet.

```
/* Das ist
ein mehrzeiliger
Kommentar */
```
Mehrzeiliger Kommentar.

```php
<?php
    //Dieser einzeilige Kommentar wird vom PHP-Interpreter entfernt
    echo "<h1>Kommentare in PHP</h1>";
    /*
    Der nachfolgende Text wird ausgegeben,
    da der Befehl echo für PHP-Interpreter bedeutet,
    dass jetzt eine Textausgebe erfolgen soll.
    Dieser Kommentar wird hingegen nicht ausgegeben
    sondern vom PHP-Interpreter entfernt.
    */
    echo "<p>Kommentare in einem PHP-Bereich werden durch den PHP-Interpreter
entfernt. Nur Ausgaben, z. B. mit dem Befehl echo, werden an den Browser
zurückgeschickt</p>";
?>
```
Listing *kommentare.php*, Kommentare im Quellcode.

Kommentare sind, wie auch andere PHP-Befehle, im Browserquelltext nicht sichtbar.

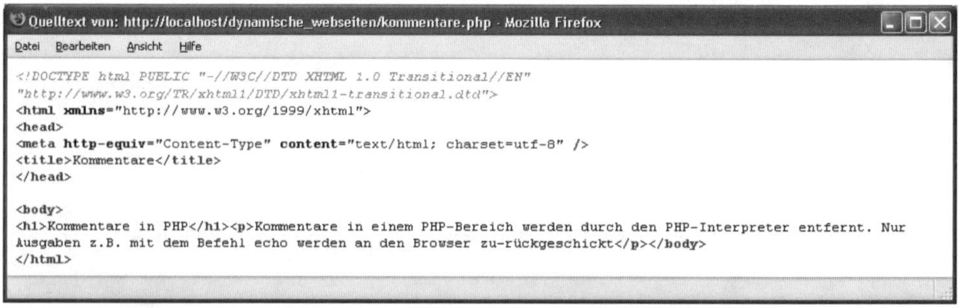

**Bild 6.8:** Kommentare sind im Browserquelltext nicht sichtbar.

## 6.2 Variablentypen in PHP

Variablennamen in PHP beginnen immer mit einem Dollarzeichen ($), dann können Buchstaben von A-Z, Zahlen von 0-9 und der Unterstrich benutzt werden. Einschränkung: Das erste Zeichen nach dem Dollarzeichen darf keine Zahl sein. Variablennamen in PHP sind »case-sensitive« d. h. es wird zwischen Groß- und Kleinschreibung unterschieden. In PHP müssen Variablen, im Gegensatz zu vielen anderen Programmiersprachen, nicht deklariert (bekanntgemacht) werden. Eine Variable wird definiert, indem man ihr einfach einen Wert zuweist.

```
$zahl = 1;
$text = "Ich bin ein Text"
```
Definition von PHP-Variablen.

> **Hinweis:** Beachten Sie, dass Zeichenketten in Anführungszeichen (" oder ') stehen müssen.

## 6.2.1 Übersicht der Variablentypen

Die einzelnen Variablentypen sind in PHP in verschiedene Gruppen unterteilt: einfache Variablen, die einen einzelnen Wert speichern können, zusammengesetzte Variablentypen, die mehrere Werte speichern können und speziellen Variablentypen, die nicht darstellbare Werte speichern.

| Einfache Variablentypen | |
|---|---|
| Typ | Beispiel |
| Integer (Ganzzahl) | `$zahl = 5;` |
| Float (Fließkommazahl) | `$dezimalzahl = 3.99;` |
| Boolean (Boolescher Wert) | `$wahr = false;` |
| String (Zeichenketten) | `$text = "Hallo wie gehts";` |

Beachten Sie, dass bei Fließkommazahlen der Punkt (.) das Dezimaltrennzeichen ist!

| Zusammengesetzte Variablentypen | |
|---|---|
| Typ | Beispiel |
| Array (Liste) | `$liste = array(1,2,3);` |
| Object (Objekt) | `class Test {};` |
| | `$mytest = new Test;` |

| Spezielle Variablentypen | |
|---|---|
| Typ | Beispiel |
| Resource ([Daten-]Quelle) | `$datei = fopen("datei.txt","w");` |
| Null (ohne Wert, leer) | `$neu = null;` |

## 6.2.2 Variableninhalte ausgeben

Den Inhalt (Wert) einer Variable können Sie, genau wie bei Zeichenketten und Zahlen, einfach mit der Funktion *echo* ausgegeben.

```php
<?php
    $name = "Peter Schmidt";
    $alter = 28;
    echo $name;
    echo " ";
    echo $alter;
?>
```

Listing *variablen_ausgeben.php*.

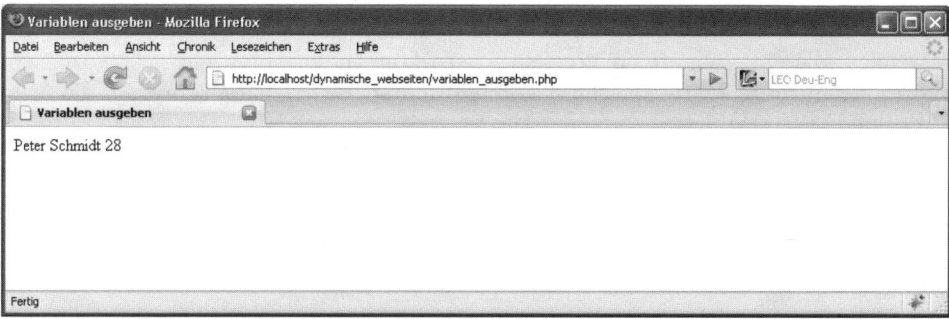

**Bild 6.9:** Ausgabe von einfachen Variablen.

Durch die Kennzeichnung von Variablennamen mit einem Dollarzeichen ist es mit PHP auch möglich, den Inhalt einer Variablen in einer Zeichenkette auszugeben. Ändern Sie dazu den Programmcode wie folgt:

```php
<?php
    $name = "Peter Schmidt";
    $alter = 28;
    //hier wird der Variableninhalt ausgegeben
    echo "Mein Name ist $name, ich bin $alter Jahre alt.";
?>
```

Listing *variablen_ausgeben.php*.

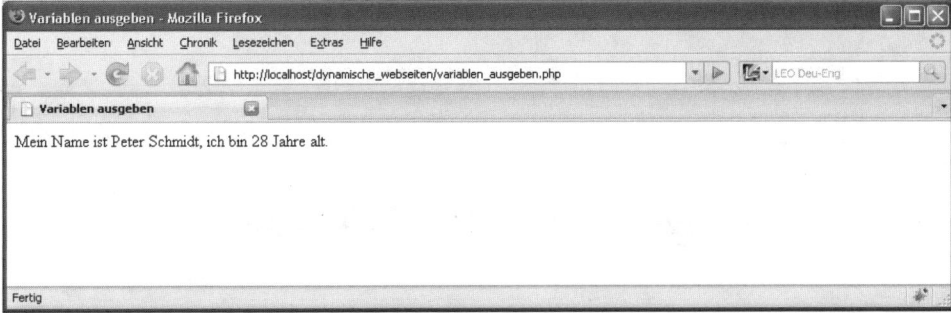

**Bild 6.10:** Ausgabe der Variablenwerte in einer Zeichenkette.

Dabei ist zu beachten, dass bei doppelten Anführungszeichen (") der Inhalt der Variable ausgegeben wird, bei einfachen Anführungszeichen (') der Variablenname.

```php
<?php
    $name = "Peter Schmidt";
    $alter = 28;
    //Und hier wird der Variablenname ausgegeben
    echo 'Mein Name ist $name, ich bin $alter Jahre alt.'
?>
```

Listing *variablen_ausgeben.php*.

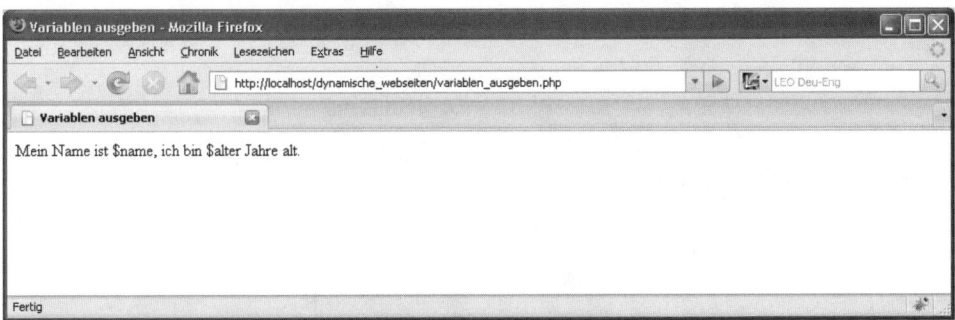

**Bild 6.11:** Ausgabe des Variablennamens in einer Zeichenkette

## 6.2.3 Berechnungen durchführen

Wie in allen Programmiersprachen kann man auch in PHP Berechnungen durchführen. Das funktioniert sowohl mit festen Werten als auch mit Variablen.

```php
<?php
    echo 7 + 5;
    echo "<br />";
    $ergebnis = 17 + 4;
    echo $ergebnis;
    echo "<br />";
    $zahl1 = 15;
```

```
   $zahl2 = 7;
   $ergebnis = $zahl1 + $zahl2;
   echo "Das Ergebnis der Berechnung $zahl1 + $zahl2 ist $ergebnis<br />";
?>
```

Listing *rechnen.php*.

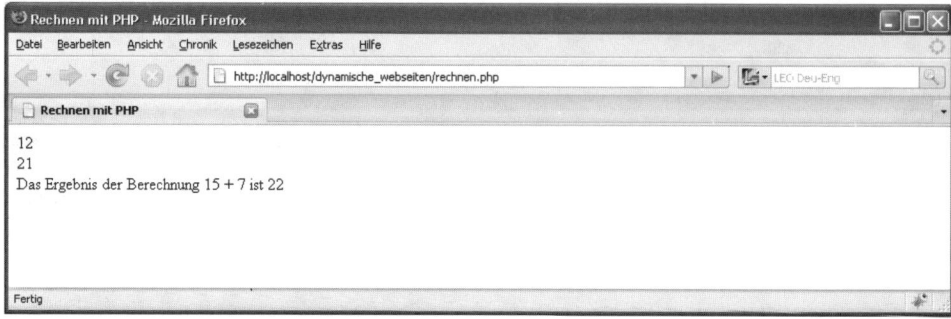

**Bild 6.12:** Berechnungen mit PHP.

In PHP stehen Ihnen folgende Operatoren für Berechnungen zur Verfügung:

| *Arithmetische Operatoren in PHP* | |
| --- | --- |
| Operator | Beispiel |
| + (Addition) | $ergebnis = 7 + 5 |
| – (Subtraktion) | $ergebnis = 7 – 5 |
| * (Multiplikation) | $ergebnis = 7 * 5 |
| / (Division) | $ergebnis = 7 / 5 |
| % (Modulo, Rest einer Division) | $ergebnis = 7 % 5 |

**Hinweis:** Der Modulo-Operator gibt den ganzzahligen Rest einer Division zurück.
z. B.:
14 % 5 = 4, denn 14 durch 5 ergibt 2, Rest 4

In PHP haben, genau wie in der Mathematik, Multiplikation und Division eine höhere Priorität als Addition und Subtraktion und werden darum zuerst berechnet. Berechnungen werden wie gewohnt von links nach rechts durchgeführt. Durch das Setzen von Klammern um Teilberechnungen wird die normale Reihenfolge außer Kraft gesetzt und zuerst der Klammerinhalt komplett berechnet, bevor weitere Berechnungen durchgeführt werden.

```
<?php
   $a = 3;
   $b = 6;
   $c = 5;
   $d = 9;
```

```
    $erg = (($d + $a * $c) + $b) / $a;
    echo "Das Ergebnis der Berechnung: (($d + $a * $c) + $b) / $a = $erg";
?>
```

Listing *erweiterte_berechnung.php*.

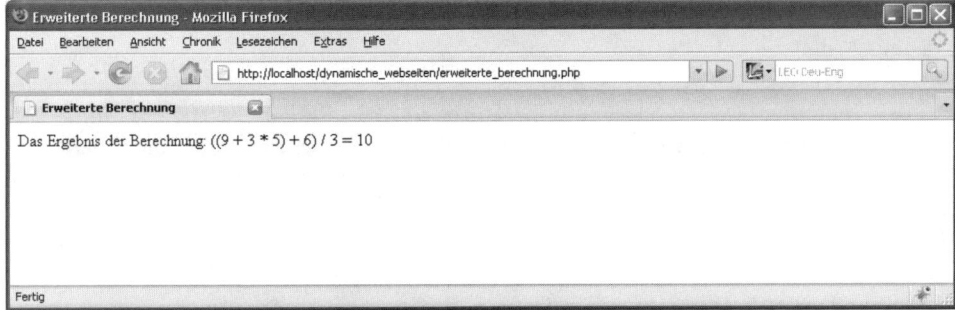

**Bild 6.13:** Erweiterte Berechnungen.

Zum Schluss noch ein weiteres Beispiel, das bei der Berechnung von Artikelpreisen innerhalb eines Shop-Systems Anwendung finden kann:

```
<?php
    $nettopreis = 11;
    $mwst_prozent = 19;
    $mwst = $nettopreis * $mwst_prozent / 100;
    $bruttopreis = $nettopreis + $mwst;
    echo "Dieser Artikel kostet $bruttopreis &euro;.<br />";
    echo "Im Preis sind $mwst_prozent % = $mwst &euro; Mehrwertsteuer
enthalten.<br />";
    echo "Der Nettopreis beträgt $nettopreis &euro;.";
?>
```

Listing *mehrwertsteuer.php*.

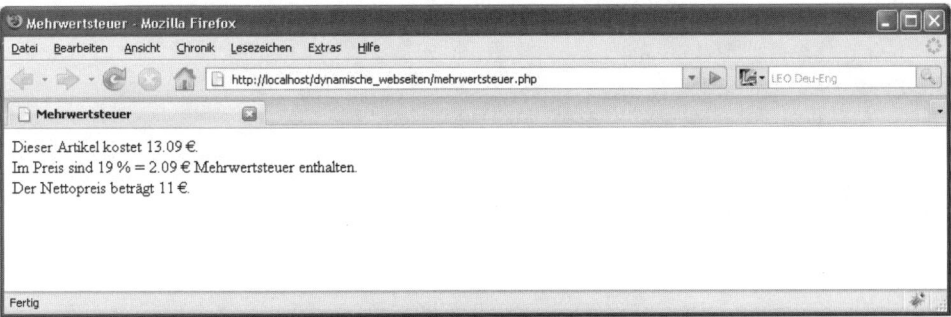

**Bild 6.14:** Berechnung von Bruttopreis und Mehrwertsteuer.

### Inkrement- und Dekrementoperatoren

Da beim Programmieren öfter Variablenwerte um eins erhöht bzw. vermindert werden müssen, gibt es auch in PHP die Inkrement- und Dekrementoperatoren. Sie werden vor (Prä) oder nach (Post) der Variablen geschrieben.

```
++$wert;
$zahl++;
```

Prä- und Postinkrement.

Bei den Inkrement- und Dekrementoperatoren wird in PHP zwischen Prä- und Post-inkrement unterschieden. Die Unterschiede zeigen sich nur, wenn sich die Operatoren nicht als selbstständige Anweisungen in einer Zeile befinden. Beim Prä-Inkrement wird zuerst der aktuelle Wert der Variable um 1 erhöht oder vermindert, und erst dann wird der neue Variablenwert zurückgegeben. Beim Post-Inkrement/Dekrement wird zuerst der aktuelle Wert der Variable zurückgegeben und danach der Variablenwert um 1 erhöht oder vermindert.

```php
<?php
    $zahl = 5;
    echo "<h1>Inkrement</h1>";

    echo "<h2>Post-Inkrement</h2>";
    $ergebnis = $zahl++;
    echo "Ergebnis: $ergebnis Zahl: $zahl<br />";

    echo "<h2>Prä-Inkrement</h2>";
    $ergebnis = ++$zahl;
    echo "Ergebnis: $ergebnis Zahl: $zahl<br />";

    echo "<h1>Dekrement</h1>";

    echo "<h2>Post-Dekrement</h2>";
    $ergebnis = $zahl--;
    echo "Ergebnis: $ergebnis Zahl: $zahl<br />";

    echo "<h2>Prä-Dekrement</h2>";
    $ergebnis = --$zahl;
    echo "Ergebnis: $ergebnis Zahl: $zahl<br />";
?>
```

Listing *inkrement_dekrement.php*.

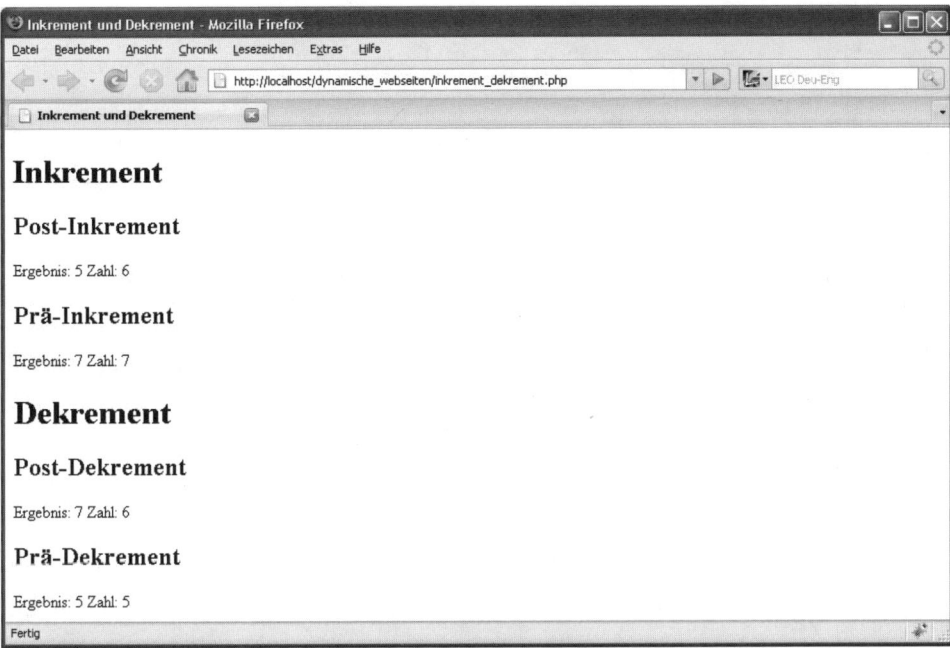

**Bild 6.15:** Variablenwerte um eins erhöhen oder vermindern.

| Inkrement und Dekrementoperatoren in PHP | | |
|---|---|---|
| Operator | Name | Beschreibung |
| ++$a | Prä-Inkrement | Erhöht den Wert von $a um 1 und gibt anschließend den neuen Wert von $a zurück. |
| --$a | Prä-Dekrement | Vermindert den Wert von $a um 1 und gibt anschließend den neuen Wert von $a zurück. |
| $a++ | Post-Inkrement | Gibt zuerst den aktuellen Wert von $a zurück und erhöht dann den Wert von $a um 1. |
| $a-- | Post-Dekrement | Gibt zuerst den aktuellen Wert von $a zurück und vermindert dann den Wert von $a um 1. |

**Tipp:** Schreiben Sie Inkrement- bzw. Dekrementoperatoren nach Möglichkeit stets als einzelne Anweisung, da es dann keine Unterschiede zwischen Prä- und Post-Inkrement bzw. -Dekrement gibt.

## 6.2.4 Zeichenkettenoperatoren

Um mehrere Zeichenketten auszugeben, kann man entweder mehrere echo-Befehle schreiben oder die einzelnen Zeichenketten verknüpfen. Dafür gibt es in PHP als Vereinigungs-Operator den Punkt (.). Dieser Operator verknüpft die links neben dem Punkt stehende Zeichenkette mit der Zeichenkette auf der rechten Seite.

```php
<?php
    $text1 = "<i>Das, wobei unsere Berechnungen versagen, ";
    $text2 = "nennen wir Zufall.</i>";
    $zitat = $text1 . $text2;
    echo $zitat . "<br />" . "<b>Albert Einstein</b>";
?>
```

Listing *textverknuepfung.php*.

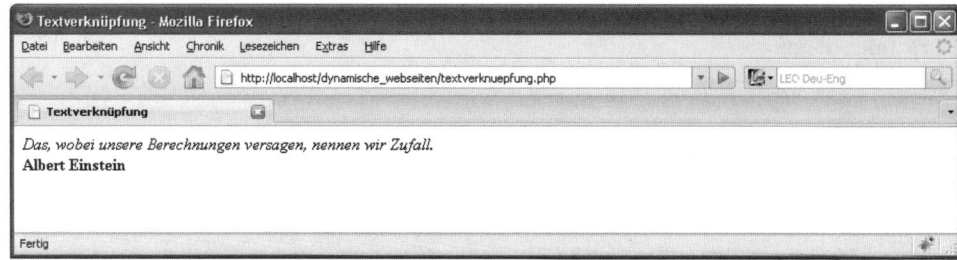

**Bild 6.16:** Mehrere Texte miteinander verknüpfen.

Der zweite Operator zum Verknüpfen von Zeichenketten ist der Vereinigungs-Zuweisungsoperator (=). Dieser Operator hängt neuen Text ans Ende einer Zeichenkette.

```php
<?php
    $zitat = "<i>Jede Lösung eines Problems ";
    $zitat .= "ist ein neues Problem.</i>";
    $zitat .= "<br />";
    $zitat .= "<b>Johann Wolfgang von Goethe</b>";
    echo $zitat;
?>
```

Listing *text_anhaengen.php*.

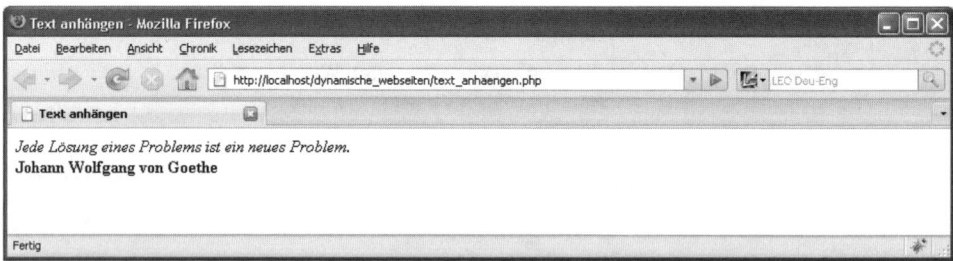

**Bild 6.17:** Mehrere Texte an eine Variable angehängt.

## 6.2.5 Bedingte Anweisungen und Verzweigungen

Um zur Laufzeit eines Skripts oder Programms auf unterschiedliche Zustände und Eingaben reagieren zu können, gibt es die bedingten Anweisungen und Verzweigungen. Sie bilden zusammen mit den Schleifen die wichtigsten Bestandteile einer Programmiersprache.

### Bedingte Anweisung

Eine bedingte Anweisung ist ein Programmabschnitt, der nur ausgeführt wird, wenn eine definierte Bedingung zutrifft. Die grundsätzliche Struktur sieht folgendermaßen aus:

```php
<?php
  if(Bedingung)
  {
     Anweisung(en);
  }
?>
```

Bedingte Programmausführung.

Im nächsten Beispiel werden durch mehrere bedingte Anweisungen die Teiler einer Zahl und die Anzahl der Teiler ermittelt.

```php
<?php
  $zahl = 12;
  $anzahl = 0;
  if($zahl % 2 == 0)
  {
     $teiler = "2";
     $anzahl = $anzahl + 1;
  }
  if($zahl % 3 == 0)
  {
     $teiler .= ", 3";
     $anzahl = $anzahl + 1;
  }
  if($zahl % 4 == 0)
  {
     $teiler .= ", 4";
     $anzahl = $anzahl + 1;
  }
  if($zahl % 5 == 0)
  {
     $teiler .= ", 5";
     $anzahl = $anzahl + 1;
  }
  if($zahl % 6 == 0)
  {
```

```
    $teiler .= ", 6";
    $anzahl = $anzahl + 1;
  }
  echo "<p>Die Zahl $zahl hat $anzahl Teiler. Die Teiler sind
$teiler.</p>";
?>
```

Listing *bedingte_anweisung.php.*

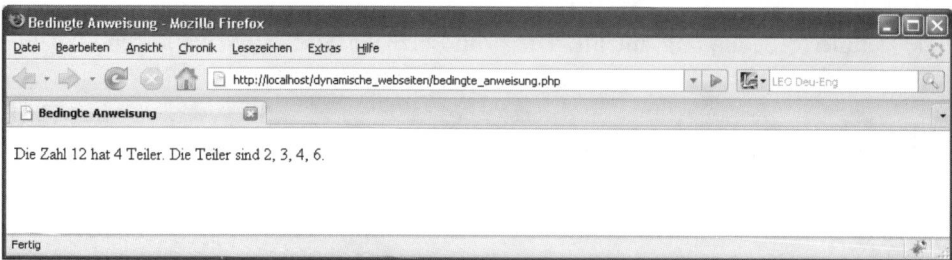

**Bild 6.18:** Teilbarkeit einer Zahl durch bedingte Anweisungen ermitteln.

Wie Sie im Beispiel gesehen haben, wird ein Test auf Gleichheit mit == realisiert. Das einfach = wird ja schon für Zuweisungen benutzt. Nachfolgend die Liste der wichtigsten Vergleichsoperatoren in PHP.

| Liste der Vergleichsoperatoren in PHP | | |
|---|---|---|
| Operator | Beispiel | Erklärung |
| == (Gleich) | $a == $b | Ergibt wahr, wenn $a gleich $b ist |
| != (Ungleich) | $a != $b | Ergibt wahr, wenn $a ungleich $b ist |
| › (Größer) | $a > $b | Ergibt wahr, wenn $a größer $b ist |
| ‹ (Kleiner) | $a < $b | Ergibt wahr, wenn $a kleiner $b ist |
| >= (Größer gleich) | $a >= $b | Ergibt wahr, wenn $a größer/gleich $b ist |
| <= (Kleiner gleich) | $a <= $b | Ergibt wahr, wenn $a kleiner/gleich $b ist |

### Verzweigung

Eine Verzweigung ist ein Programmabschnitt, der zwischen zwei (oder mehr) Möglichkeiten in Abhängigkeit von einer (oder mehreren Bedingungen) entscheidet, welcher Programmabschnitt ausgeführt wird. Die grundsätzliche Struktur sieht folgendermaßen aus:

```
<?php
  if(Bedingung)
  {
      Anweisung(en);
  }
  else
  {
```

```
        andere Anweisung(en);
    }
?>
```

Struktur einer Verzweigung.

Ist die if-Bedingung erfüllt, wird der if-Anweisungsblock ausgeführt, andernfalls der else-Anweisungsblock.

Im nächsten Beispiel soll in Abhängigkeit von der in einem Formular ausgewählten Anrede entweder *Sehr geehrte...*, oder *Sehr geehrter...* angezeigt werden.

```
<?php
    $name = "Schmidt";
    $anrede = "Herr";
    if($anrede == "Herr")
    {
        echo "Sehr geehrter ";
    }
    else
    {
        echo "Sehr geehrte ";
    }
    echo "$anrede $name, vielen Dank für Ihre Bestellung.";
?>
```

Listing *verzweigung.php*.

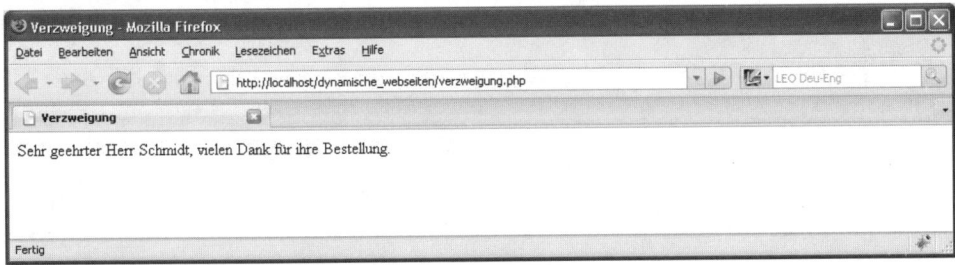

**Bild 6.19:** Die richtige Anrede durch eine Verzweigung auswählen.

Eine Erweiterung der Verzweigung wird mit else if realisiert. Bei dieser Verzweigung wird zuerst geprüft, ob die if-Bedingung wahr ist. Wenn das der Fall ist, wird der if-Anweisungsblock ausgeführt. Falls die if-Bedingung nicht wahr ist, wird als Nächstes die else if-Bedingung geprüft. Ist diese Bedingung wahr, wird der else if-Anweisungsblock ausgeführt, andernfalls der else-Anweisungsblock. Bei dieser Art der Verzweigung kann es durchaus auch mehrere else if-Blöcke geben. Die grundsätzliche Struktur sieht also folgendermaßen aus:

```
<?php
    if(Bedingung)
    {
        Anweisung(en);
```

```
    }
    else if(andere Bedingung)
    {
        andere Anweisung(en);
    }
    else
    {
        wieder andere Anweisung(en);
    }
?>
```

Struktur einer erweiterten Verzweigung.

Das nächste Beispiel demonstriert, wie eine erweiterte Verzweigung benutzt wird. Es soll in Abhängigkeit von der Gewichtsangabe des Benutzers ein entsprechender Text ausgegeben werden.

```php
<?php
    $gewicht = 70;
    if($gewicht < 50)
    {
        echo "Sie sollten dringend regelmäßiger Essen";
    }
    else if($gewicht <= 80)
    {
        echo "Herzlichen Glückwunsch Ihr Gewicht ist vollkommen in Ordnung";
    }
    else if($gewicht <= 120)
    {
        echo "Sie sollten mehr auf eine ausgewogene Ernährung achten";
    }
    else
    {
        echo "Ihre Waage ist defekt. Bitte wenden Sie sich an den Kundendienst";
    }
?>
```

Listing *erweiterte_verzweigung.php*.

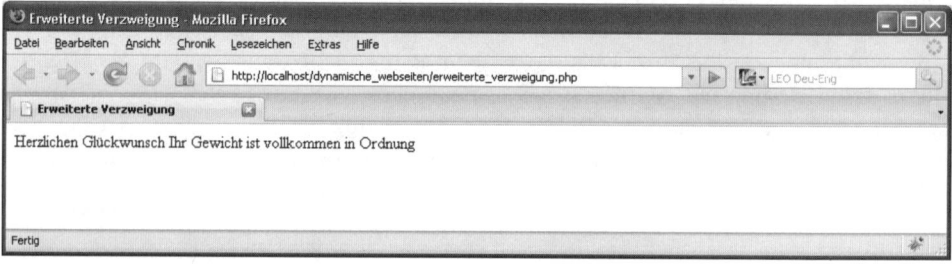

**Bild 6.20:** Erweiterte Verzweigung mit mehreren Bedingungen.

## 6.2.6　Schleifen

Bei der Programmierung kommt es immer wieder vor, dass bestimmte Anweisungen mehrfach ausgeführt werden müssen. Für diesen Zweck gibt es auch in PHP die Schleifen. Man unterscheidet dabei Schleifen, die für eine genau festgelegte Anzahl von Durchläufen bestimmt sind (for-Schleife), Schleifen, die so lange laufen, bis eine bestimmte Bedingung nicht mehr zutrifft (while-Schleife, do-while-Schleife), und Schleifen, die eine Liste (Array, siehe nächsten Abschnitt) Zeile für Zeile durchlaufen (foreach-Schleife).

### Die for-Schleife

Für die for-Schleife wird eine Variable benötigt, die den aktuellen Wert des Schleifendurchlaufs speichern kann, den Schleifenzähler. Dieser Zähler wird im Schleifenkopf festgelegt. Für die for-Schleife sind drei Angaben nötig, die jeweils durch ein Semikolon getrennt sind: 1. von welchem Wert die Schleife starten soll; 2. bis zu welchem Wert die Schleife laufen soll; und 3. in welchen Schritten der Startwert verändert werden soll. Die grundsätzliche Struktur sieht folgendermaßen aus:

```php
<?php
    for(Zähler definieren; Bedingung; Zählerveränderung)
    {
        Anweisung(en);
    }
?>
```

Struktur einer for-Schleife.

Im nächsten Beispiel werden Temperaturen von Grad Celsius in Grad Fahrenheit umgerechnet:

(Grad Fahrenheit = Grad Celsius x 9/5 + 32)

```php
<?php
    echo "<table border='1'>";
    echo "<tr>";
    echo "<th>&deg;Celsius</th>";
    echo "<th>&deg;Fahrenheit</th>";
    echo "</tr>";
    for($zaehler = 15; $zaehler <= 30; $zaehler++)
    {
        $celsius = $zaehler;
        $fahrenheit = $zaehler * 9/5 + 32;
        echo "<tr>";
        echo "<td>$celsius</td>";
        echo "<td>$fahrenheit</td>";
        echo "</tr>";
    }
    echo "</table>";
?>
```

Listing *forschleife.php*.

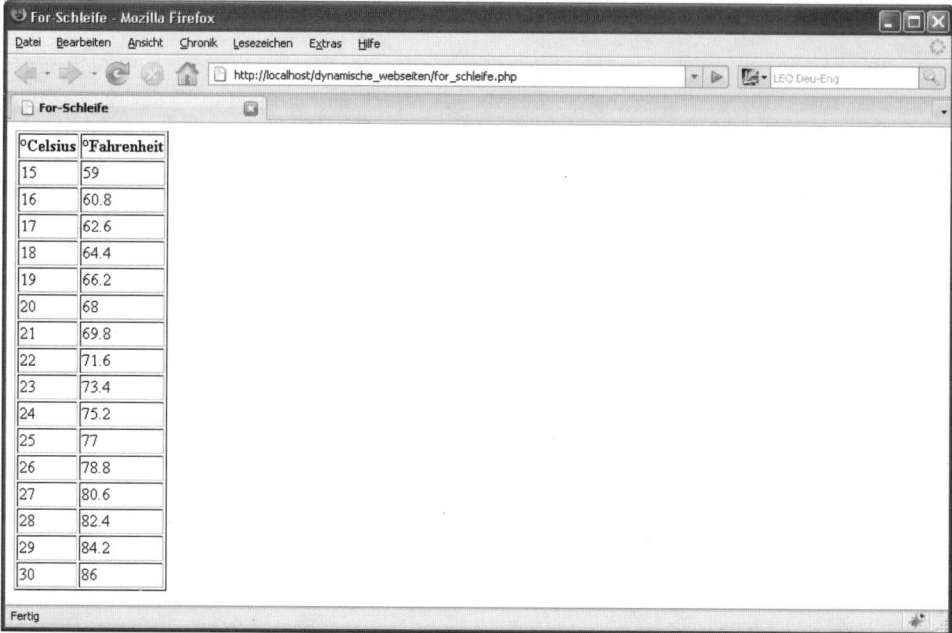

**Bild 6.21:** Berechnung von Temperaturwerten in einer `for`-Schleife.

### Die while-Schleife

Der Aufbau einer While-Schleife ist im Gegensatz zur For-Schleife wesentlich einfacher. Im Schleifenkopf wird nur die Bedingung zum Abbruch der Schleife festgelegt. Es ist möglich, dass die Bedingung beim Start der Schleife schon nicht mehr zutrifft, dann wird die Schleife nie durchlaufen. Die grundsätzliche Struktur sieht folgendermaßen aus:

```php
<?php
   while(Bedingung)
   {
      Anweisung(en);
   }
?>
```

Struktur einer `while`-Schleife

Im nächsten Beispiel werden in einer While-Schleife mit der Funktion `rand()` zwei Zufallszahlen gezogen. Die Schleife wird erst beendet, wenn beide Zahlen gleich groß sind.

Die Funktion `rand(1,10)` erzeugt eine Zufallszahl, die zwischen `min.` (1) und `max.` (10) liegt.

```php
<?php
  $zahl1 = 0;
  $zahl2 = 1;
  $versuche = 0;
  echo "<table cellspacing='10'>";
  echo "<tr>";
  echo "<th>Zahl 1</th>";
  echo "<th>Zahl 2</th>";
  echo "</tr>";
  while($zahl1 != $zahl2)
  {
      $zahl1 = rand(1,10);
      $zahl2 = rand(1,10);
      echo "<tr>";
      echo "<td align='center'>$zahl1</td>";
      echo "<td align='center'>$zahl2</td>";
      echo " </tr>";
      $versuche++;
  }
  echo "</table>";
  echo "Es war(en) <b>$versuche</b> Versuch(e) nötig bevor ein Gleichstand
erreicht wurde.";
?>
```

Listing *whileschleife.php*.

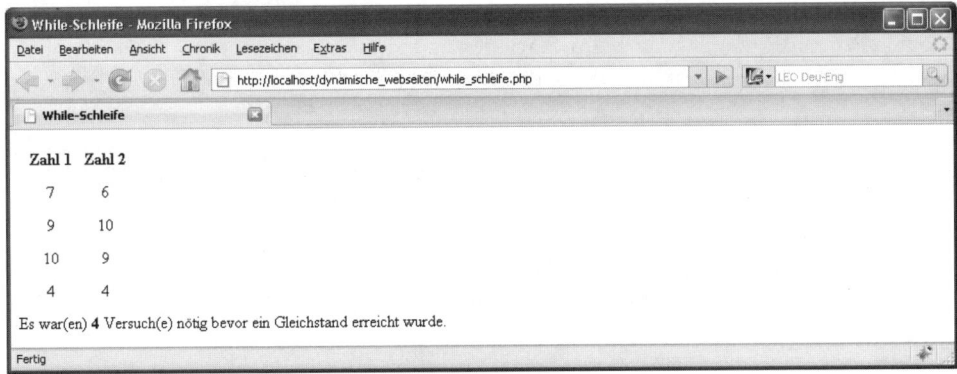

**Bild 6.22:** Ziehung von Zufallszahlen innerhalb einer `while`-Schleife.

### Die do-while-Schleife

Diese Schleife ist der `while`-Schleife sehr ähnlich. Der einzige Unterschied liegt darin, dass diese Schleife mindestens einmal durchlaufen wird, da die Bedingung zum Abbruch der Schleife erst am Ende des Schleifendurchlaufs geprüft wird. Die grundsätzliche Struktur sieht folgendermaßen aus:

```php
<?php
   do
   {
      Anweisung(en);
   }
   while(Bedingung);
?>
```

Struktur einer do-while-Schleife.

Im nachfolgenden Beispiel wird der Unterschied zwischen while- und do-while-Schleife demonstriert. Für beide Schleifen wird der Startwert 0 festgelegt. Beide Schleifen laufen, da die Bedingung zum Schleifendurchlauf $zaehler < 10 erfüllt ist.

```php
<?php
   echo "<h1>Vergleich While- und Do-While-Schleife</h1>";
   //Startwert für Schleifen festlegen
   $startwert = 0;
   //Zähler für While-Schleife setzen
   $zaehler = $startwert;
   while($zaehler < 10)
   {
      echo "Der Zähler der While-Schleife hat jetzt den Wert: $zaehler<br
/>";
      $zaehler++;
   }
   echo "<hr />";
   //Zähler für Do-While-Schleife setzen
   $zaehler = $startwert;
   do
   {
      echo "Der Zähler der Do-While-Schleife hat jetzt den Wert: $zaehler<br
/>";
      $zaehler++;
   }
   while($zaehler < 10);
?>
```

Listing *do_while.php*.

**Bild 6.23:** `while`- und `do-while`-Schleife bei einem Startwert von 0.

Anders sieht es aus, wenn zu Beginn die Bedingung zum Schleifendurchlauf nicht mehr erfüllt ist. Ändern Sie das Skript wie folgt:

```
$startwert = 10;
Listing 34: Geänderter Startwert
```

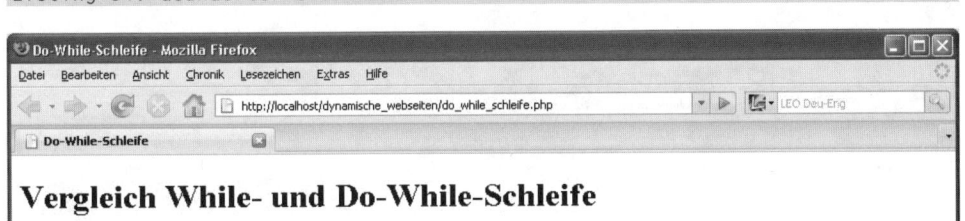

**Bild 6.24:** `while`- und `do-while`-Schleife bei einem Startwert von 10.

Die `while`-Schleife läuft nun nicht mehr los, da vor dem Schleifendurchlauf die Bedingung zum Abbruch geprüft wird. Da bei der `do-while`-Schleife die Bedingung zum Abbruch erst nach dem Schleifendurchlauf geprüft wird, findet auf jeden Fall ein Schleifendurchlauf statt.

### Die foreach-Schleife

Die foreach-Schleife ist speziell für Listen (Arrays, siehe nächsten Abschnitt) bestimmt, um auf einfache Weise ein Array zu durchlaufen.

Die foreach-Schleife erwartet als Parameter ein Array, das durchlaufen werden soll, dann das Schlüsselwort »as« und zum Schluss den Namen einer (temporären) Variablen, in der der aktuelle Zeilenwert gespeichert wird. Die grundsätzliche Struktur sieht folgendermaßen aus:

```php
<?php
    foreach(Liste as Zeile)
    {
        Anweisung(en);
    }
?>
```

Struktur einer foreach-Schleife.

Im nächsten Beispiel wird mit einer foreach-Schleife eine Namensliste Zeile für Zeile durchlaufen und jeweils der aktuelle Name ausgegeben.

```php
<?php
    $namen = array("Peter","Susanne","Hans","Gabi");
    foreach($namen as $name)
    {
        echo "Mein Name ist $name<br />";
    }
?>
```

Listing *foreach_schleife1.php*.

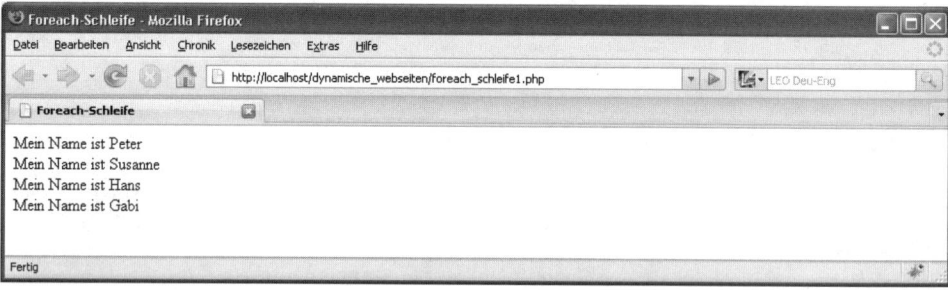

**Bild 6.25:** Ausgabe eines Arrays mit der foreach-Schleife

Die foreach-Schleife bietet auch die Möglichkeit des Zugriffs auf den Index der jeweils aktuellen Zeile. Dafür müssen eine weitere (temporäre) Variable für den Index und der Index-Wert-Operator(=>) hinzugefügt werden. Die grundsätzliche Struktur sieht dann folgendermaßen aus:

```php
<?php
   foreach(Liste as Index => Zeile)
   {
      Anweisung(en);
   }
?>
```

`foreach`-Schleife erweitert.

Im nächsten Beispiel wird ein Array durchlaufen, das die Rückgabewerte eines Formulars enthält. Dabei werden Feldname und Feldinhalt ausgegeben.

```php
<?php
   $formular = array(
   "Vorname"=>"Peter",
   "Nachname"=>"Schmidt",
   "Alter"=>28);
   foreach($formular as $feldname => $inhalt)
   {
      echo "Der Benutzer hat im Feld: $feldname: ";
      echo "$inhalt eingetragen<br />";
   }
?>
```

Listing *foreach_schleife2.php*.

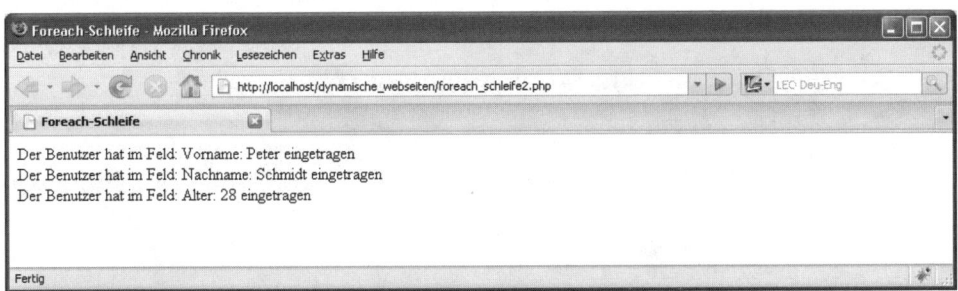

**Bild 6.26:** Ausgabe von Index und Inhalt eines Arrays.

## 6.2.7 Arrays

Bis jetzt haben Sie nur einfache Variablen kennengelernt, in denen man genau einen Wert speichern kann. Es kommt beim Programmieren aber immer wieder vor, dass man mehrere zusammengehörige Werte speichern muss. Genau für diesen Zweck gibt es Arrays. Man unterscheidet in PHP zwei Typen von Arrays, »nummerisch indizierte« Arrays, in denen jeder Wert über eine Zahl angesprochen wird, und »assoziative« Arrays, die über einen Namen angesprochen werden.

## Nummerische Arrays

Arrays erstellt man entweder mit der Funktion `array()`, wobei das keine richtige Funktion, sondern ein Sprachkonstrukt zur Erstellung einer Werteliste ist.

```php
<?php
   $technologien = array("HTML","XML","CSS","XSL");
?>
```

Listing *numerisches_array1.php*.

Man kann Arrays auch erstellen, indem man eckige Klammern hinter den Arraynamen setzt.

```php
<?php
   $technologien[] = "HTML";
   $technologien[] = "XML";
   $technologien[] = "CSS";
   $technologien[] = "XSL";
?>
```

Listing *nummerisches_array1.php*, alternative Schreibweise zur Erstellung des Arrays.

Ein Array, das auf eine der oben gezeigten Weisen erstellt wird, bekommt automatisch einen nummerischen Index, wobei zu beachten ist, dass die Nummerierung bei 0 beginnt. Auf einen Arraywert wird über den Arraynamen und die Indexnummer in eckigen Klammern zugegriffen.

```php
<?php
   $technologien = array("HTML","XML","CSS","XSL");
   echo "Mit ";
   echo $technologien[0];
   echo " erstellt man die Struktur einer Webseite und mit ";
   echo $technologien[2];
   echo " wird die Formatierung umgesetzt.";
?>
```

Listing *nummerisches_array1.php*.

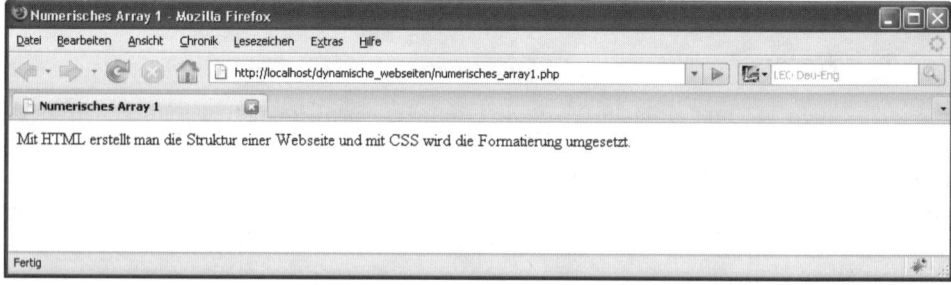

**Bild 6.27:** Zugriff auf den Arraywert über den Index.

Beim Erstellen eines Arrays kann man auch den nummerischen Index explizit angeben. Dies geschieht bei der Arrayfunktion mit dem Index-Wert-Operator (=>). Im nachfolgenden Beispiel wird ein Wochentage-Array mit selbstdefiniertem nummerischen Index erstellt.

```php
<?php
  $tage = array(1 => "Montag", 2 => "Dienstag", 3 => "Mittwoch",
  4 => "Donnerstag", 5 => "Freitag", 6 => "Samstag", 7 => "Sonntag");
?>
```

Listing *nummerisches_array2.php*.

Die zweite Möglichkeit benutzt die eckigen Klammern.

```php
<?php
  $tage[1] = "Montag";
  $tage[2] = "Dienstag";
  $tage[3] = "Mittwoch";
  $tage[4] = "Donnerstag";
  $tage[5] = "Freitag";
  $tage[6] = "Samstag";
  $tage[7] = "Sonntag";
?>
```

Listing *nummerisches_array2.php*, alternative Schreibweise zur Erstellung des Arrays.

Einfache Variablenwerte kann man einfach innerhalb einer Zeichenkette ausgeben, mit Arraywerten ist das so nicht möglich. Wenn Sie einen Arraywert zusammen mit Text ausgeben möchten, gibt es zum einen die Möglichkeit, den Text und den Arraywert mit dem Vereinigungsoperator (.) zu verknüpfen.

```php
<?php
  $tage[1] = "Montag";
  $tage[2] = "Dienstag";
  $tage[3] = "Mittwoch";
  $tage[4] = "Donnerstag";
  $tage[5] = "Freitag";
  $tage[6] = "Samstag";
  $tage[7] = "Sonntag";

  $tag = 3;
  echo "Der " . $tage[$tag] . " ist der $tag Tag der Woche.<br />";
?>
```

Listing *nummerisches_array2.php*.

Zum anderen gibt es die Möglichkeit, den Arraywert in geschweifte Klammern zu schreiben.

```php
<?php
   $tag = 3;
   echo "Der {$tage[$tag]} ist der $tag Tag der Woche.<br />";
?>
```

Listing *nummerisches_array2.php* (Ausschnitt).

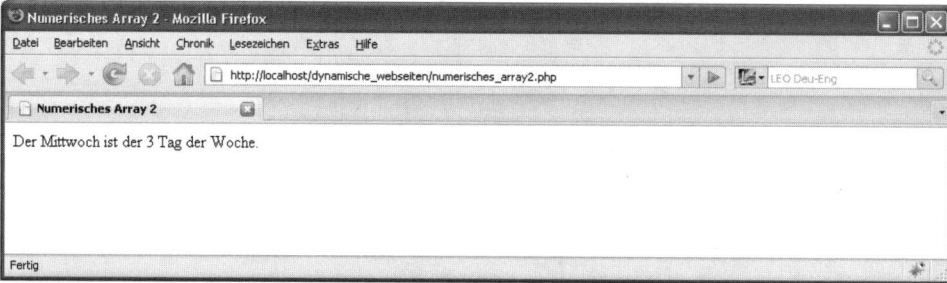

**Bild 6.28:** Anzeige des Wochentags als Name und Index.

### Assoziative Arrays

Bei assoziativen Arrays wird statt einer Zahl ein beschreibender Text als Index verwendet. Dadurch lassen sich bei der späteren Verarbeitung leichter Rückschlüsse auf die enthaltenen Werte ziehen. Im nächsten Beispiel wird eine Adresse in einem Array mit beschreibendem Index gespeichert. Das geschieht bei der Array-Funktion mit dem Index-Wert-Operator.

```php
<?php
   $adresse = array(
      "anrede" => "Herr",
      "vorname" => "Peter",
      "nachname" => "Schmidt",
      "strasse" => "Hohler Weg",
      "hausnr" => "13a",
      "plz" => "12345",
      "ort" => "Mittelburg");
?>
```

Listing *assoziatives_array.php*.

Um die Übersichtlichkeit zu erhöhen, können Sie einen PHP-Befehl ruhig auf mehrere Zeilen verteilen, auch Leerzeichen und Tabulatoren können verwendet werden, da ein PHP-Befehl erst durch das Semikolon beendet wird. Unten wird das gleiche Array mit eckigen Klammern erstellt.

```php
<?php
  $adresse["anrede"] = "Herr";
  $adresse["vorname"] = "Peter";
  $adresse["nachname"] = "Schmidt";
  $adresse["strasse"] = "Hohler Weg";
  $adresse["hausnr"] = "13a";
  $adresse["plz"] = "12345";
  $adresse["ort"] = "Mittelburg";
?>
```

Listing *assoziatives_array.php*, alternative Schreibweise zur Erstellung des Arrays.

Zu beachten ist, dass ein nicht nummerischer Index in Anführungszeichen geschrieben werden muss. Durch den beschreibenden Text als Index fällt es leichter, die entsprechenden Arraywerte zuzuordnen.

```php
<?php
  $adresse["anrede"] = "Herr";
  $adresse["vorname"] = "Peter";
  $adresse["nachname"] = "Schmidt";
  $adresse["strasse"] = "Hohler Weg";
  $adresse["hausnr"] = "13a";
  $adresse["plz"] = "12345";
  $adresse["ort"] = "Mittelburg";

  echo "<p>";
  echo $adresse["anrede"] ." ". $adresse["vorname"] ." ".
$adresse["nachname"] . "<br />";
  echo $adresse["strasse"] ." ". $adresse["hausnr"] . "<br />";
  echo $adresse["plz"] ." ". $adresse["ort"];
  echo "</p>";
  echo "<p>Hallo {$adresse["anrede"]} {$adresse["nachname"]}, schön dass
Sie wieder einmal vorbeischauen.</p>";
?>
```

Listing *assoziatives_array.php*.

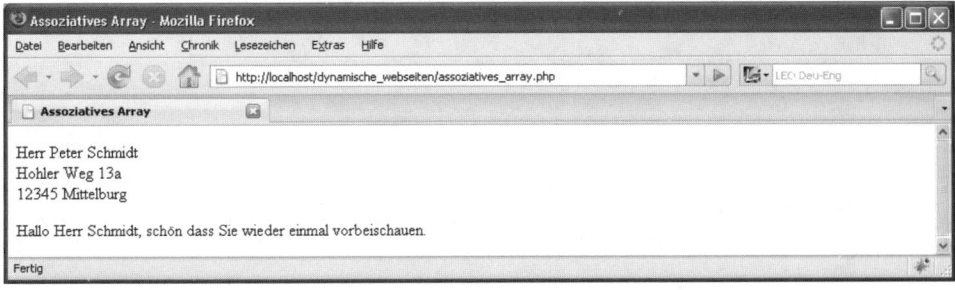

**Bild 6.29:** Ausgabe einer Adresse und einer persönlichen Anrede mit Werten aus einem assoziativen Array.

## Mehrdimensionale Arrays

Arrays lassen sich auch verschachteln. Das funktioniert in PHP, indem man in einem Arrayeintrag statt einen einzelnen Wert ein weiteres Array speichert. Im nächsten Beispiel wird eine Personenliste in einem mehrdimensionalen Array erstellt.

```php
<?php
  $personen = array(
  1 => array("vorname" => "Peter", "nachname" => "Schmidt"),
  2 => array("vorname" => "Gabi", "nachname" => "Klein"),
  3 => array("vorname" => "Erwin", "nachname" => "Schulz")
  );
?>
```

Listing *mehrdimensionales_array.php*.

Variante 2 mit eckigen Klammern:

```php
<?php
  $personen[1]["vorname"] = "Peter";
  $personen[1]["nachname"] = "Schmidt";

  $personen[2]["vorname"] = "Gabi";
  $personen[2]["nachname"] = "Klein";

  $personen[3]["vorname"] = "Erwin";
  $personen[3]["nachname"] = "Schulz";
?>
```

Listing *mehrdimensionales_array.php*, alternative Schreibweise zur Erstellung des Arrays.

Auf die einzelnen Werte eines mehrdimensionalen Arrays greift man über die einzelnen Indizes zu. Dabei steht hinter dem Arraynamen zuerst der Index des äußeren Arrays, dann der Index des nächsten eingeschachtelten Arrays, jeweils in eckigen Klammern.

```php
<?php
  $personen = array(
  1 => array("vorname" => "Peter", "nachname" => "Schmidt"),
  2 => array("vorname" => "Gabi", "nachname" => "Klein"),
  3 => array("vorname" => "Erwin", "nachname" => "Schulz")
  );

  $winner = rand(1,3);
  echo "<p>Der Gewinner des großen Preises ist ";
  echo "<b>{$personen[$winner]["vorname"]} ";
  echo "{$personen[$winner]["nachname"]}</b>!</p>";
?>
```

Listing *mehrdimensionales_array.php*.

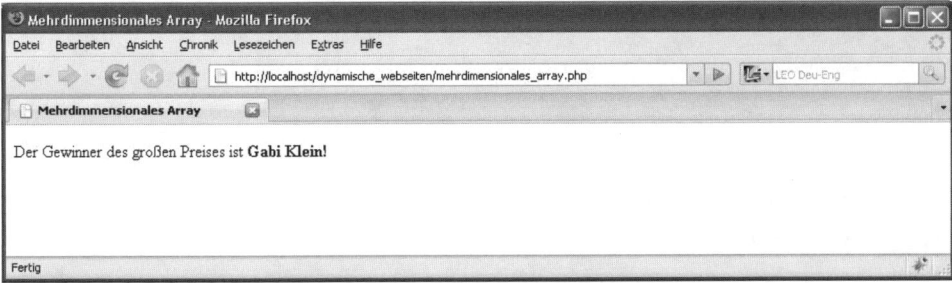

**Bild 6.30:** Ausgabe von Arraywerten aus einem mehrdimensionalen Array.

## 6.2.8 Funktionen definieren

Da es in der Programmierung immer wieder vorkommt, dass sich bestimmte Programmabschnitte wiederholen, und man diesen Programmabschnitt nicht jedes Mal neu schreiben möchte, legt man ihn nur einmal fest und gibt ihm einen Namen. Über diesen Namen kann man dann jederzeit den Programmcode aufrufen. Zur Laufzeit des Programms wird dann der benannte Programmabschnitt durchlaufen. Eine Funktion wird generell wie folgt definiert:

```php
<?php
   function Funktionsname([Parameter1, Parameter2,...])
   {
      Anweisung(en);
      [return Rückgabewert];
   }
?>
```

Struktur einer Funktion.

Dabei sind die Funktionsparameter und der Rückgabewert (in eckigen Klammern dargestellt) optional. Für den Funktionsnamen gelten die gleichen Regeln wie für Variablennamen, d. h. für den Funktionsnamen dürfen nur die Buchstaben von A – Z, die Zahlen 0 – 9 und der Unterstrich (_) benutzt werden. Das erste Zeichen darf keine Zahl sein. Im Gegensatz zu Variablennamen wird bei Funktionsnamen nicht zwischen Groß- und Kleinschreibung unterschieden, d. h. `rechnen()` und `Rechnen()` benennen die gleiche Funktion.

### Einfache Funktionen

Die einfachste Art der Funktion ist die Prozedur. Damit ist ein Programmabschnitt gemeint, der weder Parameter noch Rückgabewert hat. Im nachfolgenden Beispiel werden das aktuelle Datum und die aktuelle Uhrzeit mit einer Funktion ausgegeben.

```
<?php
  function datum()
  {
    echo "<div>Heute ist der: " . date("d.m.Y") ."</div>";
    echo "<div>Es ist jetzt: ". date("H:i:s") . " Uhr</div>";
  }
?>
```

Listing *prozedur.php*.

Die hier verwendete Funktion `date()` gibt in Abhängigkeit von einem übergebenen Formatierungsstring das aktuelle Datum bzw. die Uhrzeit zurück. Was jetzt noch fehlt, ist der Funktionsaufruf. Dabei ist es egal, ob der Funktionsaufruf vor oder hinter der Funktionsdefinition steht. Beim Funktionsaufruf ist zu beachten, dass hinter den Funktionsnamen auch die beiden runden Klammern gesetzt werden müssen.

```
<?php
  function datum()
  {
    echo "<div>Heute ist der: " . date("d.m.Y") ."</div>";
    echo "<div>Es ist jetzt: ". date("H:i:s") . " Uhr</div>";
  }

  datum();
?>
```

Listing *prozedur.php*.

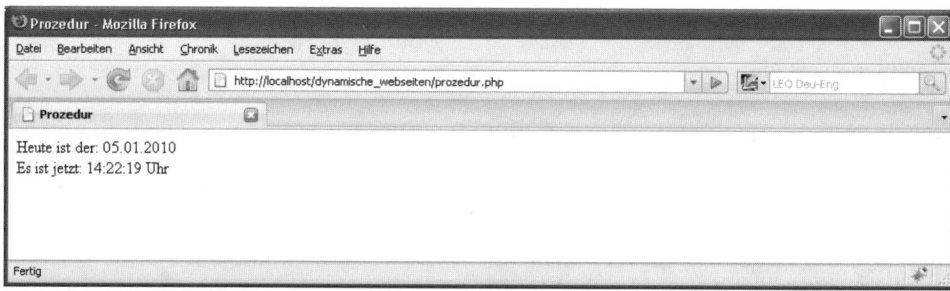

**Bild 6.31:** Ausgabe des aktuellen Datums mit einer Funktion.

## Funktionen mit Übergabewerten

Im nächsten Beispiel wird eine Funktion mit Funktionsparametern erstellt. Diese Funktion berechnet den Quotienten (Ergebnis einer Division) zweier übergebener Zahlen und gibt den ganzzahligen Teil und den Restwert aus.

```php
<?php
   //Funktionsdefinition
   function quotient($dividend, $divisor)
   {
      $quotientwert = floor($dividend / $divisor);
      $restwert = $dividend % $divisor;
      echo "<p>Das Ergebnis der Division $dividend : $divisor =
$quotientwert Rest $restwert</p>";
   }
   //Funktionsaufruf
   quotient(10,3);
?>
```

Listing *funktion_parameter.php*.

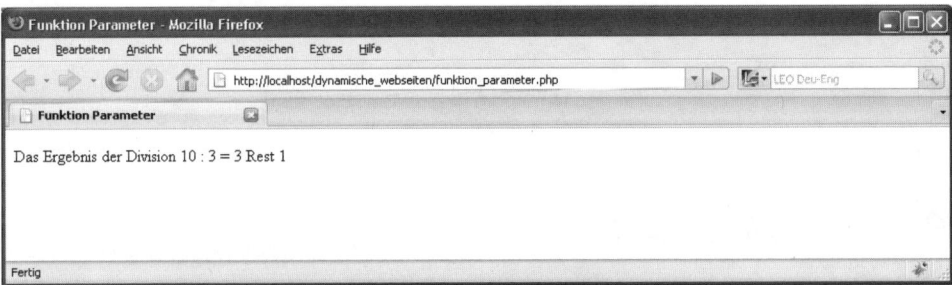

**Bild 6.32:** Division mit Ausgabe des Restwerts durch eine Funktion.

Die hier benutzte Funktion `floor()` rundet eine Dezimalzahl auf die nächste Ganzzahl ab. Bei der Funktionsdefinition werden in den runden Klammern der Funktion zwei Variablen (`$dividend` und `$divisor`), durch Kommata getrennt, notiert, die zur Laufzeit des Skripts die übergebenen Parameterwerte aufnehmen. Mit dem Funktionsaufruf werden zwei Werte (10 und 3) an die Funktion übergeben, die dann in den beiden Variablen gespeichert werden. Bitte beachten Sie, dass bei einer ungültigen Rechenoperation ein Fehler ausgelöst wird.

```php
quotient(10,0);
```

Funktionsaufruf für 10 : 0.

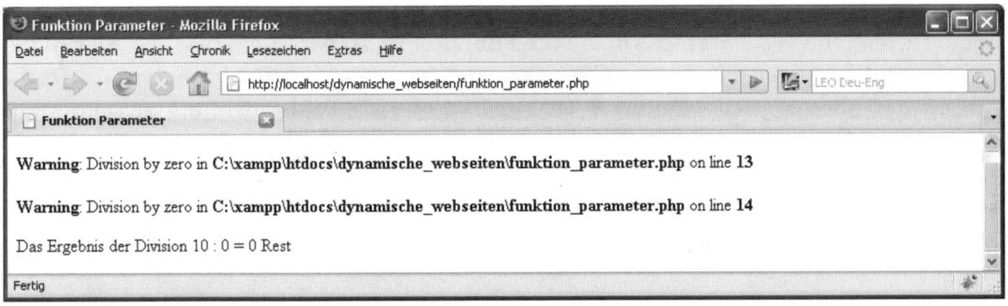

**Bild 6.33:** Fehler bei Division durch 0.

Um diesen Fehler zu vermeiden, wird die Funktion `quotient` um eine Variablenprüfung erweitert. Ändern Sie das Skript folgendermaßen:

```php
<?php
    function quotient($dividend, $divisor)
    {
        //Variablenprüfung ob $divisor nicht 0 ist
        if($divisor != 0)
        {
                    //$divisor ist nicht 0
                    $quotientwert = floor($dividend / $divisor);
                    $restwert = $dividend % $divisor;
                    echo "<p>Das Ergebnis der Division $dividend :
$divisor = $quotientwert Rest $restwert</p>";
        }
        else
        {
                    //$divisor ist 0
                    echo "<p>Durch <b>0</b> kann nicht geteilt
werden!</p>";
        }
    }
    quotient(10,0);
?>
```

Listing *funktion_parameter.php*, Änderung.

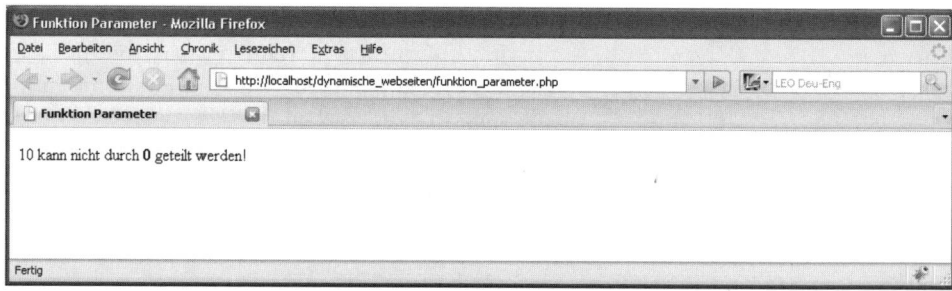

**Bild 6.34:** Meldung bei ungültiger Berechnung.

Bei der Übergabe von Parametern an eine Funktion ist zu beachten, dass die Anzahl der definierten Parameter mit der der übergebenen Parameter übereinstimmen muss. Ist die Anzahl der übergebenen Parameter zu klein, wird eine Fehlermeldung ausgelöst, die darauf hinweist, dass ein oder mehrere Parameter nicht übergeben wurden.

```php
quotient(10);
```

Funktionsaufruf mit einem Parameter.

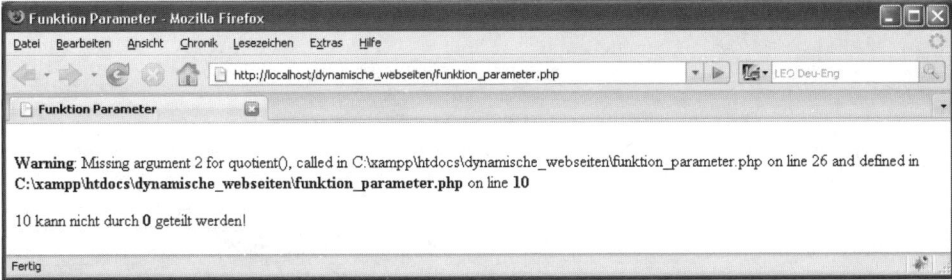

**Bild 6.35:** Fehlermeldung durch den Funktionsaufruf mit einem Parameter.

Ist die Anzahl der übergebenen Parameter zu groß, werden die überzähligen Parameter einfach ignoriert, da keine Variable zum Speichern der entsprechenden Werte definiert wurde.

```
quotient(10,3,5);
```

Listing *funktion_parameter.php*, Funktionsaufruf, drei Parameter.

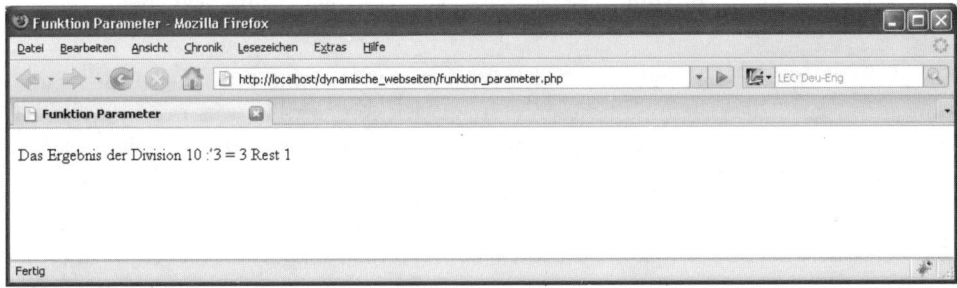

**Bild 6.36:** Funktionsaufruf mit überzähligen Parametern.

### Funktionen mit Rückgabewert

Funktionen können auch einen Wert zurückgeben. Dies geschieht mit dem Schlüsselwort `return` (genau genommen ist `return` ein Sprachkonstrukt, das wie `echo` mit oder ohne runde Klammern geschrieben werden kann).

Im nächsten Beispiel wird eine Funktion zur Berechnung der Kreisfläche erstellt. Diese Funktion erwartet die Übergabe eines Radius und gibt die berechnete Kreisfläche zurück.

```php
<?php
   function kreis($radius)
   {
      $flaeche = $radius * $radius * pi();
      return $flaeche; //Hier wird der Inhalt von $flaeche an den
Funktionsaufruf zurückgegeben
   }
```

```
    $kreisflaeche = kreis(5); //Der Rückgabewert der Funktion kreis wird der
Variablen $kreisfläche zugewiesen
    echo "Die Fläche eines Kreis mit einem Radius von 5 beträgt
$kreisflaeche.";
?>
```

Listing *funktion_rueckgabewert.php.*

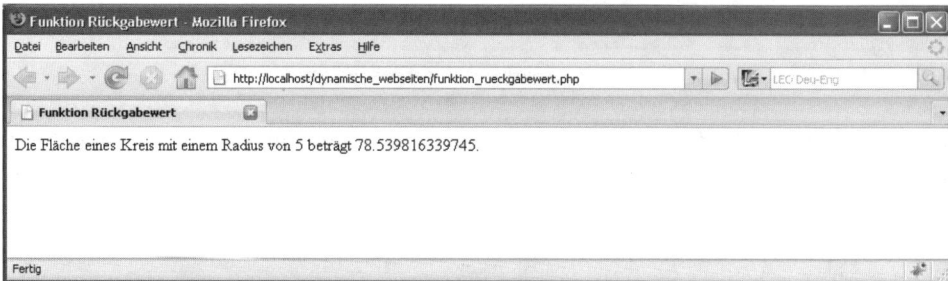

**Bild 6.37:** Rückgabe der Kreisberechnung mit `return`.

Die hier verwendete Funktion `pi()` liefert, wie der Name schon sagt, den Wert der Kreiszahl Pi zurück.

Durch das Schlüsselwort `return` wird der Inhalt der Variable `$fläche` an den Funktionsaufruf zurückgegeben. Soll dieser Wert gespeichert werden, was meistens der Fall sein dürfte, muss vor den Funktionsaufruf eine Variable geschrieben werden, die den Rückgabewert speichert. Technisch gesehen ist der Rückgabewert der Wert der Funktion. Das heißt im konkreten Fall: `78.539816339745 == kreis(5)`.

Das Schlüsselwort `return` gibt nicht nur einen Wert zurück, sondern beendet auch die Funktion, d. h. der Programmcode, der nach einem `return` steht, wird nicht mehr ausgeführt. Im nächsten Beispiel wird die Funktion beendet, bevor eine Berechnung stattfindet. Ändern Sie dazu die Funktion `kreis()` wie folgt:

```php
<?php
   function kreis($radius)
   {
      return "nullkommanichts"; //An dieser Stelle wird die Funktion
verlassen

      //Diese Befehle werden nicht mehr ausgeführt
      $flaeche = $radius * $radius * pi();
      return $flaeche;
   }
   $kreisflaeche = kreis(5);
   echo "Die Fläche eines Kreis mit einem Radius von 5 beträgt
$kreisflaeche.";
?>
```

Listing *funktion_rueckgabewert.php*, Änderung.

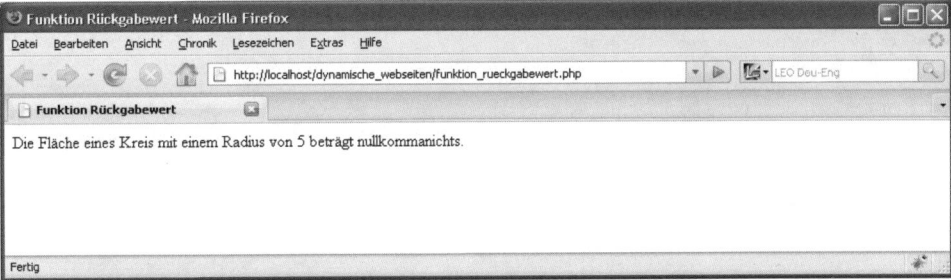

**Bild 6.38:** Vorzeitige Beendung der Funktion durch `return`.

Eine Funktion kann, wie Sie gesehen haben, einen Wert zurückgeben. Folgendes ist nicht möglich:

```
return $flaeche $umfang; //Führt zu einer Fehlermeldung
```
Listing Anweisung für Rückgabewert.

Möchte man aber mehrere Werte zurückgeben, verwendet man dazu ein Array. Im nächsten Beispiel wird die Funktion `kreis()` um die Berechnung von Durchmesser und Umfang erweitert. Die berechneten Werte werden dann in einem Array zurückgegeben. Ändern Sie die Funktion `kreis()` wie folgt:

```php
<?php
    function kreis($radius)
    {
        $flaeche = $radius * $radius * pi();
        $durchmesser = $radius * 2;
        $umfang = $durchmesser * pi();

        //Einzelne Werte in ein Array speichern
        $kreiswert["flaeche"] = $flaeche;
        $kreiswert["durchmesser"] = $durchmesser;
        $kreiswert["umfang"] = $umfang;

        //Array zurückgeben
        return $kreiswert;
    }
    $kreismasse = kreis(5);
    echo "<p>Ein Kreis mit dem Radius 5 hat folgende Maße:<br />";
    echo "Durchmesser: {$kreismasse["durchmesser"]} <br />";
    echo "Umfang: {$kreismasse["umfang"]} <br />";
    echo "Fläche: {$kreismasse["flaeche"]} </p>";
?>
```

Listing *funktion_rueckgabewert.php*, Änderung.

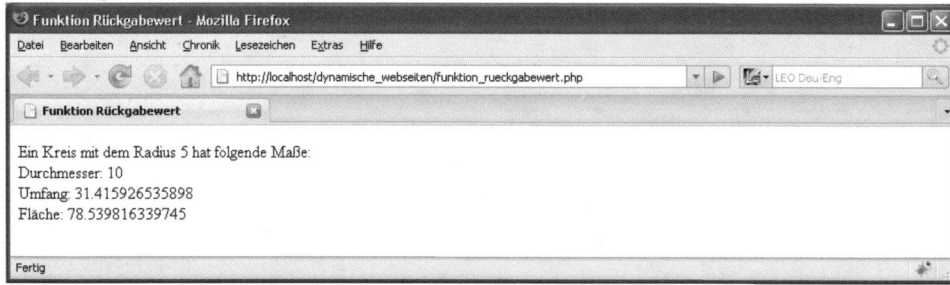

**Bild 6.39:** Rückgabe mehrerer Werte mit einem Array.

Zum Schluss wird beim Funktionsaufruf statt eines festen Wertes eine Variable verwendet, um den Ausgabetext flexibler zu gestalten.

```
$radius = 10;
$kreismasse = kreis($radius);
echo "<p>Ein Kreis mit dem Radius $radius hat folgende Maße:<br />";
```

Listing *funktion_rueckgabewert.php*, Ausschnitt.

Hier noch einmal das komplette Skript:

```
<?php
  function kreis($radius)
  {
    $flaeche = $radius * $radius * pi();
    $durchmesser = $radius * 2;
    $umfang = $durchmesser * pi();


    //Einzelne Werte in ein Array speichern
    $kreiswert["flaeche"] = $flaeche;
    $kreiswert["durchmesser"] = $durchmesser;
    $kreiswert["umfang"] = $umfang;


    //Array zurückgeben
    return $kreiswert;
  }
  //Radius in Variable speichern
  $radius = 10;
  //Funktionsaufruf
  $kreismasse = kreis($radius);
  //Ausgabe der berechneten Werte
  echo "<p>Ein Kreis mit dem Radius $radius hat folgende Maße:<br />";
  echo "Durchmesser: {$kreismasse["durchmesser"]} <br />";
  echo "Umfang: {$kreismasse["umfang"]} <br />";
  echo "Fläche: {$kreismasse["flaeche"]} </p>";
?>
```

Listing *funktion_rueckgabewert.php*.

## 6.2.9 Geltungsbereich von Variablen

Variablen gelten grundsätzlich nur für den Bereich, in dem sie definiert wurden. Wenn eine Variable beispielsweise in der Funktion definiert wurde, gilt sie nur für diesen Bereich. Im nächsten Beispiel wird eine Variable außerhalb einer Funktion definiert. Eine Variable mit dem gleichen Namen wird dann innerhalb der Funktion mit einem anderen Wert belegt. Nach dem Funktionsaufruf ist der ursprüngliche Variablenwert noch vorhanden, da es sich hierbei um zwei verschiedene Variablen handelt.

```php
<?php
  function neuer_text()
  {
     //Hier wird die Variable $text in der Funktion definiert
     $text = "<b>Edel sei der Mensch, hilfreich und gut.</b>";
     echo $text;
  }

  //Hier wird die Variable $text außerhalb der Funktion definiert
  $text = "<b>Hier bin ich Mensch, hier darf ich's sein.</b>";

  echo "<p>Ausgabe der Variablen text vor dem Funktionsaufruf:<br />";
  echo $text;
  echo "</p>";

  echo "<p>Ausgabe der Variablen text aus der Funktion heraus:<br />";
  neuer_text();
  echo "</p>";

  echo "<p>Ausgabe der Variablen text nach dem Funktionsaufruf:<br />";
  echo $text ;
  echo "</p>";
?>
```

Listing *geltungsbereich.php*.

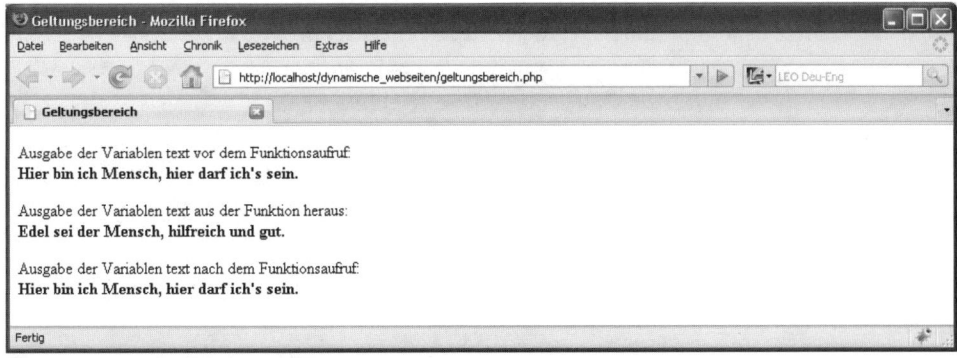

**Bild 6.40:** Ausgabe von Variablen in Abhängigkeit vom jeweiligen Geltungsbereich.

Um jetzt innerhalb der Funktion auf die außerhalb definierte (globale) Variable zugreifen zu können, schreibt man vor den Variablennamen das Schlüsselwort `global`. Das Beispiel wird nun so verändert, dass innerhalb der Funktion der Zugriff auf die globale Variable `$text` erfolgt. Ändern Sie die Funktion `neuer_text()` wie folgt:

```php
<?php
    function neuer_text()
    {

        //Durch diese Anweisung steht die globale Variable
        //innerhalb der Funktion zur Verfügung
        global $text;

        //Hier wird die Variable $text in der Funktion definiert
        $text = "<b>Edel sei der Mensch, hilfreich und gut.</b>";
        echo $text;
    }

    //Hier wird die Variable $text außerhalb der Funktion definiert
    $text = "<b>Hier bin ich Mensch, hier darf ich's sein.</b>";

    echo "<p>Ausgabe der Variablen text vor dem Funktionsaufruf:<br />";
    echo $text;
    echo "</p>";

    echo "<p>Ausgabe der Variablen text aus der Funktion heraus:<br />";
    neuer_text();
    echo "</p>";

    echo "<p>Ausgabe der Variablen text nach dem Funktionsaufruf:<br />";
    echo $text ;
    echo "</p>";
?>
```

Listing *geltungsbereich.php*, Änderung.

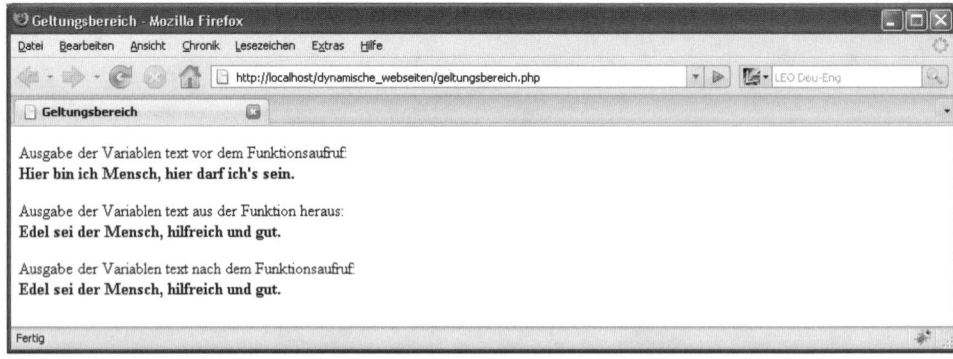

**Bild 6.41:** Geänderte Ausgabe durch den Zugriff auf die globale Variable.

Wie Sie sehen, wurde nun der globalen Variable $text ein neuer Wert zugewiesen. Der ursprüngliche Wert ist nun nicht mehr vorhanden.

## 6.3 MySQL-Datenbanken verwalten

In diesem Kapitel erhalten Sie einen ersten Eindruck, wie Daten in einer Datenbank gespeichert werden und wie man Daten hinzufügen, anzeigen, filtern, ändern und löschen kann. Dabei ist der Aufbau einer Datenbank im Wesentlichen immer gleich, egal ob es sich um eine Access-, Oracle-, MySQL- oder Base-(Open Office)Datenbank handelt. Eine Datenbank besteht immer aus verschiedenen Tabellen und einem Datenbankmanagementsystem, das diese Tabellen verwaltet. Der Zugriff auf die Daten in den einzelnen Tabellen geschieht überwiegend mithilfe der »Structured Query Language« (SQL), die als Standard in die meisten Datenbanksysteme implementiert ist. Mithilfe dieser strukturierten Abfragesprache können alle Aktionen vom einfachen Auslesen von Datensätzen bis zum Erstellen ganzer Datenbanken und Verwalten der Zugriffsrechte durchgeführt werden.

### 6.3.1 phpMyAdmin einrichten

Da das Verwalten von Datenbanken, in unserem Fall MySQL-Datenbanken, nur mithilfe von SQL-Befehlen insbesondere für Webdesigner und Programmierer, die zuvor nicht mit Datenbanken konfrontiert waren, nicht gerade einfach ist, wurde das Datenbank-Administrationstool phpMyAdmin entwickelt, das dem Benutzer eine grafische Oberfläche zur Administration der MySQL-Datenbanken zur Verfügung stellt. PhpMyAdmin ist kein natives Programm, sondern besteht aus einer Vielzahl von PHP-Skripten, die über SQL-Befehle mit dem Datenbankmanagementsystem kommunizieren. Um phpMyAdmin zu benutzen, müssen deshalb der Apache-Webserver, der auch den Anwendungsserver für PHP startet, sowie die MySQL-Datenbank selber laufen.

Öffnen Sie das XAMPP-Control Panel und starten Sie den Apache-Webserver und die MySQL-Datenbank, falls sie noch nicht gestartet sein sollten. Um zur phpMyAdmin-Programmoberfläche zu gelangen, öffnen Sie ein neues Browserfenster und geben in die Adresszeile *http://localhost/phpmyadmin* ein.

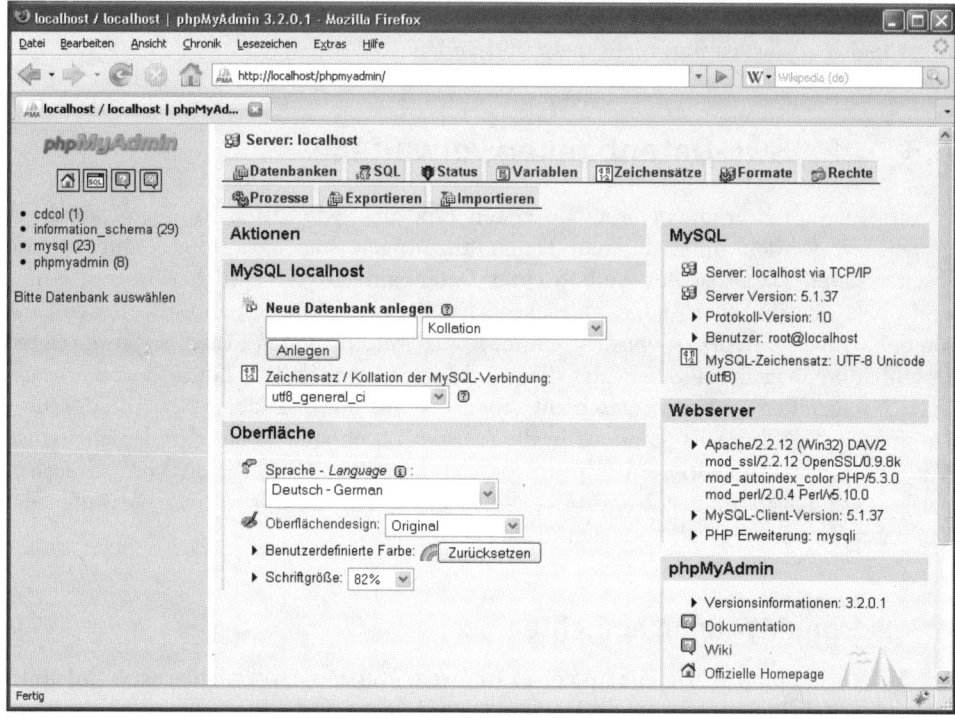

**Bild 6.42:** Das *phpMyAdmin*-Hauptfenster.

Auf der linken Seite sehen Sie schon verschiedene Datenbanken, die für MySQL und phpMyAdmin gebraucht werden. Bitte ändern Sie diese Datenbanken nicht, da sonst MySQL bzw. phpMyAdmin nicht mehr richtig funktionieren. Auf der rechten Seite befindet sich oben ein Menü, mit dem Sie die verschiedenen Statusinformationen anschauen bzw. ändern können. Die beiden letzten Menüpunkte dienen zum Importieren und Exportieren von Datenbanken von/nach MySQL. Im unteren Bereich der rechten Seite können Sie unter *MySQL localhost* neue Datenbanken anlegen.

## 6.3.2    Datenbank anlegen

Schreiben Sie in das Feld unter *Neue Datenbank anlegen* den Namen der Datenbank, die angelegt werden soll. Beachten Sie bitte bei der Namensvergabe, dass Datenbanken physikalisch als Ordner und Dateien auf der Festplatte des Computers liegen und nur solche Datenbank- und Tabellennamen zulässig sind, die das jeweilige Betriebssystem als Ordner- oder Dateinamen zulässt. Um Probleme beim Importieren von Datenbanken auf Computer mit anderen Betriebssystemen zu vermeiden, sollten Sie auf Sonderzeichen und Großschreibung verzichten.

In diesem Kapitel werden die verschiedenen SQL-Befehle anhand einer kleinen Artikelverwaltung beschrieben, darum nennen wir die Datenbank einfach *shop*. In der Auswahlliste *Kollation der MySQL-Verbindung* können Sie die Zeichenkodierung für die Datenbank festlegen, d. h. die Art, wie Zeichen in der Datenbank gespeichert werden. Wenn Sie hier nichts ändern, wird der Zeichensatz *latin1_swedish_ci* benutzt, da MySQL in Schweden von der Firma MySQL AB entwickelt wurde. Ändern Sie die Kollation auf *latin1_german1_ci* für eine Sortierreihenfolge nach deutschen Wörterbuchregeln. Den Zeichensatz *utf8_general_ci* der MySQL-Verbindung brauchen Sie nicht zu ändern.

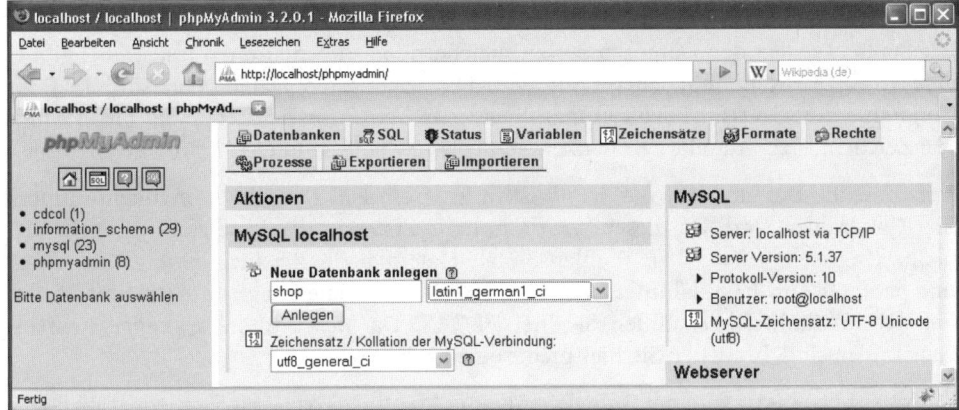

**Bild 6.43:** Einstellungen für die neue Datenbank vornehmen.

Nach einem Klick auf die Schaltfläche *Anlegen* wird die neue Datenbank erzeugt und phpMyAdmin wechselt zu dieser Datenbank. Jetzt können Sie über das Formular auf der rechten Seite neue Tabellen in der Datenbank anlegen. Erstellen wir für den Shop zuerst eine Tabelle für die einzelnen Artikel. Wir nennen diese Tabelle *artikel*, die Anzahl der benötigten Felder ist 5.

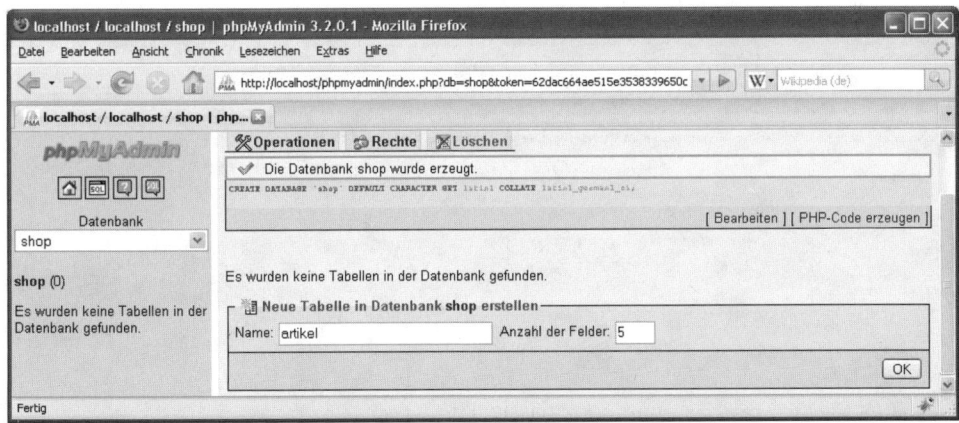

**Bild 6.44:** Erstellung der Artikeltabelle.

Im jetzt erscheinenden Formular können Sie alle Einstellungen für die Tabelle vornehmen, es müssen dabei aber nicht alle Felder ausgefüllt werden. In der Spalte *Feld* werden
die Namen der Tabellenspalten eingetragen. Das erste Feld ist *art_nr* für die Artikelnummer, die anderen Felder heißen *bezeichnung*, *preis*, *menge* und *art_gruppe_nr* für die
Nummer der Artikelgruppe.

Die Spalte *Typ* legt den Datentyp der zu speichernden Informationen fest. Dabei gibt es
eine große Auswahl möglicher Optionen. Die wichtigsten Datentypen sind *INT* für
Ganzzahlen, *FLOAT* für Fließkommazahlen, *VARCHAR* für Zeichenketten bis maximal
256 Zeichen, *TEXT* für alle Zeichenketten, die länger sind, und *DATE* für Datumswerte.

Der passende Datentyp für die *art_nr* ist in unserem Fall *INT*, da die Artikelnummern
hier Ganzzahlen sind. Da dieser Wert schon als Erstes in der Liste steht, braucht hier
nichts eingestellt zu werden. Wählen Sie als Datentyp für die *bezeichnung VARCHAR*
und geben Sie im Feld dahinter *Länge/Set 100* als maximale Länge an. Der *preis* ist eine
Fließkommazahl; daher wählen Sie hier *FLOAT*. Da *menge* und *art_gruppe_nr* beide
Ganzzahlen sind, brauchen Sie hier nichts einzustellen.

Damit ein Datensatz in einer Tabelle eindeutig identifizierbar ist, sollte jede Tabelle ein
Feld enthalten, dessen Wert einmalig ist, wie z. B. Artikelnummer oder ISBN-Nummer.
In unserem Fall ist das die *art_nr*. Geben Sie diesem Feld unter *Index* den Wert
*PRIMARY*, um es als *Primärschlüsselspalte* zu kennzeichnen.

Um sich jetzt nicht immer neu Artikelnummern ausdenken zu müssen, markieren Sie
unter *A_I* (Auto-Inkrement) das Kontrollkästchen, das dafür sorgt, dass die Artikelnummern automatisch hochgezählt werden. Damit sind die Einstellungen für die
Tabelle *artikel* auch schon beendet.

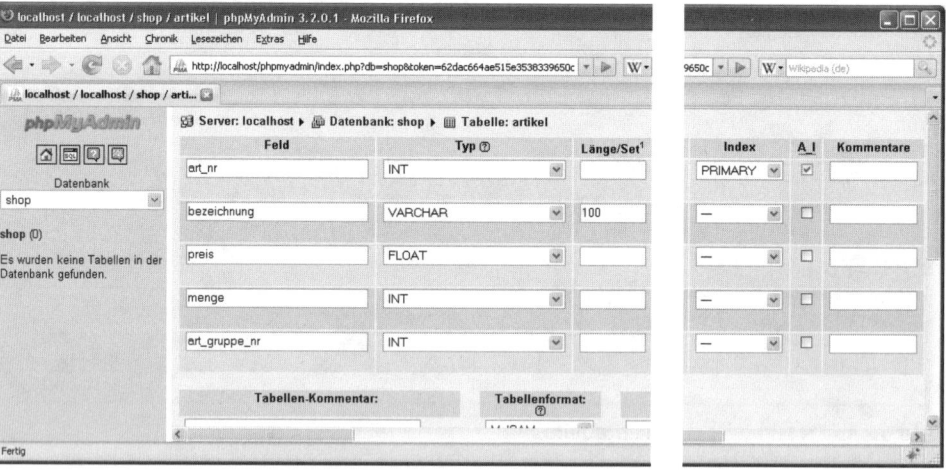

**Bild 6.45:** Einstellungen für die Tabelle *artikel*.

Nach einem Klick auf die Schaltfläche *Speichern* sehen Sie die Struktur der Tabelle *artikel*. Legen Sie nun auf die gleiche Weise die Tabelle für die Artikelgruppen an.

Der Name der Tabelle ist *art_gruppen*, die Anzahl der Felder ist bei dieser Tabelle *3*. Die Felder heißen *art_gruppe_nr* (int), *bezeichnung* (varchar 100) und *lieferant* (varchar 100). Die *art_gruppe_nr* ist die Primärschlüsselspalte und bekommt auch ein Auto-Inkrement zugewiesen.

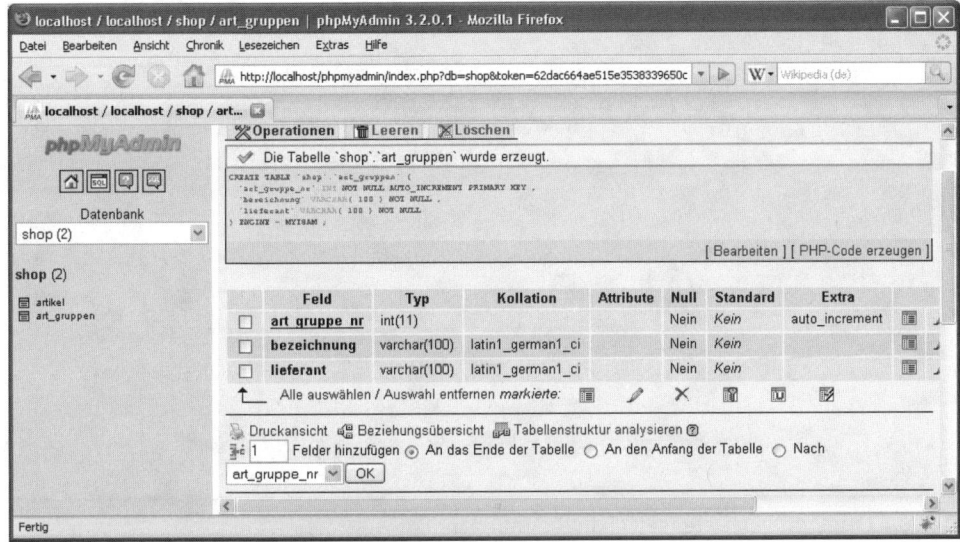

**Bild 6.46:** Einstellungen für die Tabelle *artikelgruppen*.

## 6.3.3 Artikeldaten importieren

Nachdem die Tabellen erstellt sind, sollen nun die dazugehörigen Daten importiert werden. Klicken Sie dazu auf den Menüpunkt *Importieren* und wählen Sie unter *Zu importierende Datei* die Datei *shop.sql* aus. Klicken Sie nun auf *OK*, und die beiden Tabellen werden mit Artikeln bzw. Artikelgruppen gefüllt.

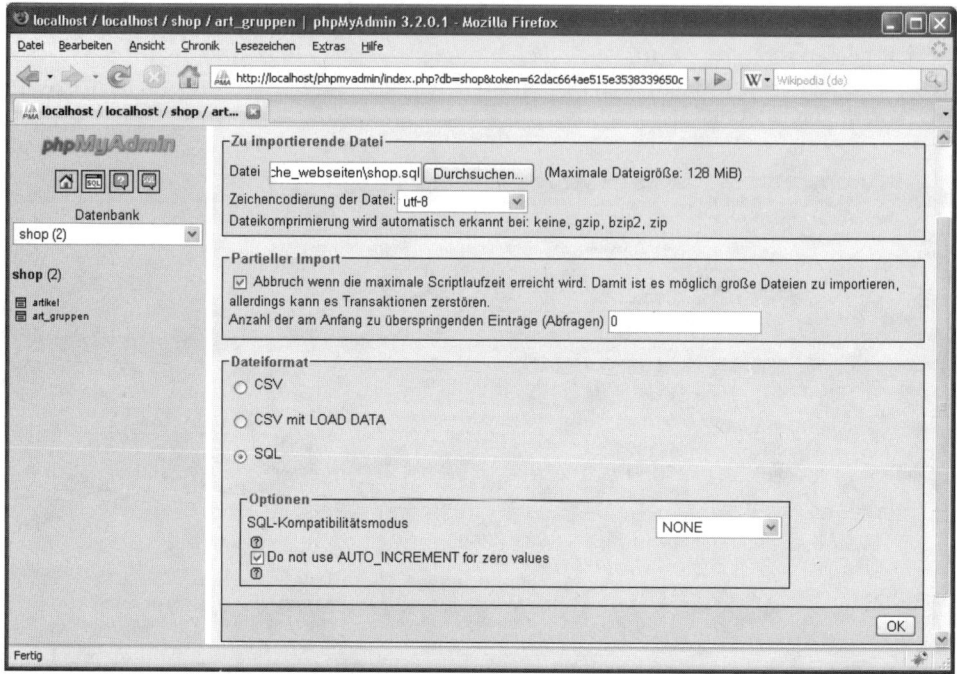

**Bild 6.47:** Import von Datensätzen in die Tabellen.

## 6.4 SQL-Befehle eingeben

Wie Sie gesehen haben, ist das Erstellen von Datenbanken und Tabellen mit phpMy-Admin relativ einfach und auch das Anzeigen, Hinzufügen, Ändern und Löschen ist mit diesem Programm kein Problem. Sie fragen sich jetzt vielleicht: »Warum soll ich mich mit SQL auseinandersetzen, wenn ich doch alles mit phpMyAdmin machen kann?«

Die Antwort ist einfach: Normalerweise sollen die Daten aus der Datenbank auf einer Webseite angezeigt oder verändert werden, dafür muss die Seite entsprechend programmiert werden. Die entsprechenden SQL-Befehle werden dabei direkt vom Programm an die Datenbank geschickt und das entsprechende Ergebnis wird auf der Webseite präsentiert. Der Einsatz von phpMyAdmin ist nicht möglich. Zwar bietet Dreamweaver eine gute Datenbankunterstützung an, aber bei etwas komplizierteren Anweisungen oder bei Abfragen über mehrere Tabellen ist man auf SQL-Kenntnisse angewiesen.

Um nun die verschiedenen Befehle kennenzulernen und zu testen, braucht man eine Eingabemöglichkeit für SQL-Befehle. Diese Möglichkeit bietet phpMyAdmin über das SQL-Eingabefenster. Zu diesem Fenster gelangen Sie, indem Sie auf das Symbol neben dem Haus-Symbol mit der Bezeichnung *SQL* (Abfragefenster) im linken Bereich von phpMyAdmin klicken. In dem sich nun öffnenden Fenster können alle SQL-Befehle eingegeben werden. Die Ergebnisse der Datenbankabfrage werden Ihnen von phpMyAdmin direkt nach dem Senden der Abfrage im Hauptfenster präsentiert. Bei einer fehlerhaften Eingabe sehen Sie die entsprechende Fehlermeldung der Datenbank.

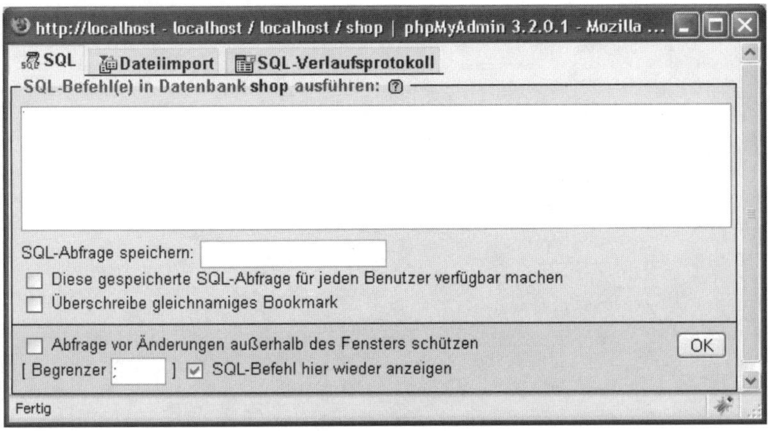

**Bild 6.48:** Das Abfragefenster für SQL-Befehle.

Damit dieses Fenster nicht nach jedem Klick auf *OK* hinter dem Hauptfenster von phpMyAdmin verschwindet, stellen Sie beide Fenster neben- bzw. untereinander.

## 6.4.1    Alle Artikel anzeigen

Im ersten Beispiel sollen alle Datensätze aus der Artikeltabelle angezeigt werden. Wechseln Sie dazu zur Tabelle `artikel`. Der entsprechende Befehl steht nun schon im Abfragefenster. Schauen wir uns den Befehl einmal genauer an.

```
SELECT * FROM 'artikel' WHERE 1
```

**Hinweis:** Ein SQL-Befehl besteht aus dem Befehlsnamen selbst und einem oder mehreren Schlüsselwörtern (Klauseln), die meistens einen oder mehrere Parameter erwarten. Bei SQL wird nicht zwischen Groß- und Kleinschreibung unterschieden, d. h. Sie können den Befehlsnamen sowie sämtliche Klauseln auch kleinschreiben. Um SQL-Befehle und Klauseln aber besser von Tabellen- und Spaltennamen unterscheiden zu können, wird die Großschreibung empfohlen. Auch Anführungszeichen sind bei Tabellen- oder Spaltennamen nicht notwendig. Es schadet aber auch nichts, wenn sie gesetzt sind.

Das erste Wort `SELECT` ist der Befehls- oder auch Anweisungsname. Der `SELECT`-Befehl wird zum Abrufen von Datensätzen verwendet. Das Stern-Zeichen dahinter `*` dient in dieser Abfrage als Platzhalter für alle Spaltennamen einer Tabelle. Danach folgt das Schlüsselwort `FROM`, das einen oder mehrere Tabellennamen erwartet. An dieser Stelle steht hier die Tabelle `artikel`. Damit ist der Befehl auch schon vollständig.

Das Schlüsselwort `WHERE` mit dem Wert `1` soll die Datenbankabfrage ein wenig beschleunigen, ist für uns aber nicht von Belang. Wenn Sie jetzt auf die Schaltfläche *OK* klicken, wird der SQL-Befehl ausgeführt, und Sie sehen im Hauptfenster das Ergebnis dieser Abfrage. In diesem Fall ist das der komplette Inhalt der Tabelle `artikel`.

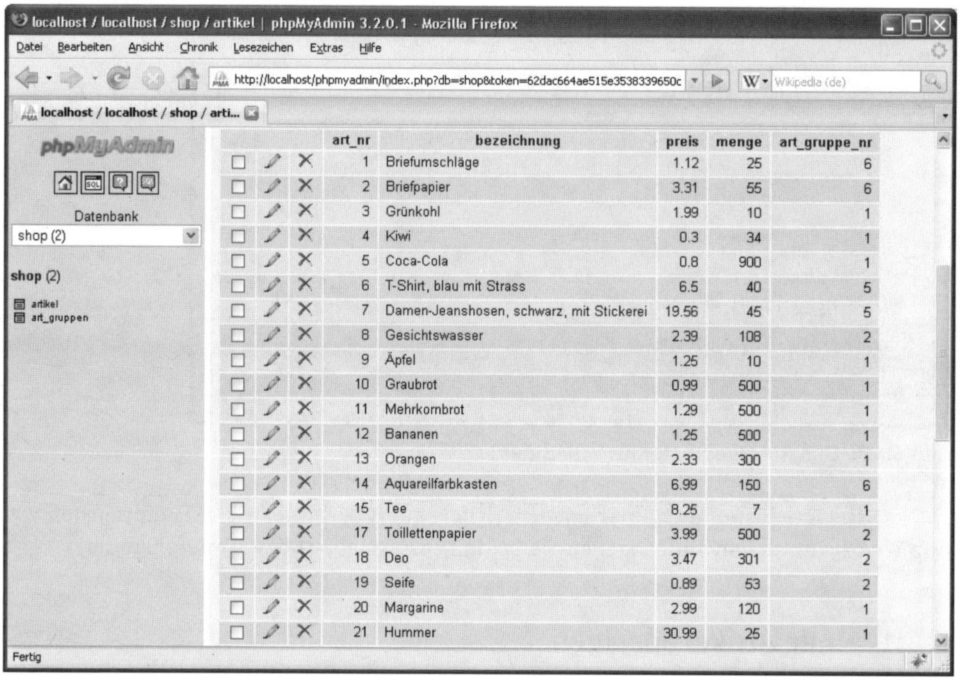

| art_nr | bezeichnung | preis | menge | art_gruppe_nr |
|---|---|---|---|---|
| 1 | Briefumschläge | 1.12 | 25 | 6 |
| 2 | Briefpapier | 3.31 | 55 | 6 |
| 3 | Grünkohl | 1.99 | 10 | 1 |
| 4 | Kiwi | 0.3 | 34 | 1 |
| 5 | Coca-Cola | 0.8 | 900 | 1 |
| 6 | T-Shirt, blau mit Strass | 6.5 | 40 | 5 |
| 7 | Damen-Jeanshosen, schwarz, mit Stickerei | 19.56 | 45 | 5 |
| 8 | Gesichtswasser | 2.39 | 108 | 2 |
| 9 | Äpfel | 1.25 | 10 | 1 |
| 10 | Graubrot | 0.99 | 500 | 1 |
| 11 | Mehrkornbrot | 1.29 | 500 | 1 |
| 12 | Bananen | 1.25 | 500 | 1 |
| 13 | Orangen | 2.33 | 300 | 1 |
| 14 | Aquarellfarbkasten | 6.99 | 150 | 6 |
| 15 | Tee | 8.25 | 7 | 1 |
| 17 | Toillettenpapier | 3.99 | 500 | 2 |
| 18 | Deo | 3.47 | 301 | 2 |
| 19 | Seife | 0.89 | 53 | 2 |
| 20 | Margarine | 2.99 | 120 | 1 |
| 21 | Hummer | 30.99 | 25 | 1 |

**Bild 6.49:** Der komplette Inhalt der Tabelle *Artikel* (Ausschnitt).

## 6.4.2 Bestimmte Artikelinformationen anzeigen

Ändern wir die Abfrage jetzt, so dass nur die Spalten *beschreibung* und *preis* angezeigt werden. Dazu müssen statt des Stern-Zeichens die Namen der Tabellenspalten geschrieben werden. Die einzelnen Spaltennamen werden dabei durch ein Komma getrennt.

```
SELECT bezeichnung, preis FROM 'artikel'
```

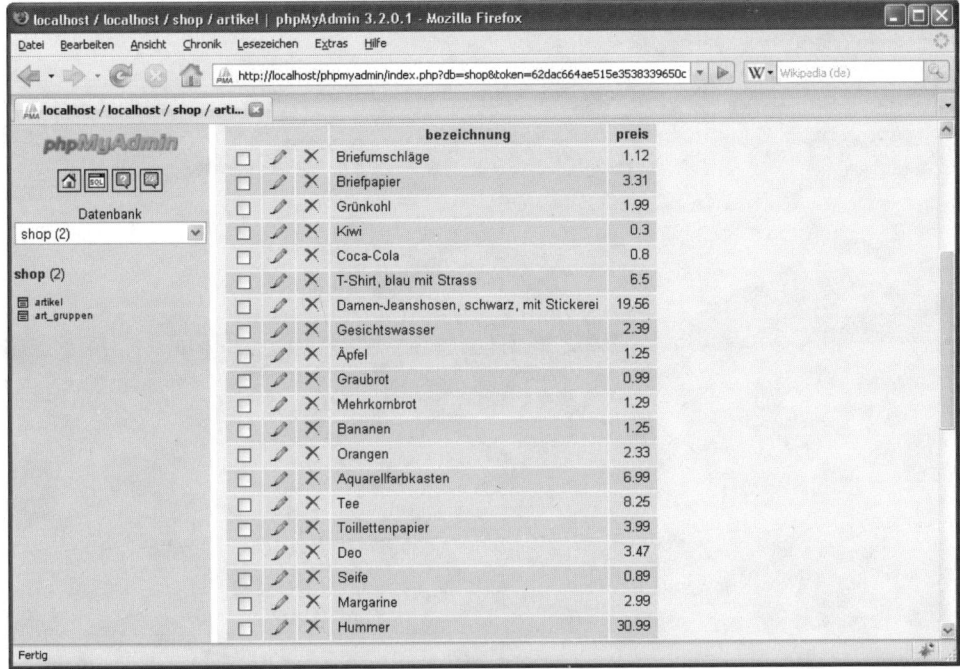

**Bild 6.50:** Anzeige der Spalten *bezeichnung* und *preis*.

### 6.4.3 Artikel nach Preis und Artikelgruppe filtern

Mit SQL kann man aber noch mehr machen, z. B. Einträge nach einem oder mehreren Kriterien filtern. Dazu wird die WHERE-Klausel verwendet. Dieses Schlüsselwort erwartet eine oder mehrere Bedingungen, die erfüllt sein müssen, damit die entsprechenden Datensätze angezeigt werden. Mehrere Bedingungen werden mit den logischen Operatoren AND bzw. OR verknüpft. Im nächsten Beispiel sollen alle Datensätze angezeigt werden, bei denen der Preis unter einem Euro liegt und die Artikelgruppe 1 (Lebensmittel) ist. Zuerst werden wieder alle Spalten aus der Tabelle artikel ausgewählt.

```
SELECT * FROM 'artikel'
```

Danach kommt die WHERE-Klausel mit der Bedingung: Preis kleiner als 1.

```
SELECT * FROM 'artikel' WHERE preis < 1
```

Dadurch werden jetzt nur noch Artikel ausgewählt, deren Preis kleiner als ein Euro ist. Die nächste Bedingung wird mit einem logischen AND verknüpft und lautet Artikelgruppe gleich 1.

```
SELECT * FROM 'artikel' WHERE preis < 1 AND art_gruppe_nr = 1
```

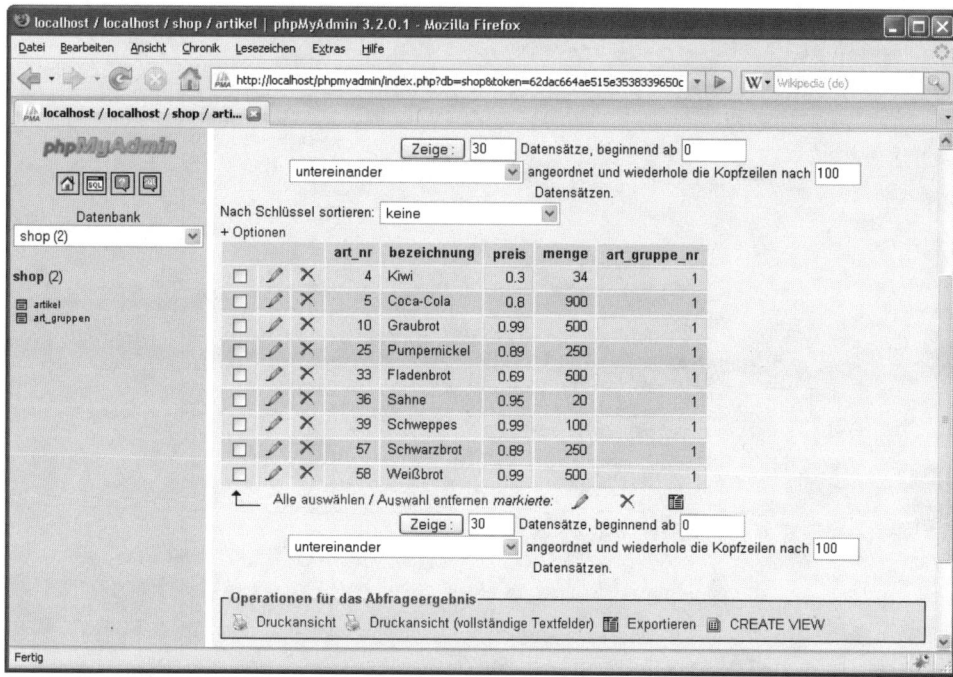

**Bild 6.51:** Anzeige aller Lebensmittel mit einem Preis von unter einem Euro.

Dabei kann eine solche Abfrage auch nichts zurückliefern, wenn keine entsprechenden Datensätze gefunden wurden. Ändern Sie einfach die Artikelgruppe einmal auf 3 (Elektrogeräte).

```
SELECT * FROM 'artikel' WHERE preis < 1 AND art_gruppe_nr = 3
```

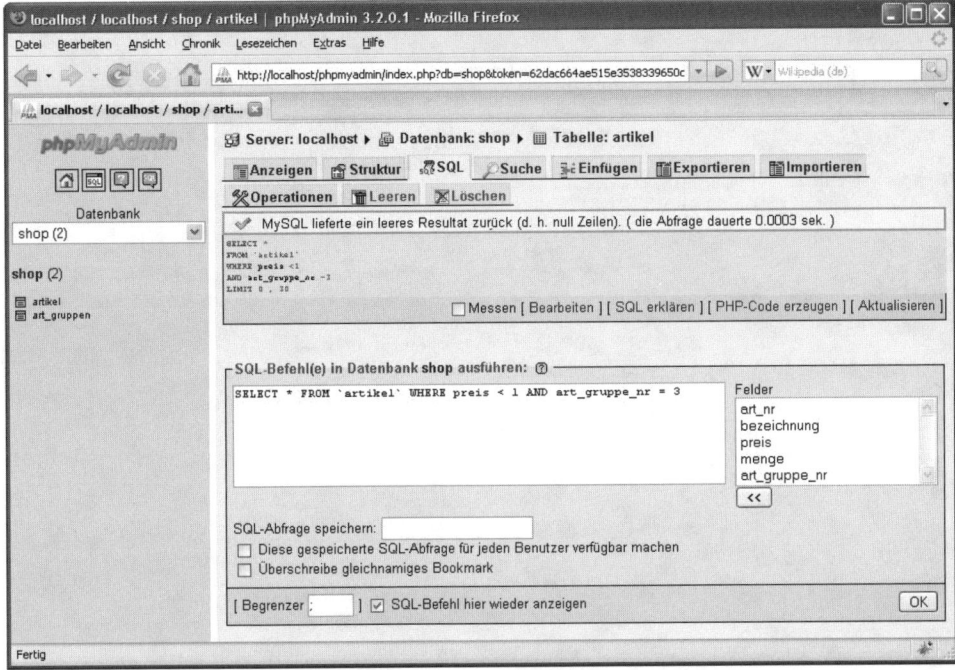

**Bild 6.52:** In der Tabelle *artikel* gibt es keine Elektrogeräte von unter einem Euro.

## 6.4.4 Artikelnamen sortieren

Mit SQL können Sie auch Datensätze nach einer oder mehreren Spalten sortieren. Dafür dienen die Schlüsselwörter ORDER BY. Im nächsten Beispiel sollen alle Datensätze nach Bezeichnung absteigend (von Z nach A) sortiert werden, die zur Artikelgruppe 6 (Schreibwaren) gehören. Zunächst werden alle Spalten der Artikeltabelle ausgewählt.

```
SELECT * FROM 'artikel'
```

Danach wird mit der WHERE-Klausel die Auswahl auf die Artikelgruppe 6 eingeschränkt.

```
SELECT * FROM 'artikel 'WHERE art_gruppe_nr = 6
```

Zum Schluss wird über die ORDER BY-Klausel die Sortierung erreicht. Die beiden Schlüsselwörter für die Sortierreihenfolge sind ASC (ascending, aufsteigend) und DESC (descending, absteigend).

```
SELECT * FROM 'artikel' WHERE art_gruppe_nr = 6 ORDER BY bezeichnung DESC
```

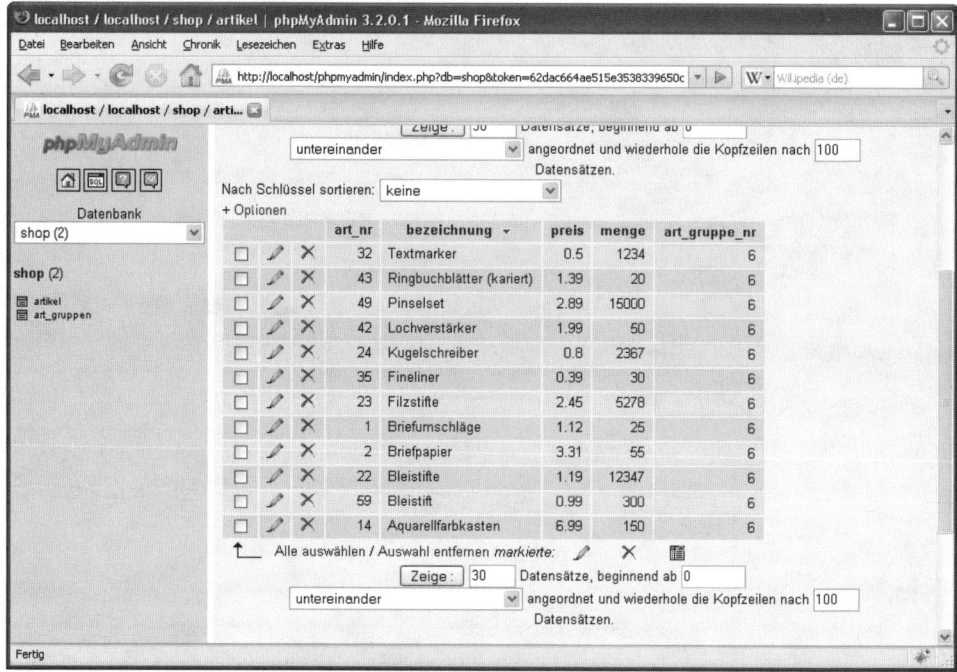

**Bild 6.53:** Alle Artikel der Artikelgruppe Schreibwaren, absteigend nach der Bezeichnung sortiert.

## Abfrage über mehrere Tabellen

Nachdem Sie gesehen haben, wie man mit SQL-Befehlen auf eine einzelne Tabelle zugreift, werden wir nun Informationen aus mehreren Tabellen anzeigen. In diesem Beispiel sollen die Artikelbezeichnung, der Preis, die Artikelgruppe und der dazugehörige Lieferant angezeigt werden. Da diese Informationen in verschiedenen Tabellen vorliegen, gestaltet sich die Abfrage ein wenig komplexer. Zuerst werden nach dem SELECT-Befehl alle benötigten Tabellenspalten aufgelistet.

```
SELECT bezeichnung, preis, bezeichnung, lieferant
```

Sie sehen, dass hier zweimal die Tabellenspalte bezeichnung aufgeführt ist, einmal aus der Tabelle artikel und einmal aus der Tabelle art_gruppen. Damit die Datenbank weiß, welche Tabellenspalte nun gemeint ist, müssen die Spaltennamen unverwechselbar sein. Das geschieht, indem man vor den Spaltennamen noch den Tabellennamen schreibt, getrennt durch einen Punkt. Das sieht dann so aus:

```
SELECT artikel.bezeichnung, artikel.preis, art_gruppen.bezeichnung,
art_gruppen.lieferant
```

Dadurch ist klar definiert, welche Tabellenspalten aus den einzelnen Tabellen abgefragt werden sollen. Als Nächstes muss der Datenbank mitgeteilt werden, aus welchen Tabellen die Spalten abgerufen werden sollen. Dies geschieht durch eine kommagetrennte Liste nach dem Schlüsselwort FROM.

```
SELECT artikel.bezeichnung, artikel.preis, art_gruppen.bezeichnung,
art_gruppen.lieferant
FROM artikel, art_gruppen
```

Mit diesem Befehl werden nun die gewünschten Spalten aller Datensätze aus den beiden Tabellen `artikel` und `art_gruppen` abgerufen.

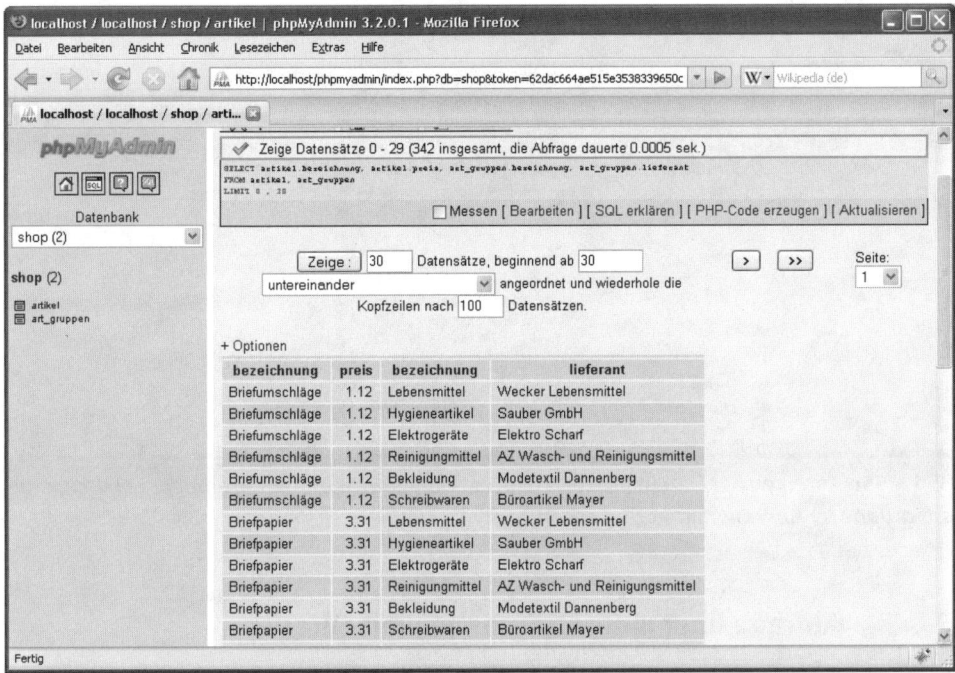

**Bild 6.54:** Anzeige aller Datensätze aus den Tabellen *artikel* und *art_gruppen* (Ausschnitt).

Allerdings scheint diese Abfrage nicht so ganz zu stimmen. Die Anzahl der zurückgelieferten Datensätze ist um ein Vielfaches höher, als überhaupt Datensätze vorhanden sind, und jeder Artikel wird in jeder Artikelgruppe angegeben. Die Anzeige ist aber durchaus korrekt, da ja alle Datensätze aus der Artikeltabelle mit allen Datensätzen aus der Artikelgruppentabelle angezeigt werden sollten.

Um nun die Abfrage so einzuschränken, dass nur die Artikelgruppe angezeigt wird, zu der der betreffende Artikel auch gehört, wird die `art_gruppe_nr` gebraucht. Nur wenn die `art_gruppe_nr` aus der Tabelle `artikel` mit der `art_gruppe_nr` aus der Tabelle `art_gruppen` übereinstimmt, soll der betreffende Datensatz angezeigt werden. Das Ganze sieht dann so aus:

```
SELECT artikel.bezeichnung, artikel.preis, art_gruppen.bezeichnung,
art_gruppen.lieferant
FROM artikel, art_gruppen
WHERE artikel.art_gruppe_nr = art_gruppen.art_gruppe_nr
```

Jetzt werden nur noch die Artikel und Artikelgruppen angezeigt, bei denen die `art_gruppe_nr` übereinstimmt.

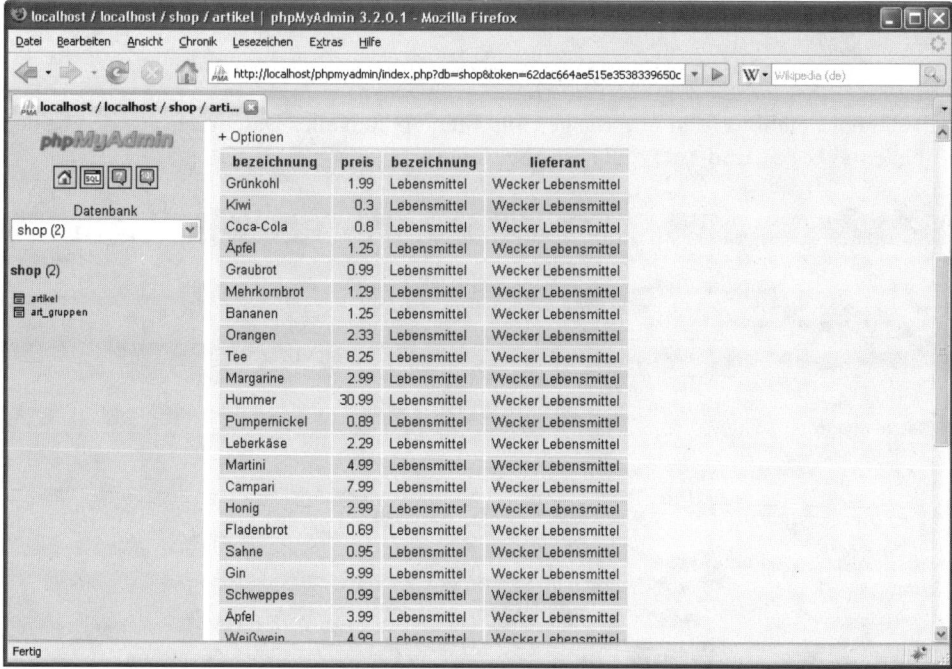

**Bild 6.55:** Anzeige aller Datensätze aus den Tabellen *artikel* und *art_gruppen,* bei denen die *art_gruppe_nr* übereinstimmt (Ausschnitt).

## 6.4.5   Abfrage über mehrere Tabellen mit Filter

Im letzten Beispiel zum SELECT-Befehl soll nun eine Auflistung aller Artikel mit Artikel-name, Menge und Lieferant erstellt werden, bei denen die vorhandene Menge unter 10 liegt. Schreiben wir zuerst einmal die benötigten Spaltennamen inklusive Tabellenpräfix hinter den SELECT-Befehl.

```
SELECT artikel.bezeichnung, artikel.menge, art_gruppen.lieferant
```

Als Nächstes werden die benötigten Tabellen aufgelistet.

```
SELECT artikel.bezeichnung, artikel.menge, art_gruppen.lieferant
FROM artikel, art_gruppen
```

Jetzt muss wieder mithilfe der art_gruppe_nr der Lieferant des Artikels ermittelt werden.

```
SELECT artikel.bezeichnung, artikel.menge, art_gruppen.lieferant
FROM artikel, art_gruppen
WHERE artikel.art_gruppe_nr = art_gruppen.art_gruppe_nr
```

Zum Schluss werden die ausgewählten Datensätze mithilfe der Bedingung Menge < 10 gefiltert.

```
SELECT artikel.bezeichnung, artikel.menge, art_gruppen.lieferant
FROM artikel, art_gruppen
WHERE artikel.art_gruppe_nr = art_gruppen.art_gruppe_nr
AND artikel.menge < 10
```

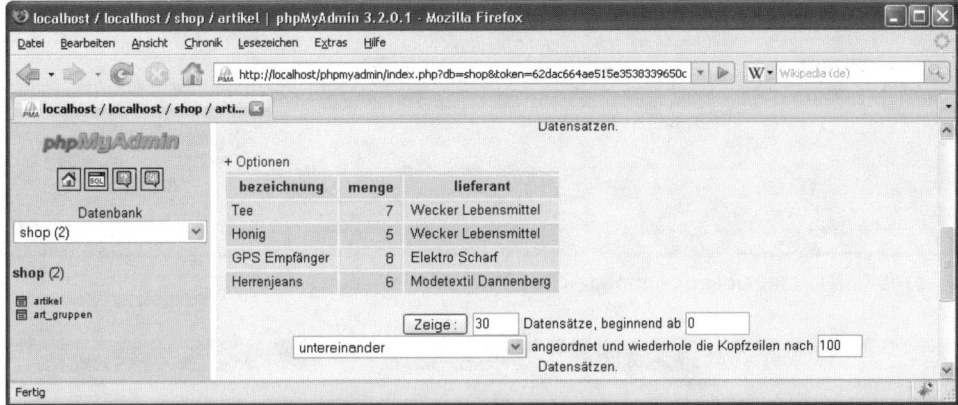

**Bild 6.56:** Anzeige von Artikelname, Menge und Lieferant aller Artikel, deren vorhandene Menge unter 10 liegt.

## 6.4.6 Datensätze hinzufügen

Nachdem Sie nun einige Möglichkeiten gesehen haben, Datensätze nach verschiedenen Kriterien anzuzeigen, wollen wir anschließend einer Tabelle neue Datensätze hinzufügen. Der Befehl dafür lautet INSERT. Danach kommt das Schlüsselwort INTO und der Name der Tabelle, der Daten hinzugefügt werden sollen.

```
INSERT INTO artikel
```

Nach dem Tabellennamen folgt eine in Klammern stehende Liste der Spalten, in die ein Inhalt eingefügt werden soll. Es brauchen dabei nicht alle Spaltennamen der Tabelle genannt zu werden. Nicht genannte Spalten erhalten entweder gar keinen Inhalt oder einen Standardwert, wenn beim Erstellen der Tabelle ein Standardwert für die betreffende Spalte festgelegt wurde.

```
INSERT INTO artikel (bezeichnung, preis, menge, art_gruppe_nr)
```

Danach folgt das Schlüsselwort VALUES mit einer in Klammern stehenden Liste der Werte, die die gleiche Reihenfolge wie die Liste der Spaltennamen hat. Alle Werte außer Zahlen müssen dabei in Anführungszeichen stehen. Es schadet aber auch nichts, wenn Zahlenwerte in Anführungszeichen stehen. Das kann durchaus sinnvoll sein, wenn statt fester Werte Variablen benutzt werden, die erst zur Laufzeit ihren Wert bekommen.

```
INSERT INTO artikel (bezeichnung, preis, menge, art_gruppe_nr)
VALUES ('Mineralwasser', '1.8', '125', '1')
```

Der neu hinzugefügte Artikel steht nun am Ende der Artikeltabelle und hat über die Eigenschaft Auto-Inkrement der Primärschlüsselspalte die nächsthöhere Artikelnummer bekommen.

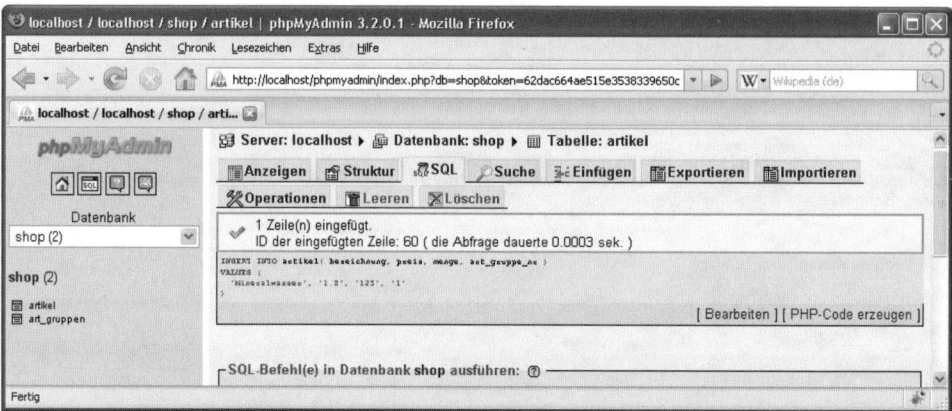

**Bild 6.57:** Meldung über das erfolgreiche Einfügen des neuen Artikels.

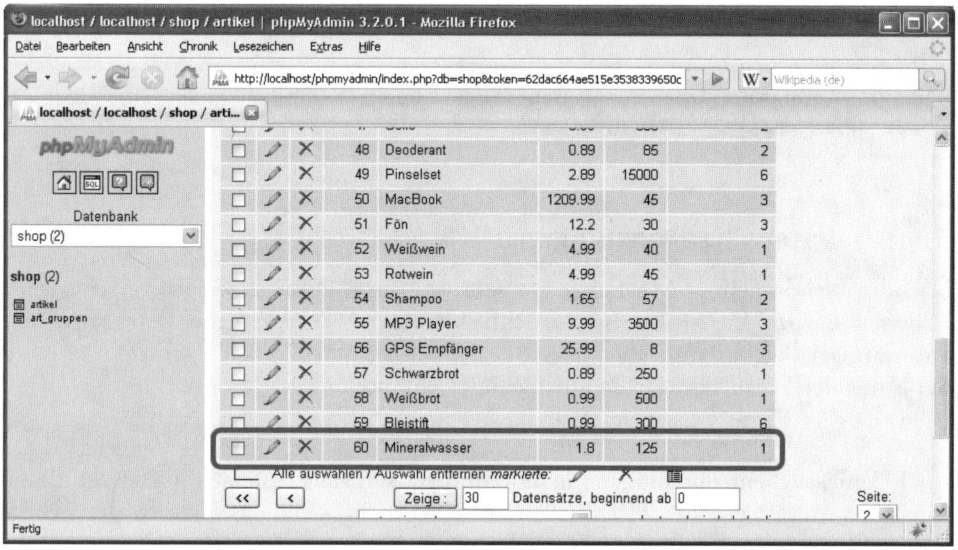

**Bild 6.58:** Neuer Artikel am Ende der Artikeltabelle.

Bei diesem Beispiel wird ein Artikel mit einer etwas anderen Schreibweise in die Artikeltabelle eingefügt. Der Anfang des Befehls ist der gleiche wie auch schon im Beispiel davor.

```
INSERT INTO artikel
```

Dann folgt das Schlüsselwort SET und im Anschluss daran eine Liste mit Spaltennamen und Wertzuweisungen im Format Spalte = Wert.

```
INSERT INTO artikel
SET bezeichnung = 'Margarine', preis = '1.29', menge = '95', art_gruppe_nr =
'2'
```

Das Ergebnis ist das gleiche wie schon im Beispiel zuvor, es wird ein neuer Artikel am Ende der Artikeltabelle hinzugefügt. Diese Art des Hinzufügens von Datensätzen wird allerdings seltener benutzt als das Hinzufügen über das Schlüsselwort `VALUES`.

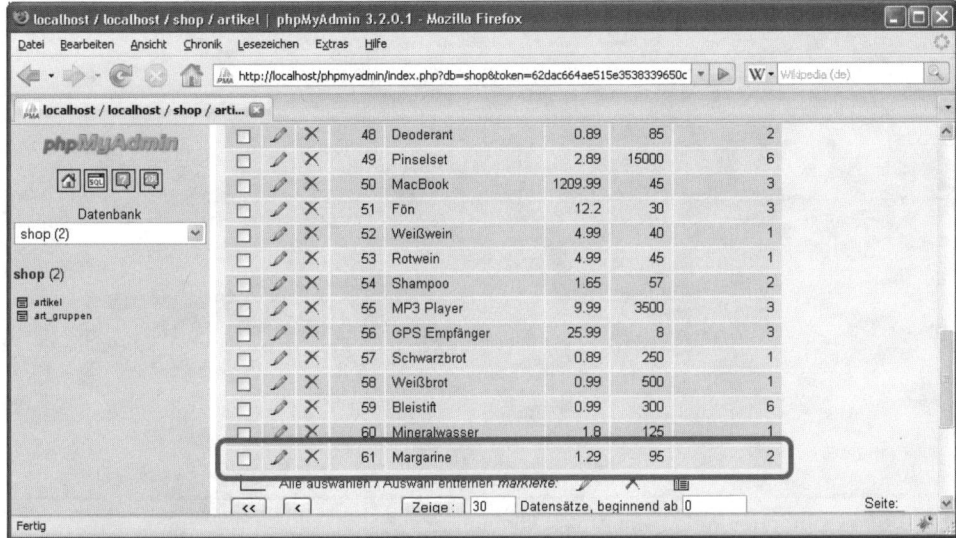

**Bild 6.59:** Neuer Artikel am Ende der Artikeltabelle mit der Variante *SET*.

## 6.4.7 Datensätze ändern

Der nächste Befehl, den Sie kennenlernen, dient dazu, bestehende Datensätze zu ändern. Der Befehl hierfür lautet *UPDATE* und sieht dem alternativen Einfügebefehl sehr ähnlich. Der Befehl startet mit dem Befehlsnamen, gefolgt vom Namen der Tabelle, in der Änderungen durchgeführt werden sollen.

```
UPDATE artikel
```

Dann folgt wieder das Schlüsselwort `SET` mit einem oder mehreren Spaltennamen und Wertzuweisungen im Format `Spalte = Wert`.

```
UPDATE artikel
SET preis = '0.18'
```

Damit bekommen nun alle Artikel einen Preis von `0.18` €. Da das mit Sicherheit nicht gewünscht ist, muss auch hier die Auswahl wieder mittels `WHERE` eingeschränkt werden. Es soll nur der Preis des zuvor eingefügten Mineralwassers geändert werden, da beim Übertragen der Daten ein falscher Preis eingetragen wurde. Da jeder Artikel eine eindeutige Artikelnummer hat, ist die Bedingung zur Auswahl des Mineralwassers sehr einfach:

```
UPDATE artikel
SET preis = '0.18'
WHERE art_nr = '60'
```

Nachdem der Befehl ausgeführt wurde, ist nun der richtige Preis in der Datenbank gespeichert.

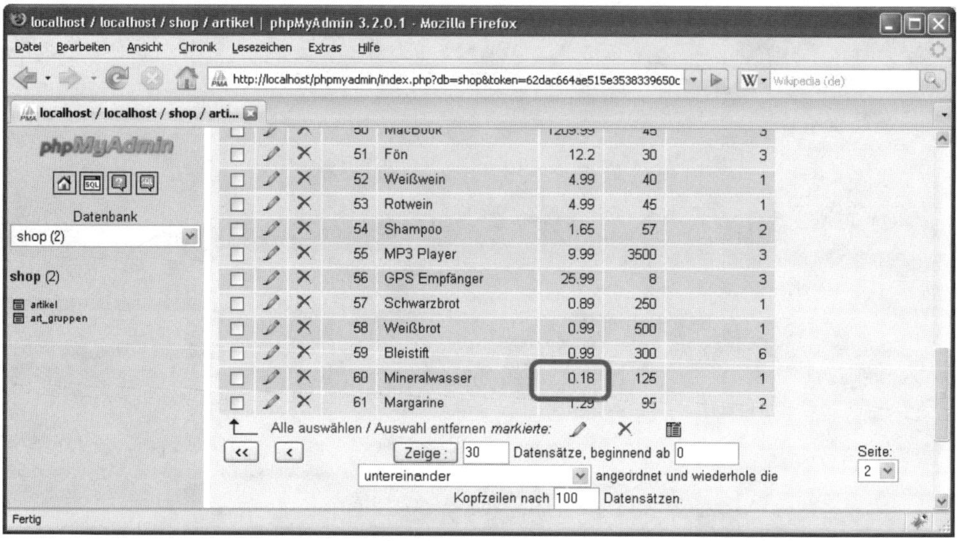

**Bild 6.60:** Geänderter Preis beim Artikel Mineralwasser.

## 6.4.8 Mehrere Datensätze gleichzeitig ändern

Auf die gleiche Weise können auch mehrere Artikeldaten gleichzeitig geändert werden. Bei der Margarine stimmen weder die Artikelgruppe (Hygieneartikel) noch die eingegebene Menge. Diesmal wird die Auswahl nicht über die Artikelnummer, sondern über den Artikelnamen und die Artikelgruppe eingeschränkt. Mehrere Spalten/Wert-Kombinationen werden dabei mit Kommata geändert.

```
UPDATE artikel
SET menge = '295', art_gruppe_nr = '1'
```

Die Einschränkung der Auswahl ist diesmal ein wenig komplizierter, da wieder auf mehrere Tabellen zugegriffen werden muss, um Artikelnamen und Artikelgruppe zu bestimmen.

```
WHERE artikel.bezeichnung = 'Margarine' AND art_gruppen.bezeichnung =
'Hygieneartikel'
```

Diese Einschränkung reicht eigentlich aus, um den zuvor hinzugefügten Artikel Margarine auszuwählen. Doch bevor die Änderung durchgeführt wird, sollten wir mithilfe des SELECT-Befehls einmal schauen, auf welche Artikel diese Einschränkung passt. Dazu reicht es aus, statt des UPDATE-Befehls den SELECT-Befehl mit der entsprechenden Anweisungsfolge zu schreiben.

```
SELECT * FROM artikel, art_gruppen
WHERE artikel.bezeichnung = 'Margarine' AND art_gruppen.bezeichnung =
'Hygieneartikel'
```

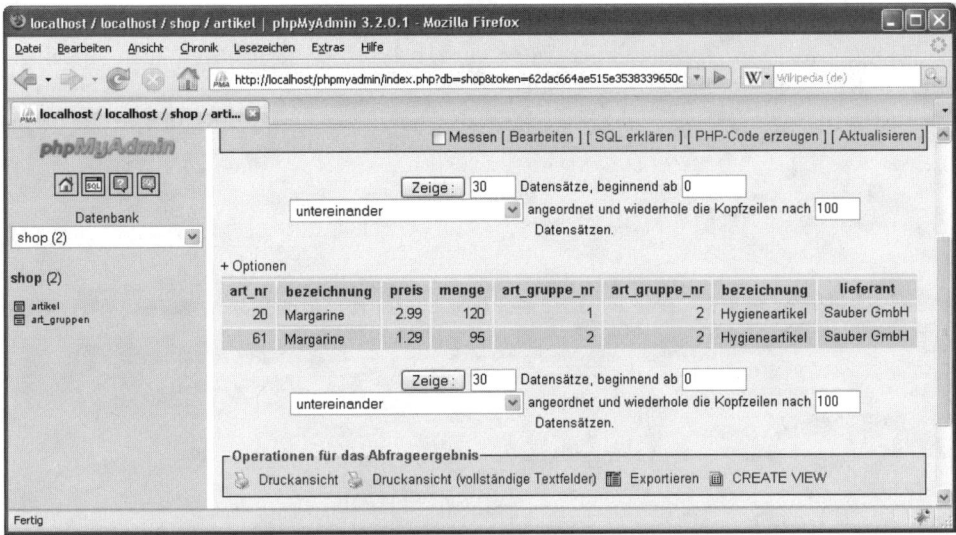

**Bild 6.61:** Anzeige des zu ändernden Artikels `Margarine`.

Da der Artikel `Margarine` mehrmals in der Tabelle `Artikel` vorkommt, werden auch alle Vorkommen angezeigt, obwohl nur ein Artikel in der falschen Artikelgruppe (2) steht. Um das zu ändern, verwenden wir wieder die `art_gruppe_nr`, die eine eindeutige Zuordnung von Artikel und Artikelgruppe möglich macht.

```
SELECT * FROM artikel,art_gruppen
WHERE artikel.bezeichnung = 'Margarine' AND art_gruppen.bezeichnung =
'Hygieneartikel' AND artikel.art_gruppe_nr = art_gruppen.art_gruppe_nr
```

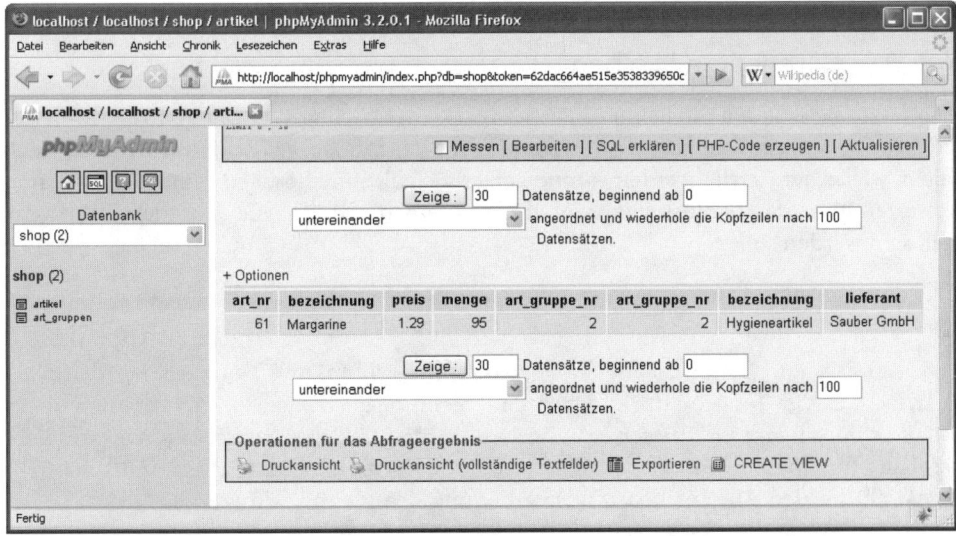

**Bild 6.62:** Durch die hinzugefügte Bedingung wird nun der richtige Artikel `Margarine` ausgewählt.

Nachdem der richtige Artikel ausgewählt wurde, kann die Änderung ausgeführt werden. Da jetzt auf mehrere Tabellen zugegriffen wird, müssen diese Tabellen auch aufgelistet und eindeutige Spaltennamen verwendet werden.

```
UPDATE artikel, art_gruppen
SET artikel.menge = '295', artikel.art_gruppe_nr = '1'
WHERE artikel.bezeichnung = 'Margarine' AND art_gruppen.bezeichnung =
'Hygieneartikel' AND artikel.art_gruppe_nr = art_gruppen.art_gruppe_nr
```

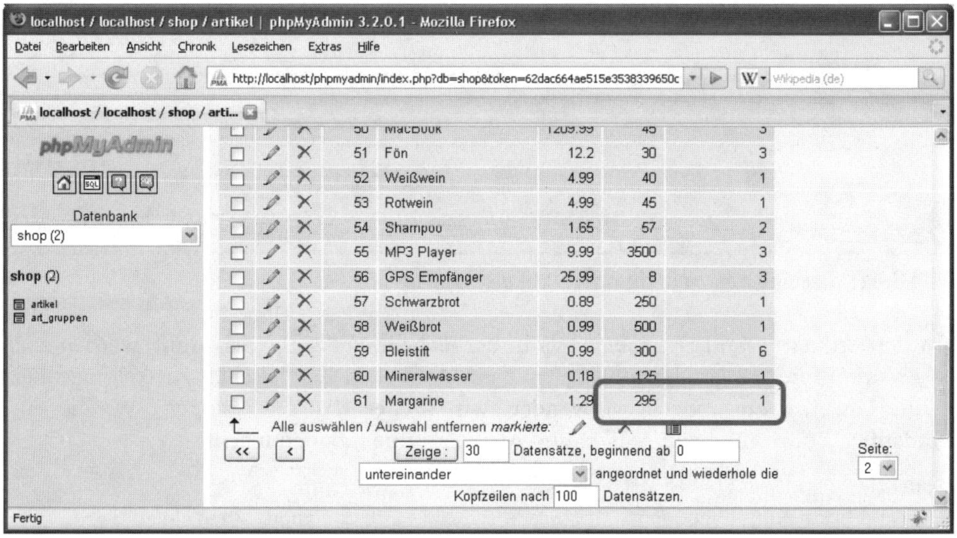

**Bild 6.63:** Geänderte Artikelgruppe und Menge beim Artikel `Margarine`.

## 6.4.9    Datensätze löschen

Der letzte Befehl, den Sie kennenlernen, dient dem Löschen von Datensätzen. Dabei ist zu beachten, dass Datensätze sofort und ohne Nachfrage gelöscht werden und auch nicht wiederhergestellt werden können. Der Befehl zum Löschen lautet `DELETE` und erwartet über das Schlüsselwort `FROM` den Namen der Tabelle, aus der Datensätze gelöscht werden sollen.

```
DELETE FROM artikel
```

**Achtung:** Wenn Sie diesen Befehl jetzt ohne Einschränkung benutzen, werden alle Artikel aus der Tabelle `artikel` gelöscht. Wenn das nicht gewünscht ist, muss über das Schlüsselwort `WHERE` genau festgelegt werden, welche Artikel gelöscht werden sollen. In diesem Beispiel sollen nur die neu hinzugefügten Artikel (60 und 61) gelöscht werden. Die entsprechende Bedingung sieht dann wie folgt aus:
```
DELETE FROM artikel
WHERE art_nr = 60 OR art_nr = 61
```

Da das Löschen von Datensätzen nicht rückgängig gemacht werden kann, sollte zuerst mit dem `SELECT`-Befehl nachgeschaut werden, ob auch die richtigen Artikel ausgewählt sind.

```
SELECT * FROM artikel
WHERE art_nr = 60 OR art_nr = 61
```

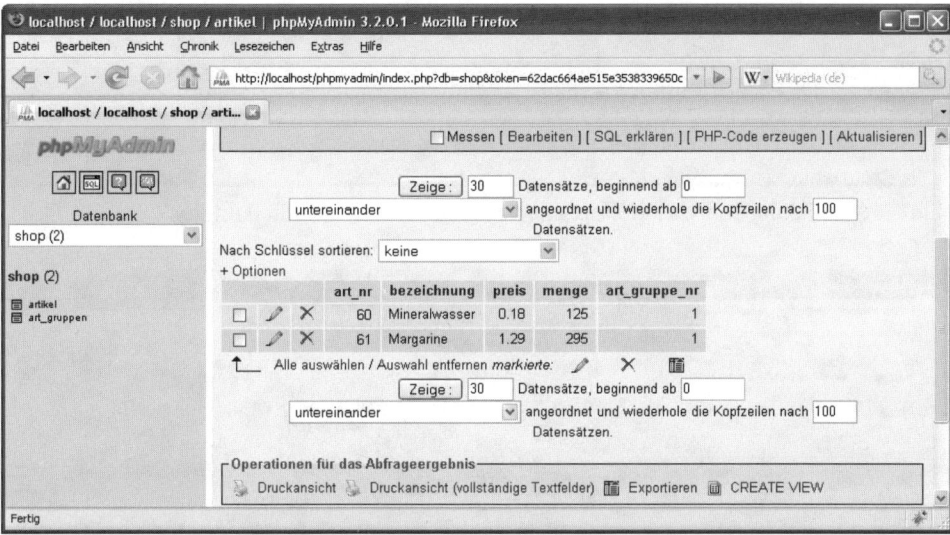

**Bild 6.64:** Anzeige der zu löschenden Artikel.

Da die Artikelauswahl stimmt, können nun die Artikel gelöscht werden. Die Nachfrage, ob die beiden Artikel wirklich gelöscht werden sollen, stammt von phpMyAdmin.

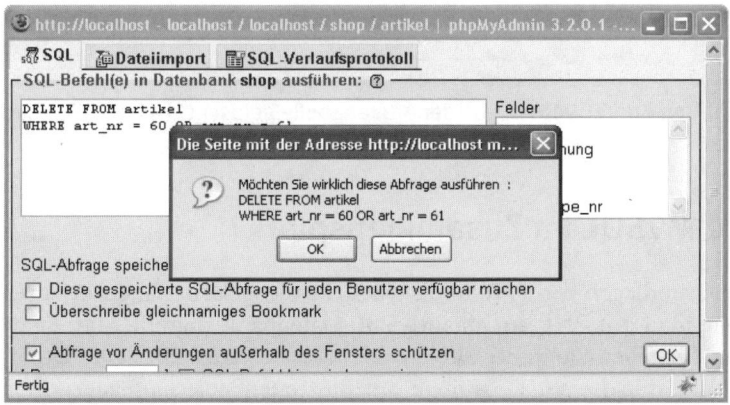

**Bild 6.65:** phpMyAdmin-Meldungsfenster bei Löschabfragen.

Wenn Sie den Befehl zum Löschen z. B. aus Dreamweaver an die Datenbank schicken, bekommen Sie kein Nachfragefenster angezeigt, und der Datensatz wird sofort gelöscht.

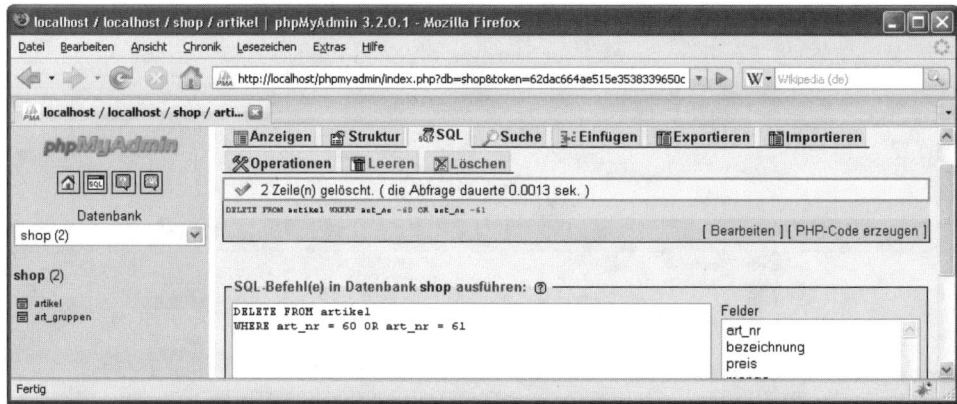

**Bild 6.66:** Meldung über das erfolgreiche Löschen der ausgewählten Artikel.

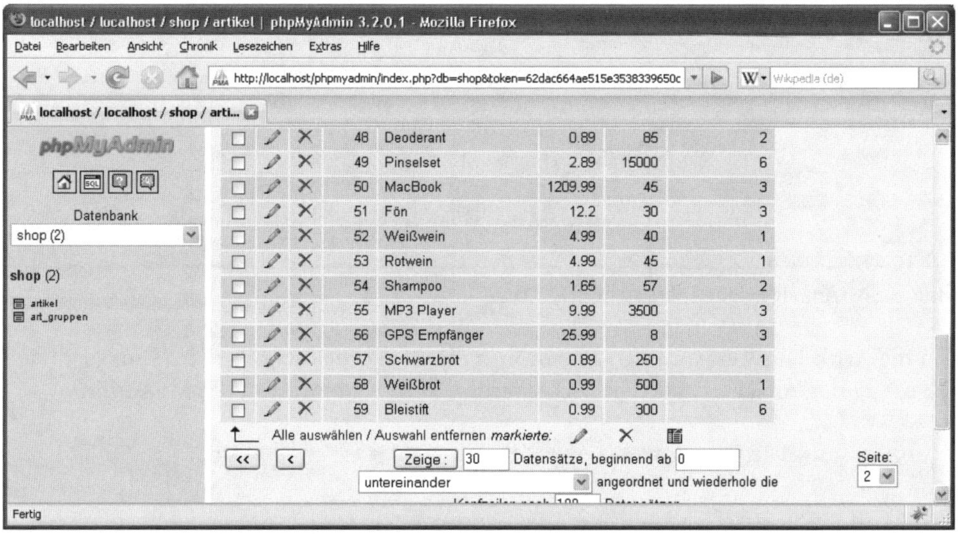

**Bild 6.67:** Die ausgewählten Artikel wurden aus der Artikeltabelle gelöscht.

## 6.5   PHP und MySQL im Zusammenspiel

Nachdem Sie nun die Grundlagen von PHP und MySQL kennengelernt haben, erfahren Sie zum Abschluss, wie man mit PHP auf eine MySQL-Datenbank zugreift. Starten Sie dazu Dreamweaver und erstellen Sie in der Site *Dynamische Webseiten* ein neues Dokument vom Typ *PHP*. Da mit diesem Dokument auf die Datenbank *shop* zugegriffen werden soll und die Informationen in dieser Datenbank mit der Zeichenkodierung *latin1* gespeichert sind, muss die Kodierung dieses Dokuments angepasst werden.

Öffnen Sie dazu über das *Eigenschaften*-Bedienfeld die *Seiteneigenschaften* des Dokuments und stellen Sie in der Kategorie *Titel/Kodierung* die Kodierung dieses Dokuments auf *Westeuropäisch* (= latin1 = ISO-8859-1) ein. Da wir uns gerade in dieser Kategorie befinden, legen Sie unter *Titel* auch den Seitentitel *Artikelanzeige* fest. Nachdem Sie die

Einstellungen mit *OK* bestätigt haben, erscheint ein Meldungsfenster mit dem Hinweis, dass die ausgewählte Kodierung (Westeuropäisch) nicht dieselben Zeichen enthält wie die aktuelle Kodierung (Unicode (UTF-8)).

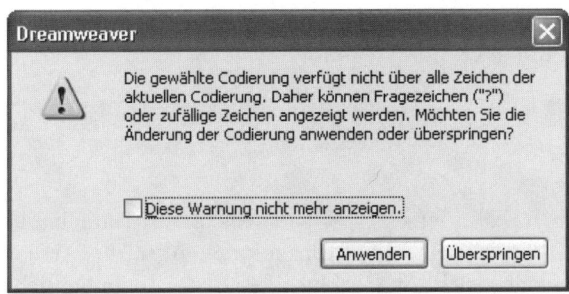

**Bild 6.68:** Meldung beim Wechsel von Unicode-Kodierung auf eine länderspezifische Kodierung.

Diese Meldung erscheint, da mit einer Unicode-Kodierung mehr Zeichendaten ohne Verwendung von Entities gespeichert werden können (z. B. chinesische oder kyrillische Zeichen) als mit einer länderspezifischen Kodierung wie z. B. Westeuropäisch. Speichern Sie nun das Dokument unter dem Dateinamen *artikelanzeige.php*. Erstellen Sie in der Codeansicht am Anfang des Dokuments einen PHP-Bereich durch Druck auf die Schaltfläche *<?* (Codeblock) im *Einfügen*-Bedienfeld der Karteikarte *PHP*.

```
<?php

?>
<!DOCTYPE html PUBLIC "-//W3C//DTD XHTML 1.0 Transitional//EN"
"http://www.w3.org/TR/xhtml1/DTD/xhtml1-transitional.dtd">
<html xmlns="http://www.w3.org/1999/xhtml">
```
PHP-Bereich für die Datenbankabfrage.

Innerhalb dieses Bereichs wird nun die Datenbankabfrage erstellt. Die Anzeige der einzelnen Datensätze findet dann im Dokument-Body statt. Auf diese Weise wird die Programmierung von der Seitenstruktur getrennt und ist somit leichter zu pflegen.

Um auf eine Datenbank zugreifen zu können, muss zuerst eine Verbindung mit dem Datenbankserver hergestellt werden. Das geschieht mit dem PHP-Befehl `mysql_ connect()`. Dieser Befehl erwartet als Erstes den Host, auf dem der Datenbankserver läuft. In 98 Prozent der Fälle läuft der Datenbankserver auf demselben System wie der Webserver. In diesen Fällen ist die Bezeichnung des Hosts `localhost`.

Der zweite und dritte Parameter sind Benutzername und Passwort für den Zugriff auf die Datenbank. Bei einem XAMPP-Testsystem ist der Benutzername für den Daten-bankzugriff `root`. Dieser Benutzer besitzt alle Zugriffsrechte und es ist kein Passwort für ihn festgelegt. Bei einer erfolgreichen Verbindung zum Datenbankserver liefert dieser Befehl eine Verbindungskennung zurück. Da diese Verbindungskennung im weiteren Verlauf des Programms noch gebraucht wird, wird sie in der Variable `$verbindung` gespeichert.

```
$verbindung = mysql_connect("localhost","root","");
```
Erstellung einer Verbindung zum Datenbankserver.

Als Nächstes muss die Datenbank ausgewählt werden, auf die zugegriffen werden soll. Das geschieht mit dem Befehl `mysql_select_db()`, der als Parameter den Namen der Datenbank und (optional) die Verbindungskennung benötigt.

```
mysql_select_db("shop");
```
Auswahl der Datenbank.

Nachdem die Datenbank ausgewählt ist, kann jetzt der SQL-Befehl für die Datenbankabfrage erstellt werden. Dieser SQL-Befehl soll alle Informationen über die Artikel sortiert nach Artikelgruppen und Artikelbezeichnung, inklusive Artikelgruppenbezeichnung und Lieferant zurückliefern. Dazu wird der SQL-Befehl SELECT zur Auswahl von Datensätzen benötigt. Nach dem Befehl werden zuerst die benötigten Tabellenspalten aufgelistet. Dabei ist zu bedenken, dass bei einer Abfrage über mehrere Tabellen die Spaltennamen eindeutig sein müssen, indem vor den Spaltennamen der Tabellenname, getrennt durch einen Punkt, geschrieben wird. Der Befehl sieht also wie folgt aus:

```
SELECT artikel.art_nr, artikel.bezeichnung, artikel.preis, artikel.menge,
art_gruppen.bezeichnung, art_gruppen.lieferant
```
Als Nächstes müssen die Tabellennamen, auf die zugegriffen werden soll, mithilfe des Schlüsselworts FROM aufgezählt werden.

```
FROM artikel, art_gruppen
```
Jetzt muss die Abfrage so eingeschränkt werden, dass nur die Artikelgruppe, zu der der jeweilige Artikel gehört, angezeigt wird. Das geschieht mithilfe des Schlüsselworts WHERE und der `art_gruppe_nr`.

```
WHERE artikel.art_gruppe_nr = art_gruppen.art_gruppe_nr
```
Zum Schluss sollen die Artikel nach Artikelgruppen sortiert ausgegeben werden. Dafür werden die Schlüsselwörter ORDER BY gebraucht.

```
ORDER BY artikel.art_gruppe_nr, artikel_bezeichnung
```
Diesen SQL-Befehl speichern Sie am zweckmäßigsten in einer Variable (`$anfrage`), um ihn dann im nächsten Schritt an die Datenbank zu übermitteln.

```
$anfrage = "SELECT
artikel.art_nr, artikel.bezeichnung, artikel.preis, artikel.menge,
artikel.art_gruppe_nr, art_gruppen.bezeichnung, art_gruppen.lieferant
FROM artikel, art_gruppen
WHERE artikel.art_gruppe_nr = art_gruppen.art_gruppe_nr
ORDER BY artikel.art_gruppe_nr, artikel.bezeichnung";
```
Speichern des SQL-Befehls in einer Variablen.

Für das Senden von SQL-Befehlen wird der PHP-Befehl `mysql_query()` benutzt. Dieser Befehl erwartet einen SQL-Befehl und optional die Verbindungskennung zum

Datenbankserver. Der Befehl liefert dann bei SELECT-Anfragen eine Ergebniskennung zurück. Da über diese Ergebniskennung die eigentlichen Informationen ausgelesen werden können, wird sie in der Variablen $ergebnis gespeichert.

```
$ergebnis = mysql_query($anfrage, $verbindung);
```
Senden des SQL-Befehls an den Datenbankserver und Rückgabe des Anfrageergebnisses.

Damit ist die Datenbankabfrage beendet und die Verbindung zum Datenbankserver kann wieder getrennt werden. Das geschieht mit dem Befehl mysql_close(), der die Verbindungskennung als Parameter benötigt.

```
mysql_close($verbindung);
```
Trennen der Verbindung zum Datenbankserver.

Nun ist es an der Zeit zu prüfen, was die Datenbankabfrage in der Ergebniskennung zurückgeliefert hat. Dafür gibt es den Befehl mysql_fetch_assoc(), der aus der Ergebniskennung jeweils einen Datensatz in Form eines assoziativen Arrays zurückgibt. Das Array wird für die Auswertung der Daten in der Variable $artikel gespeichert.

```
$artikel = mysql_fetch_assoc($ergebnis);
```
Speicherung des ersten Datensatzes.

Um sich den Inhalt dieses Arrays anzuschauen, benutzen wir den Befehl print_r(), mit dem man Informationen über Variablen anzeigt. Damit die Ausgabe dieses Befehls ein wenig übersichtlicher wird, stellt man vor den Befehlsaufruf einen <pre>-Tag und schließt den Tag nach dem Befehl wieder.

```
echo "<pre>";
print_r($artikel);
echo "</pre>";
```
Ausgabe der Variable in einem präformatierten Textbereich.

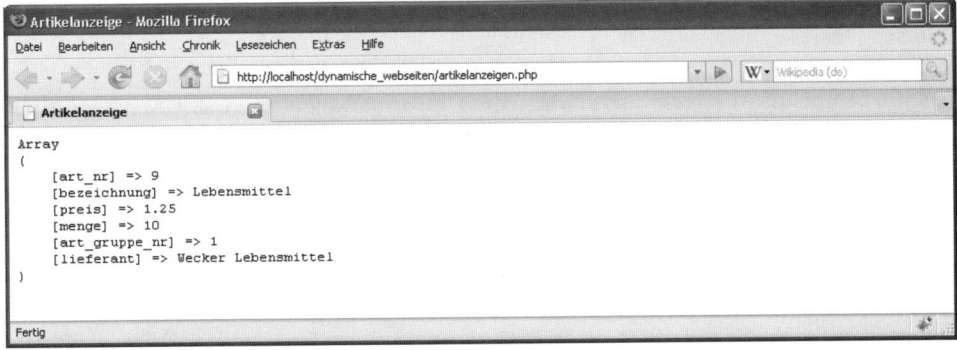

**Bild 6.69:** Inhalt der Variablen $artikel.

Wie Sie sehen, gibt es ein Problem mit der Bezeichnung des Artikels bzw. der Artikel-gruppe. Da beide Spalten den gleichen Namen haben, überschreibt die Spalte bezeichnung aus der Tabelle art_gruppen den Inhalt aus der gleichnamigen Spalte der Tabelle artikel.

Um das Problem zu lösen, müssen die beiden Spalten einen unterschiedlichen Namen bekommen. Für diesen Zweck gibt es in SQL die Möglichkeit, Tabellenspalten in einer Abfrage einen Aliasnamen zu geben. Dazu setzt man das Schlüsselwort AS hinter den Spaltennamen. Ändern Sie den SQL-Befehl dazu wie folgt:

```
$anfrage = "SELECT
artikel.art_nr, artikel.bezeichnung, artikel.preis, artikel.menge,
artikel.art_gruppe_nr, art_gruppen.bezeichnung AS artikelgruppe,
art_gruppen.lieferant
FROM artikel, art_gruppen
WHERE artikel.art_gruppe_nr = art_gruppen.art_gruppe_nr
ORDER BY artikel.art_gruppe_nr, artikel.bezeichnung";
```
Änderung des SQL-Befehls.

Jetzt sind die beiden Spaltennamen in der Abfrage unterschiedlich und überschreiben sich nicht mehr.

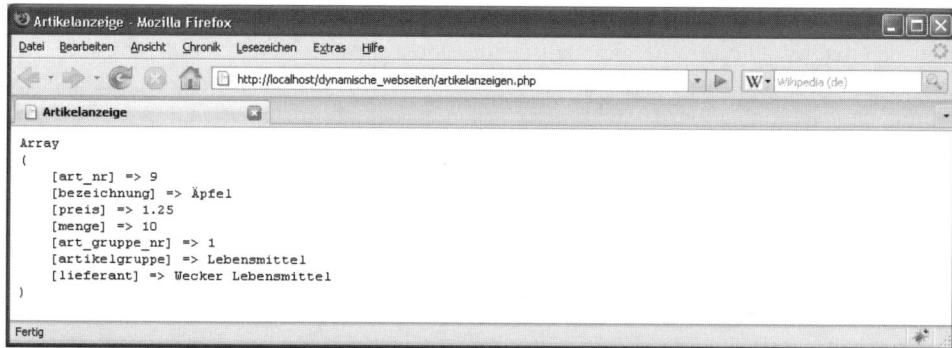

**Bild 6.70:** Durch die Vergabe eines Aliasnamens wird die Artikelbezeichnung nicht mehr überschrieben.

Nachdem nun die Variable die gewünschten Informationen zu einem Artikel enthält, können der Befehl print_r() sowie der Tag für den präformatierten Textbereich entweder auskommentiert oder gelöscht werden. Damit sind alle Arbeiten innerhalb dieses PHP-Bereichs beendet; die eigentliche Ausgabe der Artikel erfolgt jetzt innerhalb des Dokument-Bodys. Hier zur Kontrolle der Inhalt des PHP-Bereichs mit Kommenta-ren:

```
<?php
//Verbindung mit dem Datenbankserver herstellen
$verbindung = mysql_connect("localhost","root","");
//Datenbank auswählen
mysql_select_db("shop");
```

```
//SQL-Befehl erstellen
$anfrage = "SELECT
artikel.art_nr, artikel.bezeichnung, artikel.preis, artikel.menge,
artikel.art_gruppe_nr, art_gruppen.bezeichnung AS artikelgruppe,
art_gruppen.lieferant
FROM artikel, art_gruppen
WHERE artikel.art_gruppe_nr = art_gruppen.art_gruppe_nr
ORDER BY artikel.art_gruppe_nr, artikel.bezeichnung";
//Anfrage an die Datenbank schicken und Ergebnis speichern
$ergebnis = mysql_query($anfrage, $verbindung);
//Datenbankverbindung schließen
mysql_close($verbindung);
//Ersten Artikel in Array speichern
$artikel = mysql_fetch_assoc($ergebnis);
//echo "<pre>";
//print_r($artikel);
//echo "</pre>";
?>
```

Inhalt des PHP-Bereichs mit der Datenbankabfrage.

Wechseln Sie zur Ausgabe der Artikel in die Entwurfsansicht und erstellen Sie dort eine Überschrift der Ebene 1 mit dem Text *Artikelanzeige*. Nach der Überschrift wird eine Tabelle benötigt, um die Artikel in tabellarischer Reihenfolge auszugeben. Erstellen Sie über das *Einfügen*-Bedienfeld der Karteikarte *Allgemein* eine Tabelle mit *2 Zeilen, 6 Spalten* und einer Kopfzeile oben.

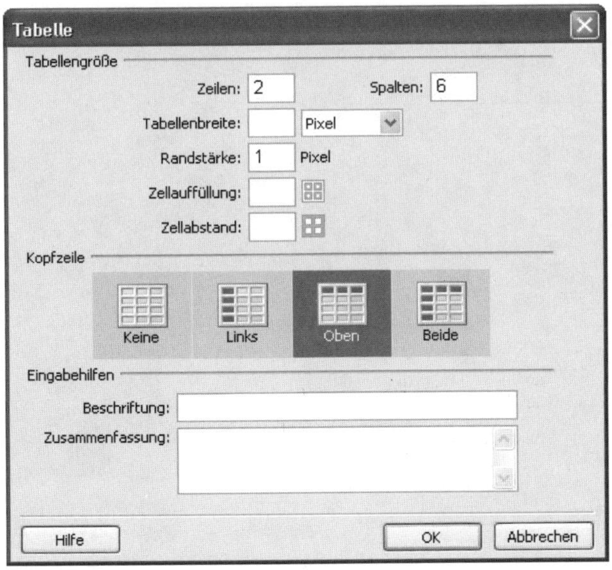

**Bild 6.71:** Einstellungen für die Artikeltabelle.

Schreiben Sie in die einzelnen Kopfzellen die Spaltenbezeichnungen *Artikelnr., Bezeichnung, Preis, Menge, Artikelgruppe, Lieferant*.

In der nächsten Zeile sollen jetzt die Daten aus der Variablen `$artikel` ausgegeben werden. Am einfachsten geht das, indem Sie den Cursor in die entsprechende Tabellenzelle stellen und über das *Einfügen*-Bedienfeld der Karteikarte *PHP* für die Schaltfläche `echo` einen PHP-Bereich inklusive `echo`-Befehl erstellen. Schreiben Sie hinter den `echo`-Befehl die Variable `$artikel` mit dem entsprechenden Index. Das geschützte Leerzeichen ` ` wird jetzt nicht mehr benötigt und kann gelöscht werden.

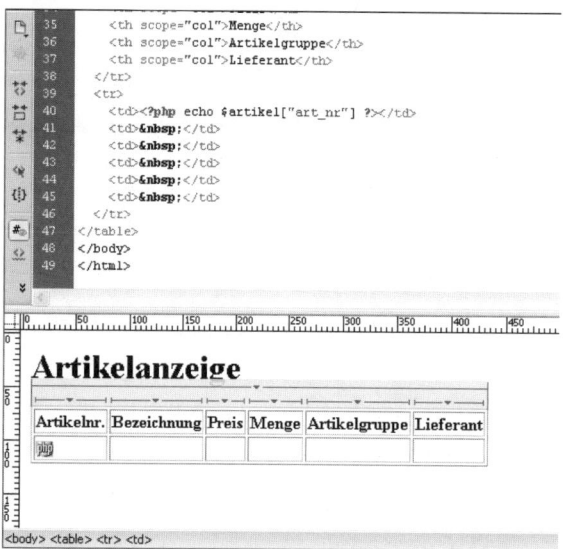

**Bild 6.72:** Ausgabe der Variableninformation in der Tabellenzelle.

Nachdem alle Zellen auf diese Weise gefüllt sind, können Sie in der *Live-Ansicht* überprüfen, ob alle Zellen korrekt ausgefüllt werden.

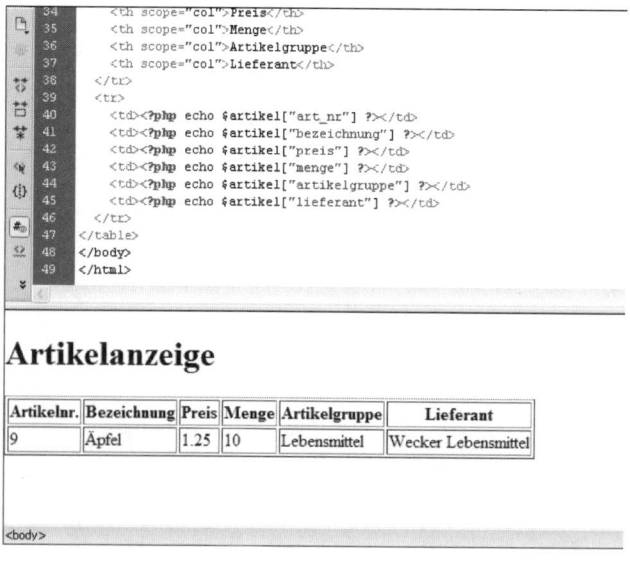

**Bild 6.73:** Anzeige der Artikelinformationen in der *Live-Ansicht*.

Um nun alle Artikel anzuzeigen, muss diese Tabellenzeile für jeden Artikel wiederholt werden. Dafür kommt entweder eine `while`- oder eine `do-while`-Schleife in Frage, die solange läuft, bis die Schleifenbedingung nicht mehr erfüllt ist. Als Schleifenbedingung wird hier der Befehl `mysql_fetch_assoc()` benutzt, um herauszufinden, ob noch weitere Datensätze vorhanden sind. Dieser Befehl liefert jeweils den nächsten Datensatz aus der Ergebniskennung zurück, solange der letzte Datensatz noch nicht erreicht ist. Nachdem der letzte Datensatz ausgelesen ist, liefert dieser Befehl den Wert `false` zurück, der dann die Schleife beendet. Da der erste Datensatz schon ausgelesen ist, wird hier die `do-while`-Schleife verwendet, die nach der Ausgabe des ersten Datensatzes einen neuen Datensatz ausliest und dabei gleichzeitig prüft, ob ein weiterer Schleifendurchlauf notwendig ist.

Zur Umsetzung der Schleife wird vor Beginn der Tabellenzeile ein PHP-Bereich mit dem Schleifenkopf inklusive der geschweiften Klammer für den Anweisungsblock benötigt.

```
<?php do { ?>
<tr>
```
Schleifenkopf der Do-While-Schleife vor der Tabellenzeile

Nach Ende der Tabellenzeile wird ein weiterer PHP-Bereich mit der schließenden Klammer des Anweisungsblocks und dem Schleifenfuß benötigt.

```
</tr>
<?php } while($artikel = mysql_fetch_assoc($ergebnis)) ?>
```
Schleifenfuß am Ende der Tabellenzeile.

Wenn Sie sich jetzt die Seite in der Live-Ansicht oder in der Browservorschau ansehen, werden alle Artikelinformationen, sortiert nach Artikelgruppe und Artikelnamen, angezeigt. Hier zur Kontrolle der Inhalt des Dokument-Body:

```
<body>
<h1>Artikelanzeige</h1>
<table border="1">
   <tr>
      <th scope="col">Artikelnr.</th>
      <th scope="col">Bezeichnung</th>
      <th scope="col">Preis</th>
      <th scope="col">Menge</th>
      <th scope="col">Artikelgruppe</th>
      <th scope="col">Lieferant</th>
   </tr>
   <?php do { ?>
   <tr>
      <td><?php echo $artikel["art_nr"] ?></td>
      <td><?php echo $artikel["bezeichnung"] ?></td>
      <td><?php echo $artikel["preis"] ?></td>
      <td><?php echo $artikel["menge"] ?></td>
```

```
      <td><?php echo $artikel["artikelgruppe"] ?></td>
      <td><?php echo $artikel["lieferant"] ?></td>
   </tr>
   <?php } while($artikel = mysql_fetch_assoc($ergebnis)) ?>
</table>
</body>
```

Inhalt des Dokument-Body mit der Artikeltabelle.

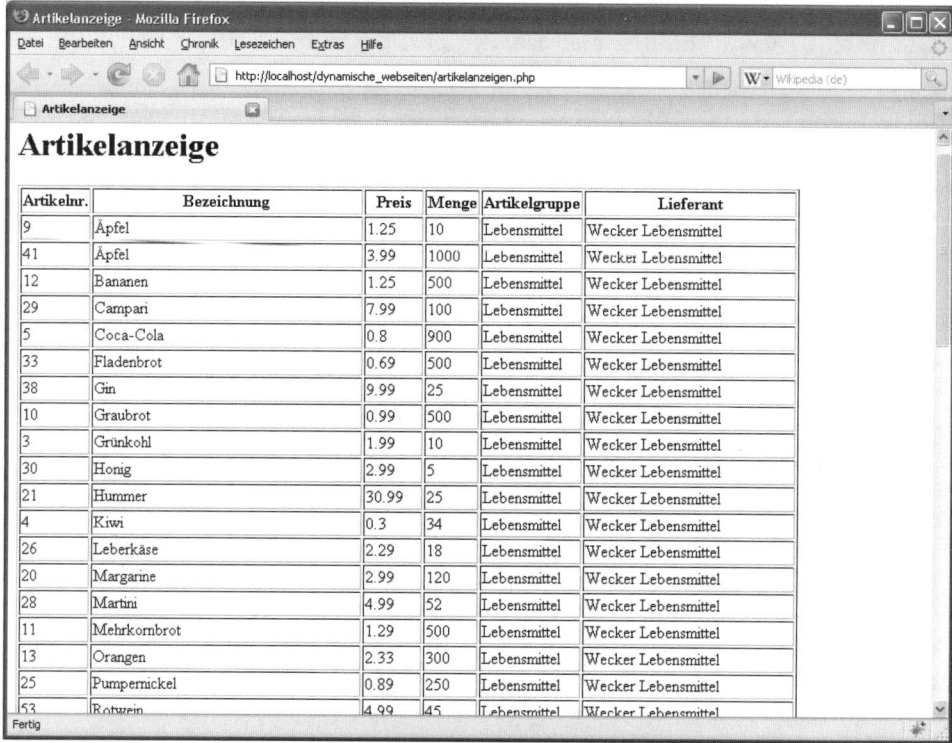

**Bild 6.74:** Ausgabe aller Artikelinformationen aus der Datenbank *shop* (Ausschnitt).

# 7 Bau eines Shopsystems

In diesem Kapitel wird die Erstellung eines Shops anhand eines konkreten Beispiels für »Yves Hair Design« beschrieben. Als Projektbezeichnung wird der Titel »Hair Shop« verwendet. Ziel des Projekts ist die Erstellung eines Webshops für Perücken, in dem sich potenzielle Kunden die verschiedenen Perückenmodelle über den Hersteller oder anhand der Haarfarbe mit vorgeschalteter Farbkategorie (hell, mittel, dunkel) auf einer Übersichtsseite mit Modellnamen und einer Miniaturabbildung anschauen können. Auf einer verlinkten Detailseite werden dann die detaillierten Informationen mit einer großen Produktabbildung dargestellt.

Der angemeldete Benutzer erhält die Möglichkeit, das betreffende Produkt zu kaufen. Dabei soll das ausgewählte Produkt zuerst in einen Warenkorb gelegt werden, um einen fortgesetzten Einkauf zu ermöglichen. An der Kasse hat der Benutzer die Wahl zwischen verschiedenen Transport- und Zahlungsmöglichkeiten. Auf einer anschließenden Zusammenfassungsseite werden die einzelnen Informationen über Warenkorbinhalt, Versandkosten, Zahlungsweise und Gesamtkosten dargestellt, ergänzt durch eine Schaltfläche, um die ausgewählten Produkte zu bestellen. Auf einer nachgeschalteten Informationsseite werden Hinweise zur Bezahlung gegeben. Fassen wir die Funktionalität des Shops zusammen:

- Auswahl der verschiedenen Perückenmodelle über den Hersteller.

- Alternative Auswahl über verschiedene Farbkategorien (hell, mittel, dunkel) und daran anschließend über eine einzelne Farbe (z. B. hellblond).

- Anzeige der detaillierten Informationen über das Perückenmodell.

- Anmeldung und Registrierung für Kunden, um Produkte kaufen zu können.

- Warenkorb, der die ausgewählten Produkte speichert.

- Auswahl verschiedener Transportmöglichkeiten.

- Auswahl diverser Zahlungsweisen.

- Zusammenfassung der Bestellinformationen.

- Hinweise zur Bestellung und zur Zahlungsweise.

## 7.1 Festlegen der Site-Struktur

Aufgrund dieser Anforderungen ist eine Umsetzung mit Datenbankanbindung sinnvoll. Außerdem wird zwingend eine Programmiersprache benötigt, um Berechnungen durchzuführen und einen logischen Zugriff auf die einzelnen Seiten zu gewährleisten. Hier bietet sich die Kombination aus PHP und MySQL an. Aufgrund der geforderten Funktionalität ergibt sich folgende Seitenstruktur:

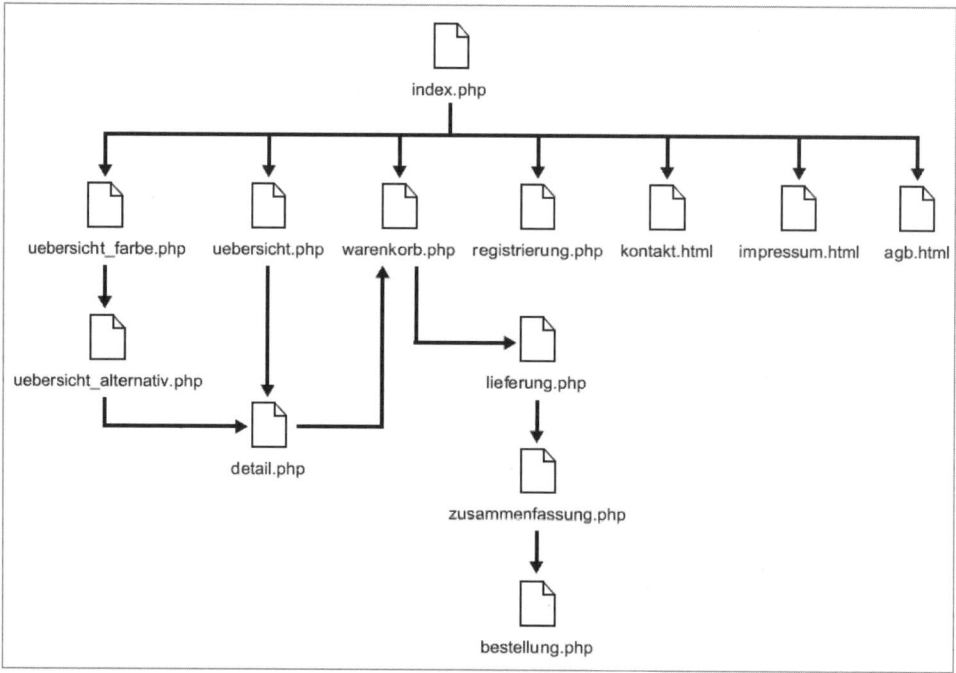

**Bild 7.1:** Die Site-Struktur des Hair Shops.

## 7.1.1 Checkliste der Seitentypen

| Dynamische Seiten | | |
|---|---|---|
| Typ | Dateiname | Beschreibung |
| Startseite | index.php | Begrüßt den Besucher und zeigt Informationen zum Shop an. |
| Produktübersicht | uebersicht.php | Zeigt alle Produkte eines Herstellers und verweist auf das einzelne Produkt. |
| Farbauswahl | uebersicht_farbe.php | Zeigt alle Farbtöne einer bestimmten Farbkategorie an und verweist auf die Übersichtsseite. |
| Alternative Produktübersicht | uebersicht_alternativ.php | Zeigt alle Produkte einer bestimmten Haarfarbe und verweist auf das einzelne Produkt. |
| Produktdetails | detail.php | Zeigt alle Details eines Produkts und bietet die Möglichkeit, es im Warenkorb zu speichern. |
| Registrierung | registrierung.php | Ermöglicht es dem Benutzer, sich zu registrieren, um im Shop einkaufen zu können. |
| Warenkorb | warenkorb.php | Zeigt den Inhalt der ausgewählten Produkte an. |

| Dynamische Seiten | | |
|---|---|---|
| Typ | Dateiname | Beschreibung |
| Lieferung | lieferung.php | Bietet Auswahlmöglichkeiten für Transport- und Zahlungsweise. |
| Zusammenfassung | zusammenfassung.php | Zeigt die gesammelten Bestellinformationen an. |
| Bestellung | bestellung.php | Gibt Informationen zur Bestellung und zur Zahlungsweise. |
| Statische Seiten | | |
| Typ | Dateiname | Beschreibung |
| Impressum | impressum.html | Enthält Informationen zur Webseite. |
| Kontakt | kontakt.html | Bietet die Möglichkeit der Kontaktaufnahme mit dem Shopbetreiber. |
| AGB | agb.html | Zeigt die allgemeinen Geschäftsbedingungen des Shops an. |

## 7.2   Geliefertes Datenmaterial sichten

Bevor ein Entwurf für die Website erstellt werden kann, müssen erst einmal die gelieferten Daten (Bilder, Texte, Tabellen usw.) gesichtet werden, um den Platzbedarf der einzelnen Informationen (Bilder, Texte) abschätzen zu können. Schauen wir uns einmal an, was der Kunde uns geliefert hat.

Zu den einzelnen Produkten gibt es jeweils eine Abbildung und eine Beschreibung, die bis auf wenige Ausnahmen jeweils relativ kurz ausfällt, sowie Angaben zum Hersteller, Material, Preis und eine Liste mit einer oder mehreren Farbangaben. Der Platzbedarf, um alle Informationen zu einem Produkt darstellen zu können, ist daher nicht besonders groß. Für das Layout der Website bedeutet das, dass der Inhaltsbereich nicht so groß sein darf, damit sich das einzelne Produkt nicht auf der Seite verliert.

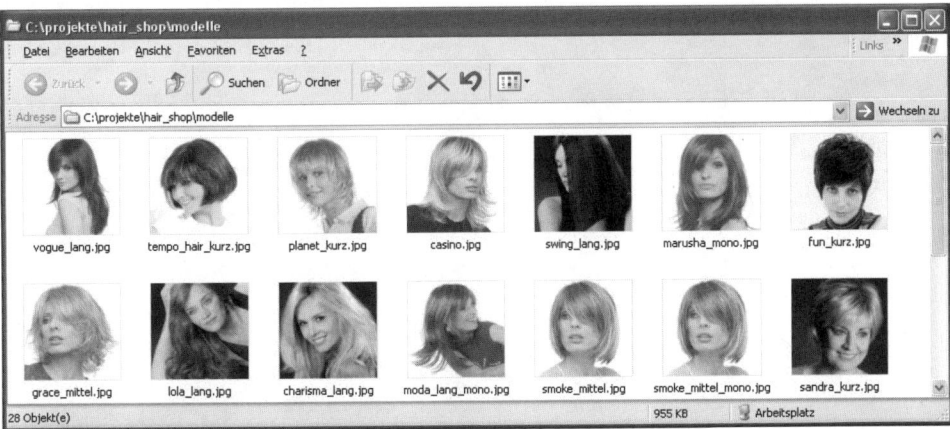

**Bild 7.2:**  Bilder der verschiedenen Perückenmodelle.

**Bild 7.3:** Bilder der verschiedenen Farbmuster.

**Bild 7.4:** Logos für die Website.

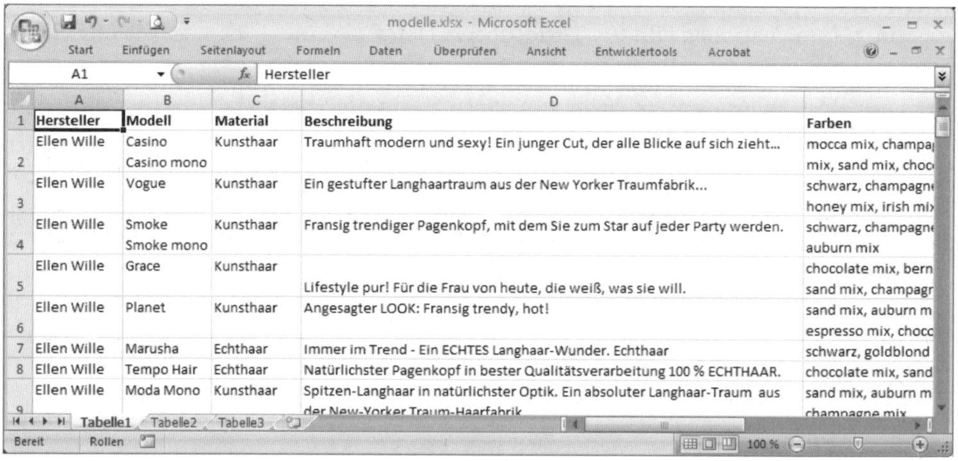

| Hersteller | Modell | Material | Beschreibung | Farben |
|---|---|---|---|---|
| Ellen Wille | Casino Casino mono | Kunsthaar | Traumhaft modern und sexy! Ein junger Cut, der alle Blicke auf sich zieht... | mocca mix, champag mix, sand mix, choc |
| Ellen Wille | Vogue | Kunsthaar | Ein gestufter Langhaartraum aus der New Yorker Traumfabrik... | schwarz, champagne honey mix, irish mix |
| Ellen Wille | Smoke Smoke mono | Kunsthaar | Fransig trendiger Pagenkopf, mit dem Sie zum Star auf jeder Party werden. | schwarz, champagne auburn mix |
| Ellen Wille | Grace | Kunsthaar | Lifestyle pur! Für die Frau von heute, die weiß, was sie will. | chocolate mix, bern sand mix, champagr |
| Ellen Wille | Planet | Kunsthaar | Angesagter LOOK: Fransig trendy, hot! | sand mix, auburn m espresso mix, choc |
| Ellen Wille | Marusha | Echthaar | Immer im Trend - Ein ECHTES Langhaar-Wunder. Echthaar | schwarz, goldblond |
| Ellen Wille | Tempo Hair | Echthaar | Natürlichster Pagenkopf in bester Qualitätsverarbeitung 100 % ECHTHAAR. | chocolate mix, sand |
| Ellen Wille | Moda Mono | Kunsthaar | Spitzen-Langhaar in natürlichster Optik. Ein absoluter Langhaar-Traum aus der New-Yorker Traum-Haarfabrik | sand mix, auburn m champagne mix |

**Bild 7.5:** Excel-Tabelle mit den Angaben über Hersteller, Bezeichnung, Material, Beschreibung, Preis und verfügbare Farben.

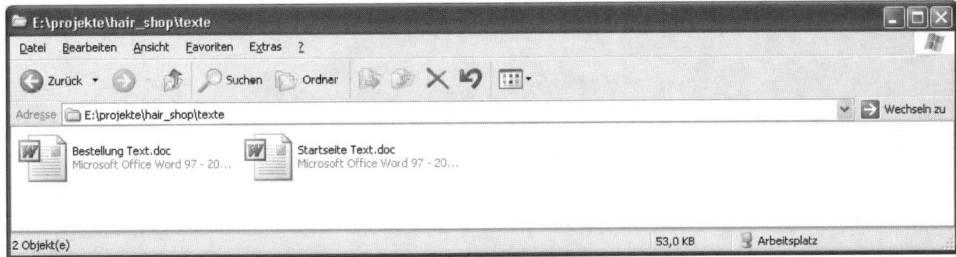

**Bild 7.6:** Texte für die Bestellungen- und die Start-Seite.

## 7.3 Das Grundlayout skizzieren

Der nächste Punkt ist der Platzbedarf, den die Navigation und die Benutzerinformationen auf der Seite haben. Für die Auswahl nach dem Hersteller werden drei Navigationspunkte (für jeden Hersteller einer) benötigt. Das Gleiche gilt für die Farbauswahl (hell, mittel, dunkel). Um die einzelnen Navigationspunkte (Hersteller, Farbauswahl) zu unterscheiden, wird jeweils eine optische Trennung benötigt. Außerdem ist ein Menüeintrag erforderlich, um wieder auf die Startseite zu gelangen.

Die Links für Kontakt, Impressum und AGB könnten in einer Fußzeile Platz finden. Für die Kundeninformationen muss Platz für Informationen zum Warenkorb (Anzahl, Preis) und ein Loginformular mit Formularfeldern für E-Mail-Adresse und Passwort sowie eine Schaltfläche zum Anmelden und ein Link auf die Registrierungsseite eingeplant werden. Auch diese beiden Teile sollten optisch getrennt werden. Auf Basis dieser Informationen wären folgende Layoutkombinationen denkbar:

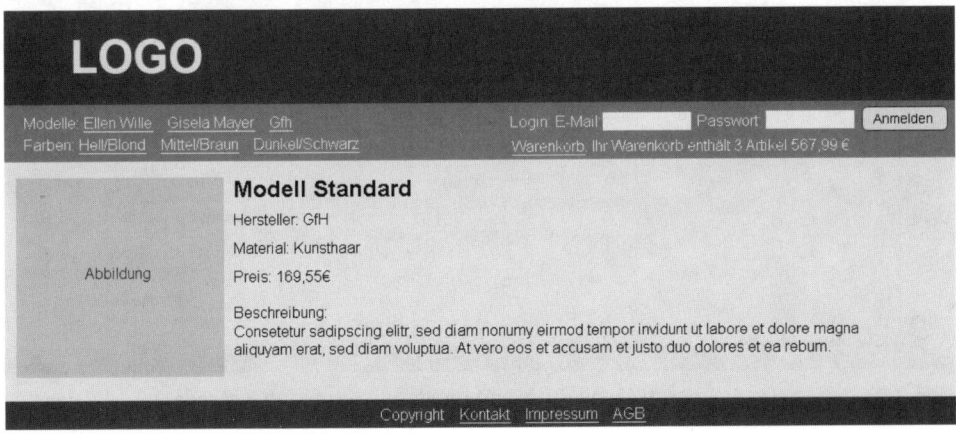

**Bild 7.7:** Einspaltiges Layout mit Kopf-und Fußzeile.

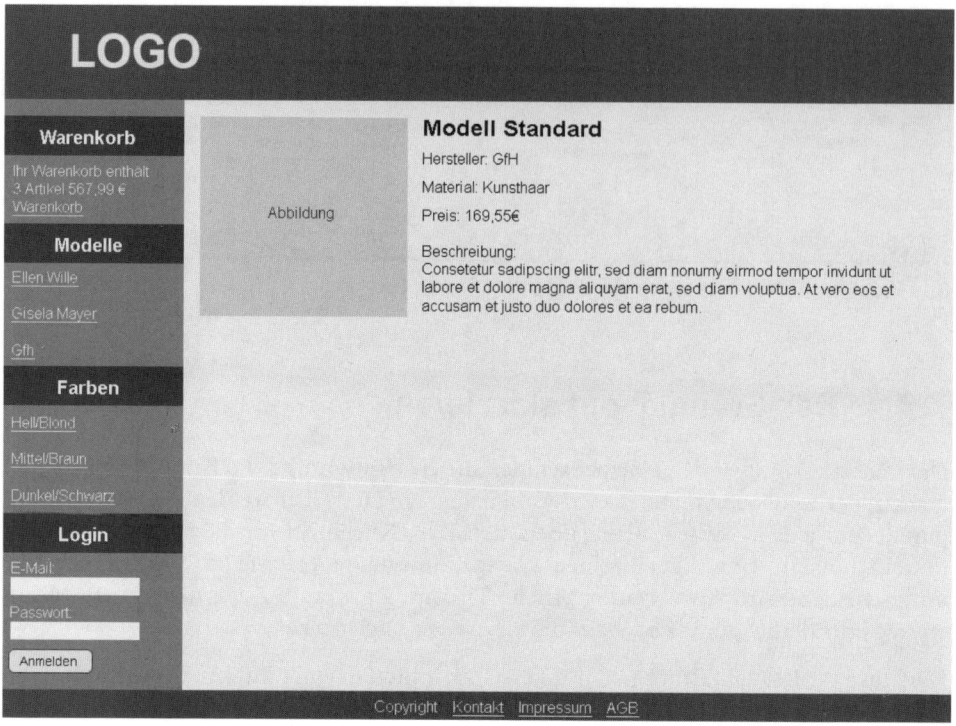

**Bild 7.8:** Zweispaltiges Layout, Menü links mit Kopf- und Fußzeile.

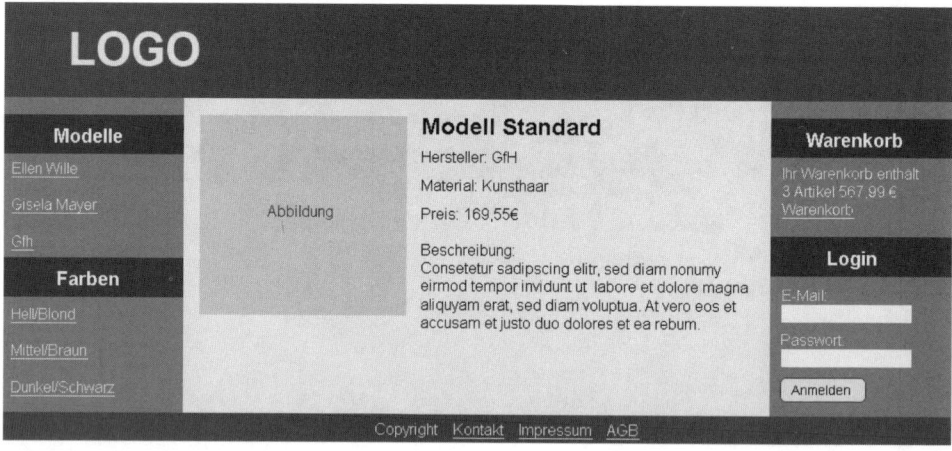

**Bild 7.9:** Dreispaltiges Layout: Menü links und rechts mit Kopf- und Fußzeile.

Aufgrund des geringen Platzbedarfs fällt die Entscheidung für ein dreispaltiges Layout, das auch die beiden Gruppen Produktnavigation und Benutzerinformationen sehr gut voneinander trennt. Im Hinblick auf die Frage, ob ein festes oder flexibles Layout verwendet werden soll, würde ich bei einem Webshop immer ein festes Layout bevorzugen, um vor unerwünschten Überraschungen bei unterschiedlichen Browserfenstergrößen oder Monitorauflösungen sicher zu sein.

Die Frage ist: Welche Monitorgröße soll als Standard angenommen werden, um zu vermeiden, dass der Benutzer die Seite horizontal scrollen muss? Da hilft ein Blick auf die eine oder andere Webstatistik, die Aufschluss über die zurzeit aktuellen Monitorauflösungen gibt.

### ▣ Lesezeichen

http://www.w3counter.com/globalstats.php

Der ‚W3Counter' liefert Information zu benutzten Webbrowsern, Betriebssystemen und Monitorauflösungen auf Basis eines Analysetools, das die Zugriffe von mehreren 1 000 Webseiten weltweit auswertet.

### ▣ Lesezeichen

http://www.webhits.de/

Statistische Erfassung der Homepage-Besucher.

Aufgrund dieser Statistiken und persönlicher Erfahrungen im Bereich der Webseitengestaltung sollte man mit einer minimalen Auflösung von 1024 x 768 Pixeln rechnen. Nach Abzug der Fensterrahmen und Scrollbalken bleiben etwas mehr als 1000 Pixel Breite für den Seiteninhalt übrig. Damit die Webseite auf Monitoren mit größerer Auflösung nicht am linken Rand klebt, empfiehlt sich ein zentriertes Layout, das den überschüssigen Platz zu gleichen Teilen links und rechts verteilt.

Da ein Produkt wie Perücken mehr die emotionale als die rationale Seite des Benutzers anspricht, wird auf harte Kanten und Ecken verzichtet. Auch die verwendeten Farben sollten nicht zu kräftig sein. Aus diesen Gründen wird ein Layout mit abgerundeten Ecken und warmen Rottönen auf Basis des Kundenlogos erstellt. Da alle Elemente auf einer Webseite von Natur aus rechteckig sind, werden für die einzelnen Bereiche Hintergrundbilder mit abgerundeten Ecken erstellt.

**Bild 7.10:** Das Hintergrundbild für den oberen Bereich der Webseite.

**Bild 7.11:** Das Hintergrundbild für den mittleren Bereich der Webseite (vertikal vergrößert).

**Bild 7.12:** Das Hintergrundbild für den unteren Bereich der Webseite.

Bevor das endgültige Layout der Webseite erstellt wird, müssen die Produktinformationen so aufgearbeitet werden, dass man sie in einer Datenbank speichern kann. Danach kann die Datenbank mit den einzelnen Tabellen angelegt werden. Nachdem die Datenbank erstellt ist, muss eine Site mit Testserver eingerichtet werden, um mit PHP auf die Datenbank zugreifen zu können.

## 7.4 Datenanalyse und -normalisierung

Um später gezielt auf die benötigten Produktinformationen zugreifen zu können, müssen die Informationen so gespeichert werden, dass jedes Produkt einem einzelnen Datensatz entspricht (Konsistenz) und Informationen nicht mehrfach vorkommen (Redundanz). Wenn Sie sich einmal einen Auszug aus der gelieferten Excel-Tabelle anschauen, werden Sie feststellen, dass diese Voraussetzungen nicht erfüllt sind.

Um den Anforderungen an die Produkttabelle gerecht zu werden, müssen die enthaltenen Daten normalisiert, also so auf verschiede Datenbanktabellen aufgeteilt und in Relation (Beziehung) gesetzt werden, dass sämtliche Informationen eindeutig einem Produkt zugeordnet werden können.

Der erste Punkt betrifft die Eindeutigkeit der einzelnen Tabellenzeilen. In der Spalte *Modelle* gibt es vereinzelt mehrere Produkte in einer Zelle, die sich auch in der Spalte *Preis* wiederholen. Um die Eindeutigkeit der Informationen sicherzustellen, muss für jedes Produkt eine eigene Tabellenzeile erstellt werden. Die bereinigte Tabelle sieht so aus:

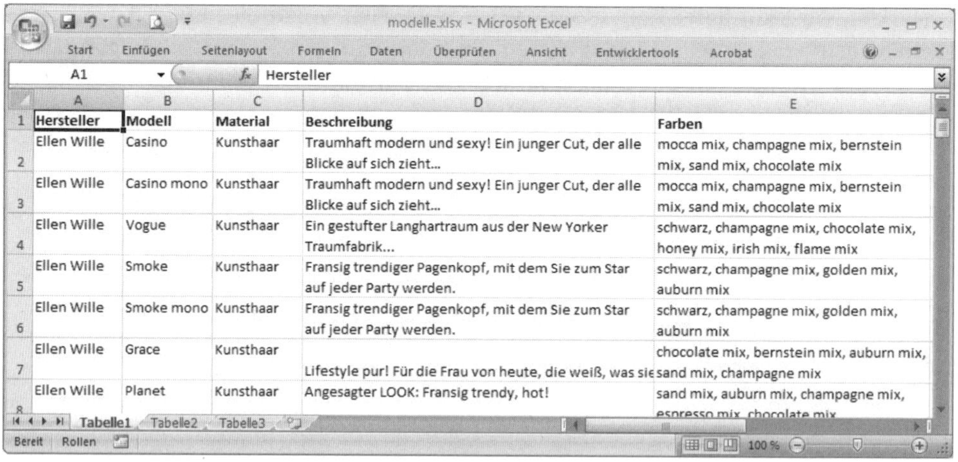

**Bild 7.13:** Jedes Produkt in einer einzelnen Tabellenzeile.

In der Spalte *Farben* lässt sich Eindeutigkeit nicht so einfach herstellen, da durch das Verteilen der einzelnen Farbnamen auf einzelne Spalten ja auch die einzelnen Produktbezeichnungen mit kopiert werden müssen. Die Lösung dieses Problems ist eine eigene Tabelle für die Farbnamen. Dort kann dann auch gleich die *Farbkategorie* (*hell*, *mittel*, *dunkel*), die für die Auswahl der einzelnen Farbgruppen benötigt wird, angelegt werden.

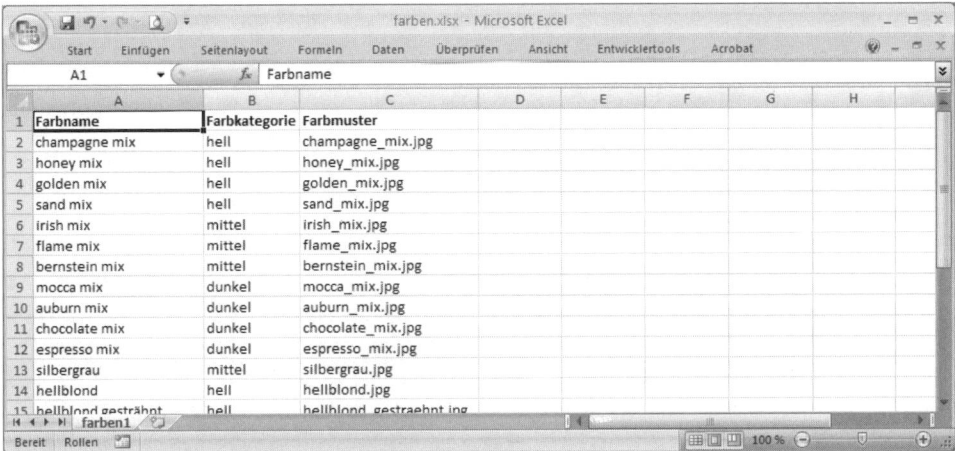

**Bild 7.14:** Tabelle mit Farbnamen und -kategorien.

Durch diese Aufteilung lassen sich jetzt auch die einzelnen Bildnamen für die *Modelle* und *Farbmuster* in den entsprechenden Tabellen unterbringen.

Nun benötigt man auch noch eine Tabelle, in der die einzelnen Farbnamen zu den Produkten in Beziehung gesetzt werden. Dies geschieht, indem man den einzelnen Produkten und Farben eine eindeutige *Modell ID* zuweist und die einzelnen Produkt/Farbkombinationen in einer Tabelle speichert.

| Modell Id | Hersteller | Modell | Material | Beschreibung | Preis |
|---|---|---|---|---|---|
| 1 | Ellen Wille | Casino | Kunsthaar | Traumhaft modern und sexy! Ein junger Cut, der alle Blicke auf sich | 183,90 € |
| 2 | Ellen Wille | Casino mono | Kunsthaar | Traumhaft modern und sexy! Ein junger Cut, der alle Blicke auf sich | 341,89 € |
| 3 | Ellen Wille | Vogue | Kunsthaar | Ein gestufter Langhartraum aus der New Yorker Traumfabrik... | 172,89 € |
| 4 | Ellen Wille | Smoke | Kunsthaar | Fransig trendiger Pagenkopf, mit dem Sie zum Star auf jeder Party | 184,00 € |
| 5 | Ellen Wille | Smoke mono | Kunsthaar | Fransig trendiger Pagenkopf, mit dem Sie zum Star auf jeder Party | 310,78 € |
| 6 | Ellen Wille | Grace | Kunsthaar | Lifestyle pur! Für die Frau von heute, die weiß, was sie will. | 180,99 € |
| 7 | Ellen Wille | Planet | Kunsthaar | Angesagter LOOK: Fransig trendy, hot! | 180,99 € |
| 8 | Ellen Wille | Marusha | Echthaar | Immer im Trend - Ein ECHTES Langhaar-Wunder. Echthaar | 318,00 € |
| 9 | Ellen Wille | Tempo Hair | Echthaar | Natürlichster Pagenkopf in bester Qualitätsverarbeitung 100 % | 658,00 € |
| 10 | Ellen Wille | Moda Mono | Kunsthaar | Spitzen-Langhaar in natürlicher Optik. Ein absoluter Langhaar-Traum aus der New-Yorker Traum-Haarfabrik... | 316,00 € |
| 11 | Gisela Mayer | Velvet | Echthaar | Immer Up to date. Verwegene Stufen. Echthaar | 728,00 € |
| 12 | Gisela Mayer | Pink | Echthaar | Die Frisur mit der "perfekten Welle" 100 % ECHTHAAR. | 728,00 € |

**Bild 7.15:** Produkttabelle.

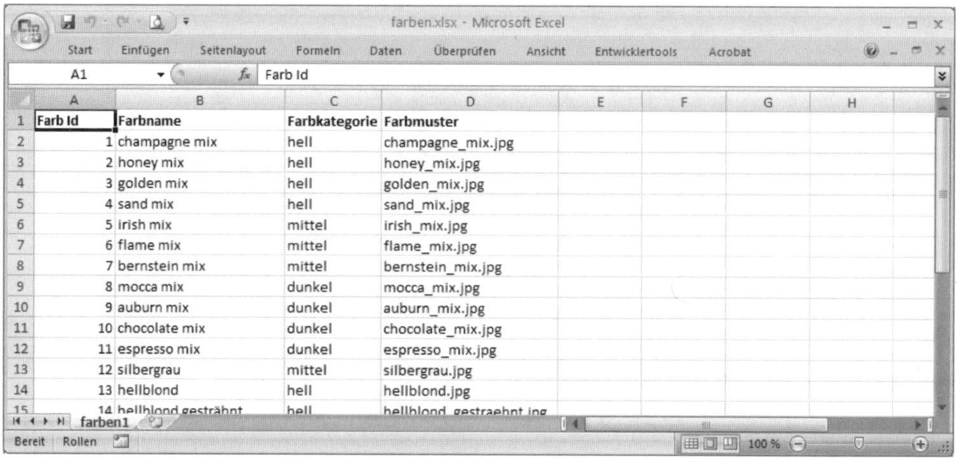

| Farb Id | Farbname | Farbkategorie | Farbmuster |
|---|---|---|---|
| 1 | champagne mix | hell | champagne_mix.jpg |
| 2 | honey mix | hell | honey_mix.jpg |
| 3 | golden mix | hell | golden_mix.jpg |
| 4 | sand mix | hell | sand_mix.jpg |
| 5 | irish mix | mittel | irish_mix.jpg |
| 6 | flame mix | mittel | flame_mix.jpg |
| 7 | bernstein mix | mittel | bernstein_mix.jpg |
| 8 | mocca mix | dunkel | mocca_mix.jpg |
| 9 | auburn mix | dunkel | auburn_mix.jpg |
| 10 | chocolate mix | dunkel | chocolate_mix.jpg |
| 11 | espresso mix | dunkel | espresso_mix.jpg |
| 12 | silbergrau | mittel | silbergrau.jpg |
| 13 | hellblond | hell | hellblond.jpg |
| 14 | hellblond gesträhnt | hell | hellblond_gestraehnt.jpg |

**Bild 7.16:** Farbtabelle.

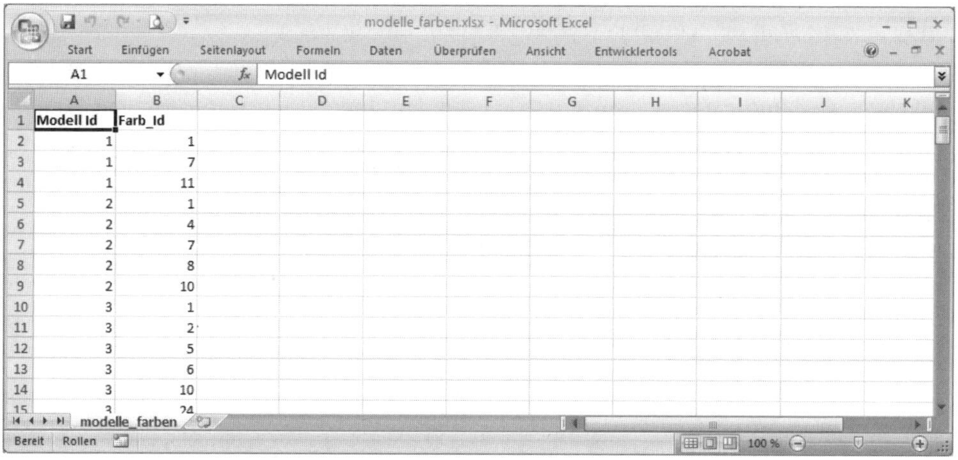

| Modell Id | Farb_Id |
|---|---|
| 1 | 1 |
| 1 | 7 |
| 1 | 11 |
| 2 | 1 |
| 2 | 4 |
| 2 | 7 |
| 2 | 8 |
| 2 | 10 |
| 3 | 1 |
| 3 | 2 |
| 3 | 5 |
| 3 | 6 |
| 3 | 10 |
| 3 | 24 |

**Bild 7.17:** Verweistabelle Produkte/Farben.

## 7.4.1 Tabellenstruktur des Webshops

Bei größeren Produktmengen würde man auch noch eine Tabelle für die Hersteller, das Material und die Farbkategorie erstellen, um die mehrfache Speicherung des Herstellernamens, der Materialart und der Farbkategorie zu vermeiden. Bei der relativ kleinen Menge von Datensätzen für den »Hair Shop« haben wir uns aber entschieden, darauf zu verzichten, da sonst die Datenbankabfragen sehr komplex würden.

Außer den Produkttabellen werden auch noch Tabellen für die Benutzerregistrierung, den Warenkorb und die Bestellungen benötigt. Die Bestellungen müssen auf zwei Tabellen verteilt werden, einmal die Informationen zur Bestellung (Name, Anschrift, Auftragsnummer usw.) und zum zweiten die Bestellpositionen (Produktbezeichnungen, Preise usw.). Für die Tabellen *Warenkorb* und *Bestellpositionen* gilt im Bezug auf Redundanz das Gleiche wie auch für die Tabellen *Modelle* und *Farben*. Hier das komplette Tabellenschema des Hair Shops:

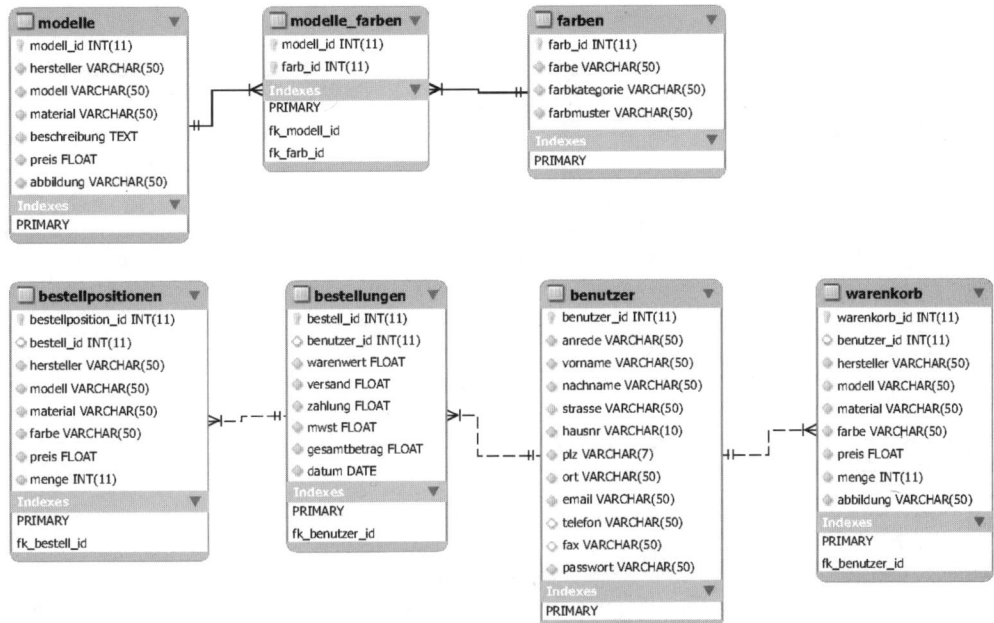

**Bild 7.18:** Tabellenstruktur des Hair Shops.

## 7.5 Datenbank, Tabellen und Felder erstellen

Nachdem die Tabellenstruktur des Shops feststeht, kann nun die Datenbank für den Hair Shop erstellt werden. Die Abbildungen zu den Modellen und Farben werden nicht physikalisch in der Datenbank gespeichert, sondern ausschließlich die Dateinamen. Das hält die Datenbank klein und macht sie schnell, denn je mehr Informationen in einer Datenbank gespeichert werden, desto langsamer wird sie, da ja alle Daten von der Datenbank verwaltet werden müssen.

Öffnen Sie ein Browserfenster und geben Sie in der Adresszeile *localhost/phpmyadmin* ein. Achten Sie darauf, dass sowohl der Apache-Webserver als auch die MySQL-Datenbank laufen.

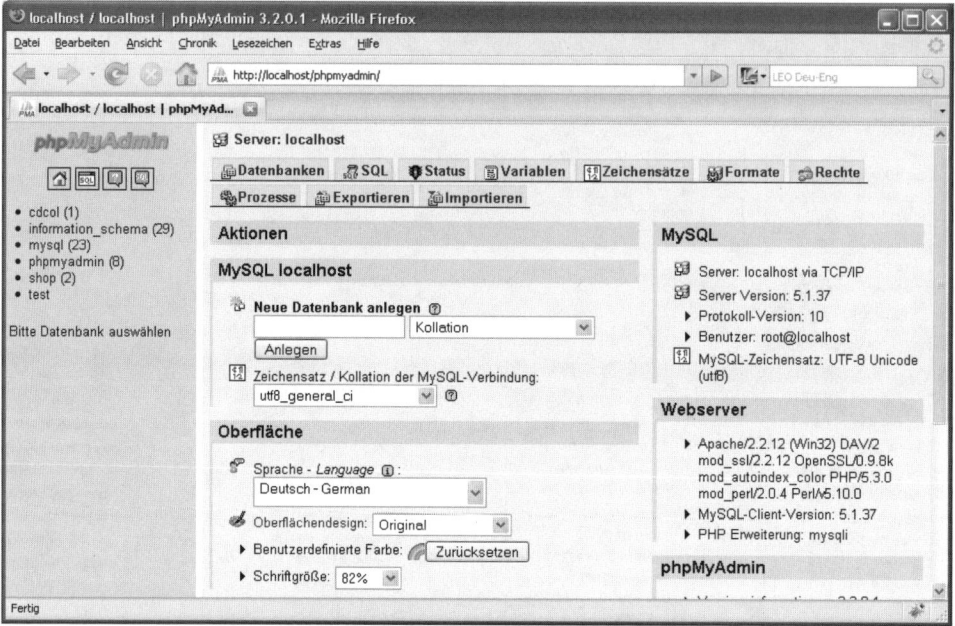

**Bild 7.19:** Die Startseite von *phpMyAdmin*.

Im Feld *Neue Datenbank anlegen* geben Sie *hair_shop* ein. Bei *Kollation* (Sortierreihen-folge) wählen Sie die Zeichenkodierung *utf8_general_ci* aus. Die *Zeichenkodierung für die MySQL-Verbindung* lassen Sie auf *utf8_general_ci* stehen.

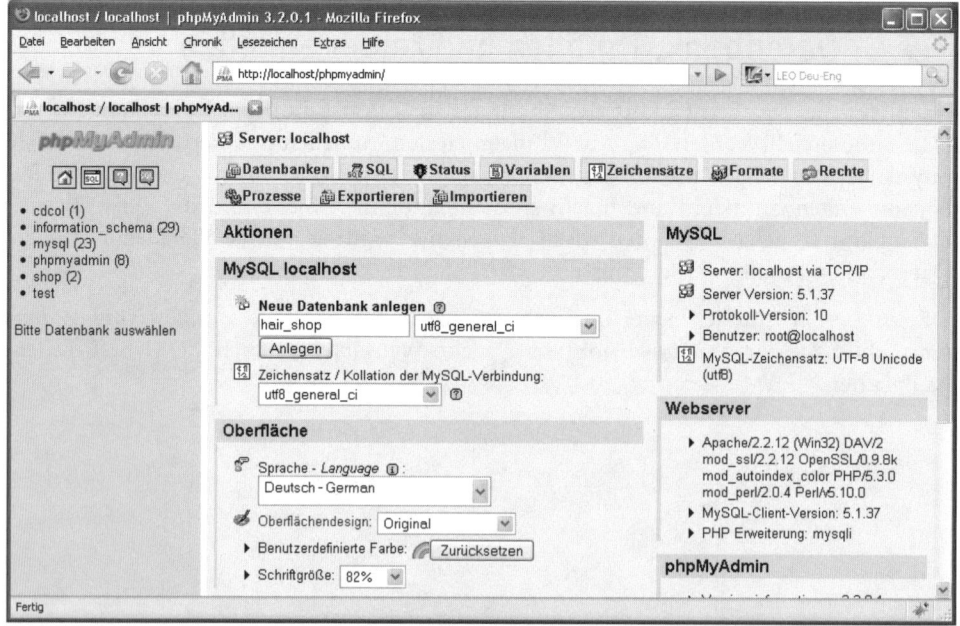

**Bild 7.20:** Datenbank für den Hair Shop anlegen.

Nachdem Sie auf die Schaltfläche *Anlegen* gedrückt haben, erscheint eine neue Seite, auf der Sie Tabellen in der Datenbank *hair_shop* anlegen können. Erstellen Sie zuerst die Produkttabellen. Geben Sie im Feld *Name* die Bezeichnung *modelle* ein. In dieser Tabelle werden die Angaben zu den einzelnen Perückenmodellen gespeichert. In das Feld *Anzahl der Felder* geben Sie *7* ein.

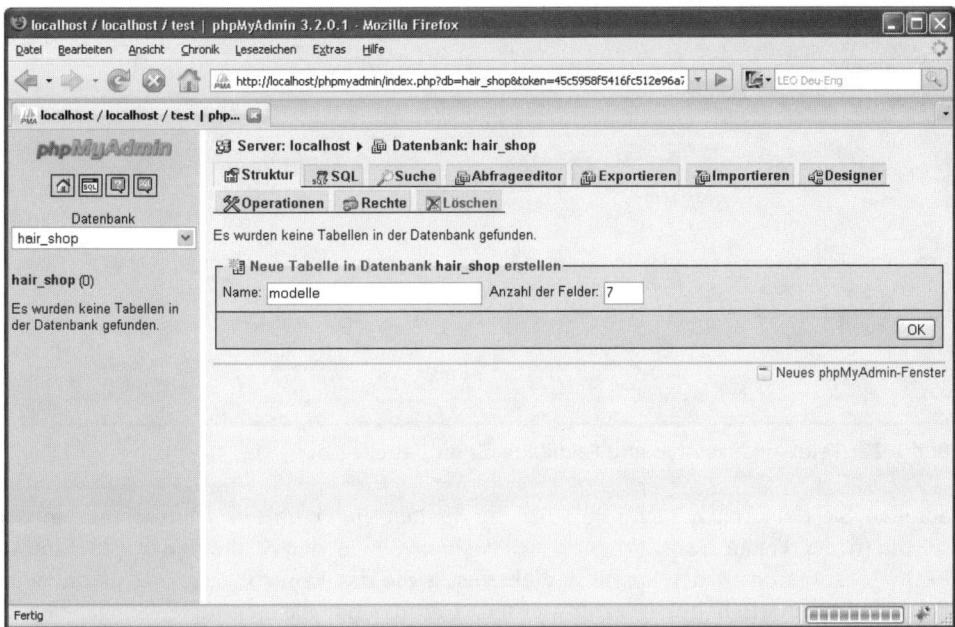

**Bild 7.21:** Neue Tabelle für die Modelle erstellen.

Nachdem Sie auf die Schaltfläche *OK* geklickt haben, erscheint ein Formular, in dem Sie die benötigten Informationen für die Tabelle angeben können. Tragen Sie zuerst die Spaltennamen, den Spaltentyp und die Länge ein, wie aus der nächsten Abbildung ersichtlich.

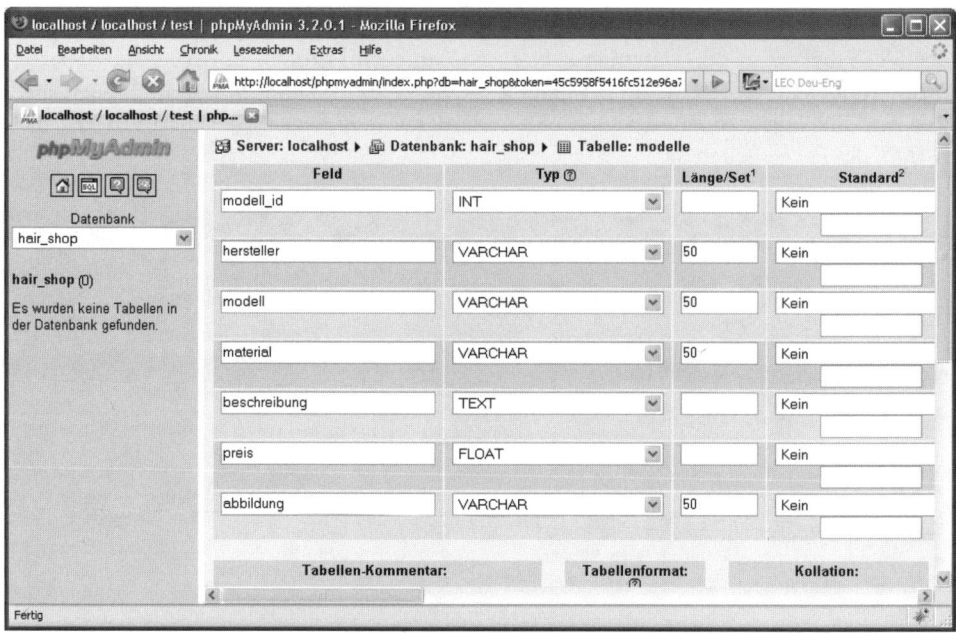

**Bild 7.22:** Feldname, Feldtyp und Feldlänge für die Tabelle `modelle`.

Scrollen Sie dann nach rechts, bis Sie die Spalten *Index* und *A_I* (Auto-Inkrement) sehen. In der ersten Zeile (`modell_id`) wählen Sie in der Spalte *Index* den Eintrag PRIMARY aus, und in der Spalte *A_I* aktivieren Sie das Kontrollkästchen, damit neue Einträge automatisch hochgezählt werden. Damit sind alle benötigten Angaben zur Erstellung der Tabelle `modelle` gemacht.

Scrollen Sie nun wieder nach links und nach unten, bis Sie die Schaltfläche *Speichern* sehen, und klicken Sie darauf. Die Tabelle für die Modelle wird nun erstellt. Auf der jetzt erscheinenden Seite sehen Sie im oberen Bereich den SQL-Befehl zur Erstellung dieser Tabelle und im unteren Bereich die Struktur der Tabelle. Achten Sie darauf, dass das Feld `modell_id` unterstrichen ist. Durch die Unterstreichung wird der Primärschlüssel der Tabelle kenntlich gemacht.

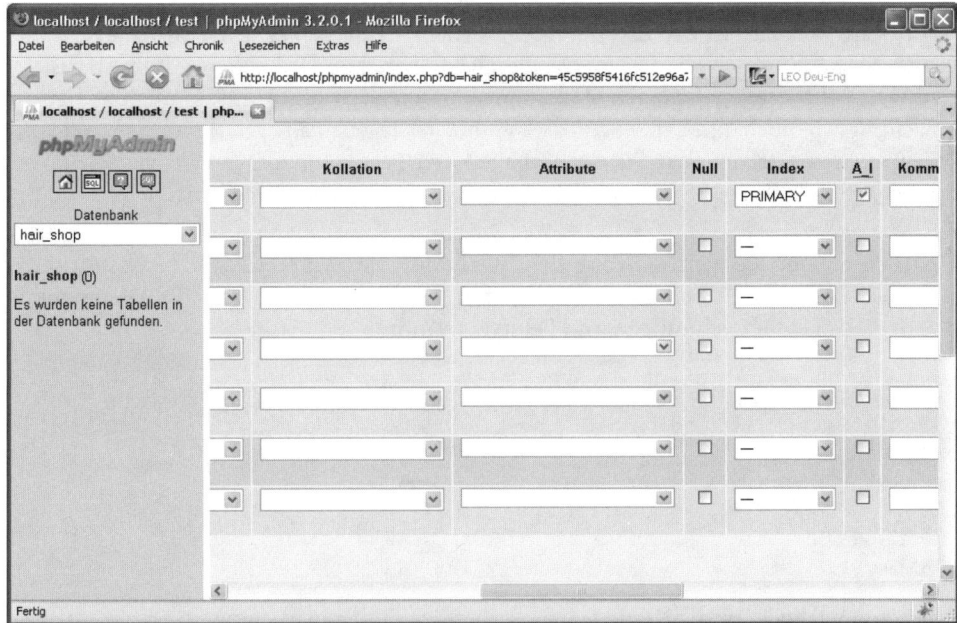

**Bild 7.23:** Festlegung des Primärschlüssels und des Auto-Inkrements für die `modell_id`.

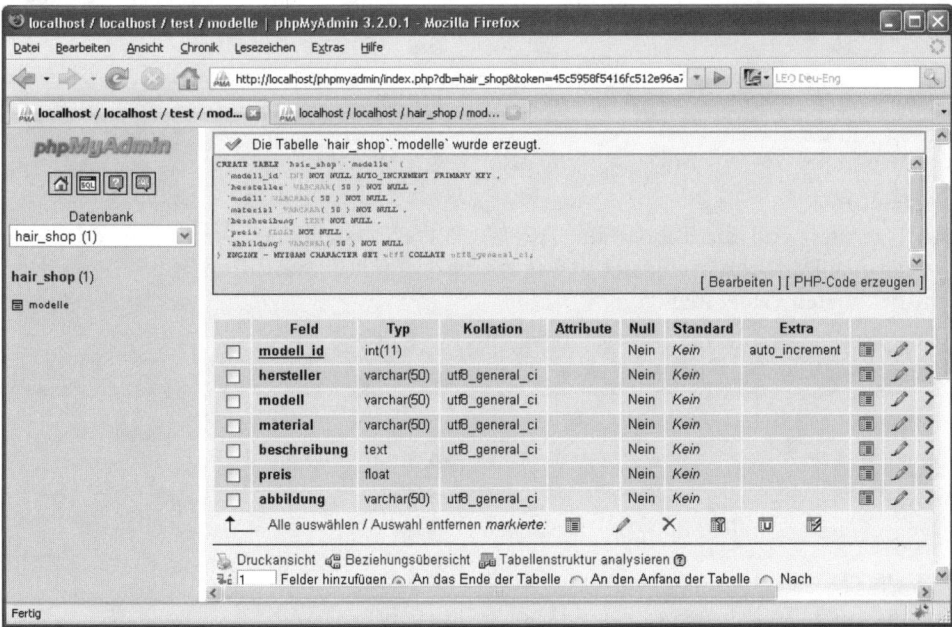

**Bild 7.24:** Die Strukturansicht der Tabelle `modelle`.

> **Hinweis:** Falls Sie bei der Erstellung der Tabelle einen Fehler gemacht haben, brauchen Sie nicht gleich die ganze Tabelle zu löschen, sondern können über das Bleistiftsymbol die entsprechende Zeile ändern. Den Primärschlüssel können Sie auch nachträglich noch über das Schlüsselsymbol festlegen. Falls Sie zu einem späteren Zeitpunkt feststellen, dass Sie der Tabelle noch Felder hinzufügen müssen, können Sie das unterhalb der Strukturansicht über *Felder hinzufügen* erledigen.

Erstellen Sie auf die gleiche Weise die Tabelle für die Farben. Der Primärschlüssel ist `farb_id` und auch er bekommt das Attribut `Auto-Inkrement`. Der Tabellenname ist `farben`, die Feldbezeichnungen und Feldtypen sind:

| Feldbezeichnungen | Feldtypen |
|---|---|
| farb_id | Int |
| farbe | varchar(50) |
| farbkategorie | varchar(50) |
| farbmuster | varchar(50) |

Die Verweistabelle für die Modelle und Farben erhält den Namen `modelle_farben`. Bei dieser Tabelle sind beide Felder der Primärschlüssel (zusammengesetzter Primärschlüssel). Ein Auto-Inkrement ist bei dieser Tabelle nicht sinnvoll. Die entsprechenden Kombinationen von Modell und Farbe müssen vom Administrator der Datenbank manuell festgelegt werden.

| Feldbezeichnungen | Feldtypen |
|---|---|
| modell_id | int |
| farb_id | int |

Als Nächstes wird die Tabelle für den Warenkorb erstellt. Der Name der Tabelle ist `warenkorb`. Der Primärschlüssel ist `warenkorb_id` mit dem Attribut `Auto-Inkrement`. Die benötigten Felder heißen:

| Feldbezeichnungen | Feldtypen |
|---|---|
| warenkorb_id | int |
| hersteller | varchar(50) |
| modell | varchar(50) |
| material | varchar(50) |
| farbe | varchar(50) |
| menge | int |
| abbildung | int |

Die nächsten beiden Tabellen sind für die Bestellungen gedacht. Die erste Tabelle nimmt die generellen Informationen für die Bestellung auf. Der Primärschlüssel ist bestell_id, ebenfalls mit dem Attribut Auto-Inkrement. Der Name der Tabelle ist bestellungen mit folgenden Feldern:

| Feldbezeichnungen | Feldtypen |
|---|---|
| bestell_id | int |
| benutzer_id | int |
| warenwert | float |
| versand | float |
| zahlung | float |
| mwst | float |
| gesamtbetrag | Float |
| datum | date |

Die zweite Tabelle ist für die einzelnen Bestellpositionen gedacht. Der Primärschlüssel ist bestellposition_id, der auch das Attribut Auto-Inkrement erhält. Sie bekommt den Namen bestellpositionen. Die Felder für die Tabelle sind:

| Feldbezeichnungen | Feldtypen |
|---|---|
| bestellposition_id | int |
| bestell_id | int |
| hersteller | varchar(50) |
| modell | varchar(50) |
| material | varchar(50) |
| farbe | varchar(50) |
| preis | float |
| menge | int |

Zum Schluss muss noch die Tabelle für die Benutzer erstellt werden. Sie bekommt den Namen benutzer. Bei den Feldern telefon und fax wählen Sie zusätzlich das Kontrollkästchen *Null* aus, da diese Felder im Registrierungsformular optional sind. Der Primärschlüssel ist bei dieser Tabelle benutzer_id mit dem Attribut Auto-Inkrement. Die Felder heißen:

| Feldbezeichnungen | Feldtypen |
|---|---|
| benutzer_id | int |
| anrede | varchar(50) |
| vorname | varchar(50) |
| nachname | varchar(50) |
| strasse | varchar(50) |
| hausnr | varchar(10) |

| Feldbezeichnungen | Feldtypen |
|---|---|
| plz | varchar(7) |
| ort | varchar(50) |
| email | varchar(50) |
| telefon | varchar(50) |
| fax | varchar(50) |
| passwort | varchar(50) |

In diese Tabelle fügen wir zu Testzwecken einen Benutzer ein, um später die An- und Abmeldung zu testen.

Klicken Sie auf die Schaltfläche Einfügen oberhalb der Tabellenstruktur und fügen Sie in das erscheinende Formular einen Testbenutzer ein. Das Feld benutzer_id bleibt leer, da dieses Feld automatisch von der Datenbank hochgezählt wird.

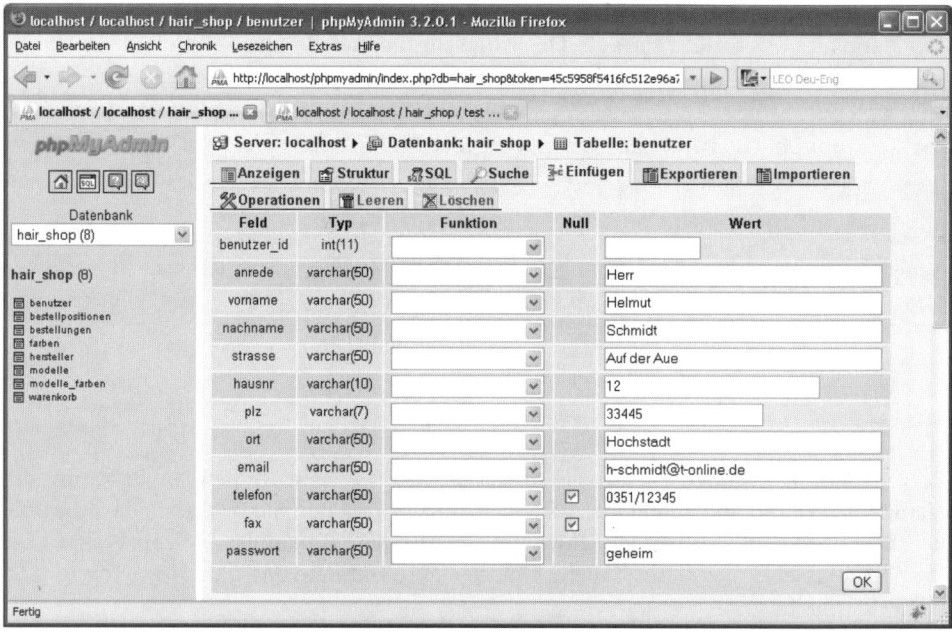

**Bild 7.25:** Einfügen eines Testbenutzers in die Tabelle benutzer.

## 7.6 Datensätze importieren

Da das Hinzufügen von Datensätzen auf diese Art sehr lange dauern würde und um Tippfehler zu vermeiden, habe ich Importdateien aus den Exceltabellen für die Tabellen modelle, farben und die Verweistabelle modelle_farben erstellt. Sie heißen wie die entsprechenden Tabellen modelle.sql, farben.sql und modelle_farben.sql. Wählen Sie die Tabelle modelle im linken Navigationsbereich von phpMyAdmin aus und klicken Sie auf die Schaltfläche *Importieren*. Im Bereich *Zu importierende Datei* klicken Sie auf die Schaltfläche *Durchsuchen* und wählen die Datei `modelle.sql` aus. Danach brauchen Sie nur noch auf die Schaltfläche *OK* zu klicken und alle Datensätze werden in die Tabelle importiert.

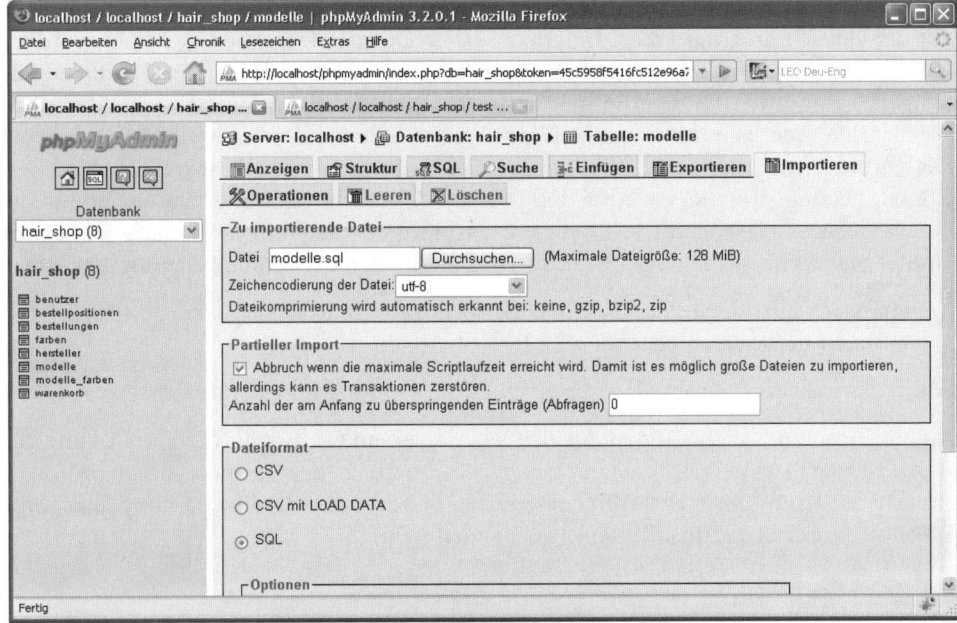

**Bild 7.26:** Importieren von Datensätzen in die Tabelle `modelle`.

Importieren Sie auf die gleiche Weise auch die Daten für die Tabellen *farben* und *modelle_farben*.

**Hinweis:** Falls beim Erstellen der Tabellen oder beim Importieren der Datensätze bei Ihnen Fehler aufgetreten sein sollten, habe ich ein komplettes Backup der Datenbank *hair-shop* mit dem Namen *hair_shop.sql* erstellt, das Ihnen auf *www.buch.cd* zur Verfügung steht. Um dieses Backup zurückzuspielen, wechseln Sie durch Klick auf das Haussymbol zur Startseite von phpMyAdmin und wählen die Schaltfläche *Importieren* im rechten Bereich der Startseite aus. Die restlichen Schritte sind die gleichen, wie zuvor beim Importieren der Datensätze beschrieben.

# 7.7 Testserver für den Shop einrichten

Für die Umsetzung des Shops wird wieder ein Testserver benötigt, um auf die soeben erstellte Datenbank zugreifen zu können. Dazu muss eine neue Site angelegt werden. Erstellen wir aber zuerst einmal die Ordnerstruktur.

### 7.7.1 Ordnerstruktur für den Shop

Da das Projekt die Umsetzung eines Shopsystems für den Verkauf von Perücken ist, haben wir uns für den Site-Namen »Hair Shop« entschieden.

Erstellen Sie nun innerhalb des Projektordners (Windows *c:\projekte*) einen neuen Ordner mit der Bezeichnung *hair_shop*. Innerhalb dieses Ordners wird wieder ein Unterordner *bilder* benötigt. Da innerhalb des Shops verschiedene Arten von Bildern (Produktabbildungen, Farbmuster, Hintergrundbilder für die Webseite, Logos usw.) vorhanden sind, erstellen Sie innerhalb des Ordners *bilder* weitere Unterordner mit den Namen *layout*, *modelle* und *farbmuster*. Die Abbildungen der Modelle werden in zwei verschiedenen Größen benötigt, eine kleine Abbildung für die Übersichtsseite und eine große für die Detailseite. Das Gleiche gilt auch für die Farbmuster. Erstellen Sie deshalb jeweils im Ordner *modelle* und *farbmuster* zwei Unterordner mit den Bezeichnungen *gross* und *klein*.

Kopieren Sie nun die Bilder aus den Beispielordnern *6_layoutbilder*, *3_modelle* und *4_farbmuster* in die entsprechenden Bilderordner.

Für die Stylesheets erstellen Sie noch einen Ordner mit der Bezeichnung *css*.

Als Nächstes muss auch auf dem lokalen Webserver ein Ordner für die Speicherung der Projekt-Dateien erstellt werden. Erstellen Sie innerhalb des Ordners *c:\xampp\htdocs* (Hauptverzeichnis des Webservers) einen neuen Ordner mit der Bezeichnung *hair_shop*. Folgende Ordnerstruktur sollte dann vorhanden sein:

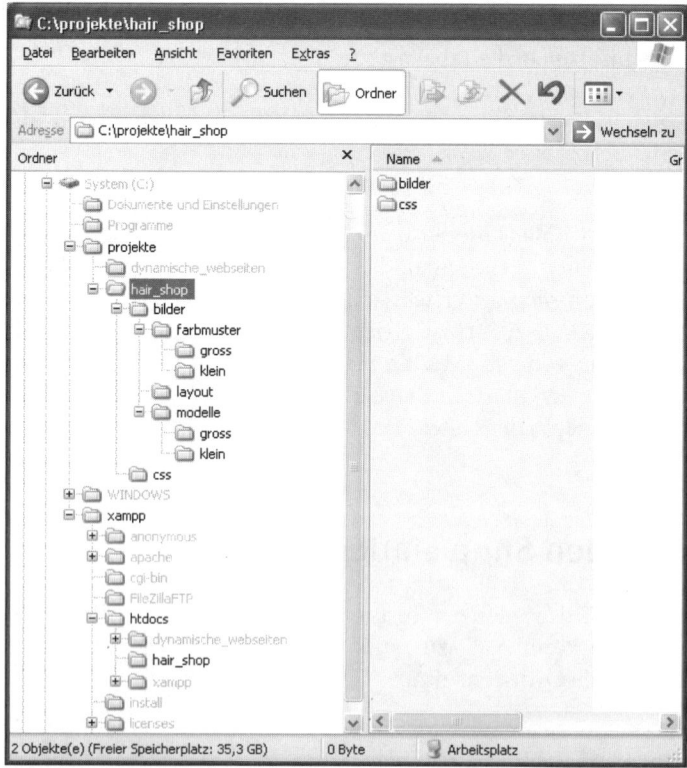

**Bild 7.27:**
Ordnerstruktur
für den Hair Shop.

## 7.7.2 Site einrichten

Starten Sie Dreamweaver und wählen Sie den Menübefehl *Site/Neue Site*. Unter der Kategorie *Site* schreiben Sie in das Eingabefeld *Site-Name* den Namen *Hair Shop*. Als *Lokaler Site-Ordner* wählen Sie den Projektordner und das Unterverzeichnis *hair_shop*.

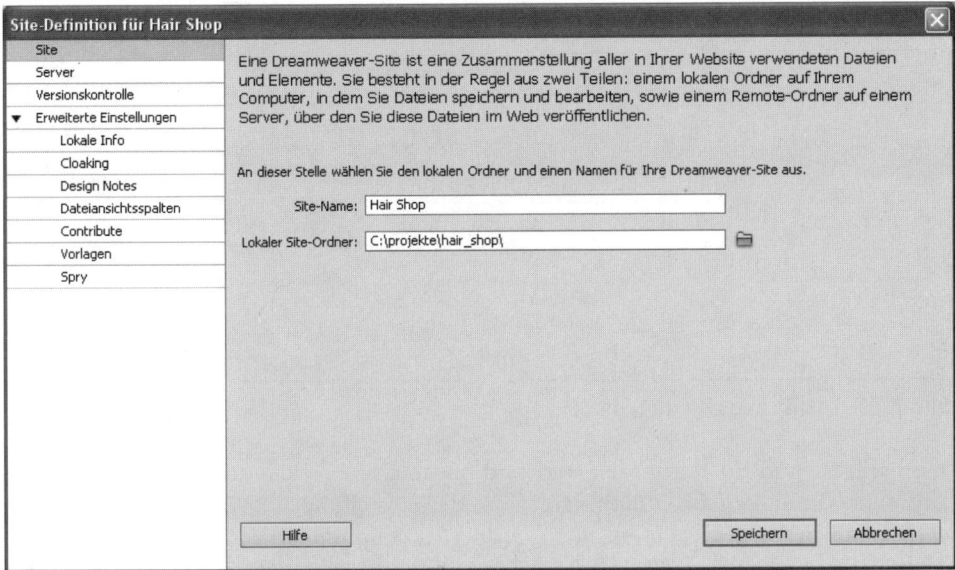

**Bild 7.28:** *Site-Definition* festlegen.

Öffnen Sie jetzt unter *Erweiterte Einstellungen* die Kategorie *Lokale Info*. Wählen Sie als *Standard-Bilderordner* den Projektordner \*hair_shop*\*bilder*\ aus. Die Option *Hyperlinks relativ zu* stellen Sie auf *Dokument*. In das Feld *Web-URL* tragen Sie *http://projekte/ hair_shop* ein. Die restlichen Einstellungen lassen Sie auf den Standardwerten stehen.

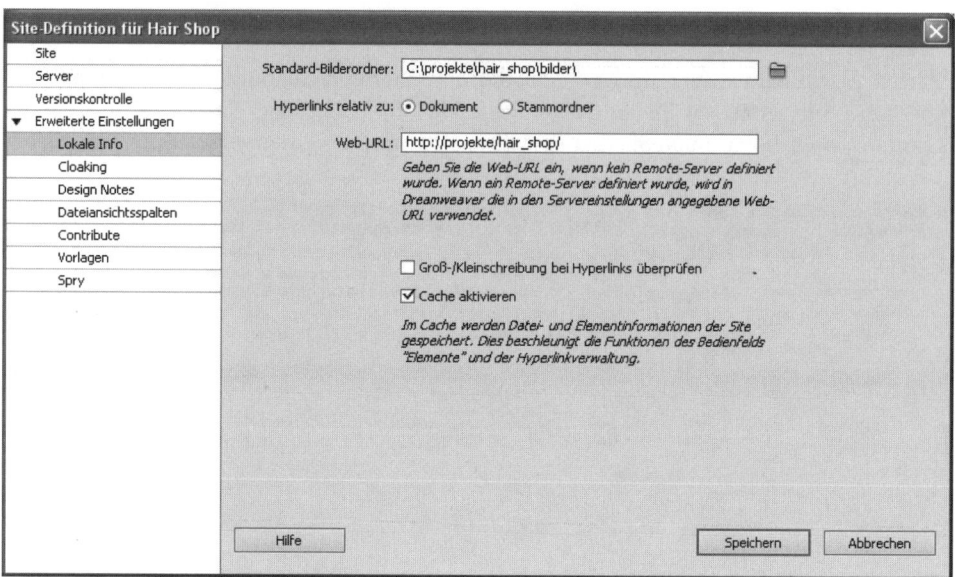

**Bild 7.29:** Lokale Infos für den Shop.

Wechseln Sie nun zur Kategorie *Server* und tragen als *Servername* die Bezeichnung *Testserver* ein. Unter *Verbinden über* wählen Sie die Einstellung *Lokal/Netzwerk*. Als *Serverordner* wählen Sie den eben erstellten Ordner *c:\xampp\htdocs\hair_shop*. Zum Schluss geben Sie im Eingabefeld *Web-URL* die Adresse *http://localhost/hair_shop* ein.

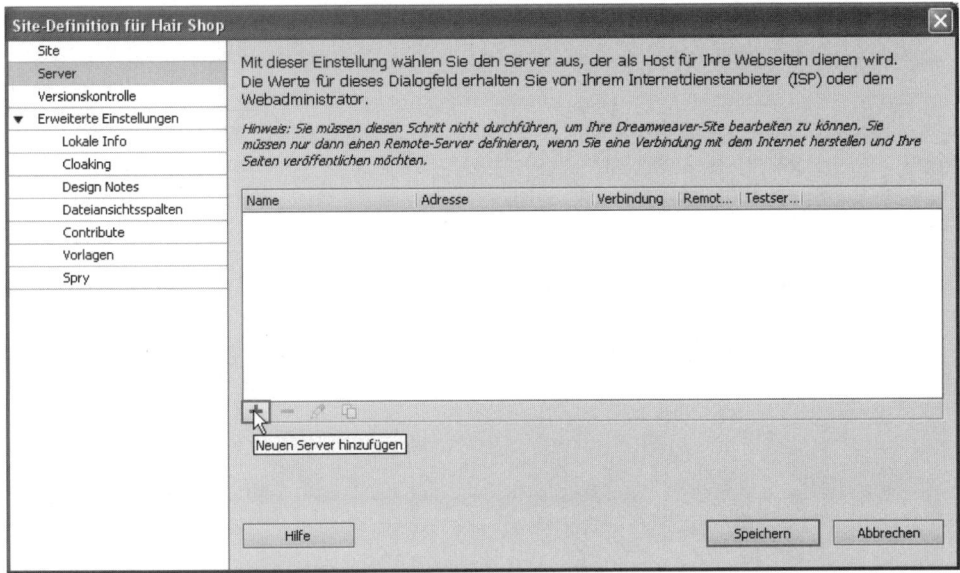

**Bild 7.30:** Festlegen der *Server*-Einstellungen.

Weitere Einstellungen sind zum jetzigen Zeitpunkt nicht erforderlich. Bestätigen Sie die Einstellungen mit *Speichern.*

## 7.8    Layout der Website erstellen

Kommen wir nun zum Layout. Wie schon in der Einleitung zu diesem Kapitel erwähnt, soll ein dreispaltiges Layout mit Kopf- und Fußzeile verwendet werden. Bei der Umsetzung dieses Layouts fiel die Entscheidung auf eine CSS-Lösung, da Frames im Hinblick auf Suchmaschinen nicht optimal sind (die Startseite besteht nur aus einem Frameset) und eine Umsetzung mit Tabellen ist in puncto Barrierefreiheit (Zergliederung von Informationen in verschiedene Tabellenzellen) sicherlich nicht die erste Wahl.

**Bild 7.31:** Das Layout des Hair Shops in der *Entwurf*-Ansicht.

Nun erzeugen Sie ein neues Dokument vom Seitentyp *PHP-Layouttyp <kein>* und speichern es unter dem Dateinamen *musterlayout.php* ab. Die CSS-Regeln für die Website sollen in verschiedenen CSS-Dateien gespeichert werden, eine für das Layout und eine für den Inhalt. Erstellen Sie zuerst einmal die CSS-Datei für das Layout: Unter *Datei/Neu* erzeugen Sie ein neues Dokument vom Seitentyp *CSS* und speichern es im Ordner *css* unter *layout.css*. Danach kann das Dokument wieder geschlossen werden.

Jetzt sollte nur noch die Datei *musterlayout.php* geöffnet sein. Als Titel vergeben Sie die Bezeichnung »Yves Hair Shop«. Als Nächstes muss noch die CSS-Datei mit dem PHP-Dokument verknüpft werden. Klicken Sie im Bedienfeld *CSS-Stile* auf das Kettensymbol (Stylesheet anfügen) und wählen die Datei *layout.css* aus.

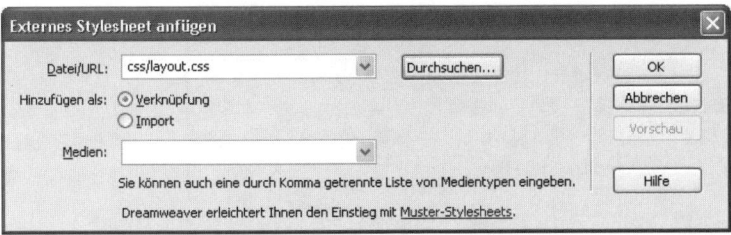

**Bild 7.32:** Auswahl der CSS-Datei *layout.css*.

Jetzt sollte sich im Bedienfeld *CSS-Stile* die eben verknüpfte CSS-Datei *layout.css* befinden, in der alle CSS-Regeln für das Layout der Webseite gespeichert werden.

**Bild 7.33:** Das Bedienfeld *CSS-Stile* mit der verknüpften Datei *layout.css*.

# 7.9 Grundeinstellungen für das Layout

Zuerst werden hier einige Grundeinstellungen für die Webseite festgelegt. Dazu gehören das Zurücksetzen aller Innen- und Außenabstände auf 0, da sonst der Webbrowser entscheidet, wie groß bzw. wie klein die Abstände sind, und das ist bei einem festen Layout wie für diese Website nicht erwünscht.

Nun erstellen Sie eine neue CSS-Regel und setzen in das Eingabefeld *Selekor-Name* das Sternsymbol (*). Das Sternsymbol steht stellvertretend für alle HTML-Elemente. In der Kategorie *Box* stellen Sie *Margin* und *Padding* auf 0 px. Achten Sie darauf, dass das Kontrollkästchen *Für alle gleich* aktiviert ist.

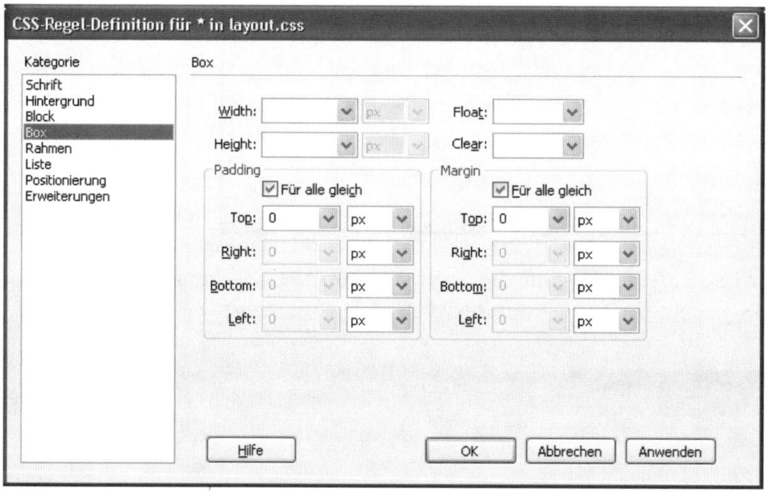

**Bild 7.34:** *CSS-Regel-Definition* für alle HTML-Elemente.

Die nächste Einstellung betrifft die Zentrierung des Inhalts im Browserfenster. Um einen Inhalt im Browserfenster zu zentrieren, gibt man dem Container für den Inhalt eine Breite vor und stellt die Abstände für links und rechts auf Auto. Dadurch berechnet der Browser automatisch jeweils den linken und rechten Abstand für den Container, um ihn in der Mitte des Browserfensters zu zentrieren. Der Internet Explorer 5.x kommt mit diesen Angaben jedoch nicht zurecht und stellt den Container an den linken Rand des Browserfensters. Um den Inhalt im IE 5.x zu zentrieren, stellt man im body-Tag die Textausrichtung auf center.

Erzeugen Sie eine neue CSS-Regel für den body-Tag und stellen Sie in der Kategorie *Block* das Feld *Text-align* auf center. Bei dieser Gelegenheit können Sie auch gleich die Standardschriftart und die Hintergrundfarbe für die Seite festlegen.

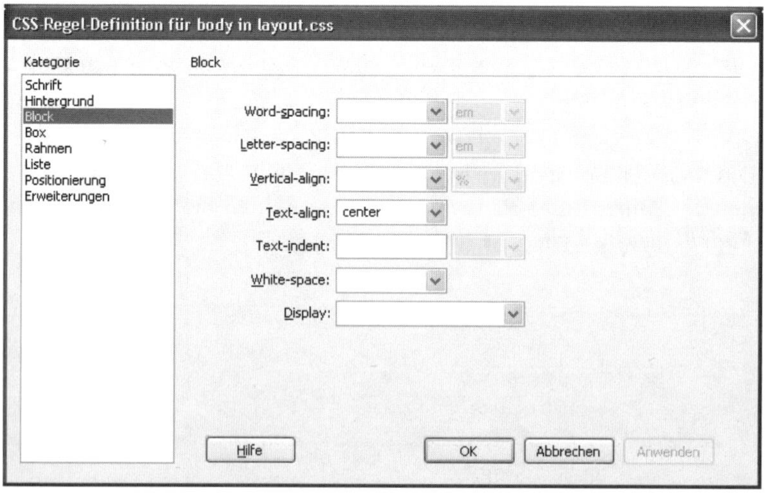

**Bild 7.35:** Textausrichtung für das zentrierte Layout im IE 5.x.

Wechseln Sie zur Kategorie *Schrift* und wählen Sie unter *Font-family* die Einstellung `Geneva, Arial, Helvetica, sans-serif` aus. Die Schriftgröße *Font-size* stellen Sie auf 100%. Für die Textfarbe geben Sie unter *Color* den Farbwert #621611 ein. Wechseln Sie nun zur Kategorie *Hintergrund* und geben Sie als *Background-color* den Farbwert #9a281e ein.

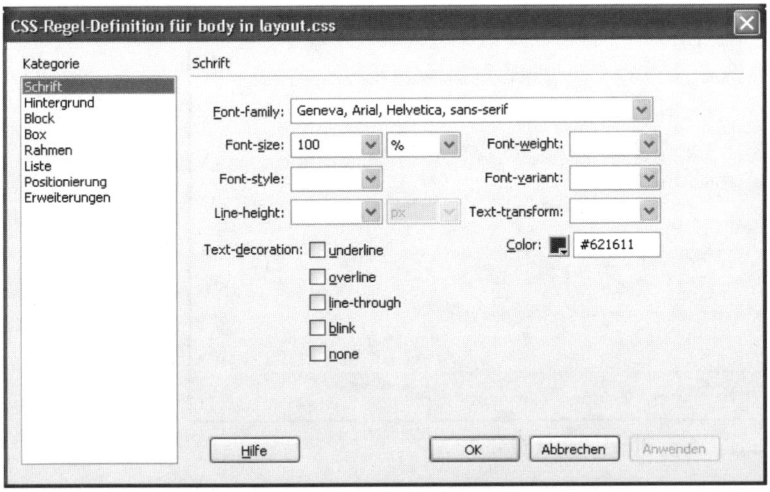

**Bild 7.36:** Standardschriftart und -größe für die Webseite.

**Hinweis:** Vergessen Sie bei den Farbangaben nicht das Rautezeichen (#), da sonst die Farbangaben von den meisten Browsern ignoriert werden.

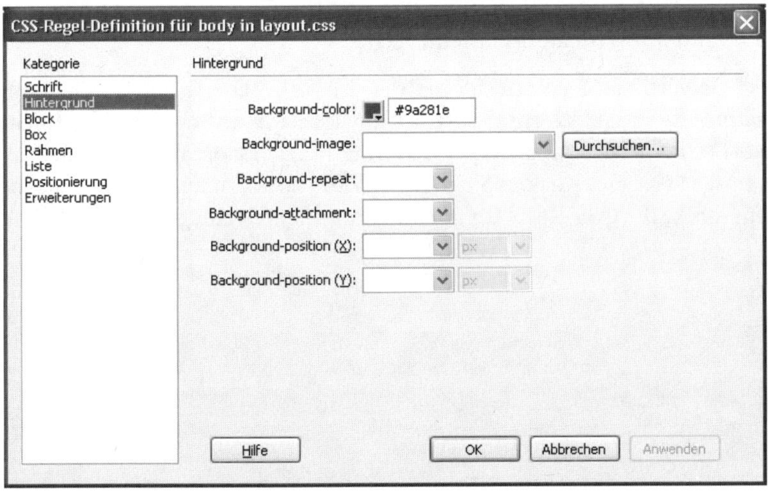

**Bild 7.37:** Hintergrundfarbe für den `body`-Tag.

Da für die Hyperlinks größtenteils der gleiche Farbton wie für den Text verwendet wird, erzeugen Sie eine neue CSS-Regel für den a-Tag (Anker). Stellen Sie unter der Kategorie *Schrift* die Schriftfarbe unter *Color* ebenfalls auf den Farbwert #621611.

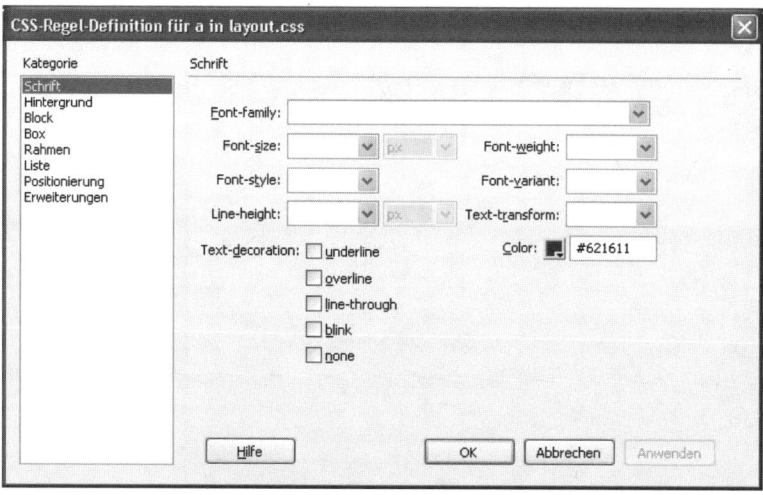

**Bild 7.38:** Farbe für die Hyperlinks festlegen.

## 7.10  Webseite vertikal unterteilen

Kommen wir nun zur Erstellung der einzelnen Bereiche für den Inhalt der Webseite. Wie Sie in der Abbildung zu Beginn dieses Kapitels gesehen haben, ist die Seite vertikal in die drei Bereiche Kopf, Mitte und Fuß unterteilt. Diese drei Bereiche befinden sich in einem Behälter mit dem Namen *Container*. Der Bereich *Mitte* ist horizontal auch in drei Bereiche aufgeteilt: Menü links, Inhalt und Menü rechts.

Erstellen wir zuerst die vertikale Struktur der Seite. Dafür wird zuerst der Behälter mit dem Namen *Container* benötigt. Wechseln Sie in die *Entwurf*-Ansicht und fügen Sie über das Bedienfeld *Einfügen/Layoutobjekte/Div-Tag* einen neuen Container am Einfügepunkt mit der ID container ein. Klicken Sie nicht auf *OK*, sondern auf die Schaltfläche *Neue CSS-Regel*, um direkt die CSS-Regel für diesen Container festzulegen.

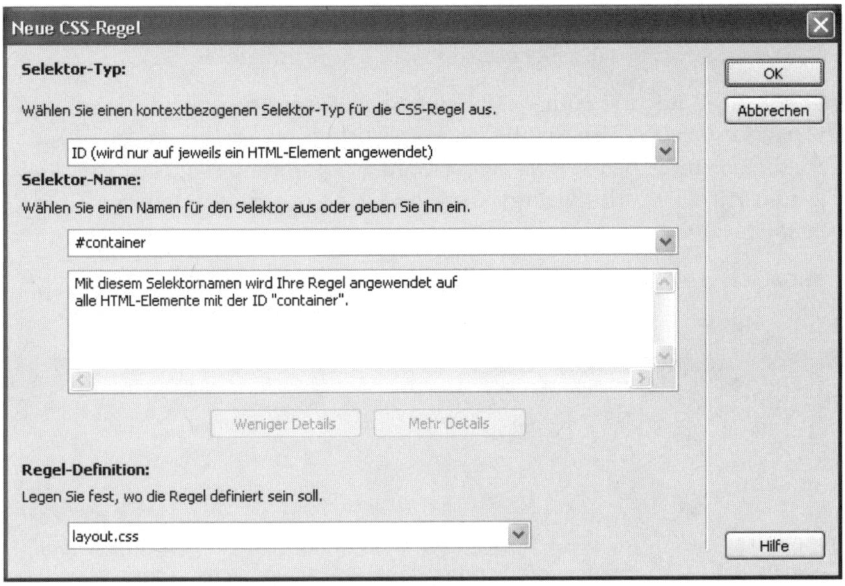

```
Neue CSS-Regel                                                    [X]

Selektor-Typ:                                                  [  OK  ]

Wählen Sie einen kontextbezogenen Selektor-Typ für die CSS-Regel aus.   [Abbrechen]

  ID (wird nur auf jeweils ein HTML-Element angewendet)          [v]

Selektor-Name:

Wählen Sie einen Namen für den Selektor aus oder geben Sie ihn ein.

  #container                                                     [v]

  Mit diesem Selektornamen wird Ihre Regel angewendet auf
  alle HTML-Elemente mit der ID "container".




    [    Weniger Details    ]    [    Mehr Details    ]

Regel-Definition:

Legen Sie fest, wo die Regel definiert sein soll.

  layout.css                                          [v]        [  Hilfe  ]
```

**Bild 7.39:** Neue CSS-Regel für den Container.

Wechseln Sie zur Kategorie *Hintergrund* und geben Sie unter *Background-color* den Farbwert #621611 (der gleiche Wert wie auch bei der Textfarbe des Bodys) ein. Als Nächstes werden die Breite und die Außenabstände festgelegt. Wechseln Sie also zur Kategorie *Box* und geben Sie unter *Width* eine Breite von 1000px ein. Unter *Margin* geben Sie bei *Top* und *Bottom* jeweils 20px und bei *Left* und *Right* jeweils auto ein.

Zum Schluss muss die Textausrichtung wieder auf linksbündig zurückgestellt werden, da aus Kompatibilitätsgründen zum IE 5.x die Textausrichtung im body-Tag auf zentriert gestellt wurde. Wechseln Sie zur Kategorie *Block* und wählen Sie unter *Text-align* den Eintrag left aus.

Hier noch einmal alle Angaben für den Div-Container:

Kategorie *Hintergrund*:

```
Background-color: #621611
```

Kategorie *Block*:

```
Text-align: left
```

Kategorie *Box*:

```
Width: 1000px
Margin-top: 20px
Margin-right: auto
Margin-bottom: 20px
Margin-left: auto
```

Jetzt können die drei Container für Kopf, Mitte und Fuß erstellt werden. Markieren Sie dazu den (nicht sichtbaren) Text *Raum für den Inhalt von id 'container'*, löschen Sie den

Text und fügen Sie einen neuen Div-Tag mit der *ID kopf* ein. Klicken Sie wieder auf die Schaltfläche *Neuer CSS-Stil*, um die Eigenschaften für `kopf` festzulegen.

Nun wechseln Sie zur Kategorie *Hintergrund* und klicken bei *Background-image* auf die Schaltfläche *Durchsuchen*. Wählen Sie die Datei `kopf.png` im Ordner *bilder/layout* als Hintergrundbild aus. Unter *Background-repeat* wählen Sie den Eintrag `no-repeat` aus. Wechseln Sie nun zur Kategorie *Box*, um die Höhe des Containers festzulegen. Geben Sie unter *Height* eine Höhe von `155px` ein.

Hier noch einmal alle Angaben für den Div-Container `kopf`:

Kategorie *Hintergrund*:

```
Background-image: url(bilder/layout/kopf.png)
Background-repeat: no-repeat
```

Kategorie *Box*:

```
Height: 155px
```

Den von Dreamweaver automatisch eingefügten Text *Raum für den Inhalt von id* können Sie bei diesem und auch den folgenden Div-Containern beruhigt löschen.

**Bild 7.40:** Die Musterseite mit eingefügtem Kopfbereich.

Als Nächstes kann der mittlere Container für den Inhalt und die Menüs erstellt werden. Erstellen Sie einen neuen Div-Tag und wählen Sie unter *Einfügen* die Option *Nach dem Tag* aus. In der nun erscheinenden Liste wählen Sie den Eintrag `<div id="kopf">` aus, um den neuen Div-Tag unter dem Div `kopf` einzufügen. Als ID vergeben Sie `mitte`. Legen Sie nun die Eigenschaften für den Div `mitte` fest.

Wechseln Sie zur Kategorie *Hintergrund* und wählen Sie das Hintergrundbild *mitte.png* im Ordner *bilder/layout* aus. Unter *Background-repeat* wählen Sie die Einstellung `repeat-y` aus. Wechseln Sie nun zur Kategorie *Box*, deaktivieren Sie das Kontrollkästchen *Für alle gleich* für das *Padding* und geben Sie im Feld *Left* und *Right* einen Wert von `10px` ein.

Hier noch einmal alle Angaben für den Div `mitte`:

Kategorie *Hintergrund*:

```
Background-image: url(bilder/layout/mitte.png)
Background-repeat: repeat-y
```

Kategorie *Box*:

```
Padding-right: 10px
Padding-left: 10px
```

**Bild 7.41:** Die Musterseite mit eingefügtem Inhalts- und Menübereich.

Jetzt fehlt nur noch der Container für den Fußbereich der Seite. Dazu erstellen Sie einen neuen Div-Tag, wählen unter *Einfügen* die Option *Nach dem Tag* und wählen den Eintrag `<div id="mitte">` aus. Als ID geben Sie `fuss` ein. Legen Sie nun die Eigenschaften für den Div `fuss` fest.

Jetzt wechseln Sie zur Kategorie *Hintergrund* und wählen die Datei `fuss.png` im Ordner *bilder/layout* für den Hintergrund aus. Unter *Background-repeat* wählen Sie die Einstellung `no-repeat` aus. Wechseln Sie dann zur Kategorie *Box*, um die Höhe des Div festzulegen. Geben Sie unter *Height* eine Höhe von 65px ein.

Hier noch einmal alle Angaben für den Div `fuss`:

Kategorie *Hintergrund*:

```
Background-image: url(bilder/layout/fuss.png)
Background-repeat: no-repeat
```

Kategorie *Box*:

```
Height: 65px
```

**Bild 7.42:** Die Musterseite mit eingefügtem Fußbereich.

Damit ist die Erstellung der vertikalen Bereiche der Seite abgeschlossen. Kommen wir nun zu den drei horizontalen Containern für die Menüs und den Seiteninhalt.

## 7.11 Webseite horizontal unterteilen

Um HTML-Elemente zu umfließen bzw. nebeneinander zu platzieren, gibt es in der CSS-Spezifikation die Eigenschaft Float mit den möglichen Werten left, right, none und inherit. Für unsere Musterseite verwenden wir den Wert left, um die einzelnen Div-Container der Reihe nach von links nach rechts nebeneinander zu stellen. Das Aufheben eines Float geschieht dann mit der Eigenschaft Clear. Mögliche Werte von Clear sind: none, left, right, both und inherit.

Für ein Layout mit Div-Containern verwenden wir standardmäßig den Wert both, um alle aktiven Floats aufzuheben. Die Eigenschaft Clear wird in der Praxis häufig entweder einem Zeilenumbruch <br style="clear:both" /> oder einem leeren Div-Container <div style="clear:both"></div> zugewiesen.

Nun erstellen Sie einen neuen Div-Tag, wählen aber unter *Einfügen* diesmal die Option *Nach Beginn des Tags* und wählen den Eintrag <div id="mitte"> aus. Unter ID geben Sie menu_links ein. Legen Sie nun die Eigenschaften für den Div menu_links fest.

Wechseln Sie zur Kategorie *Box* und tragen Sie im Feld *Width* einen Wert von 180px ein. Unter Float wählen Sie die Option left aus.

Hier noch einmal die Angaben für den Div menu_links:

Kategorie *Box*:

```
Width: 180px
Float: left
```

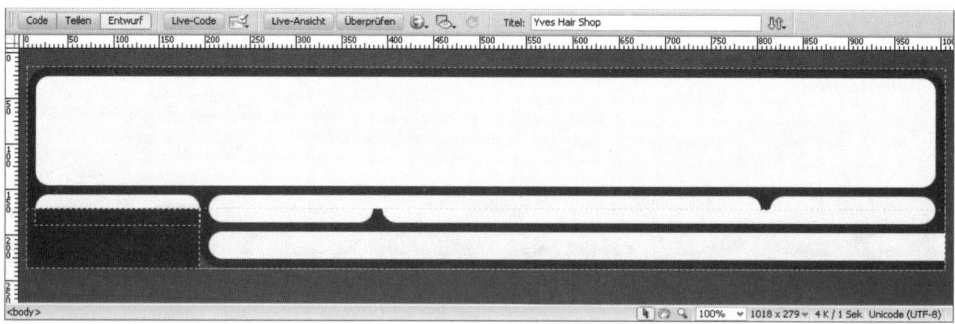

**Bild 7.43:** Die Musterseite mit dem linken Menübereich.

Lassen Sie sich von dem verschobenen Fußbereich nicht irritieren, das ist ganz normal, da der davorstehende Div menu_links ja die Eigenschaft zum Umfließen erhalten hat.

Erstellen Sie als Nächstes den Container für den Inhalt, wählen Sie unter *Einfügen* wieder die *Option Nach dem Tag* und als Eintrag <div id="menu_links"> aus. Unter ID geben Sie inhalt ein. Legen Sie jetzt die Eigenschaften für den Div inhalt fest.

Dazu wechseln Sie zur Kategorie *Box* und tragen im Feld *Width* einen Wert von 580px ein. Deaktivieren Sie für das *Padding* das Kontrollkästchen *Für alle gleich* und tragen Sie für *Left* und *Right* den Wert 10px ein. Unter *Margin* stellen Sie die Werte für *Left* und *Right* ebenfalls auf 10px. Zum Schluss wählen Sie unter Float wieder die Option left aus.

Hier noch einmal die Angaben für den Div inhalt:

Kategorie *Box*:

```
Width: 580px
Float: left
Padding-right: 10px
Padding-left: 10px
Margin-right: 10px
Margin-left: 10px
```

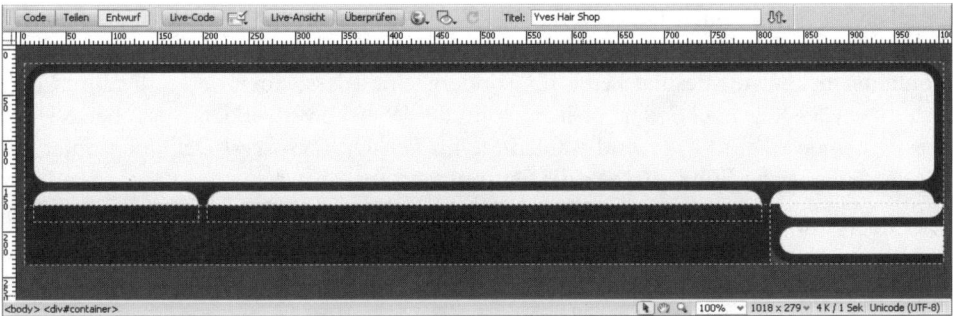

**Bild 7.44:** Die Musterseite mit dem Inhaltsbereich.

Jetzt fehlt nur noch der Container für das Menü auf der rechten Seite. Erstellen Sie einen neuen Div-Tag, wählen Sie unter *Einfügen* wieder *Nach dem Tag* und wählen Sie den Eintrag <div id="inhalt"> aus. Die ID für diesen Container ist menu_rechts. Legen Sie jetzt die Eigenschaften für menu_rechts fest.

Wechseln Sie wieder zur Kategorie *Box* und tragen Sie im Feld *Width* den Wert 180px ein. Auch bei diesem letzten Container wählen Sie unter Float die Option left aus.

Hier noch einmal alle Angaben für den Div menu_rechts:

Kategorie *Box*:

```
Width: 180px
Float: left
```

**Bild 7.45:** Die Musterseite mit dem rechten Menübereich.

Bis jetzt sieht das Layout noch nicht so recht fertig aus, aber das ändert sich gleich. Wir haben bisher alle Container im mittleren Bereich mit Float nebeneinander gestellt. Wie weiter oben erwähnt, hebt man das Float mit der CSS-Eigenschaft *Clear* wieder auf.

Erstellen Sie einen neuen Div-Tag für die *Clear*-Eigenschaft, wählen Sie unter *Einfügen* wieder *Nach dem Tag* und als Eintrag suchen Sie `<div id="menu_rechts">` aus. Dieser Container bekommt diesmal keine ID, sondern eine Klasse zugewiesen. Dadurch lässt sich diese CSS-Regel bei Bedarf mehrmals auf der Website verwenden. Vergeben Sie den Klassennamen `clearfloat` und wählen Sie im Fenster *CSS-Regel-Definition* unter der Kategorie *Box* beim Eintrag `Clear` die Option `both` aus.

Hier noch einmal die Angabe für den Div `clearfloat`:

Kategorie *Box*:

```
Clear: both
```

Löschen Sie den von Dreamweaver automatisch erstellten Text *Raum für den Inhalt von class 'clearfloat'*. Ihr Layout sollte jetzt wie in der nächsten Abbildung aussehen.

**Bild 7.46:** Die Musterseite mit eingefügtem Div zum Aufheben des floatenden Bereichs.

Die Erstellung des Layouts für die Musterseite ist hiermit abgeschlossen. Im nächsten Kapitel befassen wir uns mit den Inhalten für Kopf- und Fußzeile sowie mit den Menüs.

# 7.12 Inhalte für Kopf- und Fußzeile

Da der Inhalt von Kopf- und Fußzeile und Menüs auf der ganzen Website gleich bleibt, wäre es nicht empfehlenswert, diesen Inhalt auf jede einzelne Seite zu kopieren, da bei einer Korrektur (z. B. bei einer Linkänderung) dieselbe Korrektur auf allen anderen Webseiten ebenfalls durchgeführt werden müsste. Um diese vielen fehlerträchtigen Korrekturen zu vermeiden, bietet Dreamweaver die Möglichkeit, Templates zu nutzen. Da wir hier mit einem Webserver arbeiten, gibt es auch die Möglichkeit, die einzelnen Teilbereiche dynamisch in die Webseite einzubinden. Die Technik, die hierzu verwendet wird, heißt »Server-Side Includes«. Dreamweaver unterstützt diese Technik, und wir werden sie auch für die Musterseite verwenden.

Fangen wir mit der Kopfzeile an. Hier muss nur das Logo von »Yves Hairdesign« eingebunden werden. Was man nicht sieht, ist, dass das Logo einen Link zur Startseite enthält. Aus diesem Grund wird auch das Logo dynamisch eingebunden.

Erstellen Sie ein neues Dokument vom Seitentyp *PHP* Layouttyp *<kein>* und speichern Sie es unter dem Dateinamen *kopf.php* ab. Löschen Sie den kompletten Inhalt des Dokuments und erstellen Sie einen Div-Container für die Aufnahme des Logos. Eine Klasse oder ID braucht für diesen Container nicht vergeben zu werden. Anschließend löschen Sie den automatisch erstellten Text und fügen an diese Stelle die Abbildung *logo.png* ein. Der Alternativtext für diese Abbildung lautet *Yves Hair Shop*. Erstellen Sie einen Link für das Logo und wählen Sie als Linkziel zuerst einmal das Rautezeichen #. Das Ganze sollte dann so aussehen:

```
<div>
   <a href="#"><img src="bilder/layout/logo.png" alt="Yves Hair Shop"
width="900" height="90" /></a>
</div>
```

Inhalt der Datei *kopf.php* in der Codeansicht

Wechseln Sie jetzt wieder zur Datei *musterlayout.php* und stellen Sie den Cursor in den Div `kopf`. Wählen Sie entweder über das Bedienfeld *Einfügen* unter der Registerkarte *Allgemein* die Schaltfläche *Server-Side Include* aus oder unter dem Menü *Einfügen* den Eintrag *Server-Side Include*. In dem sich öffnenden Dialogfenster zum Auswählen von Dateien markieren Sie die eben erstellte Datei *kopf.php* und bestätigen die Auswahl mit *OK*.

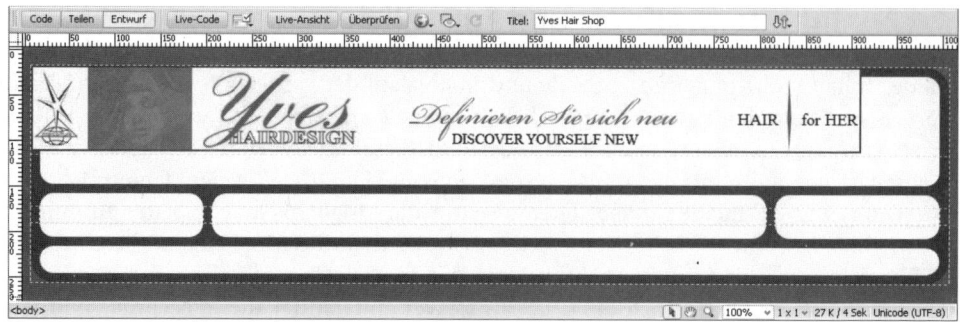

**Bild 7.47:** Musterseite mit eingebundener *kopf.php*.

Wie Sie sehen, ist das Einbinden von externen Inhalten in eine Webseite mit Server-Side Includes relativ einfach. Die Formatierung des Logos wird wie immer mit CSS erledigt. Erstellen Sie eine neue CSS-Regel für den Div-Container mit dem Logo innerhalb des Div `kopf`, der Selektor ist `#kopf div`, mit folgenden Eigenschaften:

Kategorie *Block*:

```
Text-align: center
```

Kategorie *Box*:

```
Padding-top: 25px
```

Jetzt muss nur noch der blaue Rahmen um das Logo entfernt werden. Der Selektor dafür lautet `#kopf img`. Stellen Sie einfach unter *Rahmen* den Wert für *Width* auf `0px` und der Rahmen ist verschwunden. Hier die daraus entstandenen Eigenschaften:

Kategorie *Rahmen*:

```
Border-top-width: 0px
Border-right-width: 0px
Border-bottom-width: 0px
Border-left-width: 0px
```

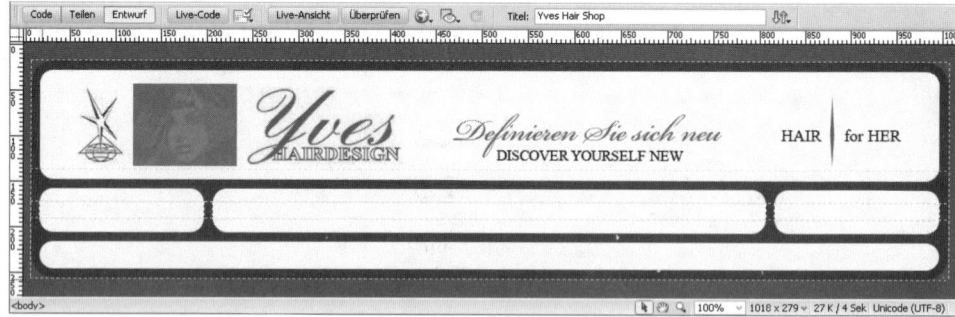

**Bild 7.48:** Die Musterseite mit formatiertem Kopf-Inhalt.

Damit ist das Einbinden und Formatieren des Kopfbereichs abgeschlossen. Als Nächstes wird die Fußzeile mit den Links für Kontakt, Impressum und Copyrightvermerk erstellt.

Dazu erstellen Sie ein neues Dokument vom Seitentyp *PHP* Layouttyp *‹kein›* und speichern es unter dem Dateinamen *fuss.php* ab. Löschen Sie wieder den kompletten Inhalt des Dokuments und erstellen Sie einen Div-Container für die Aufnahme der Fußzeile. Dann löschen Sie den automatisch erstellten Text und schreiben stattdessen Folgendes in den Div-Container:

© *2010 by Yves Hair Shop • Kontakt • Impressum • AGB*

Erstellen Sie für Kontakt, das Impressum und die AGB jeweils einen Link mit dem Rautezeichen (#) als Linkziel. Hier zur Kontrolle der Quellcode:

```
<div>&copy; 2010 by Yves Hair Shop &#8226; <a href="#">Kontakt</a> &#8226;
<a href="#">Impressum</a> &#8226; <a href="#">AGB</a></div>
```

Inhalt der Datei *fuss.php*.

Speichern Sie das Dokument und wechseln Sie wieder zur Datei *musterlayout.php*. Stellen Sie den Cursor in den Div `fuss` und binden Sie die Datei *fuss.php* über ein Server-Side Include ein.

Erstellen Sie nun eine neue CSS-Regel für den Div-Container mit dem Fußzeilentext innerhalb des Div `fuss`. Der Selektor ist diesmal `#fuss div`, die Eigenschaften sind:

Kategorie *Schrift*:

```
Font-size: 14px
```

Kategorie *Block*:

```
Text-align: center
```

Kategorie *Box*:

```
Padding-top: 32px
```

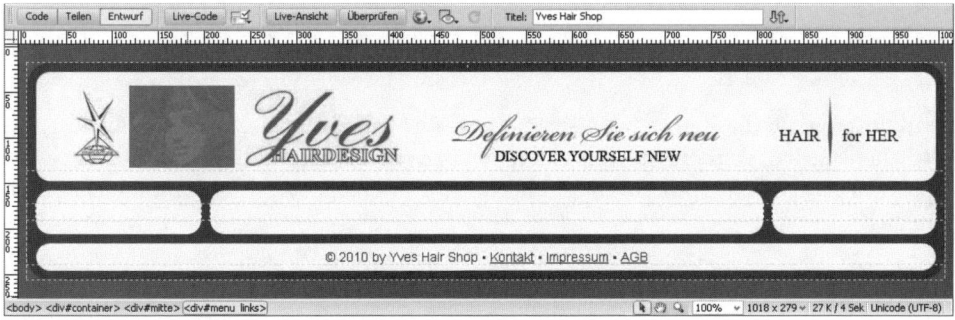

**Bild 7.49:** Die Musterseite mit formatiertem Fuß-Inhalt.

## 7.12.1 Inhalte für die Menüs erstellen

Menüs für Webseiten lassen sich auf vielfältige Weise umsetzen. An der Struktur wird meistens mit Tabellen Listen, oder Div-Containern gearbeitet. Dreamweaver bietet auch die Möglichkeit, über das Spry-Framework Menüleisten zu erstellen, die allerdings sehr viel Quellcode sowie sehr viele CSS-Regeln erzeugen und bei deaktiviertem JavaScript nicht mehr funktionieren. Für unsere Musterseite verwenden wir deshalb ein einfaches CSS-Menü auf Basis einer unsortierten Liste.

Der Aufbau der Menüs sieht wie folgt aus: Die einzelnen Menübereiche bekommen je eine Überschrift mit dem Thema der nachfolgenden Einträge. Darauf folgt dann die Liste der einzelnen Menüpunkte zu diesem Thema. Um das Aussehen des einzelnen Menüpunkts beim Überfahren mit der Maus zu verändern, arbeiten wir mit der Pseudo-Klasse :hover, die für Links und andere HTML-Elemente benutzt werden kann.

Im Internet Explorer bis einschließlich Version 6 funktioniert jedoch keine der allgemeingültigen Pseudoklassen – :focus, :hover und :active – und in Version 7 bei anderen Elementen als dem a-Tag lediglich :hover. Aus diesem Grund verwenden wir :hover auf der Musterseite nur in Verbindung mit dem a-Tag. Um trotzdem einen Schaltflächeneindruck zu erzeugen, deklarieren wir den a-Tag als Blockelement.

## 7.12.2 Das Navigationsmenü (Menü links)

Erzeugen wir erst einmal die Struktur des linken Menüs. Erstellen Sie dazu ein neues Dokument vom Seitentyp *PHP* Layouttyp *<kein>* und speichern Sie es unter dem Dateinamen *menu_links.php* ab. Löschen Sie wieder den kompletten Inhalt des Dokuments und erstellen Sie einen Div-Container für die Aufnahme des Menüs. Anschließend löschen Sie den automatisch erstellten Text und schreiben stattdessen Folgendes in den Div-Container:

```
Startseite
Collection
Ellen Wille
Gisela Mayer
GfH
Colors
Hell/Blond
Mittel/Braun
Dunkel/Schwarz
```

Strukturieren Sie die Zeilen Collection und Colors als Überschrift der Ebene 1, die restlichen Zeilen werden als unsortierte Listen strukturiert. Erstellen Sie für jeden Listeneintrag einen Hyperlink mit dem Linkziel #. Der Quellcode sieht dann folgendermaßen aus:

```
<div>
  <ul>
    <li><a href="#">Startseite</a></li>
  </ul>
  <h1>Collection</h1>
  <ul>
    <li><a href="#">Ellen Wille</a></li>
    <li><a href="#">Gisela Mayer</a></li>
    <li><a href="#">GfH</a></li>
  </ul>
```

```
<h1>Colors</h1>
<ul>
    <li><a href="#">Hell/Blond</a></li>
    <li><a href="#">Mittel/Braun</a></li>
    <li><a href="#">Dunkel/Schwarz</a></li>
</ul>
</div>
```

Struktur des linken Menüs.

Speichern Sie das Dokument und wechseln Sie wieder zurück zur Datei *musterlay-out.php*. Dann stellen Sie den Cursor in den Div `menu_links` und fügen die gerade erstellte Datei über ein Server-Side Include ein.

Kommen wir nun zur Formatierung des Menüs. Einige Einstellungen können dabei auch gleich für das rechte Menü mit erledigt werden, z. B. die Formatierung der Über-schriften.

Erstellen Sie eine neue CSS-Regel mit dem Selektor `#menu_links h1`, `#menu_rechts h1` und folgenden Eigenschaften:

Kategorie *Schrift*:

```
Font-family: Georgia, "Times New Roman", Times, serif
Font-size: 20px
Font-weight: bold
Color: #ff8000
```

Kategorie *Hintergrund*:

```
Background-image: url(bilder/hg_menu_ueber.png)
Background-repeat: no-repeat
Background-position: center center
```

Kategorie *Box*:

```
Padding-top: 5px
Padding-right: 5px
Padding-bottom: 5px
Padding-left: 10px
```

Kategorie *Rahmen*:

```
Border-bottom-width: 1px
Border-bottom-style: dotted
Border-bottom-color: #000000
```

Als Nächstes wird die Linkliste formatiert, zuerst einmal der `ul`-Tag (unsorted List), um die Listenpunkte zu entfernen. Erstellen Sie eine neue CSS-Regel mit dem Selektor `#menu_links ul` und folgender Eigenschaft:

Kategorie *Liste*:

```
List-style-type: none
```

Das war's auch schon für die Liste, der Rest der Formatierung liegt ja, wie weiter oben erwähnt, komplett auf dem a-Tag. Dabei spielt der Internet Explorer, für den die Formatierung extra auf diesen Tag gelegt wurde, wieder einmal eine Sonderrolle. Die Browserkompatibilitätsprüfung von Dreamweaver schreibt dazu Folgendes:

*Zusätzlicher Leerraum in Listenlinks – Bug.*

*Wenn ein Listenelement einen Link mit* display: block *und ohne explizite Abmessungen enthält, bewirken die Leerzeichen oder Zeilenumbrüche, die im Code auf das Listenelement folgen, dass im Browser ein zusätzlicher Leerraum erscheint.*

*Betrifft: Internet Explorer 6.0.*

*Wahrscheinlichkeit: Höchstwahrscheinlich.*

> **Hinweis:** Durch das Einbinden der Linkliste über Server-Side Includes findet Dreamweaver auf der Musterseite keinen Fehler. Nur wenn sich die Linkliste physikalisch im Dokument befindet, wird diese Meldung angezeigt.

Für unsere Musterseite bedeutet das konkret, dass der a-Tag eine feste Breite bekommen muss. Dadurch erkennt der Internet Explorer nicht nur Text als Link, sondern die komplette Breite des Links. Erstellen Sie also eine neue CSS-Regel mit dem Selektor #menu_links a. Die Eigenschaften für den a-Tag sind:

Kategorie *Schrift*:

```
Font-family: Verdana, Arial, Helvetica, sans-serif
Font-size: 14px
Text-decoration: none
```

Kategorie *Hintergrund*:

```
Background-image: url(bilder/menu_link.png)
Background-repeat: repeat-x
Background-position: top
```

Kategorie *Block*:

```
Display: block
```

Kategorie *Box*:

```
Width: 165px
Padding-top: 7px
Padding-right: 5px
Padding-bottom: 7px
Padding-left: 10px
```

Kategorie *Rahmen*:

```
Border-bottom-style: dotted
Border-bottom-width: 1px
Border-bottom-color: #000000
```

Was jetzt noch fehlt, ist der Hover-Effekt, der das Aussehen der Links beim Überfahren mit der Maus verändert. Erstellen Sie eine neue CSS-Regel mit dem Selektor `#menu_links a:hover`. Die Eigenschaften für den a-Tag sind:

Kategorie *Schrift*:

```
Text-decoration: underline
```

Kategorie *Hintergrund*:

```
Background-position: bottom
```

Die Musterseite sollte jetzt wie in den folgenden Abbildungen aussehen.

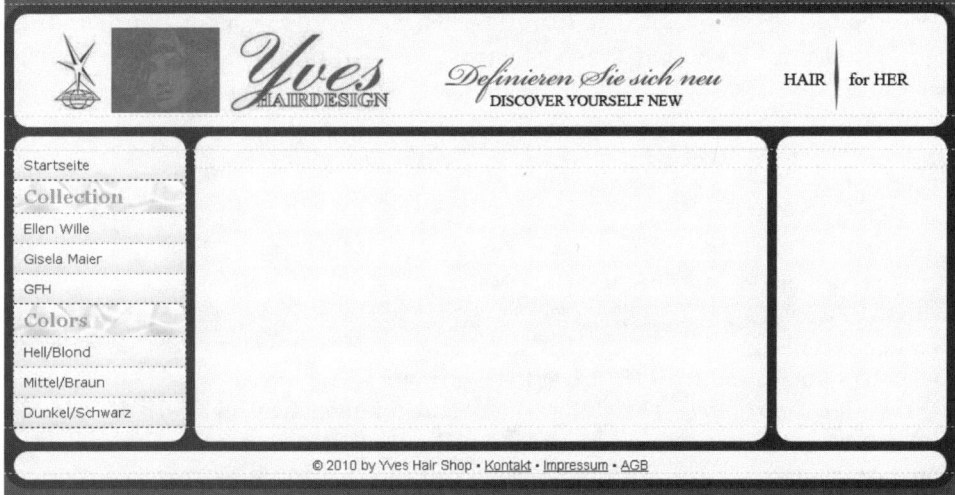

**Bild 7.50:** Die Musterseite mit dem formatierten Navigationsmenü.

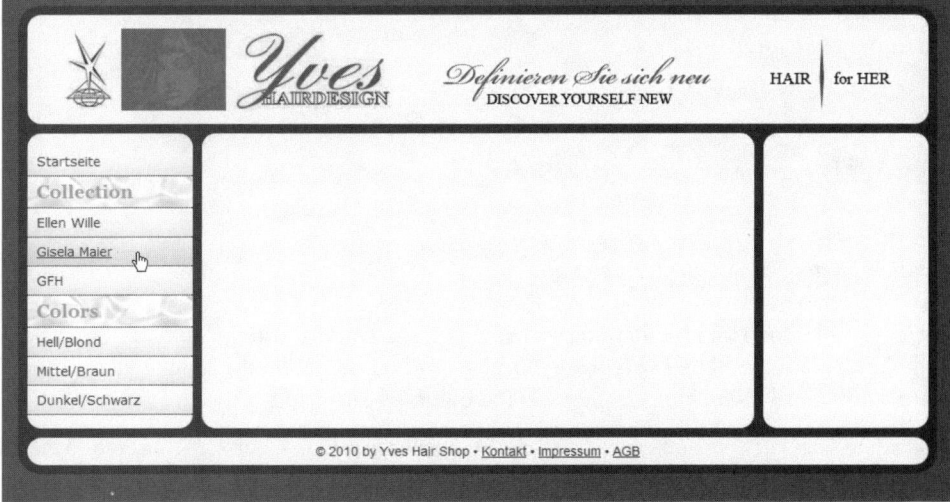

**Bild 7.51:** Der Hover-Effekt beim Überfahren mit der Maus.

### 7.12.3 Das Benutzermenü (Menü rechts)

Das rechte Menü ist im eigentlichen Sinn kein Menü, es bietet dem Benutzer lediglich Zugang zur Registrierung und zum Warenkorb. Der Rest des Raums wird verwendet, um dem Benutzer Informationen über den Inhalt seines Warenkorbs zu geben und um sich an- bzw. abzumelden.

Dafür ist es sinnvoll, das rechte Menü in getrennte Bereiche zu unterteilen, einmal für den Warenkorb und einmal für die Benutzeranmeldung. Erstellen Sie innerhalb des Div `menu_rechts` einen neuen Div-Container mit der ID `warenkorb_anzeige`. Für diesen Div-Container brauchen keine CSS-Regeln erstellt zu werden. Als Nächstes legen Sie auch für die Benutzeranmeldung einen Div-Container mit der ID `kundenlogin` an, der nach dem Div `warenkorb_anzeige` steht. Auch für diesen Div-Container brauchen keine CSS-Regeln definiert zu werden. Löschen Sie die automatisch erstellten Texte innerhalb der beiden neuen Div-Container. Der Div-Container `menu_rechts` sollte dann so aussehen:

```
<div id="menu_rechts">
   <div id="warenkorb_anzeige"></div>
   <div id="kundenlogin"></div>
</div>
```

Die neu erstellten Div-Container im rechten Menü.

Wenden wir uns nun dem Inhalt der Warenkorbanzeige zu. Dazu erstellen Sie ein neues Dokument vom Seitentyp *PHP* Layouttyp *<kein>* und speichern es unter dem Dateinamen *warenkorb_anzeige.php* ab. Löschen Sie den kompletten Inhalt des Dokuments und erstellen Sie einen Div-Container ohne ID oder Klasse für den Inhalt der Warenkorbanzeige. Jetzt löschen Sie den automatisch erstellten Text und schreiben stattdessen Folgendes in den Div-Container: `Warenkorb`, *Ihr Warenkorb ist leer* und *Zum Warenkorb*.

Wundern Sie sich nicht über den Text *Ihr Warenkorb ist leer*. Der Text wird später dynamisch durch den tatsächlichen Inhalt des Warenkorbs ersetzt. Strukturieren Sie das Dokument wie folgt:

```
<div>
   <h1>Warenkorb</h1>
   <p>Ihr Warenkorb ist leer</p>
   <p><a href="#">Zum Warenkorb</a></p>
</div>
```

Inhalt der Datei *warenkorb_anzeige.php*.

Speichern Sie das Dokument und wechseln Sie zur Datei *musterlayout.php*. Stellen Sie den Cursor in den Div *warenkorb_anzeige* und binden Sie die neu erstellte Datei *warenkorb_anzeige.php* über ein Server-Side Include ein.

Kommen wir zur Formatierung des rechten Menüs. Die Überschrift ist so weit in Ordnung. Was noch fehlt, ist die gepunktete Linie oben. Erstellen Sie dafür eine neue CSS-Regel mit dem Selektor `#menu_rechts h1` und folgenden Eigenschaften:

Kategorie *Rahmen*:

```
Border-top-style: dotted
Border-top-width: 1px
Border-top-color: #000000
```

Kategorie *Liste*:

Als Nächstes formatieren wir den p-Tag. Der Selektor lautet in diesem Fall `#menu_rechts p`. Der p-Tag erhält folgende Eigenschaften:

Kategorie *Schrift*:

```
Font-size: 14px
```

Kategorie *Box*:

```
Padding-top: 5px
Padding-right: 5px
Padding-bottom: 5px
Padding-left: 10px
```

**Bild 7.52:** Die Musterseite mit der formatierten Warenkorbanzeige.

Kommen wir nun zum Kundenlogin. Je nach Anmeldestatus soll dieser Bereich anders dargestellt werden. Ist der Benutzer nicht angemeldet, stehen an dieser Stelle ein Formular, mit dem sich der Benutzer anmelden kann, und ein Link, um sich zu registrieren. Ist der Benutzer angemeldet, stehen dort der Vor- und Nachname des Benutzers und ein Link, um sich abzumelden, z. B. *Sie sind angemeldet als: Peter Schmidt Abmelden*.

Wenden wir uns erst einmal dem Anmeldeformular zu. Der dynamische Austausch des Kundenlogin-Bereichs wird im Abschnitt 7.14 »Kundenregistrierung und Kundenlogin« weiter unten erläutert. Erzeugen Sie ein neues Dokument vom Seitentyp *PHP* Layouttyp *<kein>* und speichern Sie es unter dem Dateinamen *kundenlogin.php* ab.

Löschen Sie wieder den kompletten Inhalt des Dokuments und erstellen Sie einen Div-Container ohne ID oder Klasse für das Formular. Danach löschen Sie den automatisch erstellten Text und erstellen zuerst einmal eine Überschrift mit dem Text *Kundenlogin*. Im Anschluss an die Überschrift fügen Sie ein leeres Formular ein. Geben Sie dem Formular den Namen `login_form`.

```
<div>
   <h1>Kundenlogin</h1>
   <form action="" method="post" name="loginform" id="loginform">
   </form>
</div>
```

Die Überschrift und das neu erstellte Formular.

> **Hinweis:** Da dieses Dokument keinen Doctype hat, fügt Dreameaver Tags nach dem HTML-Standard ein, das heißt, leere Elemente bekommen am Ende keinen Slash (/). Dieses Problem lässt sich aber beheben, indem man unter *Seiteneigenschaften* im Bedienfeld *Eigenschaften* unter der Kategorie *Titel/Kodierung* den *Document Type (DTD)* auf *XHTML 1.0 Transitional* stellt.

Fügen Sie zuerst einmal einen p-Tag innerhalb des Formulars ein, der die einzelnen Bestandteile des Formulars aufnimmt. Innerhalb des p-Tags fügen Sie die Beschriftungen für die Formularfelder (E-Mail-Adresse:, Passwort:) in einen `label`-Tag ein. Nach dem `label`-Tag folgt dann jeweils ein Zeilenumbruch und anschließend ein einzeiliges Eingabefeld. Die Bezeichnungen lauten für das Feld E-Mail-Adresse `email` und für das Passwort `password`. Achten Sie darauf, dass das Eingabefeld für das Passwort auch vom Typ `password` ist.

```
<div>
   <h1>Kundenlogin</h1>
   <form action="" method="post" name="loginform" id="loginform">
      <p>
                        <label>E-Mail-Adresse:</label>
                        <br />
                        <input type="text" name="email" id="email" />
                        <br />
                        <label>Passwort:</label>
                        <br />
                        <input type="password" name="passwort" id="passwort"
/>      </p>
   </form>
</div>
```

Das Formular mit den erstellten Eingabefeldern.

Zum Schluss brauchen wir noch eine Schaltfläche, um das Formular zu versenden, und einen Link zur Registrierungsseite. Fügen Sie nach dem Eingabefeld einen weiteren Zeilenumbruch ein und danach eine Schaltfläche vom Typ *Abschicken* mit der Bezeichnung *anmelden* und der Beschriftung *Anmelden*. Nach der Schaltfläche fügen Sie einen weiteren Zeilenumbruch und im Anschluss daran einen Link mit der Bezeichnung *Registrieren* ein. Die Datei *kundenlogin.php* sollte dann so aussehen:

```
<div>
   <h1>Kundenlogin</h1>
   <form action="" method="post" name="loginform" id="loginform">
      <p>
                         <label>E-Mail-Adresse:</label>
                         <br />
                         <input type="text" name="email" id="email" />
                         <br />
                         <label>Passwort:</label>
                         <br />
                         <input type="password" name="passwort" id="passwort"
/>

                         <br />
                         <input type="submit" name="anmelden" id="anmelden"
value="Anmelden" />

                         <br />
                         <a href="#">Registrieren</a>
      </p>
   </form>
</div>
```

Inhalt der Datei *kundenlogin.php*.

Anschließend speichern Sie die Datei und kehren zur Musterseite zurück. Stellen Sie den Cursor in den Div `kundenlogin` – das geht am einfachsten in der Codeansicht – und fügen Sie über ein Server-Side Include die eben erstellte Datei ein. Jetzt muss das Formular über den Selektor `#menu_rechts form` nur noch mit folgender Eigenschaft formatiert werden:

Kategorie *Schrift*:

```
Line-height: 1.5em
```

**Bild 7.53:** Die fertige Musterseite.

Das Layout der Musterseite ist nun fast fertig. Alle CSS-Regeln befinden sich in der Datei *layout.css*. Für den Inhalt brauchen wir jetzt, wie weiter oben bereits erwähnt, eine neue CSS-Datei. Erstellen Sie ein neues Dokument vom Seitentyp CSS und speichern Sie es unter dem Namen *inhalt.css* im Ordner *css*. Danach kann das Dokument wieder geschlossen werden. Die neue CSS-Datei muss jetzt noch mit der Musterseite verknüpft werden. Klicken Sie im Bedienfeld *CSS-Stile* auf das Kettensymbol *Stylesheet anfügen* und wählen Sie die Datei *inhalt.css* aus.

**Bild 7.54:** Die neu erstellte
CSS-Datei im Bedienfeld *CSS-Stile*.

Jetzt werden die Metaangaben für Beschreibung und Schlüsselwörter erstellt. Fügen Sie den Meta-Tag Beschreibung (Description) über das Bedienfeld *Einfügen* unter der Registerkarte *Allgemein* ein und schreiben Sie den Text *In unserem Shop finden Sie Perückenmodelle führender Hersteller wie Ellen Wille, Gisela Mayer und GfH-hair* in das dafür vorgesehene Feld. Für die Schlüsselwörter (Keywords) erstellen Sie über das Bedienfeld *Einfügen* ebenfalls einen entsprechenden Meta-Tag und schreiben folgende

Schlüsselwörter in das dafür vorgesehene Feld: *Perücken, Haarteile, Echthaarperücken, Zweithaar, Haarersatz, neue Haare, Ellen Wille, Gisela Mayer, GfH-hair.* Der nächste Punkt, der noch erledigt werden muss, betrifft die Programmierung der Webseite.

Um später Informationen für die komplette Website speichern zu können, die unabhängig von der gerade aktuellen Seite zur Verfügung stehen, gibt es die Session-Technik. Dabei wird für jeden Benutzer der Website ein eigener Speicherbereich zur Verfügung gestellt, in dem Informationen z. B. Name, Anschrift, Bestellinformationen usw. gespeichert werden. Um nun mit Sessions zu arbeiten, muss auf jeder Seite, die zur Session gehören soll, der Befehl zum Starten der Session untergebracht werden.

Da fast alle Seiten unseres Projekts auf die Sessioninformationen zugreifen müssen, schreiben wir den Befehl gleich in die Musterseite. Dabei ist zu beachten, dass der Befehl zum Starten der Session aufgerufen werden muss, bevor irgendeine Ausgabe der Webseite stattfindet. Darum schreibe ich diesen Befehl immer an den Anfang des Dokuments, noch vor die Doctype-Deklaration.

Wechseln Sie in der Datei *layoutmuster.php* in die *Code*-Ansicht und scrollen Sie an den Anfang der Datei. Fügen Sie eine Leerzeile vor dem Tag <!DOCTYPE…> ein und erstellen Sie einen PHP-Bereich. Der Befehl zum Starten einer Session lautet session_start(). Fügen Sie diesen Befehl in den PHP-Bereich ein. Hier ein Ausschnitt der Musterseite:

```
<?php session_start() ?>
<!DOCTYPE html PUBLIC "-//W3C//DTD XHTML 1.0 Transitional//EN"
"http://www.w3.org/TR/xhtml1/DTD/xhtml1-transitional.dtd">
<html xmlns="http://www.w3.org/1999/xhtml">
<head>
<meta http-equiv="Content-Type" content="text/html; charset=utf-8" />
<title>Yves Hair Shop</title>
<link href="css/layout.css" rel="stylesheet" type="text/css" />
<meta name="Description" content="In unserem Shop finden Sie Perückenmodelle
führender Hersteller wie Ellen Wille, Gisela Mayer und gfh-hair." />
<meta name="Keywords" content="Perücken, Haarteile, Echthaarperücken,
Zweithaar, Haarersatz, neue Haare, Ellen Wille, Gisela Mayer, gfh-hair" />
<link href="css/inhalt.css" rel="stylesheet" type="text/css" />
</head>
```
Listing 9: Der Kopfbereich der Datei musterlayout.php mit verknüpfter CSS-Datei für den Inhalt, Meta-Tags und dem Befehl zum Starten der Session

Speichern Sie die Datei, die jetzt als Muster für alle Seiten des Hair Shops dient.

## 7.13 Erstellen der Startseite

Die Startseite ist größtenteils statisch aufgebaut, sie enthält neben dem Begrüßungstext eine Modellabbildung aus dem Sortiment des Shops. Die Abbildung soll dynamisch bei jedem Aufruf der Startseite gegen eine andere, zufällig ausgewählte Abbildung ausgetauscht werden.

**Bild 7.55:** Die Startseite mit der Modellabbildung.

Bauen wir die Startseite erst einmal statisch auf und kümmern uns dann um den dynamischen Bildaustausch. Öffnen Sie die Datei *musterlayout.php* und speichern Sie die Datei unter dem Namen *index.php*.

Der Text zur Startseite befindet sich im Beipielordner *2_texte* unter dem Dateinamen *Startseite Text.doc*.

Dann speichern Sie das Dokument auf Ihrer Festplatte, wechseln zu Dreamweaver, stellen den Cursor in den Div *inhalt* und fügen den Text über *Inhalte einfügen* mit der Option *Text mit Struktur (Absätze, Listen, Tabellen usw.)* ein. Wenn Sie Ihre Auswahl mit *OK* bestätigen, wird der Text in den Div `inhalt` geladen.

Das Wort *Kontakt* im unteren Bereich des Textes soll auf die Kontaktseite verweisen. Da die Seite noch nicht existiert, erzeugen Sie zuerst einmal einen Hyperlink mit dem Linkziel #. Als Nächstes erstellen Sie nach der Überschrift *Yves Hairdesign Shop* einen neuen Div-Container für die Abbildung. Innerhalb des Div-Containers fügen Sie ein Platzhalterbild aus dem Ordner *bilder/modelle/gross* ein. Der Alternativtext für die Abbildung lautet: *Eines von vielen Modellen aus Yves Hairdesign Shop*.

Der Div-Container ist eigentlich nicht notwendig, erhöht aber die Übersichtlichkeit der Seite, wenn später neben der Abbildung auch PHP-Code steht. Kommen wir zur Formatierung des Inhalts. Erstellen Sie eine neue CSS-Regel für die Überschrift; der Selektor dafür ist `#inhalt h1`. Weisen Sie der Überschrift folgende Eigenschaften zu:

Kategorie *Schrift*:

```
Font-family: Georgia, "Times New Roman", Times, serif
Font-size: 30px
```

Kategorie *Box*:

```
Margin-bottom: 10px
```

Erstellen Sie auch gleich eine CSS-Regel für die Überschriften der Ebene 2; der Selektor lautet in diesem Fall #inhalt h2.

Kategorie *Schrift*:

```
Font-size: 18px
```

Kategorie *Box*:

```
Margin-bottom: 10px
```

Als Nächstes erstellen Sie eine Regel für den p-Tag. Der Selektor ist in diesem Fall #inhalt p. Die Eigenschaften für den p-Tag lauten:

Kategorie *Schrift*:

```
Line-height: 1.3em
```

Kategorie *Box*:

```
Margin-bottom: 10px
```

Damit die Links im Text besser zu erkennen sind, erstellen Sie eine CSS-Regel mit dem Selektor #inhalt p a und stellen die Textfarbe wieder auf Blau zurück.

Kategorie *Schrift*:

```
Color: #0000ff
```

Jetzt muss der Text noch um die Abbildung fließen. Da dieser Fall wahrscheinlich öfter vorkommen wird, habe ich mich entschlossen, dafür eine Klasse zu erstellen. Der Name der Klasse lautet .bild_links, die Eigenschaften der Klasse sind:

Kategorie *Box*:

```
Float: left
Margin-top: 5px
Margin-right: 10px
Margin-bottom: 5px
```

Kategorie *Rahmen*:

```
Border: 1px solid #621611
```

Weisen Sie diese Klasse nun dem Bild zu. Die Startseite sollte jetzt wie unten abgebildet aussehen.

**Bild 7.56:** Die fertig formatierte Startseite.

Kommen wir nun zum automatischen Bildaustausch. Zuerst muss in der Datenbank-tabelle `modelle` nachgeschaut werden, wie viele Einträge es gibt. Dann wird eine Zufallszahl auf Basis des Ergebnisses der Datenbankabfrage erstellt. Diese Zufallszahl stellt die Zeilennummer der Datenbanktabelle dar. Leider gibt es keinen Befehl, um den x-ten Datensatz auszulesen, man kann aber die einzelnen Datensatzzeilen so lange durchzählen, bis die Zufallszahl erreicht wird, und dann den entsprechenden Datensatz auslesen.

Jetzt werden Sie sich vielleicht fragen, warum man nicht einfach, nachdem die Anzahl der Datensätze ausgelesen wurde, den benötigten Datensatz mit dem Bildnamen aus-liest, da ja alle durchnummeriert sind.

Das Problem ist folgendes: Wenn ein Datensatz gelöscht wurde, was ja bei einem Shop durchaus vorkommen kann (z. B. der Datensatz mit der ID 5) und per Zufall ebenfalls die 5 gezogen wird, läuft die Datenbankabfrage ins Leere und es wird kein Bildname zurückgeliefert.

Für den dynamischen Bildaustausch wird zuerst einmal eine Datenbankverbindung benötigt. Öffnen Sie das Bedienfeld *Datenbanken* und erstellen Sie über das Plussymbol eine neue *MySQL-Verbindung*.

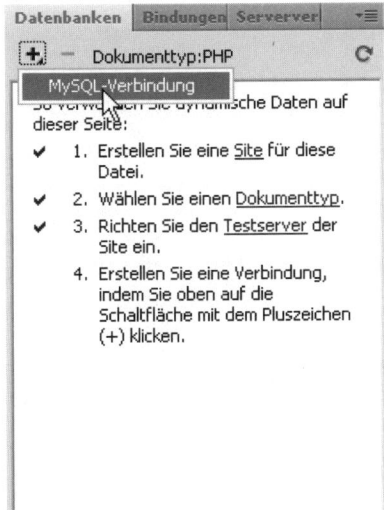

**Bild 7.57:** Neue Datenbankverbindung erstellen

Im Fenster *MySQL-Verbindung* tragen Sie unter *Verbindungsname* das Kürzel *db* ein. Der Verbindungsname wird von Dreamweaver dazu benutzt, die Verbindungskennung zur Datenbank zu speichern. Darum gelten hier die Regeln für Variablennamen unter PHP, d. h. nur Buchstaben und Zahlen sind erlaubt, wobei das erste Zeichen keine Zahl sein darf.

Unter *MySQL-Server* schreiben Sie *localhost.* Solange Anwendungsserver, in unserem Falle PHP, und Datenbank auf demselben Server laufen, ist dieser Eintrag der richtige. Andernfalls muss die URL des Datenbankservers angegeben werden.

Unter *Benutzername* tragen Sie *root* ein. Der Benutzer *root* ist der Hauptbenutzer der Datenbank mit allen Rechten, vergleichbar mit dem Administrator auf Windows-Systemen. Wenn Sie Datenbanken online stellen möchten, bekommen Sie von Ihrem Provider einen entsprechenden Benutzernamen und ein Kennwort mitgeteilt.

Den Punkt *Kennwort* lassen Sie leer, da bei dem MySQL-Server unter XAMPP standardmäßig kein Kennwort vergeben wurde.

Klicken Sie nun auf die Schaltfläche *Auswählen* beim Punkt *Datenbank* und wählen Sie die Datenbank *hair_shop* aus.

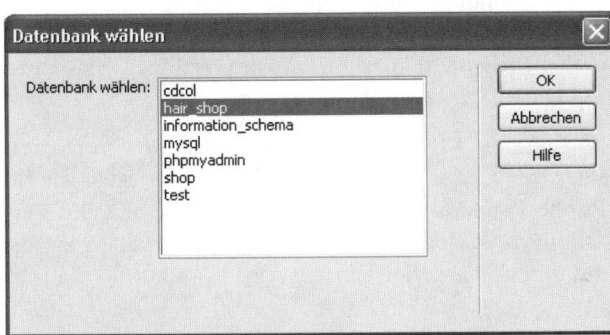

**Bild 7.58:** Auswahl der MySQL-Datenbank.

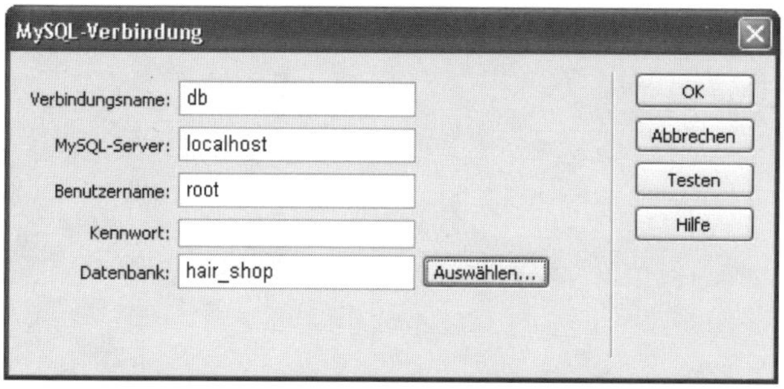

**MySQL-Verbindung**

| | |
|---|---|
| Verbindungsname: | db |
| MySQL-Server: | localhost |
| Benutzername: | root |
| Kennwort: | |
| Datenbank: | hair_shop  [Auswählen...] |

[OK]  [Abbrechen]  [Testen]  [Hilfe]

**Bild 7.59:** MySQL-Verbindungseinstellungen für den Hair Shop.

**Hinweis:** Da die Informationen aus der Datenbank immer mit der gleichen Zeichen-kodierung zurückgeliefert werden, mit der auch die Datenbankabfrage stattgefunden hat, kann es zu Problemen mit Sonderzeichen kommen, da der Standard für die Kommunikation mit Datenbanken auf den meisten Webservern auf *Latin1* steht. Falls solche Probleme auftauchen, können Sie die Einstellung für den Hair Shop anpassen, indem Sie die Datei *db.php*, die sich in dem Ordner *Connections* befindet, öffnen und die beiden markierten Zeilen am Ende der Datei einfügen, um die Kommunikation mit der Datenbank von Latin1 auf UTF-8 umzustellen.

```php
<?php
# FileName="Connection_php_mysql.htm"
# Type="MYSQL"
# HTTP="true"
$hostname_db = "localhost";
$database_db = "hair_shop";
$username_db = "root";
$password_db = "";
$db = mysql_pconnect($hostname_db, $username_db, $password_db) or
trigger_error(mysql_error(),E_USER_ERROR);
mysql_query("SET NAMES 'utf8'");
mysql_query("SET CHARACTER SET 'utf8'");
?>
```

Änderung der Zeichenkodierung für die Kommunikation mit der Datenbank auf UTF-8.

Mit der soeben erstellten Datenbankverbindung können Sie nun auf alle Tabellen der Datenbank *hair_shop* zugreifen. Als Nächstes brauchen wir die Anzahl der Datensätze der Tabelle modelle. Öffnen Sie das Bedienfeld *Bindungen*, klicken Sie auf das Plus-Symbol und wählen Sie den Eintrag *Datensatzgruppe (Abfrage)* aus.

Im Fenster *Datensatzgruppe* tragen Sie unter *Name* bild ein. Da der Name von Dream-weaver zum Benennen von Variablen verwendet wird, gelten die gleichen Regeln wie für den Verbindungsnamen. Beim Punkt *Verbindung* wählen Sie die gerade erstellte Verbindung *db* aus, falls sie nicht schon vorausgewählt ist. Unter *Tabelle* wählen Sie die Datenbanktabelle modelle aus und unter *Spalten* den Eintrag abbildung.

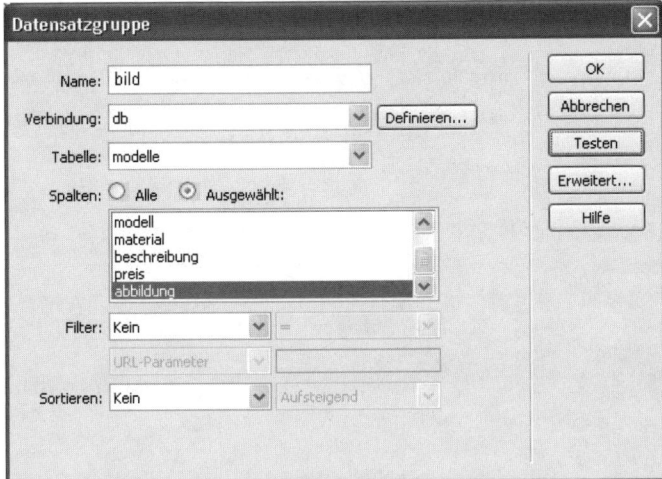

**Bild 7.60:** Die Einstellungen für die Datensatzgruppe `bild`.

Zum Überprüfen der Datenbankabfrage klicken Sie auf die Schaltfläche *Testen*, die in einem neuen Fenster das Ergebnis der Abfrage anzeigt.

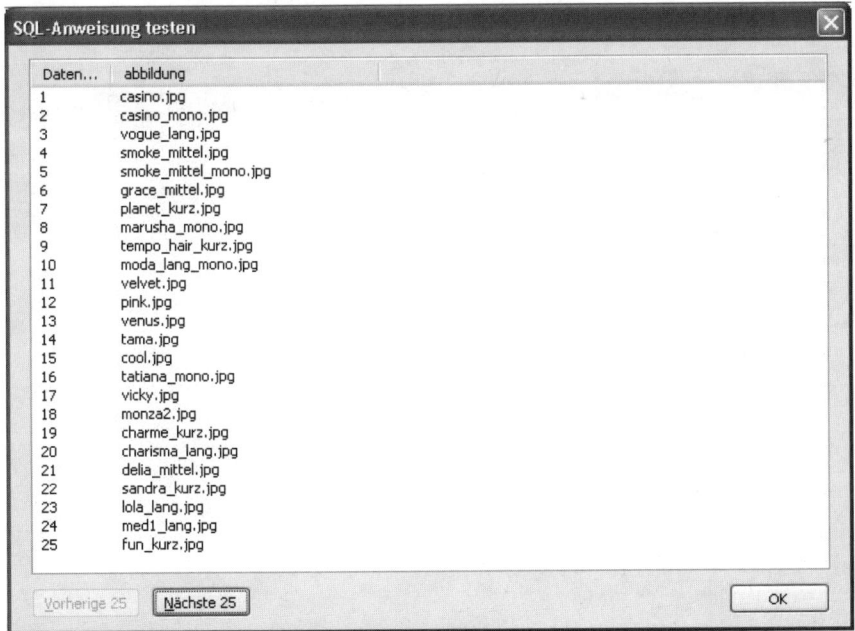

**Bild 7.61:** Liste der gefundenen Datensätze.

Nach dem Bestätigen der Einstellungen mit *OK* im Fenster *Datensatzgruppe* fügt Dreamweaver den entsprechenden PHP-Code am Anfang des Dokuments ein. Dadurch verschiebt sich allerdings der Befehl zum Starten der Session nach unten. Dieser Befehl sollte aber, wie weiter oben beschrieben, am Anfang des Dokuments stehen. Hier der entsprechende Ausschnitt aus dem Quellcode der Datei *index.php*:

```php
<?php require_once('Connections/db.php'); ?>
<?php
if (!function_exists("GetSQLValueString")) {
function GetSQLValueString($theValue, $theType, $theDefinedValue = "",
$theNotDefinedValue = "")
{
 if (PHP_VERSION < 6) {
  $theValue = get_magic_quotes_gpc() ? stripslashes($theValue) : $theValue;
 }

 $theValue = function_exists("mysql_real_escape_string") ?
mysql_real_escape_string($theValue) : mysql_escape_string($theValue);

 switch ($theType) {
   case "text":
      $theValue = ($theValue != "") ? "'" . $theValue . "'" : "NULL";
      break;
   case "long":
   case "int":
      $theValue = ($theValue != "") ? intval($theValue) : "NULL";
      break;
   case "double":
      $theValue = ($theValue != "") ? doubleval($theValue) : "NULL";
      break;
   case "date":
      $theValue = ($theValue != "") ? "'" . $theValue . "'" : "NULL";
      break;
   case "defined":
      $theValue = ($theValue != "") ? $theDefinedValue :
$theNotDefinedValue;
      break;
 }
  return $theValue;
}
}

mysql_select_db($database_db, $db);
$query_bild = "SELECT abbildung FROM modelle";
$bild = mysql_query($query_bild, $db) or die(mysql_error());
$row_bild = mysql_fetch_assoc($bild);
$totalRows_bild = mysql_num_rows($bild);
  session_start()//Dieser Befehl sollte sich am Anfang des Dokuments
befinden ?>
<!DOCTYPE html PUBLIC "-//W3C//DTD XHTML 1.0 Transitional//EN"
"http://www.w3.org/TR/xhtml1/DTD/xhtml1-transitional.dtd">
```

Der Quellcode der Datenbankabfrage `bild`.

Verschieben Sie den Befehl `session_start()` nun an den Anfang des Dokuments in einen neuen PHP-Bereich, wie im folgenden Listing zu sehen.

```
<?php session_start()?>
<?php require_once('Connections/db.php'); ?>
<?php
if (!function_exists("GetSQLValueString")) {
Listing 11: Geänderter Quellcode mit session_start() am Anfang des Dokuments
```

Schauen wir uns den Quellcode einmal genauer an. Das Kernstück der Datenbank-abfrage ist der folgende Bereich:

```
mysql_select_db($database_db, $db);
$query_bild = "SELECT abbildung FROM modelle";
$bild = mysql_query($query_bild, $db) or die(mysql_error());
$row_bild = mysql_fetch_assoc($bild);
$totalRows_bild = mysql_num_rows($bild);
```

Die Befehle zur Abfrage der Tabelle `modelle`.

In der Variable $row_bild befindet sich ein Array mit dem ersten Datensatz der Tabelle modelle, in unserem Fall nur mit der Spalte abbildung. Die Variable $totalRows_bild enthält die Anzahl der gefundenen Datensätze, die die Datenbankabfrage zurückgeliefert hat.

Genau diese Anzahl wird benötigt, um einen zufälligen Wert zu erzeugen. Als erstes wollen wir einmal schauen, was in den beiden Variablen gespeichert ist. Gehen Sie zu dem Div-Container mit der Abbildung, die ausgetauscht werden soll, und erstellen Sie einen neuen PHP-Bereich. Dort geben Sie den Inhalt der Variablen $totalRows_bild und $row_bild aus.

```
<div>
   <?php
   echo $totalRows_bild;
   echo "<br />";
   echo $row_bild["abbildung"];
   echo "<br />";
   ?>
   <img src="bilder/modelle/gross/casino.jpg" alt="Eins von vielen Modellen
aus Yves Hairdesign Shop" width="300" height="300" />
</div>
```

Der neue PHP-Bereich für die Programmierung des Bildaustauschs.

**Bild 7.62:** Anzahl der Datensätze und der erste Bildname aus der Tabelle `modelle`.

Auf Basis von `$totalRows_bild` können wir nun eine Zufallszahl erzeugen und danach in einer Schleife die einzelnen Datensätze durchlaufen. Da Dreamweaver standardmäßig den ersten Datensatz einer Datenbankabfrage in einer Variablen speichert, muss zuerst die Variable ausgelesen werden, bevor ein neuer Schleifendurchlauf startet. Das erledigt Dreamweaver mit einer `do-while`-Schleife, die wir aus dem oben genannten Grund auch verwenden. Der Befehl `break` dient nur dazu, die Schleife zu verlassen, wenn die richtige Tabellenzeile erreicht wurde.

```php
<?php
//Zufallszahl erzeugen
$bildnr = rand(1,$totalRows_bild);
//Schleifenzähler erstellen und auf 1 setzen
$zaehler = 1;
do
{
   //Wenn Zähler und Bildnr übereinstimmen
   if($zaehler == $bildnr)
   {
       //Bildname auslesen
       $bildname = $row_bild["abbildung"];
       //Schleife abbrechen
       break;
   }
   //Zähler hochzählen
   $zaehler++;
}
while($row_bild = mysql_fetch_array($bild));

echo $bildnr . " " . $bildname;
?>
```

Auslesen des Bildnamens mit einer `do-while`-Schleife.

**Bild 7.63:** Anzeige der Bildnummer und des Bildnamens.

Jetzt braucht nur noch die Variable `$bildname` innerhalb des `src`-Attributs ausgegeben zu werden, und das Bild auf der Startseite wird automatisch ausgetauscht.

```
<img src="bilder/modelle/gross/<?php echo $bildname ?>" alt="Eins von vielen
Modellen aus Yves Hairdesign Shop" width="300" height="300" />
```
Eingefügter Bildname im Image-Tag.

In der *Live-Ansicht* von Dreamweaver funktioniert das auch sehr gut, aber in der Browservorschau wird das Bild nicht angezeigt. Das liegt daran, dass sich die Bilder noch nicht auf dem Testserver befinden. Öffnen Sie das Bedienfeld *Dateien*, wählen Sie den Ordner *bilder* aus und klicken Sie auf den blauen Pfeil zum Bereitstellen von Dateien. Jetzt wird auch in der Browservorschau das Bild automatisch bei jedem Laden der Startseite ausgetauscht.

**Bild 7.64:** Startseite mit dynamisch ausgetauschtem Bild.

Zum Schluss noch einmal der Quellcode im Zusammenhang:

```
<div>
    <?php
    //Zufallszahl erzeugen
    $bildnr = rand(1,$totalRows_bild);
    //Schleifenzähler erstellen und auf 1 setzen
    $zaehler = 1;
    do
    {
        //Wenn Zähler und Bildnr übereinstimmen
        if($zaehler == $bildnr)
        {
                    //Bildname auslesen
                    $bildname = $row_bild["abbildung"];
                    //Schleife abbrechen
                    break;
        }
        //Zähler hochzählen
        $zaehler++;
    }
    while($row_bild = mysql_fetch_array($bild));

    //echo $bildnr . " " . $bildname;
    ?>
    <img src="bilder/modelle/gross/<?php echo $bildname ?>" alt="Eins von
vielen Modellen aus Yves Hairdesign Shop" width="300" height="300" />
</div>
```

Der Div-Container mit dem Quellcode für den Bildaustausch.

Da die Startseite jetzt erstellt ist, können auch die Links, die auf diese Seite verweisen, angepasst werden. Öffnen Sie die Datei *kopf.php* und schreiben Sie statt des Rautezeichens jetzt *index.php*.

```
<div>
    <a href="index.php"><img src="bilder/layout/logo.png" alt="Yves Hair
Shop" width="900" height="90"></a>
</div>
```

Die geänderte Datei *kopf.php*.

Als Nächstes öffnen Sie die Datei *menu_links.php* und ändern den Link zur Startseite ebenfalls wie oben beschrieben auf die *index.php* ab.

```
<div>
  <ul>
    <li><a href="index.php">Startseite</a></li>
  </ul>
  <h1>Collection</h1>
```

Ausschnitt aus der geänderten *menu_links.php*.

Da diese beiden Dateien durch Server-Side Includes auf allen Seiten eingebunden sind, auch auf den noch zu erstellenden, lässt sich nun von jeder Seite aus zur Startseite navigieren.

# 7.14 Kundenregistrierung und Kundenlogin

Für die weitere Entwicklung des Hair Shops werden an vielen Stellen Informationen über den angemeldeten Benutzer benötigt. Darum habe ich mich entschlossen, die Kundenregistrierung und das Kundenlogin noch vor den Seiten für die Produktpräsentation zu erstellen.

**Hinweis:** Wenn im weiteren Verlauf dieses Kapitels öfter die Begriffe Kunde und Benutzer synonym benutzt werden, liegt es daran, dass der Benutzer der Website aus Sicht des Shop-Betreibers ein potenzieller Kunde ist. Daher auch die Bezeichnungen Kundenregistrierung und Kundenlogin.

## 7.14.1 Kundenregistrierung

Zuerst wird die Registrierungsseite erstellt, auf der sich der Benutzer (Kunde) registrieren kann, um im Shop einzukaufen. Die Seite soll es dem Benutzer ermöglichen, die benötigten Informationen einzugeben und ein individuelles Passwort zu erstellen. Bevor die Daten in der Datenbank gespeichert werden, soll überprüft werden, ob die erforderlichen Felder korrekt ausgefüllt wurden. Nach der Registrierung soll der Benutzer darauf hingewiesen werden, wie er sich im Shop anmelden kann.

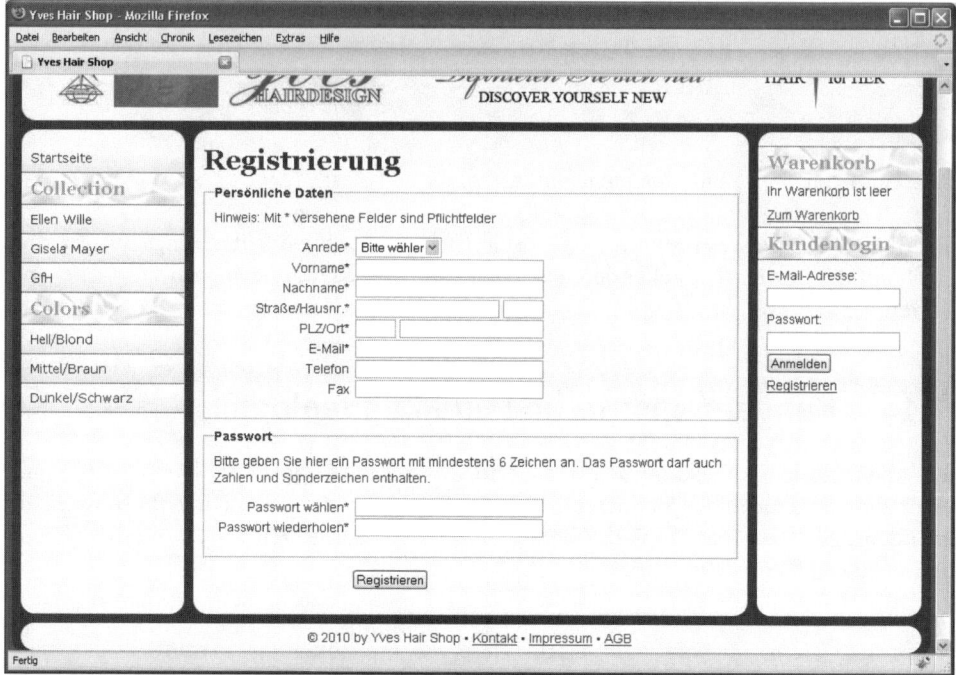

**Bild 7.65:** Registrierungsseite mit dem Formular für die Benutzerangaben.

Öffnen Sie die Datei *musterlayout.php* und speichern Sie sie unter dem Namen *registrierung.php*. Erstellen Sie im Div `inhalt` eine Überschrift der Ebene 1 und mit dem Inhalt *Registrierung*. Nach der Überschrift wird ein Formular, das die einzelnen Formularfelder aufnimmt, benötigt. Weisen Sie diesem Formular die ID `registrierung_form` zu. Um die Bereiche *Persönliche Daten* und *Passwort* optisch zu trennen, fügen Sie innerhalb des Formulars zwei Feldgruppen – im Bedienfeld *Einfügen* unter *Formulare* – mit den Überschriften *Persönliche Daten* und *Passwort* hinzu.

In den Feldgruppen stehen die Hinweistexte für die Pflichtfelder und für die Passwort-eingabe jeweils innerhalb eines Absatzes. Den Inhalt entnehmen Sie bitte der obigen Abbildung. Damit die einzelnen Formularfelder exakt untereinander stehen, fügen Sie hinter dem Hinweistext zu den persönlichen Daten eine Tabelle mit *2 Spalten* und *8 Zeilen* ein.

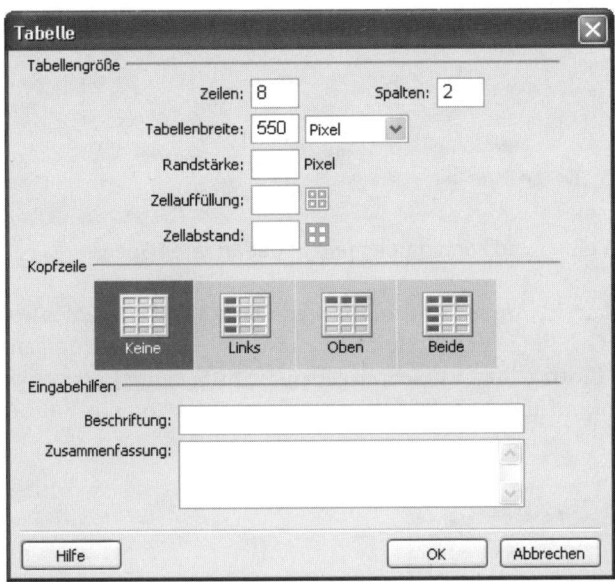

**Bild 7.66:** Einstellungen für die Tabelle zur Aufnahme der Formularfelder *Persönliche Daten*.

Nachdem die Tabelle erstellt ist, markieren Sie die komplette linke Tabellenspalte und weisen ihr im *Eigenschaften*-Bedienfeld eine Breite von 145px zu.

Fügen Sie nun in der rechten Spalte der ersten Reihe eine Liste mit der *ID anrede* und der Beschriftung *Anrede\** für die persönliche Anrede ein. Bitte beachten Sie auch die Einstellungen für den label-Tag.

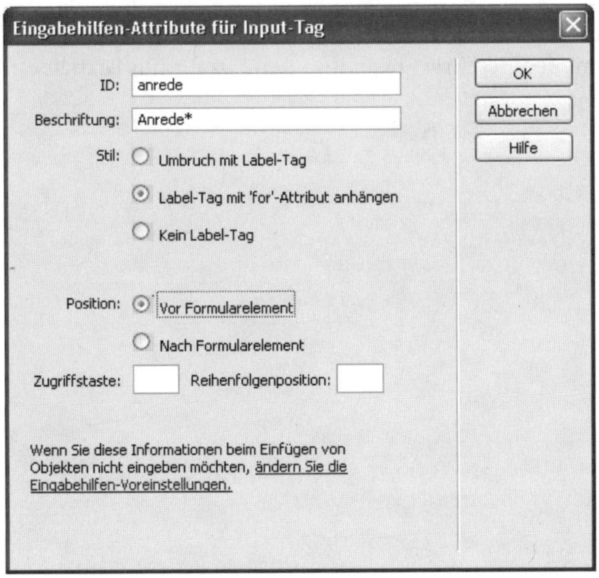

**Bild 7.67:** Einstellungen für die Liste mit der Anrede.

Jetzt stehen die Beschriftung und das Formularelement zusammen in der rechten Spalte. Um nun die Beschriftung in die linke Spalte zu bekommen, markieren Sie die komplette

Beschriftung, schneiden sie mitsamt dem Label-Tag aus und fügen sie dann in die linke Spalte ein.

```
<tr>
   <td width="145"><label for="anrede">Anrede*</label></td>
   <td><select name="anrede" id="anrede"></select></td>
</tr>
```

Beschriftung mit `label`-Tag in der einen und Formularelement in der anderen Spalte.

Jetzt markieren Sie das Formularfeld *Anrede* und klicken im *Eigenschaften*-Bedienfeld auf die Schaltfläche *Listenwerte*. Geben Sie die Werte für die Liste wie in der nachfolgenden Abbildung ein. Beim ersten Eintrag *Bitte wählen* vergeben Sie bitte keinen Wert. Das ist für die anschließende Formularprüfung wichtig, um zu entscheiden, ob ein Eintrag gültig ist.

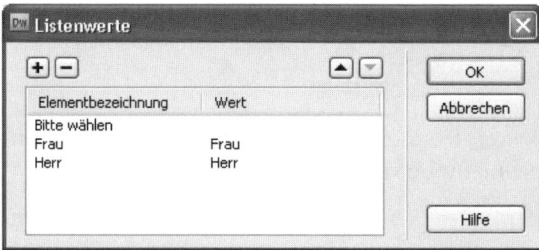

**Bild 7.68:** Werteliste für das Formularfeld Anrede.

Die restlichen Formularelemente für die persönlichen Daten sind alle vom Typ *Textfeld*. Erstellen Sie die Felder auf die gleiche Weise wie oben beschrieben. Beachten Sie, dass sich die Textfelder für *Straße* und *Hausnr.* sowie für *PLZ* und *Ort* jeweils in einer Tabellenzelle befinden. Hier die Liste mit den Beschriftungen und den IDs für die Textfelder:

| Beschriftung | ID |
|---|---|
| Anrede* | anrede |
| Vorname* | vorname |
| Nachname* | nachname |
| Straße* | strasse |
| Hausnr.* | hausnr |
| PLZ* | plz |
| Ort* | ort |
| E-Mail* | email |
| Telefon | telefon |
| Fax | fax |

Beschriftung und ID für die Textfelder *Persönliche Daten*.

Nachdem die Textfelder für die persönlichen Daten erstellt sind, werden noch zwei Kennwortfelder für das Passwort und die Passwortüberprüfung benötigt. Erstellen Sie hinter dem Hinweistext in der Feldgruppe *Passwort* eine Tabelle mit *2 Spalten* und *2 Zeilen*. Die Breite der Tabelle beträgt wieder *550* Pixel. Nachdem die Tabelle erstellt ist, weisen Sie der linken Spalte die gleiche Spaltenbreite (145 px) wie der oberen Tabelle zu.

Erstellen Sie nun ein Textfeld mit der ID passwort1 und der Beschriftung *Passwort wählen\**. Nachdem Sie die Beschriftung in die linke Spalte gesetzt haben, markieren Sie das Textfeld und stellen es im *Eigenschaften*-Bedienfeld auf den *Typ Kennwort*. Für das zweite Textfeld wählen Sie die Beschriftung *Passwort wiederholen\** und die ID passwort2. Ändern Sie auch hier den *Typ* auf *Kennwort*.

Jetzt fehlt noch eine Schaltfläche, um das Formular zu versenden. Erstellen Sie dafür noch eine letzte Tabelle mit den gleichen Maßen wie bei den anderen Tabellen, in dieser Tabelle wird allerdings nur eine Zeile benötigt. Fügen Sie in der rechten Spalte eine Schaltfläche mit der ID registrieren ein. Eine Beschriftung ist für die Schaltfläche nicht nötig, darum wählen Sie bei *Stil* Kein Label-Tag. Dann markieren Sie die Schaltfläche und geben ihr im *Eigenschaften*-Bedienfeld den Wert *Registrieren*. Achten Sie darauf, dass unter Aktion der Punkt *Abschicken* aktiviert ist.

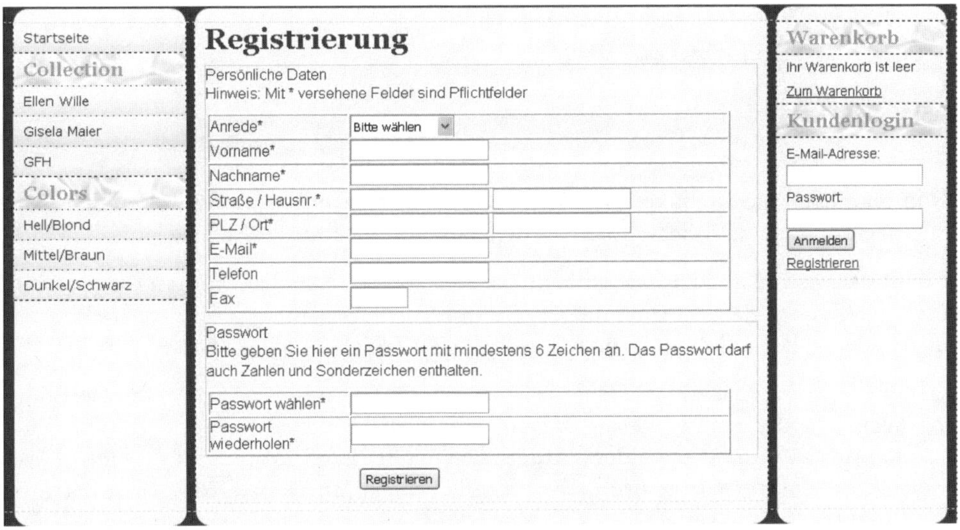

**Bild 7.69:** Registrierungsseite mit erstellten Formularfeldern.

Nachdem die Seite nun erstellt ist, kann sie mit CSS formatiert werden. Zuerst soll die generelle Schriftgröße des Formulars eingestellt werden. Erstellen Sie eine neue CSS-Regel mit dem Selektor für das Formular #registrierung_form.

Kategorie *Schrift*:

```
Font-size: 14px
```

Die nächste Regel, die erstellt werden soll, betrifft die Feldgruppen. Der Abstand zwischen den einzelnen Gruppen erscheint ein wenig klein, auch klebt der Text innerhalb der Feldgruppe zu sehr am Rahmen. Wählen Sie als Selektor #registrierung_form fieldset und weisen Sie der Feldgruppe folgende Eigenschaften zu:

Kategorie *Box*:

```
Padding: 10px
Margin-bottom: 10px
```

Um die Überschriften der einzelnen Feldgruppen besser von den Hinweisen zu unterscheiden, erstellen Sie eine Regel mit dem Selektor `#registrierung_form fieldset legend` und der Eigenschaft:

Kategorie *Schrift*:

```
Font-weight: bold
```

Die Beschriftungen stehen zum Teil noch sehr weit von den jeweiligen Formularfeldern entfernt. Um dem Benutzer die Zuordnung zu erleichtern, sollen sie rechtsbündig gesetzt werden. Da der `label`-Tag, der die Beschriftungen enthält, ein Inline-Element ist, kann man keine Textausrichtung auf diesen Tag anwenden. Erstellen Sie stattdessen eine Klasse, die nur für Elemente innerhalb des Formulars gültig ist. Der Selektor hierfür lautet `#registrierung_form .label`. Legen Sie folgende Eigenschaften für die Klasse fest:

Kategorie *Schrift*:

```
Text-align: right
```

Kategorie *Box*:

```
Padding-right: 5px
```

Nun markieren Sie die linke Spalte der Tabelle *Persönliche Daten* und weisen der Spalte die Klasse `.label` zu. Wiederholen Sie den Vorgang auch für die Tabelle `Passwort`.

Damit die Formularfelder eine einheitliche Anschlusslinie bilden, müssen die einzelnen Breiten festgelegt werden. Über die Angabe des Attributs `Zeichenbreite (size)` kommt man leider zu keiner befriedigenden Lösung. Mit CSS ist das schon (besser) möglich.

Erstellen Sie eine Klasse namens `#registrierung_form .feld_gross` für die Felder, die alleine in der rechten Spalte stehen, eine weitere Klasse `#registrierung_form .feld_mittel` für die Felder *Straße* bzw. *Ort* und zum Schluss eine Klasse `#registrierung_form .feld_klein` für die Felder *Hausnr.* bzw. *PLZ*. Die Breiten für die einzelnen Klassen sind:

```
#registrierung_form .feld_gross
```

Kategorie *Box*:

```
Width: 200px
#registrierung_form .feld_klein
```

Kategorie *Box*:

```
Width: 40px
#registrierung_form .feld_mittel
```

Kategorie *Box*:

```
Width: 152px
```

Weisen Sie nun die einzelnen Klassen den entsprechenden Formularfeldern zu. Die Seite sollte jetzt wie auf der folgenden Abbildung aussehen.

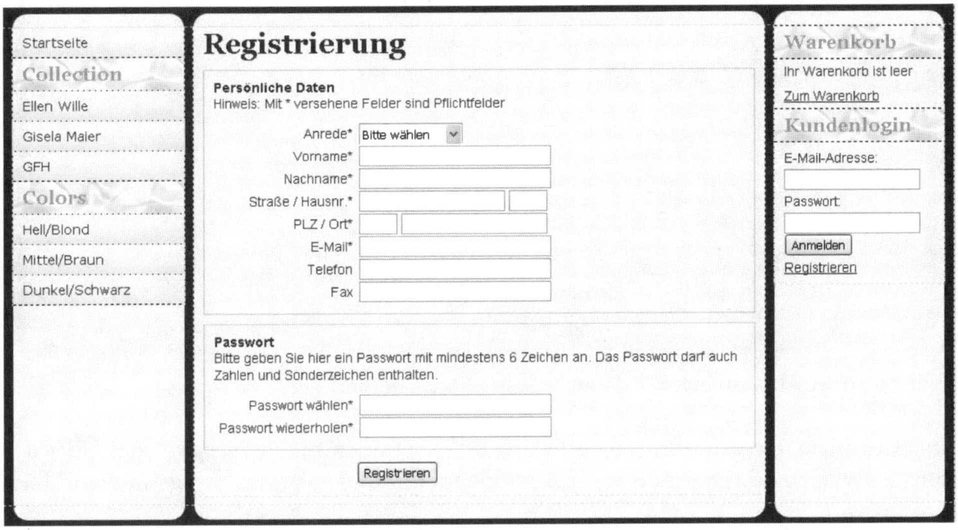

**Bild 7.70:** Die formatierte Registrierungsseite.

Nachdem die Registrierungsseite formatiert ist, können wir uns der Formularprüfung zuwenden. Dreamweaver bietet mit dem Spry-Framework auf Basis von JavaScript gute Möglichkeiten der Formularprüfung an. Um einem Formularelement eine Spry-Überprüfung zuzuweisen, muss zuerst das betreffende Formularfeld markiert und dann die passende Überprüfung ausgewählt werden. Fangen wir bei der Überprüfung der Anrede an.

Zuerst markieren Sie die Listen *anrede*, dann wechseln Sie im Bedienfeld *Einfügen* zum Eintrag *Spry* und wählen *Spry-Überprüfung – Auswahl*. Die Liste bekommt jetzt einen cyanblauen Rahmen mit der Beschriftung *Spry-Auswahl: spryselect1*.

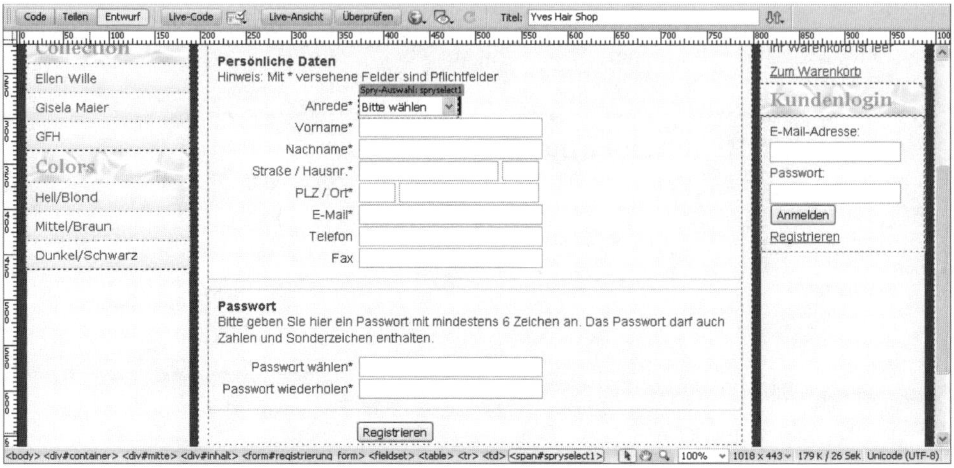

**Bild 7.71:** Die Auswahlliste für die Anrede mit Spry-Überprüfung.

Im Bedienfeld *Eigenschaften* sehen Sie, welche Optionen für die ausgewählte Überprüfung möglich sind. Die möglichen Optionen sind abhängig von der gewählten Überprüfungsart.

Um die einzelnen Überprüfungen besser auseinander halten zu können, vergeben Sie der Prüfung für die Anrede unter *Spry-Auswahl* den Namen *spry_anrede*. Die Spry-Überprüfung-Auswahl bietet unter dem Punkt *Nicht zulassen* die beiden Prüfungsoptionen *Leerer Wert* und *Ungültiger Wert*. Kontrollieren Sie, ob die Prüfung *Leerer Wert* aktiviert ist.

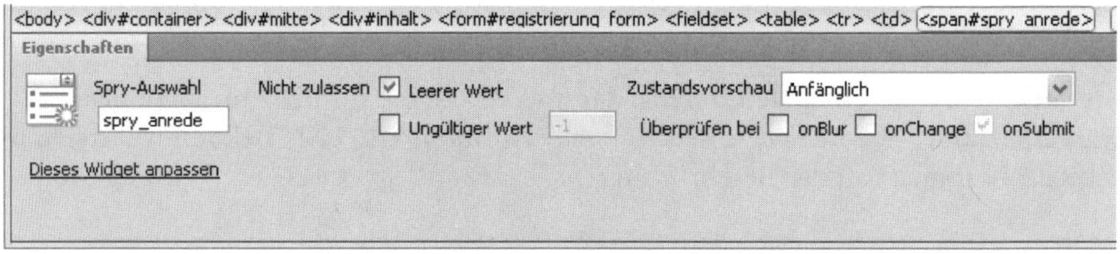

**Bild 7.72:** Die Eigenschaften für die Spry-Überprüfung der Anredeliste.

Über die Zustandsvorschau können Sie sich die einzelnen Zustände der Überprüfung in der Entwurfsansicht anzeigen lassen und auch Korrekturen an der bzw. den angezeigten Meldung(en) vornehmen.

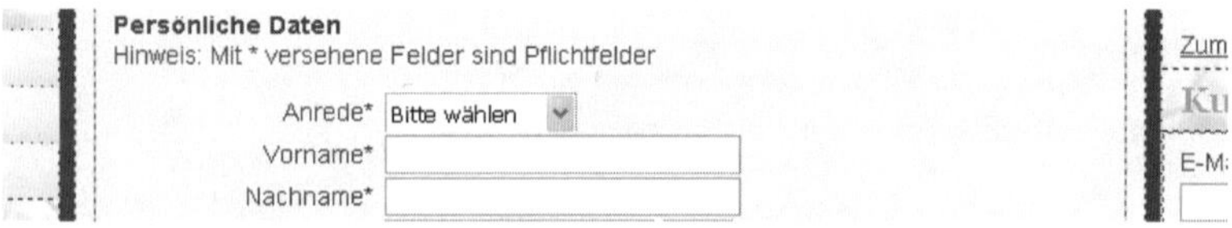

**Bild 7.73:** Die Spry-Überprüfung im Zustand *Anfänglich*.

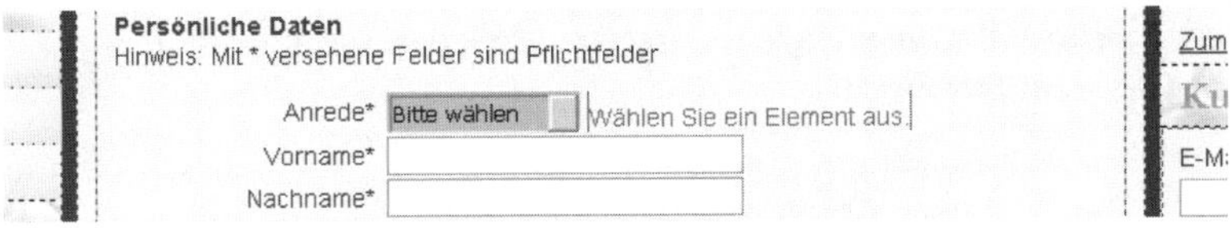

**Bild 7.74:** Die Spry-Überprüfung im Zustand *Erforderlich*.

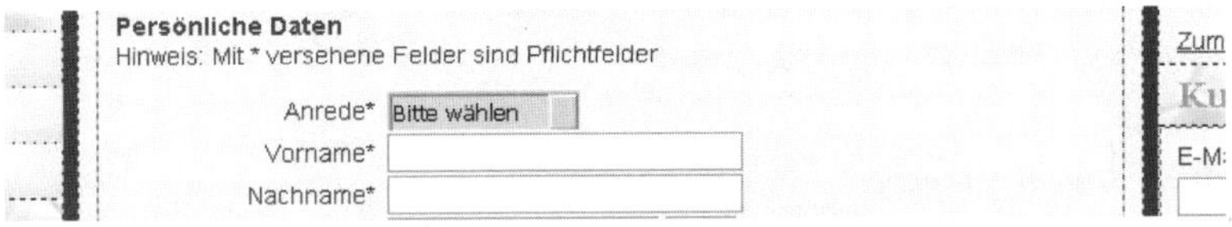

**Bild 7.75:** Die Spry-Überprüfung im Zustand *Gültig*.

Wählen Sie jetzt den Zustand *Erforderlich* aus. Hinter der Liste erscheint dann die Meldung *Wählen Sie ein Element aus*. Da diese Meldung sehr allgemein gehalten ist, wollen wir sie an die Liste für die Anrede anpassen. Dazu markieren Sie den kompletten Meldungstext und ersetzen ihn durch den Text *Bitte Anrede auswählen*. Die Formatierung der Meldungstexte werden wir anpassen, sobald alle erforderlichen Überprüfungen den entsprechenden Formularfeldern zugewiesen sind.

Markieren Sie nun das Textfeld *Vorname* und wählen Sie im Bedienfeld *Einfügen/Spry* die *Spry-Überprüfung – Textfeld* aus. Geben Sie dieser Prüfung den Namen *spry_vorname*. Wie Sie sehen, bietet die Prüfung für Textfelder wesentlich mehr Optionen als die Prüfung für Auswahllisten, da Textfelder sehr universell einsetzbar sind.

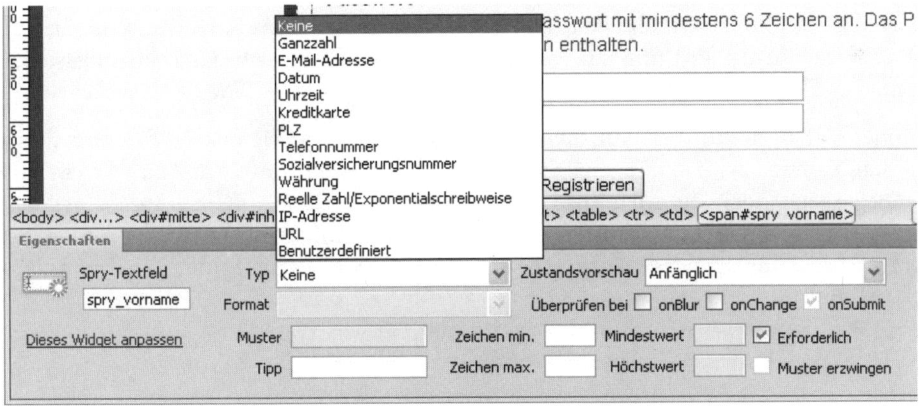

**Bild 7.76:** Prüfungsoptionen für die *Spry-Überprüfung – Textfeld*.

Einen Typ zur Prüfung von Namen gibt es aus verständlichen Gründen nicht, da Namen sich nicht als Muster beschreiben lassen wie z. B. Postleitzahlen oder Telefonnummern. Für das Feld *Vorname* wählen wir deshalb nur die Option *Erforderlich*, damit dieses Feld ausgefüllt werden muss. Prüfen Sie im *Eigenschaften*-Bedienfeld, ob diese Option aktiviert ist. Dann wählen Sie unter *Zustandsvorschau* den Eintrag *Erforderlich* aus und passen den Meldungstext an, indem Sie den Text *Es muss ein Wert angegeben werden* markieren und durch *Bitte Vornamen eingeben* ersetzen. Wiederholen Sie den Vorgang für die Felder *Nachname* und *Straße*.

Nun erstellen Sie eine Spry-Überprüfung für das Feld *Hausnr.* und geben dieser Prüfung den Namen *spry_hausnr*. Das Textfeld *Hausnr.* soll zusätzlich auf eine minimale und maximale Zeichenlänge überprüft werden. Tragen Sie im *Eigenschaften*-Bedienfeld unter *Zeichen min.* 1 und unter *Zeichen max.* 5 ein. Die Zustandsvorschau enthält jetzt zwei weitere Einträge *Min. Zeichenzahl unterschritten* und *Max. Zeichenzahl überschritten* mit entsprechenden Meldungen hinter dem Feld *Hausnr.* Passen Sie die Meldungen wie folgt an:

1. Erforderlich: *Bitte Hausnr. eingeben*

2. Min. Zeichenzahl unterschritten: *Bitte eine gültige Hausnr. eingeben*

3. Max. Zeichenzahl überschritten: *Bitte eine gültige Hausnr. eingeben*

Für das Feld *PLZ* bietet die Spry-Überprüfung schon einen entsprechenden Prüfungstyp an. Erstellen Sie für dieses Feld eine Prüfung mit dem Namen *spry_plz* und wählen Sie dann unter *Typ* den Eintrag *PLZ* aus. Unter *Format* kann man sich jetzt zwischen verschiedenen PLZ-Formaten entscheiden. Wählen Sie den Eintrag *5 Ziffern* für deutsche Postleitzahlen aus und passen Sie anschließend die Meldungstexte für das Feld an.

Im Zustand *Erforderlich* tragen Sie den Text *Bitte PLZ eingeben* ein. Damit das nachfolgende Feld *Ort* sich nicht hinter die Meldung stellt, fügen Sie hinter dem Wort *eingeben* noch einen Zeilenumbruch `<br />` ein. Für den Zustand *Ungültiges Format* schreiben Sie *Bitte eine gültige PLZ eingeben*. Fügen Sie auch dieser Meldung am Ende einen Zeilenumbruch hinzu.

Das Feld *Ort* ist genau wie die Felder *Vorname* und *Nachname* ein Namensfeld. Darum ist hier auch nur die Prüfung auf Inhalt möglich. Prüfen Sie, ob das Kontrollkästchen *Erforderlich* aktiviert ist. Der Meldungstext für dieses Feld lautet *Bitte Ort eingeben*.

Kommen wir nun zum Feld für die E-Mail-Adresse. Geben Sie der Prüfung für dieses Feld den Namen *spry_email* und wählen Sie unter *Typ* den Eintrag *E-Mail-Adresse* aus. Passen Sie jetzt noch die Meldungstexte für die Zustände *Erforderlich* und *Ungültiges Format* entsprechend dem bisher benutzten Muster an. Damit ist die Prüfung der Formularfelder für die persönlichen Daten abgeschlossen, da die Felder *Telefon* und *Fax* optional sind.

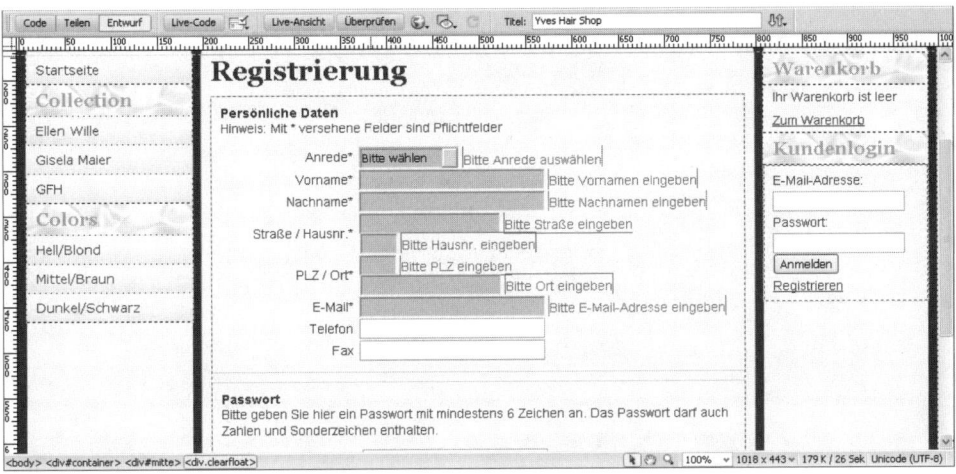

**Bild 7.77:** Die Formularfelder für die persönlichen Daten mit eingeblendeten Meldungstexten.

Es fehlen jetzt noch die Felder zur Passworteingabe und zur Passwortwiederholung. Wählen Sie diesmal im *Einfügen*-Bedienfeld der Registerkarte *Spry* den Eintrag *Spry-Überprüfung-Kennwort* aus. Geben Sie dieser Prüfung den Namen *spry_passwort1* und stellen Sie unter *Zeichen min.* 6 Zeichen ein. Weitergehende Einschränkungen wie minimale oder maximale Buchstabenanzahl sind für das Passwortfeld nicht notwendig. Passen Sie noch die Meldung für *Erforderlich Bitte Passwort eingeben* und *Min. Zeichenzahl unterschritten* und *Geben Sie mindestens 6 Zeichen ein* an. Da die Meldetexte teilweise nicht mehr komplett neben das Formularfeld passen, setzen Sie vor den Text einen Zeilenumbruch.

Für das Feld zur *Passwortwiederholung* wählen Sie den Eintrag *Spry-Überprüfung-Bestätigung* aus der Registerkarte *Spry* aus. Geben Sie der Prüfung den Namen *spry_passwort2*. Unter *Überprüfen auf* wählen Sie das Formularfeld `passwort1 in formular registrierung_form` aus. Die Meldungstexte sind:

Erforderlich: `<br />Bitte Passwort wiederholen`

Ungültig: `<br />Die Passwörter stimmen nicht überein`

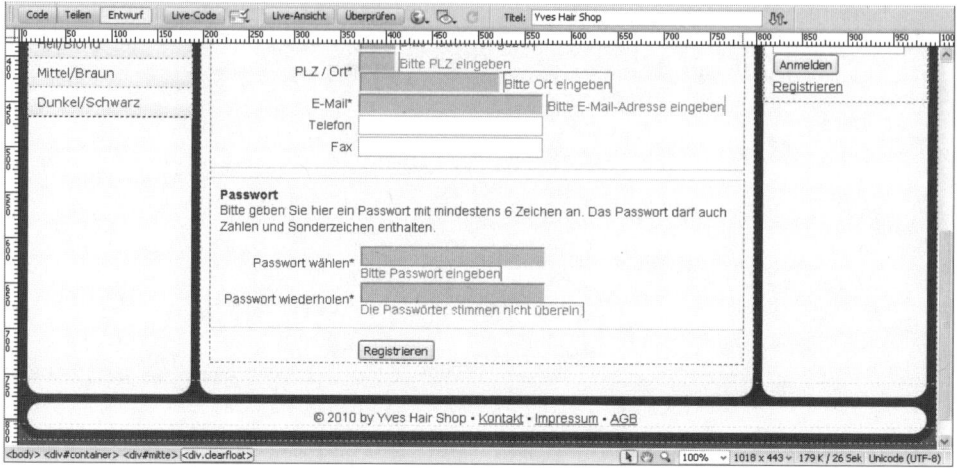

**Bild 7.78:** Die Formularfelder für das Passwort mit eingeblendeten Meldungstexten.

Nachdem nun alle Prüfungen für die erforderlichen Formularfelder erstellt sind, sollen die Meldetexte und die Farben für die Formularfelder in den einzelnen Zuständen noch ein wenig modifiziert werden.

Durch die Spry-Überprüfung sind für jede Prüfungsart spezielle CSS-Stylesheets ins Dokument eingebunden worden. Um den Überblick zu behalten, welche Regel wofür dient, hier der generelle Aufbau der CSS-Regeln:

| Prüfungsart | CSS-Präfix | Formularfeld |
|---|---|---|
| Textfeld | textfield | input |
| Textbereich | textarea | textarea |
| Kontrollkästchen | checkbox | input |
| Auswahl | select | select |
| Kennwort | password | input |
| Bestätigung | confirm | input |
| Optionsschaltergruppe | radio | input |

Prüfungsarten und dazugehöriges Präfix und Formularfeld.

| Element | CSS-Regel | Standardeinstellung |
|---|---|---|
| Meldungstext | .(CSS-Präfix)RequiredState | color: #CC3333;<br>border: 1px solid<br>#CC3333; |
| Hintergrund gültig | .(CSS-Präfix)ValidState | background-color:<br>#B8F5B1; |
| Hintergrund ungültig | (Formularelement).(CSS-Präfix)RequiredState | background-color:<br>#FF9F9F; |

| Element | CSS-Regel | Standardeinstellung |
|---------|-----------|---------------------|
| Hintergrund aktiv | .(CSS-Präfix)FocusState | `background-color: #FFFFCC;` |

CSS-Regeln für die Spry-Überprüfung.

Die CSS-Regel, um den Meldungstext für die Anrede anzupassen, lautet demnach `.textfieldRequiredState`. Passen Sie die Eigenschaften wie folgt an:

Kategorie *Schrift*:

```
Font-size: 12px
Color: #F00
```

Kategorie *Block*:

```
Display: inline
```

Kategorie *Rahmen*:

```
Border: 0px
```

Um Fehleingaben am Formularfeld sichtbar zu machen, wählen wir statt einer Hintergrundfarbe einen dünnen roten Rahmen. Sämtliche anderen Auszeichnungen für die verschiedenen Zustände sind auf dieser Seite nicht erforderlich. Trotzdem dürfen Sie die entsprechenden CSS-Regeln nicht löschen, da sie über ein externes Stylesheet eingebunden sind und vielleicht auf einer anderen Seite noch benötigt werden.

```
select.selectRequiredState
```

Kategorie *Rahmen*:

```
Border: 1px solid #F00
.selectValidState
```

Keine Eigenschaft definiert

```
.selectFocusState
```

Keine Eigenschaft definiert

Die Regeln für die Text- und die Passwortfelder sind im Prinzip die gleichen wie für die Auswahl:

```
.textfieldRequiredState
.passwordRequiredState
.confirmRequiredState
```

Kategorie *Schrift*:

```
Font-size: 12px
Color: #F00
```

Kategorie *Block*:

```
Display: inline
```

Kategorie *Rahmen*:

```
Border: 0px

input.textfieldRequiredState
input.passwordRequiredState
input.confirmRequiredState
```

Kategorie *Rahmen*:

```
Border: 1px solid #F00

.textfieldValidState
.passwordValidState
.confirmValidState
```

Keine Eigenschaft definiert

```
.textfieldFocusState
.passwordFocusState
.confirmFocusState
```

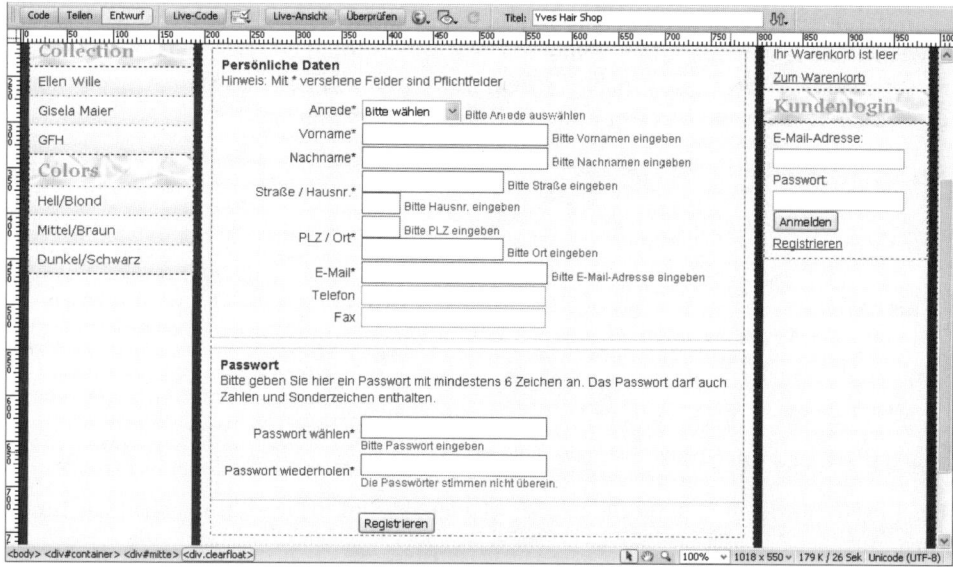

**Bild 7.79:** Registrierungsseite mit formatierten Meldetexten.

Wenn der Benutzer das Registrierungsformular fehlerfrei ausgefüllt hat, sollen nun im nächsten Schritt die Daten in der Datenbank gespeichert werden. Genau für diesen Zweck gibt es in Dreamweaver ein spezielles Serververhalten.

Öffnen Sie das Bedienfeld *Serververhalten* und wählen Sie über das Plussymbol das Verhalten *Datensatz einfügen* aus.

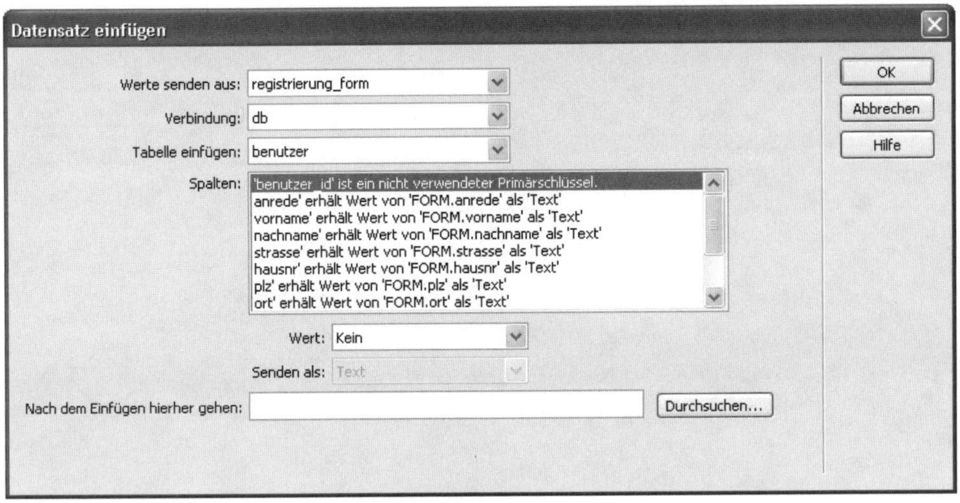

**Bild 7.80:** Das Fenster zur Erstellung des Serververhaltens *Datensatz einfügen*.

Die meisten Einstellungen sind in diesem Fenster schon korrekt eingestellt, aber schauen wir uns die einzelnen Punkte genauer an. Unter *Werte senden aus* können Sie ein Formular auswählen, das die einzelnen Werte für die Datenbanktabelle enthält. Da wir die Werte aus dem Registrierungsformular in der Datenbank speichern möchten, ist die Auswahl `registrierung_form` schon richtig eingestellt. Da für diese Site schon eine Datenbankverbindung erstellt wurde (*db*), wird diese unter *Verbindung* auch standardmäßig ausgewählt. Unter dem Punkt *Tabelle einfügen* werden die Tabellen der Datenbank in alphabetischer Reihenfolge aufgelistet. Dadurch steht die Tabelle `benutzer` an erster Stelle und ist auch schon ausgewählt.

Der Punkt *Spalten* stellt die Beziehungen zwischen den Spalten der Tabelle und den Formularfeldern her. Da die Namen der Formularfelder größtenteils mit denen der Benutzertabelle übereinstimmen, stellt Dreamweaver die Beziehung automatisch her. Falls die Namen der Tabellenspalten nicht mit denen der Formularfelder übereinstimmen, können Sie die Zuordnung auch manuell herstellen. Dies ist bei der Spalte `passwort` (das letzte Feld in der Liste) der Fall, da das Formular nur die Felder `passwort1` und `passwort2` enthält.

Wählen Sie dazu im Feld *Spalten* die Spalte `passwort` aus und ordnen Sie dieser Spalte unter *Wert* das Formularfeld `FORM.passwort1` zu. Unter *Senden als* können Sie festlegen, wie Dreamweaver den Formularwert für die Datenbankanfrage anpasst. In den meisten Fällen ist `Text` die richtige Wahl.

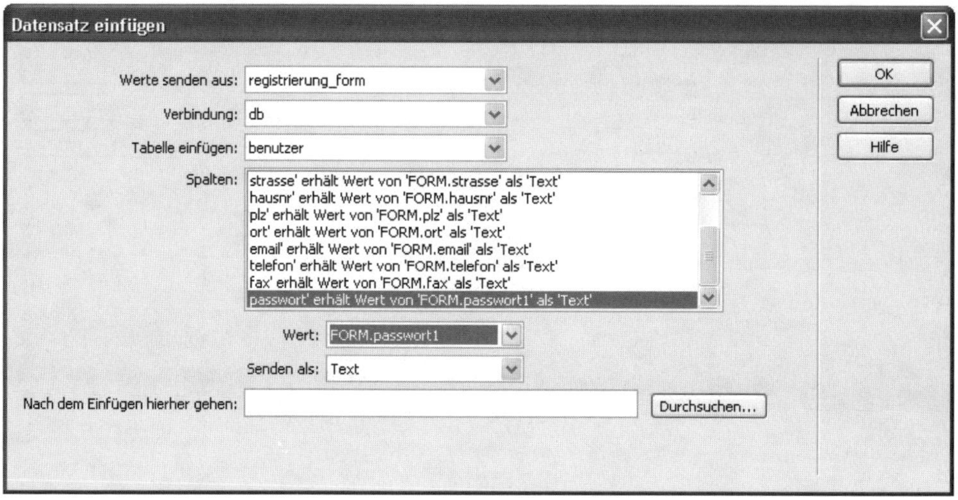

**Bild 7.81:** Erstellung der Beziehung zwischen der Datenbanktabelle und dem Formular.

Der Punkt *Nach dem Einfügen hierher gehen* dient dazu, nach dem Einfügen des Datensatzes eine andere Seite aufzurufen. Nach dem Bestätigen der Einstellungen wird der komplette Formularinhalt mit einem hellgrünen Hintergrund dargestellt, um darauf hinzuweisen, dass diesem Formular ein Serververhalten zugewiesen ist.

Da Dreamweaver Serververhalten, wie z. B. Datenbankzugriffe, standardmäßig immer am Anfang des Dokuments erstellt, ist der Befehl zum Starten der Session session_start(), wie auch schon auf der Startseite, nach unten verschoben worden. Da dieser Befehl aber am Anfang des Dokuments benötigt wird, verschieben Sie ihn bitte wieder dorthin.

```php
<?php session_start()?>
<?php require_once('Connections/db.php'); ?>
<?php
if (!function_exists("GetSQLValueString")) {
```

Geänderter Quellcode mit session_start() am Anfang des Dokuments.

Testen Sie nun das Formular, indem Sie es entweder in der *Live-Ansicht* von Dreamweaver oder in der Browservorschau ausfüllen. Machen Sie dabei ruhig Fehler, um zu schauen, ob die Fehlerprüfung für das Formular funktioniert.

Erst wenn das Formular fehlerfrei ausgefüllt wurde, werden die Daten in der Datenbank gespeichert. Danach wird die Registrierungsseite mit dem jetzt leeren Formular wieder angezeigt.

**Bild 7.82:** Test des Registrierungsformulars im Browser.

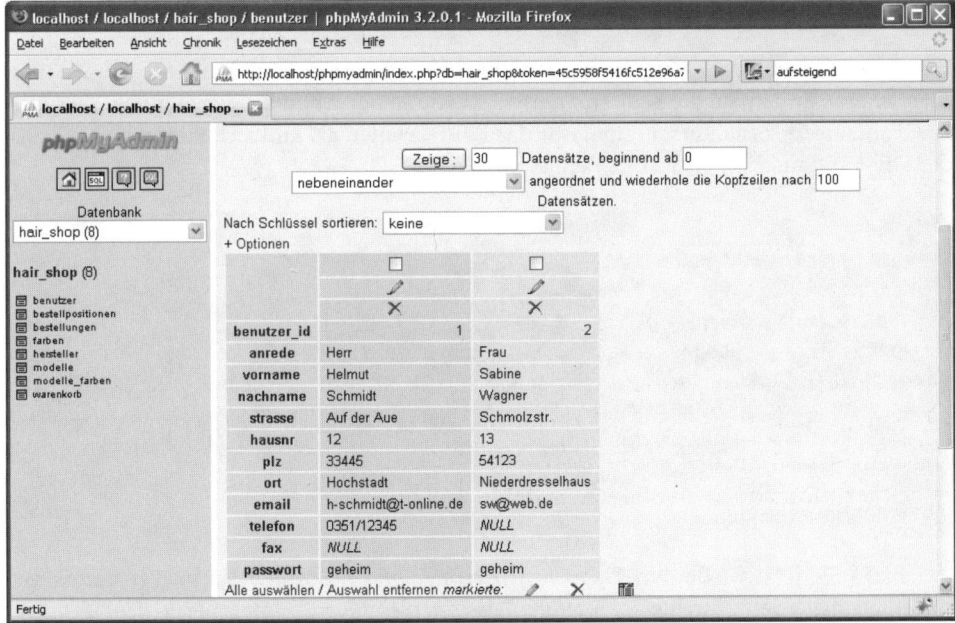

**Bild 7.83:** Datensatz aus dem Registrierungsformular in der Tabelle `benutzer`.

Damit der Benutzer weiß, dass die Registrierung erfolgreich war und er das Formular nicht noch einmal ausfüllen muss, erstellen wir noch eine Hinweisseite, die nach der Registrierung angezeigt wird.

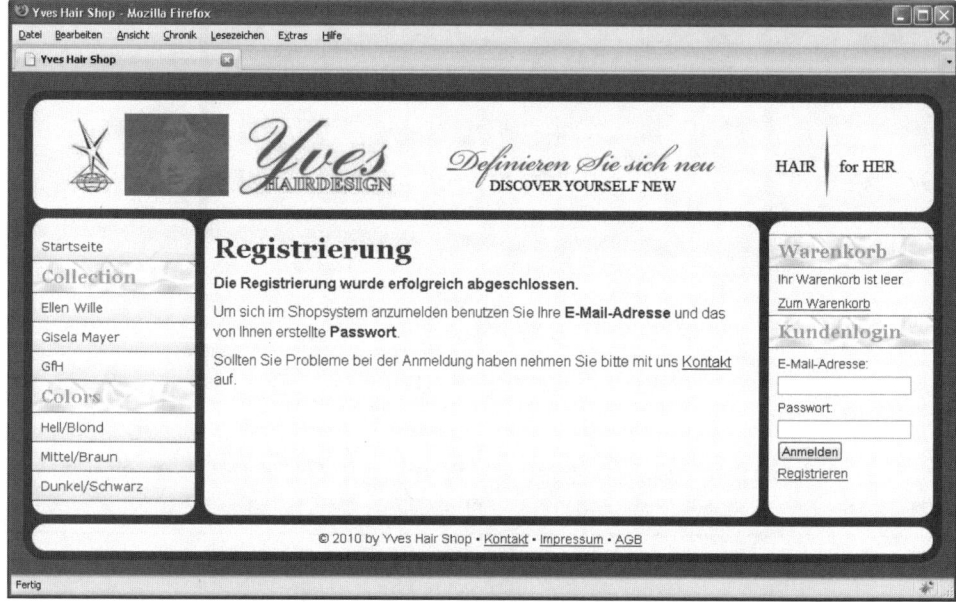

**Bild 7.84:** Hinweisseite für den Benutzer nach der Registrierung.

Erstellen Sie aus der Musterseite eine neue Seite mit dem Namen *registrierung_beendet.php*. Füllen Sie die Seite mit dem Text wie in der Abbildung ersichtlich. Der Link zur Kontaktseite erhält erst einmal nur das Rautezeichen als Linkziel. Hier der Quellcode der Div-Container `inhalt` zum Vergleich:

```
<div id="inhalt">
   <h1>Registrierung</h1>
   <p><strong>Die Registrierung wurde erfolgreich
abgeschlossen.</strong></p>
   <p>Um sich im Shopsystem anzumelden benutzen Sie Ihre <strong>E-Mail-
Adresse</strong> und das von Ihnen erstellte <strong>Passwort</strong>.</p>
   <p>Sollten Sie Probleme bei der Anmeldung haben nehmen Sie bitte mit uns
<a href="#">Kontakt</a> auf.</p>
</div>
```

Inhalt der Hinweisseite.

Wechseln Sie jetzt wieder zur Datei *registrierung.php* und öffnen Sie im Fenster *Serververhalten* das eben erstellte Verhalten *Datensatz einfügen*. Unter *Nach dem Einfügen hierher gehen* wählen Sie über die Schaltfläche *Durchsuchen* die gerade erstellte Datei *registrierung_beendet.php* aus.

Nachdem Sie das Fenster *Datensatz einfügen* mit *OK* geschlossen haben, wird, wenn das Registrierungsformular richtig ausgefüllt wird, zuerst der Datensatz gespeichert und dann die Hinweisseite für den Benutzer geöffnet.

Die Kundenregistrierung ist jetzt soweit abgeschlossen, bis auf den Punkt, dass die Passwörter der Benutzer momentan noch unverschlüsselt in der Datenbank gespeichert werden. Sobald das Kundenlogin fehlerfrei funktioniert, werden wir die Passwörter in der Datenbank verschlüsselt ablegen.

## 7.14.2 Kundenlogin per Session-Technik

Für das Kundenlogin wird zum ersten Mal die Session-Technik genutzt, darum hier eine kurze Erläuterung zum Verständnis. Eine Session ist ein Bereich, in dem Informationen in Form eines Arrays abgelegt werden können. Dabei bekommt jeder Benutzer seine eigene Session vom Server zugeteilt. Der Server identifiziert dabei den einzelnen Benutzer mit einem Cookie, das er beim Start der Session im Browser des Benutzers gespeichert hat. Um die Session-Technik zu nutzen, muss jede Seite, die Informationen aus der Session lesen oder schreiben möchte, den Befehl `session_start()` am Anfang enthalten.

Der Loginvorgang soll auf folgende Weise erfolgen: Nachdem der Benutzer E-Mail-Adresse und Passwort in das Formular eingetragen hat, wird eine Datenbankabfrage gestartet, die prüft, ob es einen Datensatz gibt, der die eingegebene E-Mail-Adresse und das eingegebene Passwort enthält. Wenn dies der Fall ist, soll die Datenbankabfrage den Vor- und Nachnamen sowie die ID des Benutzers zurückliefern und diese Informationen in der Session (siehe weiter unten) des Benutzers speichern. Danach soll das Formular ausgeblendet und stattdessen der Text *Sie sind angemeldet als ...* sowie ein Link, mit dem man sich ausloggen kann, angezeigt werden.

Sollte kein passender Datensatz gefunden werden, soll unter dem Formular ein Hinweistext eingeblendet werden, der den Benutzer darauf hinweist, dass das Login fehlgeschlagen ist.

**Bild 7.85:** Loginbereich, Benutzer ist nicht angemeldet.

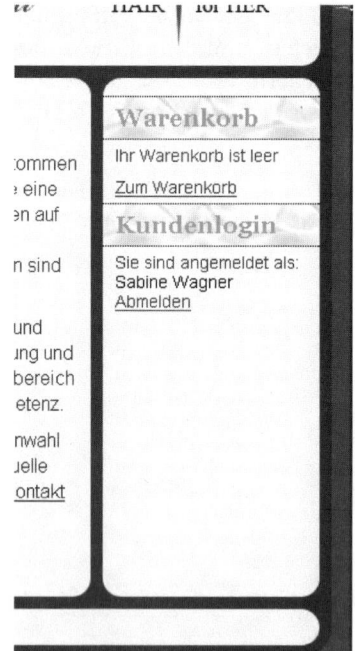

**Bild 7.86:** Loginbereich, Benutzer ist angemeldet.

**Bild 7.87:** Loginbereich, Benutzer hat fehlerhafte Eingaben gemacht.

Kommen wir nun zur Umsetzung des Kundenlogin. Öffnen Sie dazu die Datei *kundenlogin.php*, die schon das Loginformular enthält. Zuerst einmal wird eine Datenbankabfrage benötigt, die die Benutzereingaben mit dem Inhalt der Tabelle *benutzer* vergleicht.

Öffnen Sie das Bedienfeld *Bindungen* und erstellen Sie über das Plussymbol eine neue Datensatzgruppe. Wechseln Sie nun über die Schaltfläche *Erweitert* in den erweiterten Modus des Fensters *Datensatzgruppe*.

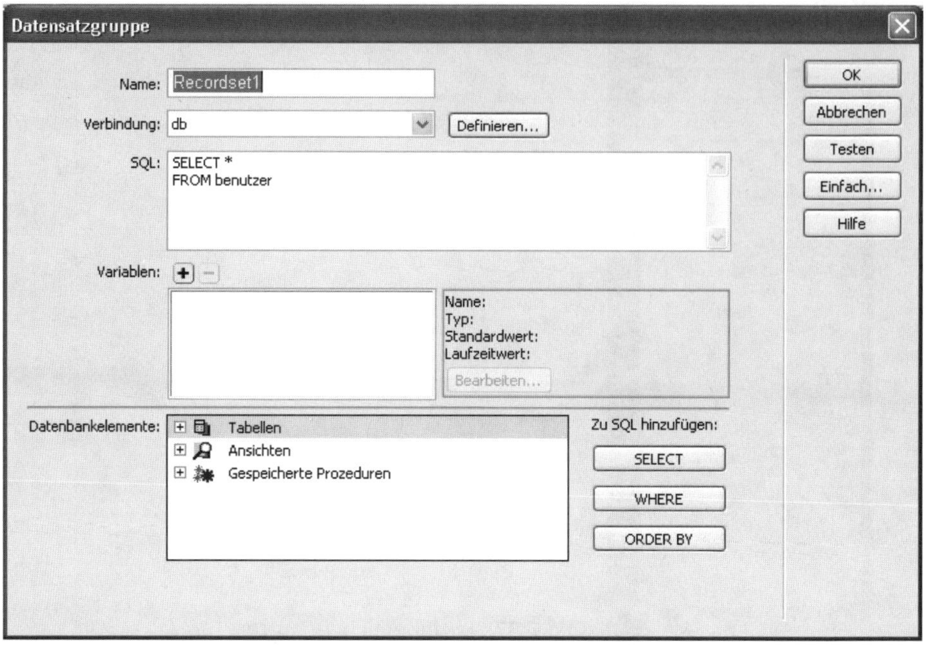

**Bild 7.88:** Das Fenster *Datensatzgruppe* im erweiterten Modus.

> **Hinweis:** Die Vorgehensweise zur Erstellung eines SQL-Befehls im erweiterten Modus des Fensters *Datensatzgruppe* wird ausführlich im Kapitel zur Detailseite beschrieben.

Geben Sie dieser Datensatzgruppe den Namen *login*. Die *Verbindung* zur Datenbank *db* ist schon vorausgewählt. Im Bereich Datenbankelemente finden Sie unter dem Punkt Tabellen alle Tabellen des *hair_shop*. Wählen Sie aus der Tabelle benutzer die Spalten benutzer_id, vorname und nachname aus, indem Sie zuerst eine einzelne Spalte markieren und dann auf die Schaltfläche SELECT klicken.

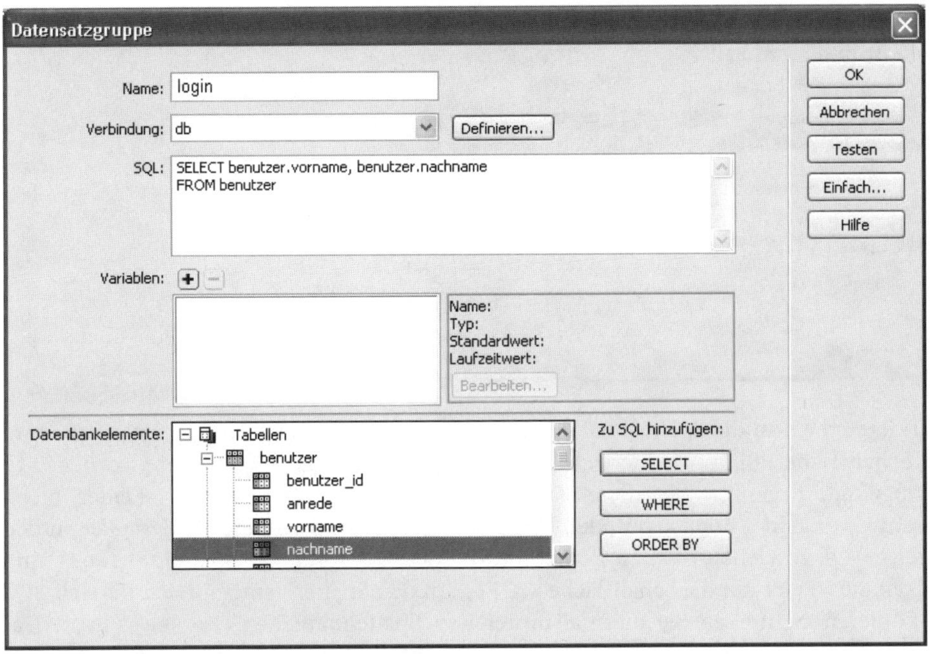

**Bild 7.89:** Auswahl der benötigten Spalten.

Erstellen Sie nun im Bereich *Variablen* über das Plussymbol eine neue Variable für die E-Mail-Adresse. Bei der Benennung der Variablen ist zu beachten, dass Spaltennamen der abgefragten Tabellen nicht benutzt werden können. Geben Sie der Variable den Namen `var_email`, der Typ dieser Variable ist `Text`. Unter *Standardwert* tragen Sie `-1` ein.

In das Feld *Laufzeitwert* soll nun der Inhalt des Formularfelds *email* eingetragen werden. Dieser Wert steht im globalen Array `$_POST`, in dem sich alle Benutzereingaben eines mit der Methode `POST` versendeten Formulars befinden. Die Namen der Formularfelder dienen in diesem Array als Index. Die E-Mail-Adresse befindet sich also unter `$_POST['email']`.

Tragen Sie in das Feld *Laufzeitwert* genau diesen Arraywert ein und beachten Sie dabei die genaue Schreibweise des Arraynamens und des Index, da sonst kein Wert gefunden wird.

**Bild 7.90:** Einstellungen der Variable `var_email`.

Erstellen Sie auf die gleiche Weise eine Variable für das Passwort. Der Name der Variablen ist in diesem Fall `var_passwort`.

**Bild 7.91:** Einstellungen der Variable `var_passwort`.

Markieren Sie nun die Spalte `email` aus der Benutzertabelle und klicken Sie diesmal auf die Schaltfläche `WHERE`. Im Bereich *SQL* wird jetzt die Zeile `WHERE benutzer.email` hinzugefügt. Ergänzen Sie diese Zeile um den Text = `var_email`. Leider bietet Dreamwaver keine Möglichkeit, den Variablennamen aus dem Bereich *Variablen* in den Bereich *SQL* zu ziehen bzw. zu kopieren. Markieren Sie nun die Spalte `passwort` und klicken Sie wieder auf die Schaltfläche `WHERE`, um den Spaltennamen in den Bereich *SQL* zu kopieren. Schreiben Sie diesmal hinter den Spaltennamen = `var_passwort`. Das Fenster *Datensatzgruppe* sollte jetzt wie in der nachfolgenden Abbildung aussehen.

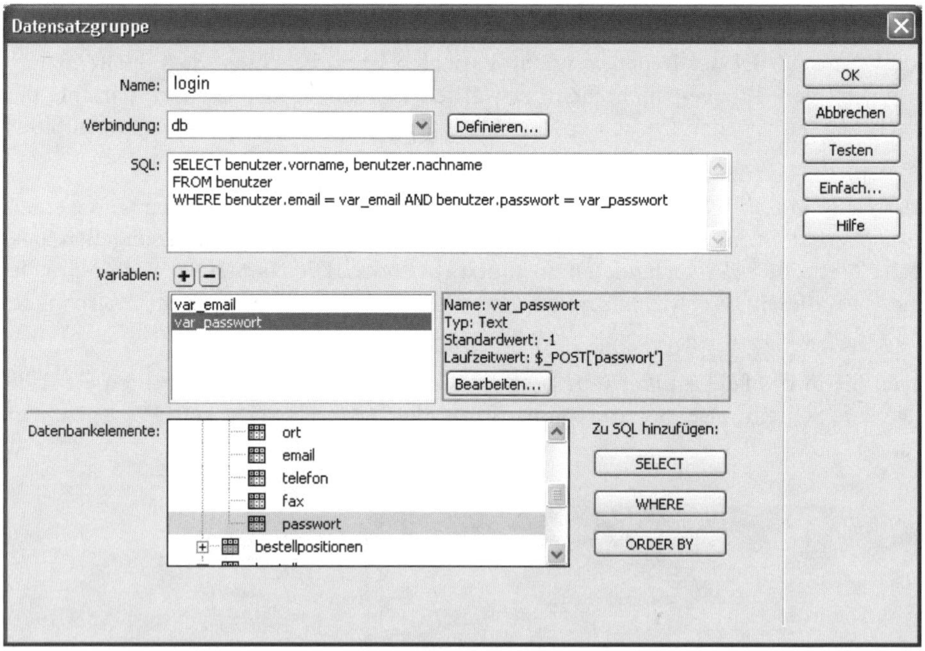

**Bild 7.92:** Die Einstellungen für die Datensatzgruppe `login`.

Wenn Sie das Fenster nun mit einem Klick auf die Schaltfläche *OK* schließen, erstellt Dreamweaver die Datenbankabfrage oberhalb des Formulars. Diese Datenbankabfrage wird nun jedes Mal gestartet, wenn die Datei *kundenlogin.php* aufgerufen wird. Da das

Loginformular beim Laden der Datei zunächst nicht ausgefüllt ist, führt die Anfrage zu keinem Ergebnis. Deshalb muss nun eine Kontrollstruktur erstellt werden, die die Datenbankabfrage nur startet, wenn das Formular ausgefüllt wurde. Als Indikator dient in diesem Fall die Schaltfläche *Anmelden*, die sich nur dann im Array $_POST befindet, wenn das Formular versendet wurde. Die Kontrollstruktur sieht dann so aus:

```
if(isset($_POST['anmelden']))
{
    //Datenbankabfrage starten
}
```

Kontrollstruktur für die Datenbankabfrage login.

Die Kontrollstruktur muss nun an der richtigen Stelle im Quellcode eingefügt werden. Wechseln Sie in die Codeansicht und suchen Sie die Zeile mit dem Text $var_email_login = "-1";. Der Text dürfte ca. in Zeile 34 zu finden sein. Fügen Sie nun in der Zeile davor die ersten beiden Zeilen der obigen Kontrollstruktur ein und gehen dann zum Ende des PHP-Bereichs und fügen dort noch die schließende Kammer hinzu. Der Quellcode sollte jetzt wie folgt aussehen:

```
if(isset($_POST['anmelden']))
{
    $var_email_login = "-1";
    if (isset($_POST['email'])) {
        $var_email_login = $_POST['email'];
    }
    $var_passwort_login = "-1";
    if (isset($_POST['passwort'])) {
        $var_passwort_login = $_POST['passwort'];
    }
    mysql_select_db($database_db, $db);
    $query_login = sprintf("SELECT benutzer.benutzer_id, benutzer.vorname,
benutzer.nachname FROM benutzer WHERE benutzer.email = %s AND
benutzer.passwort = %s ", GetSQLValueString($var_email_login,
"text"),GetSQLValueString($var_passwort_login, "text"));
    $login = mysql_query($query_login, $db) or die(mysql_error());
    $row_login = mysql_fetch_assoc($login);
    $totalRows_login = mysql_num_rows($login);
}
?>
```

Die Datenbankabfrage innerhalb der Kontrollstruktur.

Durch diese Änderung des Quellcodes wird die Datenbankabfrage nur noch dann gestartet, wenn auf die Schaltfläche *Anmelden* geklickt wird. Im nächsten Schritt muss nun noch der Status des Dokuments ermittelt werden, um die entsprechenden Aktionen auszuführen bzw. Inhalte anzuzeigen.

Die einzelnen Zustände der Seite sind:

- Benutzer ist nicht angemeldet

- Benutzeranmeldung ist fehlgeschlagen

- Benutzer ist angemeldet

Für diesen Zweck wird die Variable $status benutzt und je nach Status des Dokuments mit den Werten 0, 1 oder 2 belegt. Dabei bedeutet:

- 0 = nicht angemeldet

- 1 = Anmeldung fehlgeschlagen

- 2 = Anmeldung erfolgreich

Zuerst wird die Variable auf den Wert 0 gesetzt. Nachdem die Datenbankabfrage durchgeführt wurde, steht in der von Dreamweaver erstellten Variable $totalRows_login die Anzahl der gefundenen Datensätze für diese Datenbankabfrage. Da die Kombination aus E-Mail-Adresse und Passwort in der Benutzertabelle nur einmal vorkommen dürfte, sollte in dieser Variable eine 1 enthalten sein. Falls das der Fall ist, wird die Variable $status auf den Wert 2 gesetzt, andernfalls auf 1.

```
$status = 0;
…
if($totalRows_login == 1)
{
    //Anmeldung ok
    $login_status = 2;
}
else
{
    //Anmeldung nicht ok
    $login_status = 1;
}
```

Kontrollstruktur zur Ermittlung des Anmeldestatus.

Wenn die Anmeldung erfolgreich war, werden benutzer_id, vorname und nachname in der Session gespeichert. Das kann man gleich beim Ändern des Status auf 2 erledigen. Die benutzer_id dient nun den anderen Seiten als Zeichen dafür, dass sich ein Benutzer angemeldet hat. Daher sollte auch der Status auf 2 gestellt werden, falls diese Benutzer-ID existiert. Das erledigen wir ebenfalls über eine kleine Kontrollstruktur.

```
if($_SESSION['benutzer_id'])
{
    //Benutzer hat sich schon angemeldet
    $status = 2;
}
```

Änderung des Status auf angemeldet, wenn eine Benutzer-ID existiert.

Hier nun der komplette Quellcode zur Ermittlung des Status der Anmeldung:

```
//nicht angemeldet
$status = 0;
if($_SESSION['benutzer_id'])
{
    //Benutzer hat sich schon angemeldet
    $status = 2;
}

if(isset($_POST['anmelden']))
{
    $var_email_login = "-1";
    if (isset($_POST['email'])) {
        $var_email_login = $_POST['email'];
    }
    $var_passwort_login = "-1";
    if (isset($_POST['passwort'])) {
        $var_passwort_login = $_POST['passwort'];
    }
    mysql_select_db($database_db, $db);
    $query_login = sprintf("SELECT benutzer.benutzer_id, benutzer.vorname,
benutzer.nachname FROM benutzer WHERE benutzer.email = %s AND
benutzer.passwort = %s ", GetSQLValueString($var_email_login,
"text"),GetSQLValueString($var_passwort_login, "text"));
    $login = mysql_query($query_login, $db) or die(mysql_error());
    $row_login = mysql_fetch_assoc($login);
    $totalRows_login = mysql_num_rows($login);

    if($totalRows_login == 1)
    {
        //Anmeldung erfolgreich
        $status = 2;
        $_SESSION['benutzer_id'] = $row_login['benutzer_id'];
        $_SESSION['vorname'] = $row_login['vorname'];
        $_SESSION['nachname'] = $row_login['nachname'];
    }
    else
    {
        //Anmeldung fehlgeschlagen
        $status = 1;
    }
}
?>
```

Quellcode zur Ermittlung des Anmeldestatus.

Über die Variable $status kann nun der jeweilige Status des Dokuments ermittelt und in Abhängigkeit davon ein entsprechender Inhalt angezeigt werden. Dafür müssen jetzt noch die entsprechenden Inhalte erzeugt werden. Erstellen wir zuerst den Inhalt für eine erfolgreiche Anmeldung. Stellen Sie den Cursor hinter das Formular und schreiben Sie folgenden Text:

```
<p>Sie sind angemeldet als:<br />
<span id="benutzername">Vorname Nachname</span><br />
<a href="#">Abmelden</a></p>
```

Text für eine erfolgreiche Anmeldung.

Der span-Tag für den Benutzernamen wird verwendet, um Vor- und Nachnamen farblich vom Rest des Kundenlogin abzuheben und später auf der Detailseite zu prüfen, ob ein Benutzer angemeldet ist. Der Selektor für die CSS-Regel lautet #kundenlogin #benutzername, die Eigenschaft ist:

Kategorie *Schrift*:

```
Color: #000
```

Als Nächstes muss noch der Inhalt für eine fehlgeschlagene Anmeldung erstellt werden. Schreiben Sie hinter dem Absatz für die erfolgreiche Anmeldung folgenden Text:

```
<p><strong>Anmeldung nicht erfolgreich</strong></p>
<p>E-Mail-Adresse oder Passwort stimmen nicht. </p>
<p>Bitte versuchen Sie es erneut.</p>
```

Text für eine nicht erfolgreiche Anmeldung.

Die Datei *kundenlogin.php* sollte in der Entwurfsansicht jetzt wie in der folgenden Abbildung aussehen.

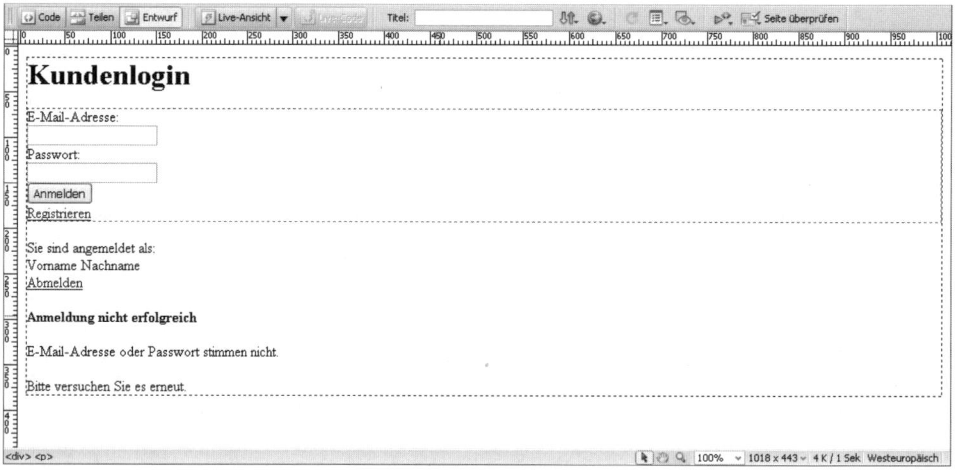

**Bild 7.93:** Kundenlogin mit den neu erstellten Inhalten.

Über eine Kontrollstruktur kann jetzt entschieden werden, welcher Bereich bzw. welche Bereiche angezeigt werden sollen. Als Indikator dient dabei die Variable $status.

```
if ($status < 2)
{
    //nicht angemeldet oder Anmeldung fehlgeschlagen
    //Loginformular anzeigen
```

```
}
else
{
    //Anmeldung erfolgreich
    //Login-Informationen anzeigen: "Sie sind angemeldet als..."
}

if ($status == 1)
{
    //Anmeldung fehlgeschlagen
    //Hinweistext anzeigen: "Anmeldung nicht erfolgreich..."
}
```

Kontrollstruktur zur Anzeige der einzelnen Bereiche des Kundenlogin.

Kommen wir jetzt zur Umsetzung der Kontrollstruktur im Dokument. Wechseln Sie zurück in die *Code*-Ansicht und stellen Sie den Cursor vor den öffnenden `<form>`-Tag. Um nun die einzelnen Teile der Kontrollstruktur einzufügen, bietet Dreamweaver grundlegende Befehle im Bedienfeld *Eigenschaften* unter der Karteikarte *PHP* an. Klicken Sie auf die Schaltfläche *if*, Dreamweaver fügt dann den PHP-Bereich `<?php if ?>` ein. Ändern Sie jetzt diesen Bereich folgendermaßen: `<?php if($status < 2) { ?>`. Vergessen Sie nicht die öffnende geschweifte Klammer am Ende des Bereichs.

Stellen Sie den Cursor nun hinter den schließenden `</form>`-Tag und fügen Sie über die Schaltfläche *else* einen weiteren PHP-Bereich ein. Ändern Sie diesen Bereich wie folgt: `<?php } else { ?>`.

Suchen Sie nun den Link, um sich auszuloggen, und stellen Sie den Cursor hinter den schließenden `</p>`-Tag. Fügen Sie dort über die Schaltfläche *if* einen weiteren PHP-Bereich ein und modifizieren Sie ihn: `<?php } if($status == 1) { ?>`.

Jetzt muss nur noch am Ende des Dokuments vor dem schließenden `</div>` ein letzter Bereich für die schließende geschweifte Klammer eingefügt werden. Erstellen Sie über die Schaltfläche `<?` einen PHP-Bereich und fügen Sie die Klammer ein `<?php }?>`. Hier noch einmal der komplette Quellcode der einzelnen Anzeigebereiche:

```
<div>
    <h1>Kundenlogin</h1>
    <?php if($status < 2) { ?>
    <form action="" method="post" name="loginform" id="loginform">
        <p>
                        <label>E-Mail-Adresse:</label>
                        <br />
                        <input type="text" name="email" id="email" />
                        <br />
                        <label>Passwort:</label>
                        <br />
                        <input type="password" name="passwort" id="passwort"
/>
                        <br />
```

```
                              <input type="submit" name="anmelden" id="anmelden"
value="Anmelden" />
                              <br />
                              <a href="#">Registrieren</a>
        </p>
    </form>
    <?php } else { ?>
    <p>Sie sind angemeldet als:<br />
    <span style="color:#000000">Vorname Nachname</span><br />
    <a href="#">Abmelden</a></p>
    <?php }if($status == 1) { ?>
    <p><strong>Anmeldung nicht erfolgreich</strong></p>
    <p>E-Mail-Adresse oder Passwort stimmen nicht. </p>
    <p>Bitte versuchen Sie es erneut.</p>
    <?php }?>
</div>
<?php
mysql_free_result($login);
?>
```

Die verschiedenen Bereiche des Kundenlogin mit Kontrollstruktur.

Wie Sie sehen, lassen sich PHP-Bereiche sehr flexibel einsetzen und auch innerhalb einer Kontrollstruktur beenden und wieder starten.

Wenn Sie sich jetzt die Datei in der Browservorschau ansehen, werden Sie feststellen, dass am Ende eine PHP-Fehlermeldung des Typs *Warnung* angezeigt wird. Diese Meldung stammt von der Funktion `mysql_free_result()`, die Dreamweaver eingefügt hat, um den Speicherbereich, den die Datensatzgruppe eingenommen hat, wieder freizugeben. Da die Datensatzgruppe aber nur dann erstellt wird, wenn der Benutzer das Formular versendet, gibt es beim ersten Aufruf der Datei noch keine Datensatzgruppe und der Versuch, den Speicherbereich freizugeben, schlägt fehl.

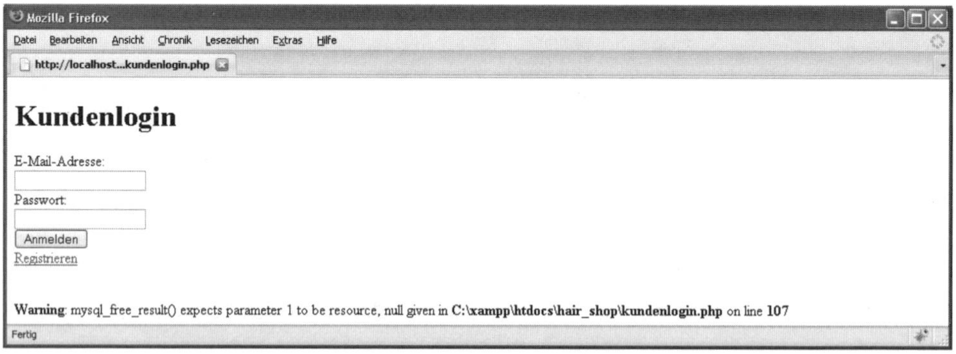

**Bild 7.94:** Fehlermeldung beim Versuch, einen nicht belegten Speicherbereich freizugeben.

Dieses Fehlverhalten lässt sich aber sehr einfach korrigieren, indem man diese Funktion in den Bereich verschiebt, der auch die Datensatzgruppe erstellt. Verschieben Sie die Funktion an die unten gezeigte Stelle.

```
    else
    {
        //Anmeldung fehlgeschlagen
        $status = 1;
    }
    mysql_free_result($login);
}
?>
```

Die Funktion `mysql_free_result()` am Ende des Bereichs zur Erstellung der Datensatzgruppe.

Jetzt muss das Formular nur noch abgeschickt werden, damit das Login funktioniert. Allerdings muss das Formular dazu wissen, an welche Datei die Formulardaten geschickt werden sollen. Da das Kundenlogin auf (fast) allen Seiten des Hair Shops eingebunden werden soll, kann man dem Formular keinen festen Dateinamen mitgeben.

Für diesen Zweck gibt es eine Servervariable, in der immer der Pfad und der Dateiname der aktuellen Datei gespeichert sind: `$_SERVER['PHP_SELF']`. Falls der aktuellen Seite noch Parameter per URL mitgegeben wurden, müssen auch diese Parameter mit angegeben werden. Auch dafür gibt es eine Servervariable: `$_SERVER['QUERY_STRING']`. Auf der Seite *registrierung.php* hat Dreamweaver für das Registrierungsformular den korrekten Quellcode schon erzeugt. Diesen Quellcode können wir auch für das Loginformular nutzen.

Öffnen Sie die Datei *registrierung.php* und suchen Sie folgenden Quellcode:

```
$editFormAction = $_SERVER['PHP_SELF'];
if (isset($_SERVER['QUERY_STRING'])) {
  $editFormAction .= "?" . htmlentities($_SERVER['QUERY_STRING']);
}
```

Quellcode zur korrekten Adressierung der Formulardaten.

Kopieren Sie nun diesen Bereich in die Datei *kundenlogin.php* an die angezeigte Stelle.

```
$editFormAction = $_SERVER['PHP_SELF'];
if (isset($_SERVER['QUERY_STRING'])) {
  $editFormAction .= "?" . htmlentities($_SERVER['QUERY_STRING']);
}
//nicht angemeldet
$status = 0;
```

Der kopierte Quellcode in der Datei *kundenlogin.php*.

Das korrekte Ziel für die Formulardaten steht jetzt in der Variablen `$editFormAction`. Diese Variable muss jetzt nur noch innerhalb des Action-Attributs des `<form>`-Tags ausgegeben werden.

Stellen Sie dazu den Cursor in das `action`-Attribut und klicken Sie auf die Schaltfläche *echo* in der Registerkarte PHP. Schreiben Sie nun hinter den `echo`-Befehl den Variablennamen `$editFormAction`.

```
<form action="<?php echo $editFormAction ?>" method="post" name="loginform"
id="loginform">
```

Der `<form>`-Tag mit der stets richtigen Zieladresse.

Jetzt ist es an der Zeit, die Links im Dokument auf das richtige Ziel zu ändern und statt des Textes *Vorname Nachname* den richtigen Namen anzuzeigen.

Zuerst werden die Links eingestellt. Wechseln Sie dazu in die Entwurfsansicht und markieren Sie den Link *Registrieren*. Wählen Sie jetzt die zuvor erstellte Datei *registrierung.php* als Linkziel aus. Markieren Sie dann den Link *Abmelden* und schreiben Sie als Linkziel *logout.php*. Diese Datei werden wir gleich im Anschluss erstellen.

Nun können wir Vorname und Nachname austauschen. Die tatsächlichen Vor- und Nachnamen befinden sich nach erfolgreicher Anmeldung in der Session. Öffnen Sie das Bedienfeld *Bindungen* und erstellen Sie über das Plussymbol, Menüeintrag *Sitzungsvariable*, eine Bindung zum gespeicherten Vornamen des Benutzers.

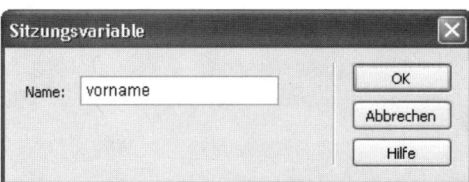

**Bild 7.95:** Erstellung einer Bindung zu einer Session-Variablen.

In dem sich öffnenden Fenster *Sitzungsvariable* geben Sie unter Name *vorname* (ohne Anführungszeichen) ein. Wiederholen Sie den gleichen Schritt auch für den Nachnamen und die Benutzer-ID.

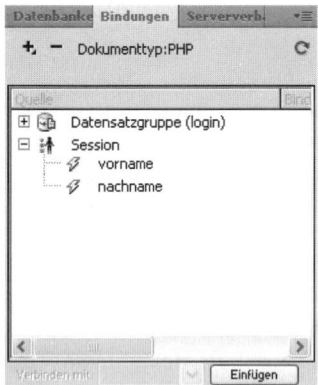

**Bild 7.96:** Die Sessionvariablen für Vor- und Nachnamen im Bedienfeld *Bindungen*.

Markieren Sie nun den Text *Vorname* und ziehen Sie per Drag and Drop den Eintrag *vorname* aus dem Bedienfeld *Bindungen* darauf. Wiederholen Sie das auch für den Nachnamen.

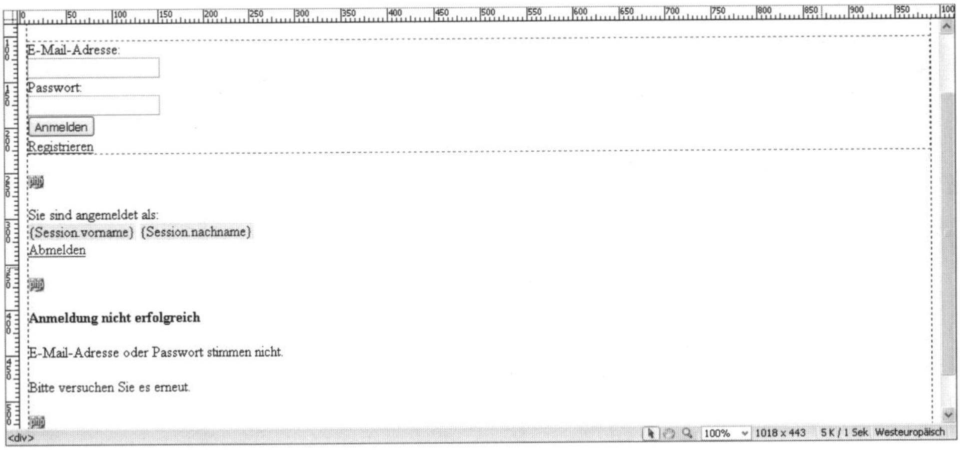

**Bild 7.97:** Das Kundenlogin mit Session-Variablen in der Entwurfsansicht.

Speichern Sie die Datei und rufen Sie dann in der Browservorschau die Startseite *index.php* auf. Durch das Einbinden mit Server-Side Includes wird die aktuelle Fassung des Kundenlogin im rechten Menü angezeigt. Probieren Sie nun, sich anzumelden. Tragen Sie dazu die E-Mail-Adresse und das Passwort unseres Testbenutzers in die entsprechenden Felder des Loginformulars ein. Die E-Mail-Adresse lautet *name@t-online.de*, das Passwort *geheim*. Füllen Sie das Formular zunächst mit fehlerhaften Angaben aus, um zu schauen, ob der Hinweistext angezeigt wird.

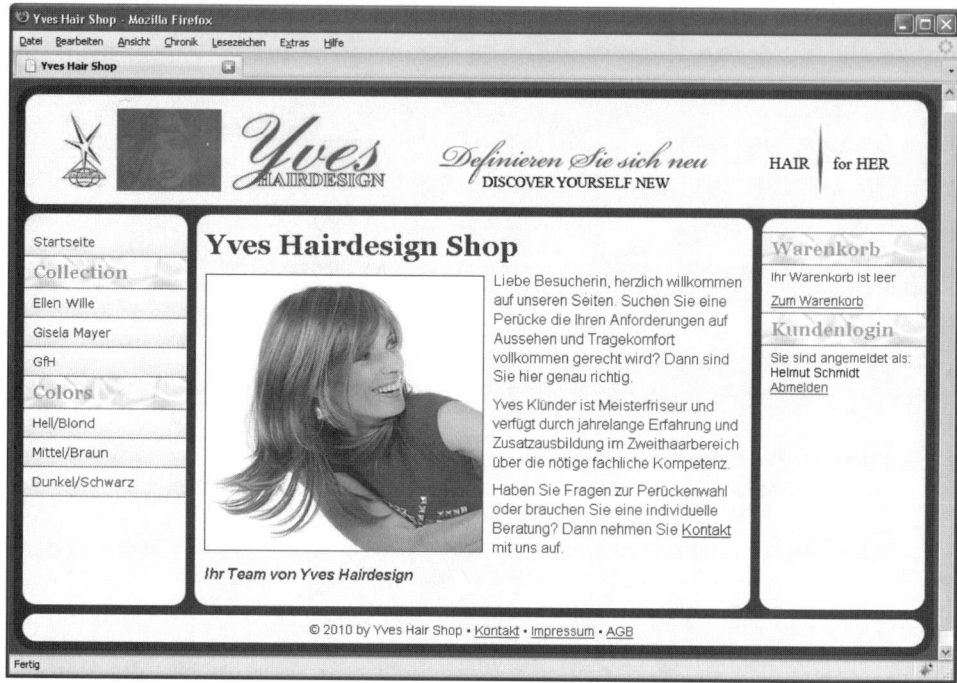

**Bild 7.98:** Kundenlogin, der Benutzer ist angemeldet.

Nachdem die Anmeldung nun funktioniert, brauchen wir noch die Datei *logout.php*, um uns wieder abzumelden.

### 7.14.3 Kundenlogout

Das Kundenlogout ist wesentlich leichter umzusetzen als das Kundenlogin. Es müssen nur die Benutzerdaten aus der Session gelöscht werden, dann kann die Session beendet werden. Erstellen Sie ein neues Dokument vom Seitentyp *PHP* Layouttyp *<kein>* und speichern Sie es unter dem Dateinamen *logout.php* ab. Löschen Sie den kompletten Inhalt der Datei und schreiben Sie folgenden Quellcode hinein:

```
session_start();
$_SESSION = array();
if(session_id()){
session_destroy();
}
header('Location:index.php');
```

Inhalt der Datei *logout.php*.

Hier eine kurze Erklärung zu den einzelnen Anweisungen. Über den Befehl `session_start()` wird die Seite in die Session aufgenommen, um Zugriff auf die dort gespeicherten Informationen zu erhalten. Über die Zuweisung `$_SESSION = array()` werden dann alle Informationen gelöscht. Danach wird mit der Funktion `session_id()` überprüft, ob noch eine Session besteht. Falls das der Fall ist, wird die

Session beendet. Zum Schluss wird mit der Funktion header() die Startseite aufgerufen.

## 7.14.4 Kundenpasswörter verschlüsseln

Nachdem die Registrierung und das Login für den Kunden erstellt sind, fehlt nur noch die Verschlüsselung der Kundenpasswörter. Zurzeit werden noch alle Informationen inklusive Passwort unverschlüsselt in der Tabelle benutzer gespeichert.

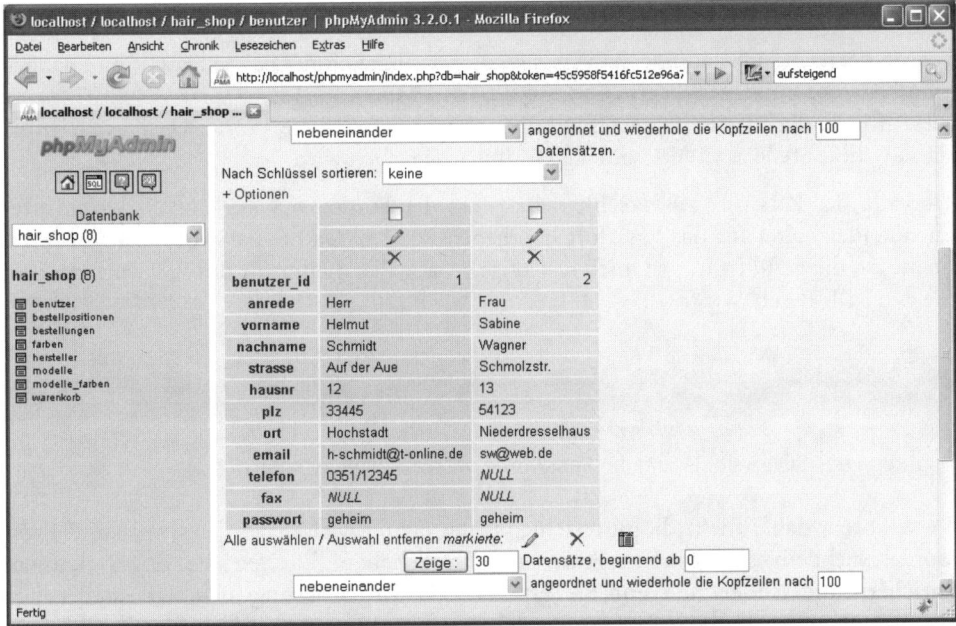

**Bild 7.99:** Die Benutzertabelle mit den Informationen aus dem Registrierungsformular.

Um nun die Passwörter verschlüsselt zu speichern, gibt es unter MySQL die Funktion PASSWORD(), die aus einem übergebenen Klartext-Passwort einen 41 Zeichen langen Passwort-String erstellt. Diese Verschlüsselung ist unidirektional, d. h. es besteht keine Möglichkeit, über den Passwort-String an das Klartext-Passwort zu gelangen. Dabei wird aus dem gleichen Klartext-Passwort immer der gleiche Passwort-String generiert.

| Klartext-Passwort | Passwort-String |
|---|---|
| geheim | *462366917EEDD1970A48E87D8EF59EB67D2CA26F |
| Streng-geheim | *DFA17296ED7DF6516E60BD3CEFE6059B123672D8 |
| geheim | *462366917EEDD1970A48E87D8EF59EB67D2CA26F |

Mit der Funktion PASSWORD() erstellte Passwort-Strings.

Um die Verschlüsselung nun umzusetzen, müssen die Passwörter zuerst in der Datenbank verschlüsselt abgelegt werden. Dafür ist das Registrierungsformular zuständig. Öffnen Sie die Datei *registrierung.php* und suchen Sie in der Codeansicht den SQL-Befehl, der die Daten aus dem Formular in der Datenbank speichert.

```
$insertSQL = sprintf("INSERT INTO benutzer (vorname, nachname, strasse,
hausnr, plz, ort, email, telefon, fax, passwort) VALUES (%s, %s, %s, %s, %s,
%s, %s, %s, %s, %s)",
```
Der SQL-Befehl zur Speicherung der Formulardaten (Ausschnitt).

Dieser Befehl enthält zuerst die Liste der Tabellenspalten, die gefüllt werden sollen (vorname, nachname, strasse, hausnr, plz, ort, email, telefon, fax, passwort), und danach eine Liste der einzelnen Werte (%s, %s, %s, %s, %s, %s, %s, %s, %s, %s), in diesem Falle die Platzhalter der Funktion sprintf() für die Werte. Das %s bedeutet, dass an diese Stelle ein Wert vom Typ String ausgegeben wird.

Um nun das Passwort zu verschlüsseln, muss der Funktion PASSWORD() der entsprechende Platzhalter für das Passwort übergeben werden. Da die Passwortspalte die letzte Spalte ist, die gefüllt wird, ist auch das letzte %s der Platzhalter für das Passwort. Ändern Sie den SQL-Befehl wie folgt:

```
$insertSQL = sprintf("INSERT INTO benutzer (vorname, nachname, strasse,
hausnr, plz, ort, email, telefon, fax, passwort) VALUES (%s, %s, %s, %s, %s,
%s, %s, %s, %s, PASSWORD(%s))",
```
Änderung des SQL-Befehls, um die Passwörter verschlüsselt zu speichern.

Verwechseln dabei nicht die unterschiedlichen Schreibweisen von Passwort und Password. Nachdem Sie die Korrektur ausgeführt haben, können Sie das Dokument speichern und schließen. Wenn Sie jetzt über das Registrierungsformular einen neuen Benutzer anlegen, wird das Passwort verschlüsselt in der Datenbank abgelegt.

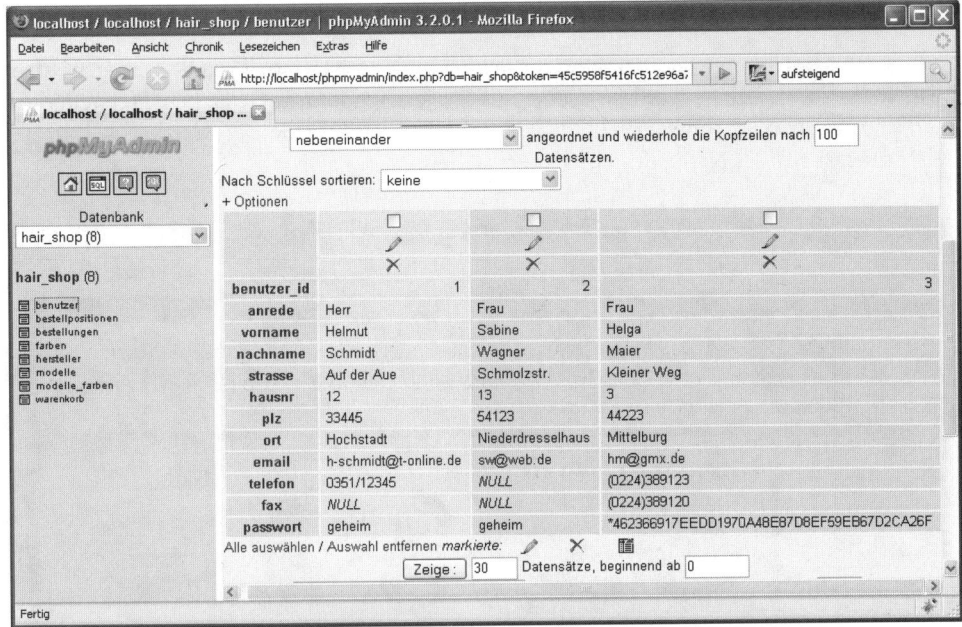

**Bild 7.100:** Die Benutzertabelle mit verschlüsselten Passwörtern.

Jetzt muss auch das Kundenlogin noch überarbeitet werden, da man sich sonst nicht mehr anmelden kann. Öffnen Sie die Datei *kundenlogin.php* und suchen Sie in der Codeansicht den SQL-Befehl, der die Datenbankabfrage ausführt.

```
$query_login = sprintf("SELECT benutzer.benutzer_id, benutzer.vorname,
benutzer.nachname FROM benutzer WHERE benutzer.email = %s AND
benutzer.passwort = %s ",
```

Der SQL-Befehl zur Abfrage der Benutzerinformationen (Ausschnitt).

Ändern Sie den SQL-Befehl wie folgt, um das eingegebene Passwort des Loginformulars ebenfalls mit der Funktion PASSWORD() zu verschlüsseln.

```
$query_login = sprintf("SELECT benutzer.benutzer_id, benutzer.vorname,
benutzer.nachname FROM benutzer WHERE benutzer.email = %s AND
benutzer.passwort = PASSWORD(%s) ",
```

Änderung des SQL-Befehls, um das Passwort aus dem Loginformular zu verschlüsseln.

**Hinweis:** Die Benutzer, deren Passwort unverschlüsselt in der Datenbank gespeichert ist, können sich jetzt nicht mehr anmelden.

## 7.15   Produkte auf der Übersichtsseite präsentieren

Auf der Übersichtsseite sollen alle Modelle in einer Miniaturansicht und mit dem Modellnamen angezeigt werden. Dabei sollen, je nachdem auf welchen Herstellerlink man klickt, nur die Modelle dieses Herstellers angezeigt werden. Außerdem soll in der Seitenüberschrift der Name des Herstellers stehen.

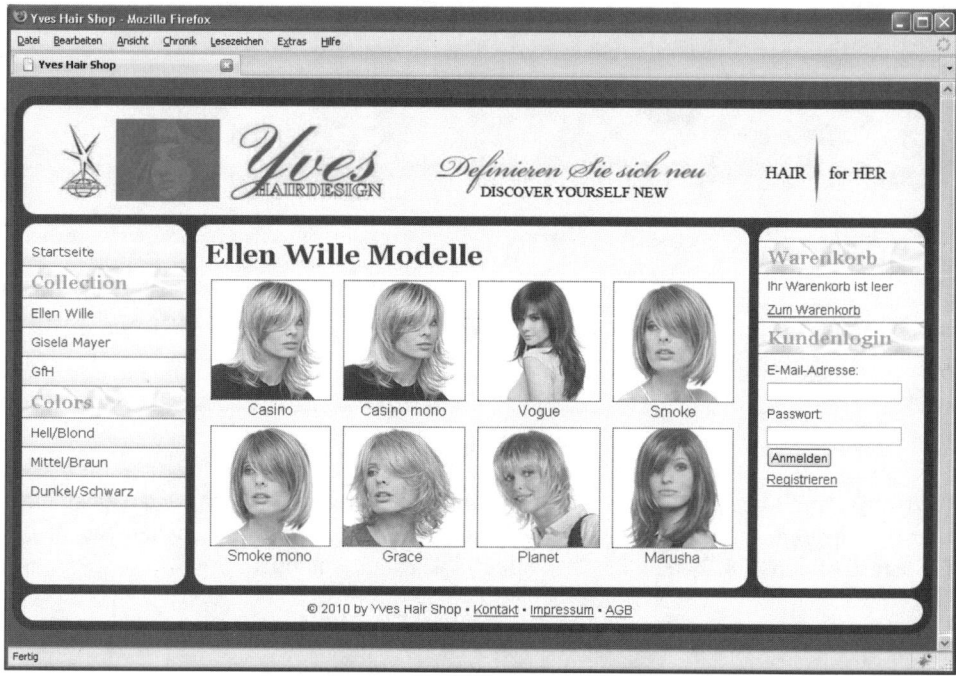

**Bild 7.101:** Anzeige der verschiedenen Modelle eines Herstellers.

Der Programmaufbau sieht folgendermaßen aus: Zuerst wird eine Datenbankabfrage für die Tabelle `modelle` erstellt, mit der Bedingung, dass nur die Datensätze zurückgeliefert werden sollen, bei der in der Spalte *Hersteller* z. B. *Ellen Wille* steht. Diese Datensätze werden dann in einer Schleife ausgegeben.

Zuerst wird wieder der Seiteninhalt statisch aufgebaut, um die benötigten Formatierungen zu erstellen und zu überprüfen. Im Anschluss daran werden die statischen Inhalte durch dynamische ersetzt.

Öffnen Sie die Datei *musterlayout.php* und speichern Sie sie unter dem Namen *ueber-sicht.php*. Erstellen Sie im Div `inhalt` eine Überschrift der Ebene 1 mit dem Inhalt *GfH Modelle*. Nach der Überschrift wird ein Div-Container, der die einzelnen Datensätze aufnimmt, benötigt. Dieser Container braucht keine Klasse oder ID, er hat nur die Aufgabe, die Datensätze vom Rest des Inhalts abzugrenzen.

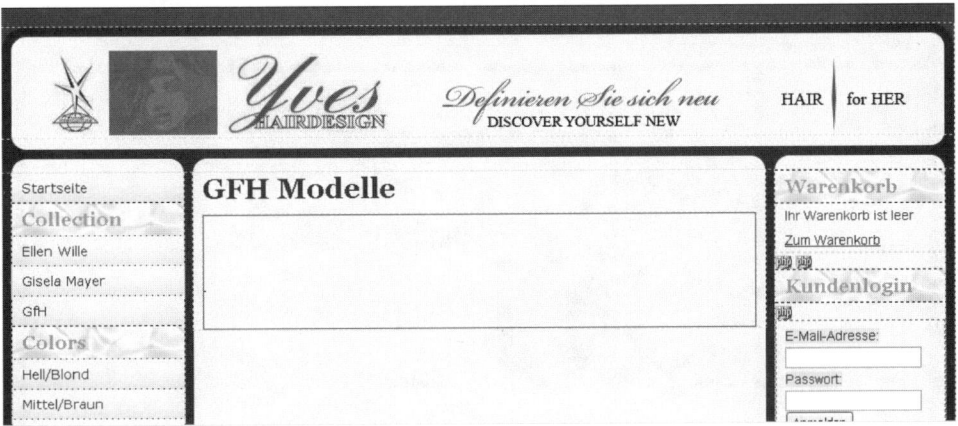

**Bild 7.102:** Übersichtsseite mit Überschrift und Div-Container für die Datensätze (Rahmen und Größe dienen nur zu Anschauungszwecken).

Der Sinn dieses Divs ist folgender: Die Datensätze sollen ja nebeneinander dargestellt werden, eine Darstellung untereinander sähe nicht so gut aus. Damit die einzelnen Datensätze nebeneinander stehen, gibt es zwei Möglichkeiten: zum einen die Umsetzung mit einer Tabelle und zum anderen über Div-Container und CSS. Die Umsetzung mit einer Tabelle ist einfacher, allerdings werden alle Datensätze dann nebeneinander dargestellt, d. h. unabhängig davon, wie viel Platz für den Inhalt vorgesehen ist. Das würde das ganze Layout der Seite zerstören.

Mithilfe einer Programmieranweisung lässt sich eine Tabellenreihe nach einer bestimmten Anzahl von Tabellenzellen beenden und eine neue Tabellenreihe starten. Das führt aber dazu, dass eine Tabellenreihe entsteht, die zu wenige Zellen enthält, wenn die Anzahl der Datensätze nicht ohne Rest durch die Anzahl der Tabellenspalten teilbar ist.

Auch dieses Problem lässt sich durch Programmierung lösen, indem man nach dem Auslesen aller Datensätze nachschaut, wie viele Tabellenzellen in der letzten Tabellenreihe stehen, und die fehlenden Zellen durch eine entsprechende Programmieranweisung auffüllt.

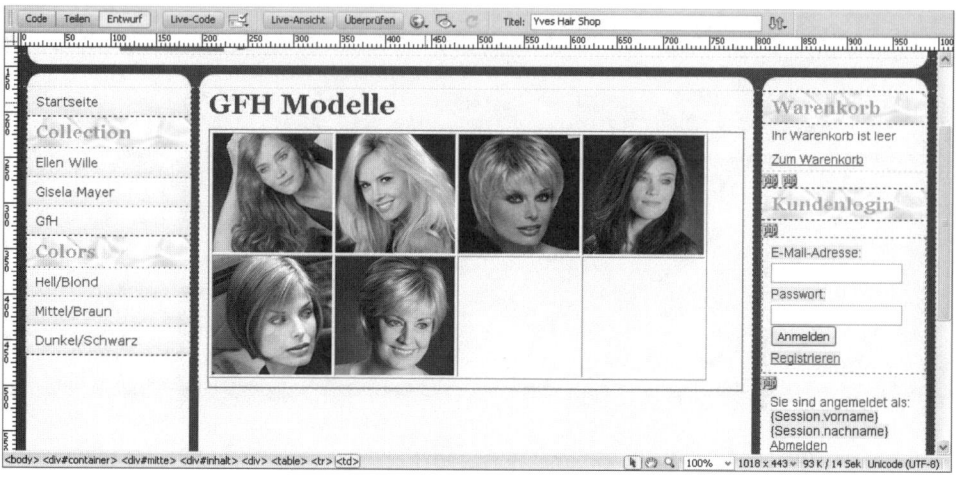

**Bild 7.103:** Ausgelesene Datensätze in einer dynamisch erstellten Tabelle.

Die andere Möglichkeit besteht darin, die einzelnen Datensätze jeweils in einem Div-Container auszugeben, wobei dieser Div-Container die Eigenschaft `float:left` erhält. Dadurch werden die einzelnen Divs nebeneinander gestellt, bis der dafür vorgesehene Platz nicht mehr ausreicht, um einen weiteren Div-Container zu platzieren. Der nächste Div-Container wird dann in die nächste Reihe verschoben. Zum Schluss muss dann nur noch das Floating wieder aufgehoben werden.

**Bild 7.104:** Ausgelesene Datensätze in Div-Containern.

Doch nun zurück zum Div-Container nach der Überschrift. Erstellen Sie innerhalb dieses Div einen weiteren Div-Container mit der Klasse `uebersicht`. In diesem Div wird dann später ein einzelner Datensatz Platz finden. Für die Formatierung benötigen wir in diesem Div eine Abbildung aus dem Ordner *bilder/modelle/klein*. Hinter der Abbildung erstellen Sie einen `p`-Tag-Absatz und schreiben in diesen Absatz die Modellbezeichnung, z. B. *Swing Long*. Erstellen Sie jeweils einen Link für die Abbildung und für die Modellbezeichnung.

Da der Div-Container mit der Klassenbezeichnung `uebersicht` die Eigenschaft `float` erhalten soll, muss diese Eigenschaft nach dem letzten Div dieser Klasse wieder aufgehoben werden. Dazu gibt es ja schon einen Div-Container mit der Klassenbezeichnung `clearfloat`. Setzen Sie diesen Div hinter den Div mit der Klasse `uebersicht`.

Der Quellcode des Div `inhalt` sollte jetzt wie im nachfolgenden Listing aussehen.

```
<div id="inhalt">
   <h1>GfH Modelle</h1>
   <div><!--Container für Datensätze-->
      <div class="uebersicht">
                        <a href="#"><img
src="bilder/modelle/klein/grace_mittel.jpg" width="130" height="130"
alt="Modell Grace" /></a>
                        <p><a href="#">Swing Long</a></p>
      </div>
      <div class="clearfloat"></div>
   </div><!--/Container für Datensätze-->
</div><!--/inhalt-->
```

Der Quellcode des Div `inhalt`.

Jetzt muss der Inhalt der Übersichtsseite noch formatiert werden. Erstellen Sie dazu eine neue CSS-Regel mit dem Selektor `#inhalt .uebersicht` und folgenden Eigenschaften:

Kategorie *Block*:

```
Text-align: center
```

Kategorie *Box*:

```
Width: 145px
Height: 160px
Float: left
```

Durch den Link bekommt das Bild jetzt einen Rahmen. Da dieser Rahmen für diese Seite etwas zu breit geraten ist, erstellen wir eine CSS-Regel für das Bild, um den Rahmen anzupassen. Damit wir im Anschluss auch den Hover-Effekt für das Bild nutzen können, fügen wir den `a`-Tag dem Selektor hinzu. Der Selektor lautet dann also `#inhalt .uebersicht a img` und bekommt die Eigenschaft:

Kategorie *Rahmen*:

```
Border: 1px dotted #000
```

Für den Hover-Effekt des Bildes lautet der Selektor `#inhalt .uebersicht a:hover img` und die Eigenschaft:

Kategorie *Rahmen*:

```
Border: 1px solid #00F
```

Der Textlink unterhalb des Bildes soll auch einen Hover-Effekt bekommen, doch zuerst formatieren wir einmal das normale Aussehen des Links. Der Selektor hierfür ist `#inhalt .uebersicht a`. Die Eigenschaften sind:

Kategorie *Schrift*:

```
Text-decoration: none
Color: #621611
```

Um den Hover-Effekt für den Textlink zu formatieren, verwenden Sie den Selektor `#inhalt .uebersicht a:hover`. Die Eigenschaften für den Textlink lauten:

```
Kategorie Schrift:
Text-decoration: underline
Color: #00F
```

Damit ist die Formatierung der Übersichtsseite auch schon beendet. Das Ergebnis sollte wie in der folgenden Abbildung aussehen.

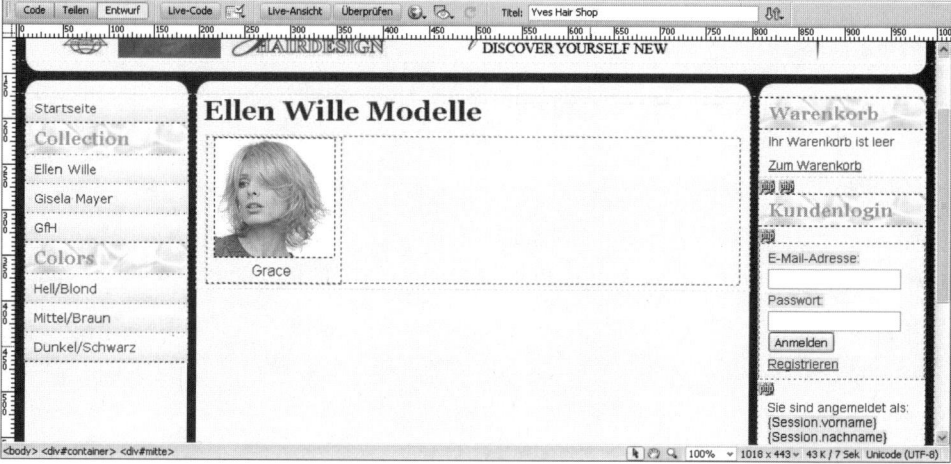

**Bild 7.105:** Die fertig formatierte Übersichtsseite.

Kopiert man jetzt mehrmals den Div-Container mit der Klasse *uebersicht*, stellen sich diese Divs solange nebeneinander, bis der Platz für einen weiteren Div nicht mehr ausreicht. Dann fängt eine neue Reihe an.

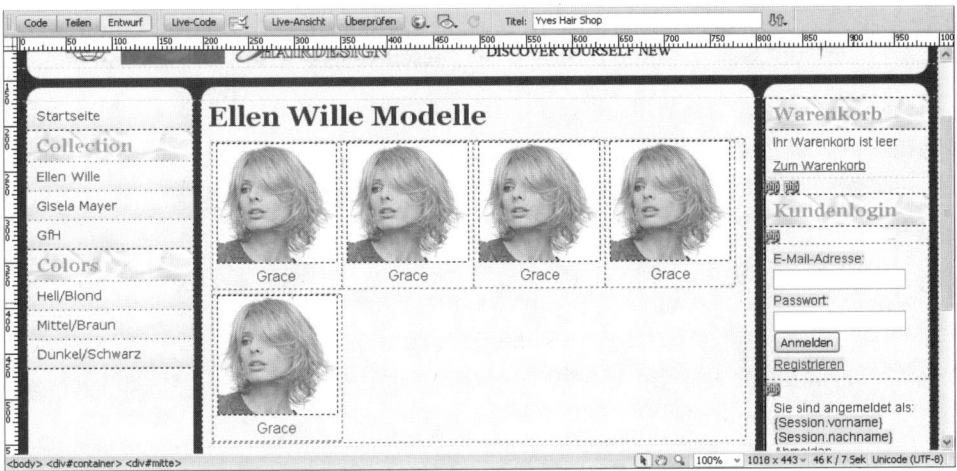

**Bild 7.106:** Mehrere Div-Container der Klasse `uebersicht` auf der Übersichtsseite.

Jetzt sollen die Bilder und Modellbezeichnungen dynamisch auf der Übersichtsseite dargestellt werden. Dafür wird wieder eine Datenbankabfrage benötigt. Öffnen Sie das Bedienfeld *Bindungen* und erstellen Sie über das Plussymbol eine neue Datensatzgruppe. Der *Name* der Datensatzgruppe ist in diesem Fall *uebersicht*.

Stellen Sie unter *Verbindung* die schon auf der Startseite erstellte Verbindung *db* ein. Da auf dieser Seite eine Übersicht der verschiedenen Modelle angezeigt werden soll, wählen Sie unter dem Punkt `Tabelle` den Eintrag `modelle` aus. Auf dieser Seite werden nicht alle Einzelheiten für das jeweilige Modell benötigt. Darum ändern Sie unter `Spalten` die Auswahl auf `ausgewählt` und markieren die Spalten `modell_id`, `hersteller`, `modell` und `abbildung`. Die weiteren Einstellungen für die Datensatzgruppe nehmen wir zu einem späteren Zeitpunkt vor.

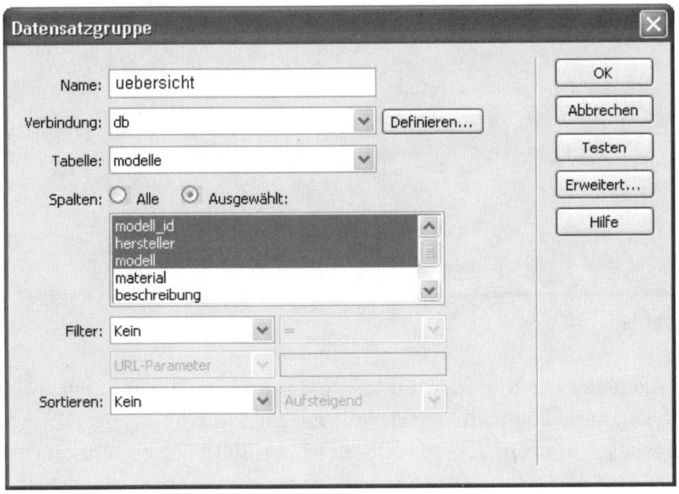

**Bild 7.107:**
Die Einstellungen der Datenbankabfrage für die Übersichtsseite.

Durch das Erstellen der Datenbankabfrage ist der Befehl zum Starten der Session wieder nach unten verschoben worden. Stellen Sie diesen Befehl wieder an den Anfang des Dokuments.

```php
<?php session_start()?>
<?php require_once('Connections/db.php'); ?>
<?php
if (!function_exists("GetSQLValueString")) {
function GetSQLValueString($theValue, $theType, $theDefinedValue = "",
$theNotDefinedValue = "")
{
  if (PHP_VERSION < 6) {
    $theValue = get_magic_quotes_gpc() ? stripslashes($theValue) :
$theValue;
  }
```

Ausschnitt des oberen Bereichs der Datei *uebersicht.php*.

Markieren Sie nun die Abbildung im Div-Container `uebersicht` und klicken Sie im *Eigenschaften*-Bedienfeld auf das Ordnersymbol für die Bildquelle.

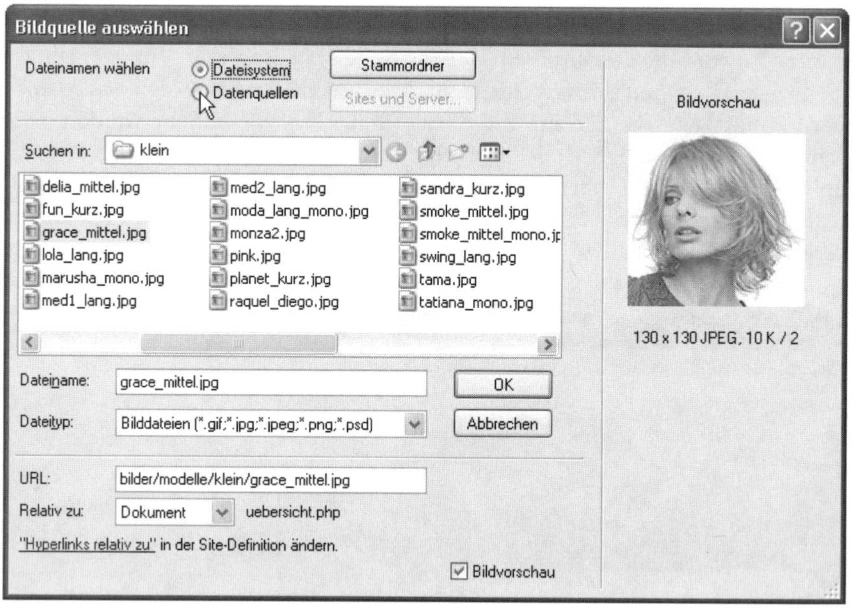

**Bild 7.108:** Bildquelle auswählen.

In dem nun erscheinenden Fenster zur Bildauswahl klicken Sie unter *Dateinamen wählen* auf den Auswahlknopf *Datenquellen* und markieren das *Feld abbildung*. Jetzt muss noch die *URL* zum Bild angepasst werden. Schreiben Sie vor den PHP-Bereich noch den Pfad *bilder/modelle/klein/*

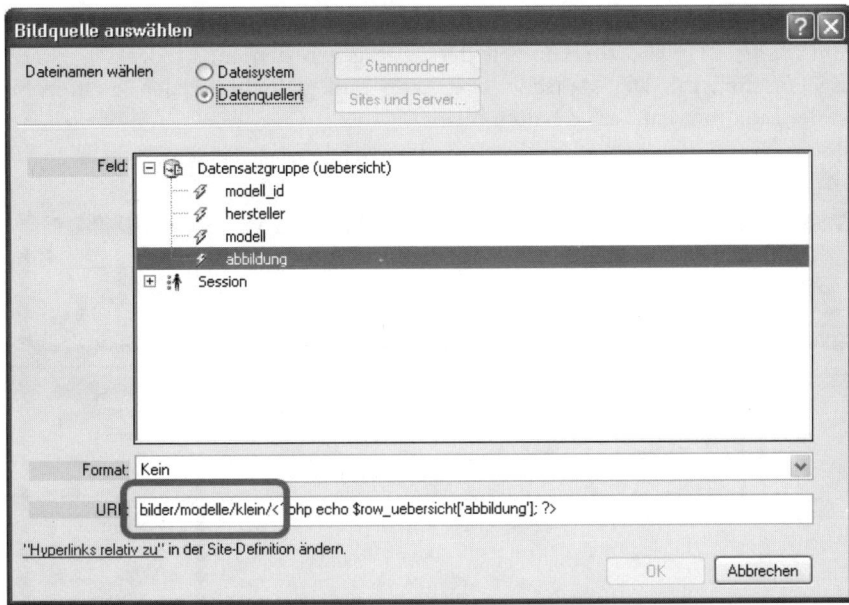

**Bild 7.109:** Das Fenster zur Auswahl der Bildquelle aus der Datensatzabfrage.

Durch das Ändern des Bildpfads auf eine Datenquelle sind die Eigenschaften *Breite*, *Höhe* und *Alternative Beschreibung (alt)* verloren gegangen. Tragen Sie die Werte für Breite und Höhe (jeweils 130) wieder in die dafür vorgesehenen Felder ein. Da alle Bilder die gleiche Größe haben, kann man hier so vorgehen. Sollten die Bilder unterschiedlich groß sein, müsste man auf diese Angaben verzichten. Die alternative Beschreibung fügen wir später hinzu.

Zum Einfügen des Modellnamens stellen Sie den Cursor hinter den Text *Swing Long*, öffnen das Bedienfeld *Serververhalten* und erstellen über das Plussymbol einen *dynamischen Text*. Wählen Sie dazu aus der Datensatzgruppe *uebersicht* den Eintrag *modell* aus.

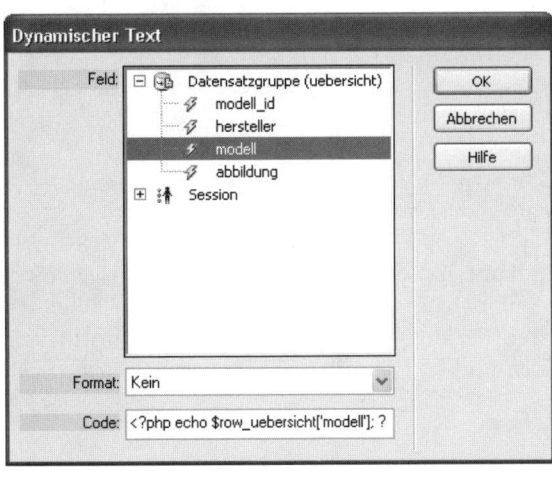

**Bild 7.110:** Auswahl des dynamischen Textfelds für die Modellbezeichnung.

Sie sehen jetzt hinter dem statischen Text *Swing Long* eine Marke für dynamischen Text `{uebersicht.modell}`, die zur Laufzeit der Seite gegen den Inhalt der Datensatzabfrage ausgetauscht wird. Der statische Text kann nun gelöscht werden. Achten Sie darauf, dass der Link um den Text erhalten bleibt.

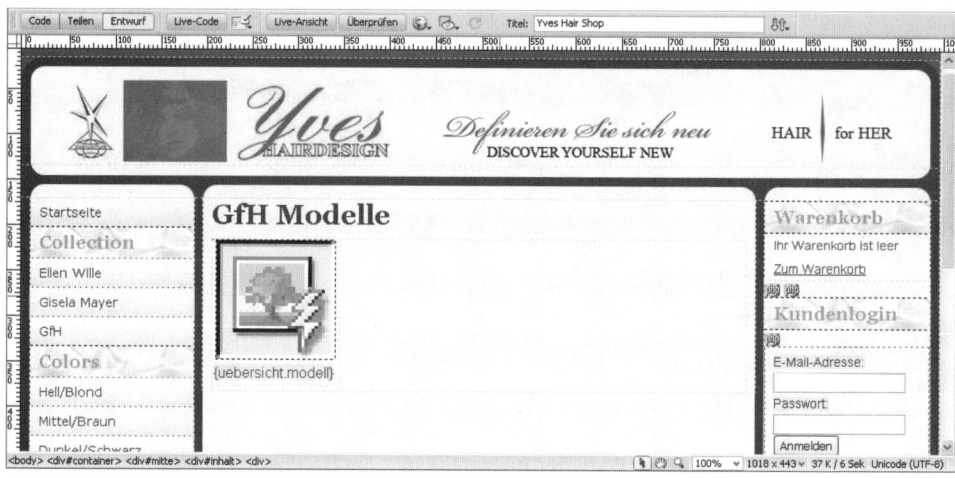

**Bild 7.111:** Darstellung der Übersichtsseite in der *Entwurf*-Ansicht.

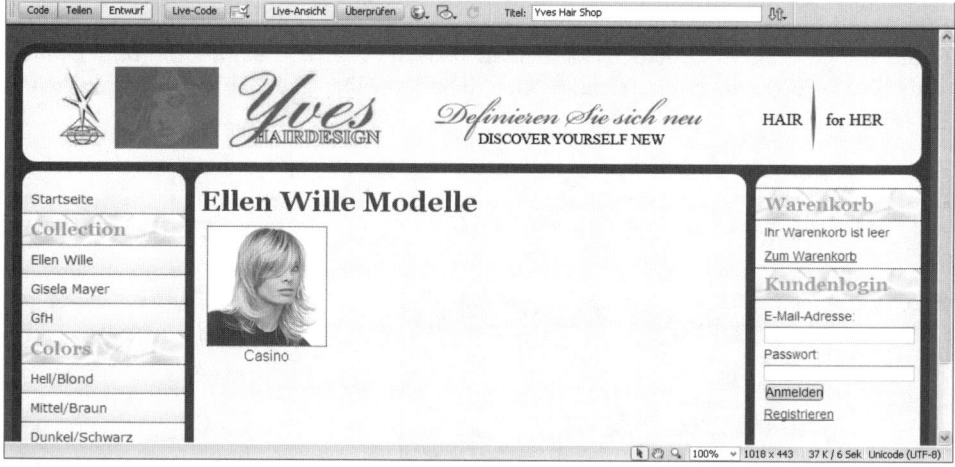

**Bild 7.112:** Darstellung der Übersichtsseite in der *Live-Ansicht*.

Als Nächstes muss auch der Herstellername in der Überschrift der Seite ausgetauscht werden. Das geschieht auch wieder mit dynamischem Text, diesmal aber über das Bedienfeld *Bindungen*. Zuerst markieren Sie den Text *GfH* in der Überschrift, dann öffnen Sie das das Bedienfeld *Bindungen* und klappen die *Datensatzgruppe (uebersicht)* über das kleine Plus-Symbol aus.

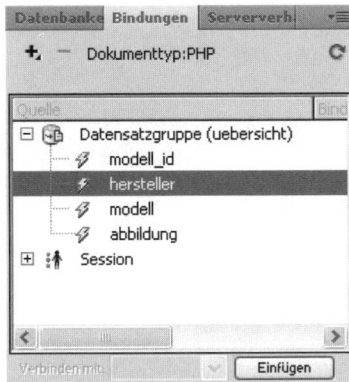

**Bild 7.113:** Das Bedienfeld *Bindungen* mit der ausgeklappten *Datensatzgruppe (uebersicht)*.

Ziehen Sie nun den Eintrag `hersteller` per Drag and Drop auf den markierten Text.

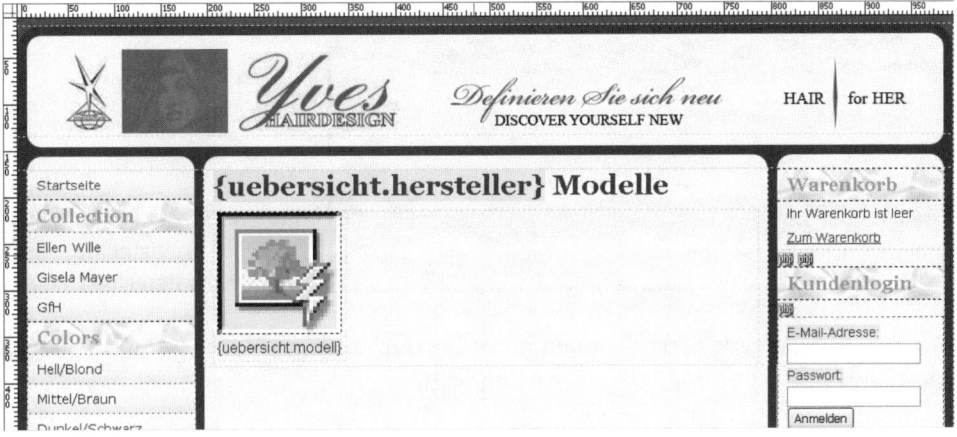

**Bild 7.114:** Überschrift mit dynamischen und statischen Text.

Jetzt soll auch noch das – nicht mehr vorhandene – `alt`-Attribut der Modellabbildung mit Hersteller- und Modellname gefüllt werden. Markieren Sie die Modellabbildung und tragen Sie im Bedienfeld *Eigenschaften* unter *Alt* irgendeinen Text ein. Leider funktioniert das Drag and Drop an dieser Stelle nicht, darum der Umweg über den Text.

Nun wechseln Sie in die *Code*-Ansicht, markieren den gerade erstellten Text im `alt`-Attribut der Modellabbildung und ziehen per Drag and Drop den Eintrag `hersteller` auf die Markierung. Setzen Sie hinter den dynamischen Text ein Leerzeichen und dann das Wort *Modell*, gefolgt von einem weiteren Leerzeichen. Fügen Sie auf die gleiche Weise wie oben noch den Modellnamen `modell` hinter dem letzten Leerzeichen ein.

```
<img src="bilder/modelle/klein/<?php echo $row_uebersicht['abbildung']; ?>"
alt="<?php echo $row_uebersicht['hersteller']; ?> Modell <?php echo
$row_uebersicht['modell']; ?>" width="130" height="130" />
Listing 42: Der Img-Tag mit dynamischen Attributen in der Codeansicht
<img src="bilder/modelle/klein/casino.jpg" alt="Ellen Wille Modell Casino"
width="130" height="130">
```

Der <img>-Tag mit dynamischen Attributen in der *Live-Code*-Ansicht

Bis jetzt wird immer nur der erste Datensatz angezeigt. Um alle Datensätze anzuzeigen, wird eine Schleife benötigt, die solange läuft, bis alle Datensätze ausgelesen sind. Das geschieht in diesem Fall über das Serververhalten *Bereich wiederholen*. Markieren Sie zuerst den zu wiederholenden Bereich (den Div mit dem Klassennamen uebersicht) und wechseln Sie dann zum Bedienfeld *Serververhalten*. Wählen Sie über das Plussymbol den Eintrag *Bereich wiederholen* aus. In dem nun erscheinenden Fenster wählen Sie unter *Anzeigen Alle Datensätze* aus.

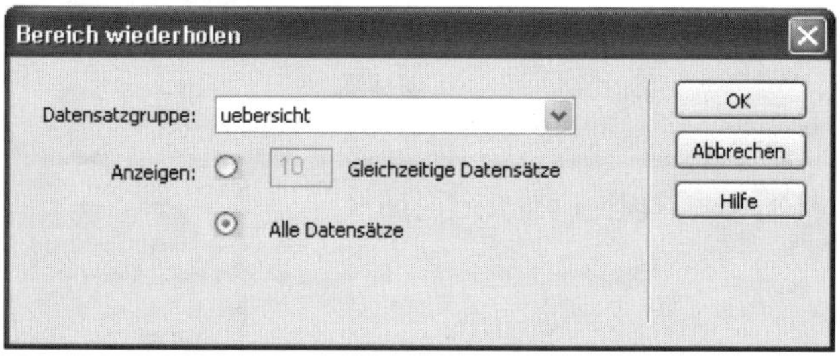

**Bild 7.115:**
Einstellungsfenster für wiederholte Bereiche.

Der zu wiederholende Bereich ist nun in der Entwurfsansicht von einer dünnen, grauen Linie mit der Beschriftung *Wiederholen* umgeben.

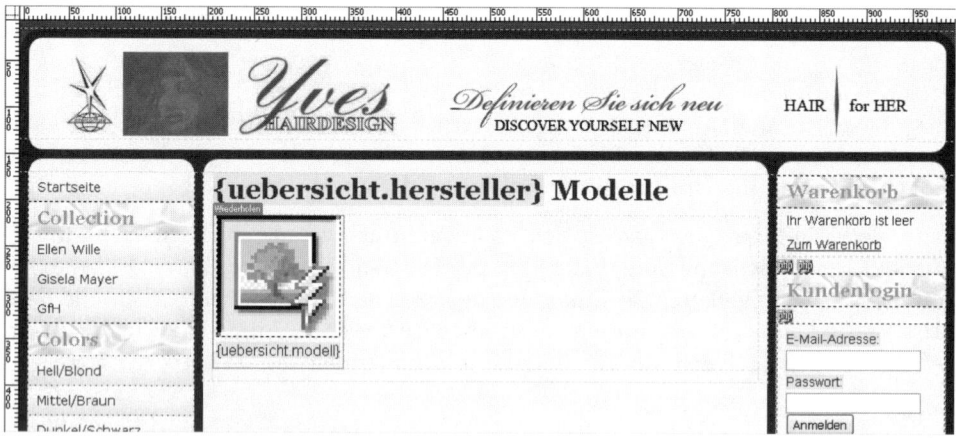

**Bild 7.116:** Der wiederholte Bereich in der Entwurfsansicht.

In der *Live-Ansicht* ist diese graue Linie nicht zu sehen. Stattdessen wird der Bereich solange wiederholt, bis alle Datensätze ausgelesen sind.

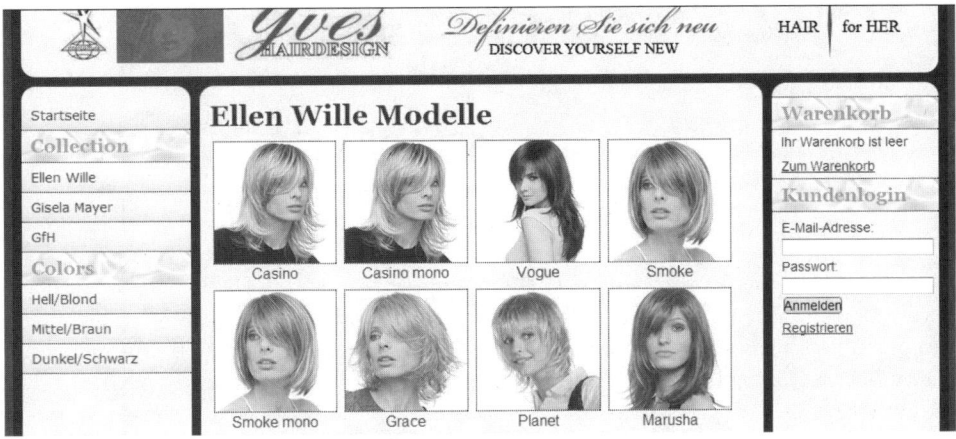

**Bild 7.117:** Der wiederholte Bereich in der *Live-Ansicht*.

Die Übersichtsseite zeigt nun alle Datensätze der Tabelle `modelle` an. Ziel ist es jetzt, dass nur die Modelle eines bestimmten Herstellers angezeigt werden. Das geschieht, indem man die Datenbankabfrage so einschränkt, dass nur die Datensätze eines bestimmten Herstellers ausgewählt werden. Der Name des Herstellers muss zur Laufzeit an die Datenbankabfrage übergeben werden, damit diese nur noch die Datensätze des betreffenden Herstellers zurückliefert.

Kommen wir nun zur Umsetzung: Öffnen Sie die *Datensatzgruppe (uebersicht)* im Bedienfeld *Serververhalten* und wählen Sie unter *Filter* den Eintrag `hersteller` aus. Die restlichen Angaben sollten schon so eingestellt sein wie in der folgenden Abbildung.

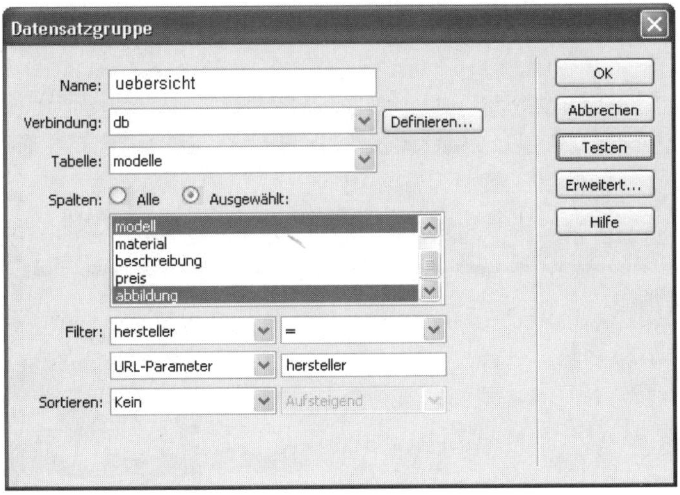

**Bild 7.118:**
Einstellungen zum Filtern nach Hersteller der Tabelle `modelle`.

Um die Einstellungen zu testen, klicken Sie auf die Schaltfläche *Testen* und geben im darauf erscheinenden Fenster einen Testwert ein, z. B. *gfh*.

| Daten... | modell_id | hersteller | modell | abbildung |
|---|---|---|---|---|
| 1 | 19 | GfH | Charme | charme_kurz.jpg |
| 2 | 20 | GfH | Carisma | charisma_lang.jpg |
| 3 | 21 | GfH | Delia | delia_mittel.jpg |
| 4 | 22 | GfH | Sandra | sandra_kurz.jpg |
| 5 | 23 | GfH | Lola | lola_lang.jpg |
| 6 | 24 | GfH | Hair - Med 1 | med1_lang.jpg |
| 7 | 25 | GfH | Fun | fun_kurz.jpg |
| 8 | 26 | GfH | Swing Long | swing_lang.jpg |

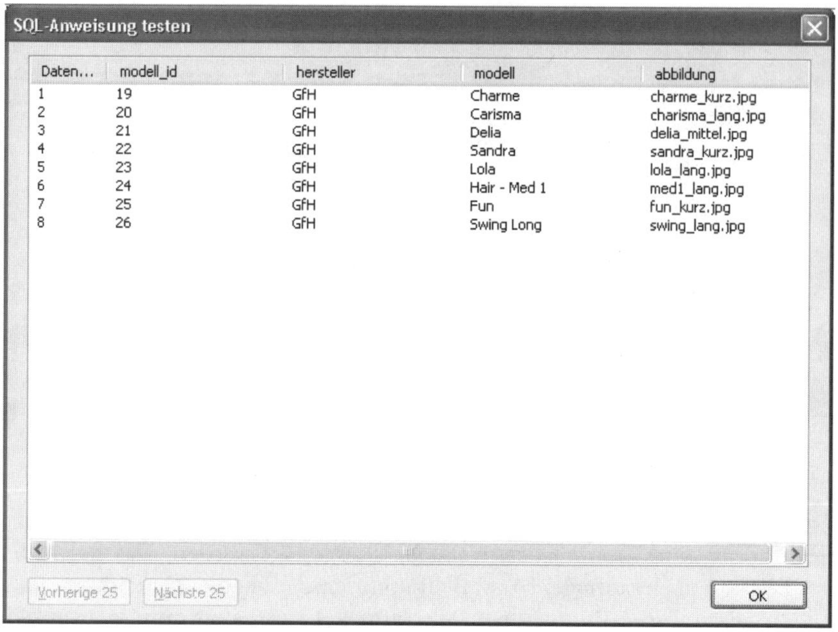

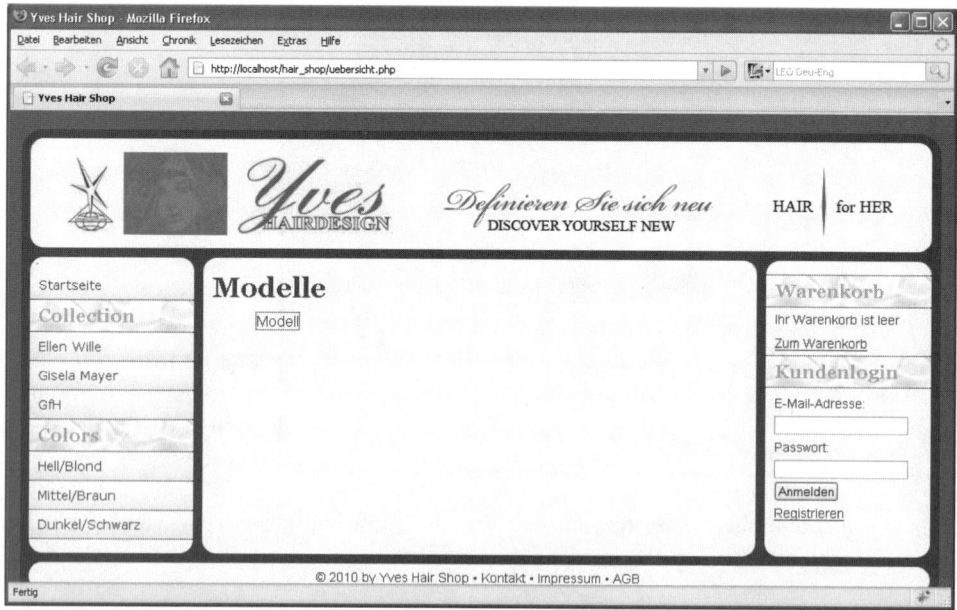

**Bild 7.119:** Anzeige aller Datensätze des Herstellers GfH.

Nachdem Sie im Fenster *Datensatzgruppe* auf *OK* geklickt haben, können Sie in der Browservorschau testen, ob jetzt nur die Modelle eines Herstellers angezeigt werden. Der Inhaltsbereich der Übersichtsseite ist zunächst bis auf das Wort *Modelle* und den Alternativtext *Modell* leer, da noch kein Hersteller angegeben wurde.

**Bild 7.120:** Anzeige der Übersichtsseite ohne Herstellerangabe.

Schreiben Sie nun in die Adresszeile hinter den Dateinamen *uebersicht.php* ein Fragezeichen *?* und das Wort *hersteller*, dann ein Gleichheitszeichen = und im Anschluss daran einen Herstellernamen (z. B. *gfh*).

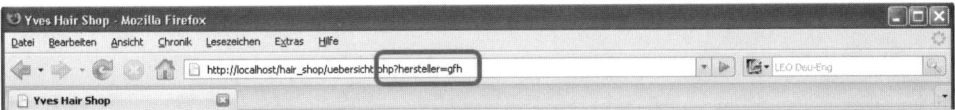

**Bild 7.121:** Adresszeile mit Übergabeparameter.

Drücken Sie dann die [Enter]-Taste, damit die Seite mit dem eingegebenen Parameter neu geladen wird.

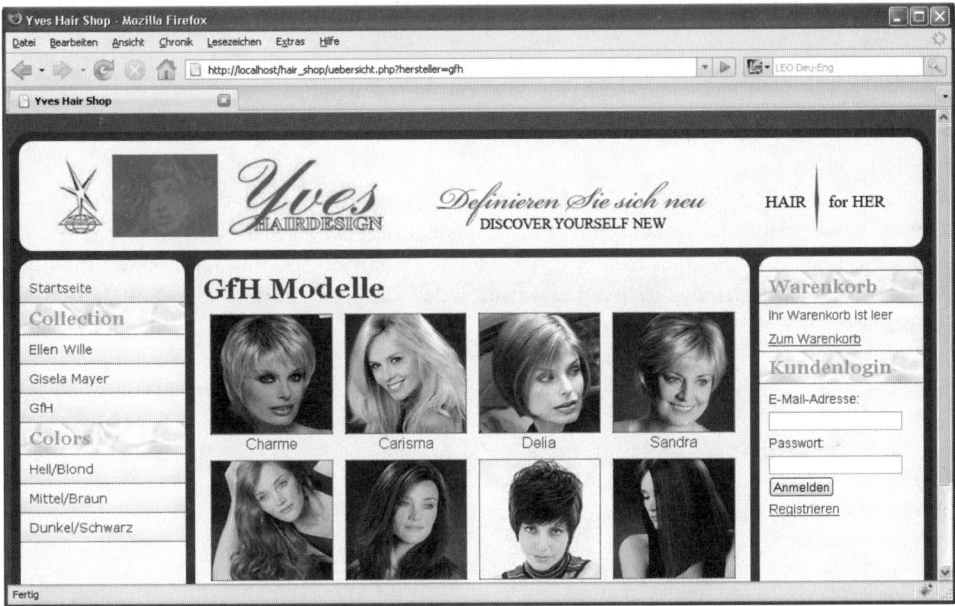

**Bild 7.122:** Anzeige der Übersichtsseite mit dem Parameter für den Hersteller.

**Hinweis:** Das Hypertext Transfer Protocol (HTTP) sieht unter anderem auch die Übergabe von Suchabfragen vor. Dabei wird die Suchabfrage mit einem Fragezeichen vom URL-Pfad getrennt. Die eigentliche Suchabfrage besteht dann aus einem oder mehreren Parameter/Wert-Paaren, die durch ein Gleichheitszeichen getrennt sind, z. B. search=Kamera.

Mehrere dieser Parameter-Wert Paare werden jeweils durch ein Et-Zeichen (&) getrennt, z. B. search=Kamera&modell=Nikon&preis=500. Zu beachten ist, dass Sonderzeichen nach den Regeln für URLs kodiert werden müssen. So wird z. B. ein Leerzeichen URL-kodiert als %20 geschrieben. Nachfolgend die Liste einiger wichtiger Zeichen in URL-Kodierung:

| *Zeichen* | *URL Kodierung* |
|---|---|
| Leerzeichen | %20 |
| % | %25 |
| & | %26 |
| = | %3D |
| ? | %3F |
| ä | %E4 |
| ö | %F6 |
| ü | %FC |
| ß | %DF |
| Ä | %C4 |
| Ö | %D6 |
| Ü | %DC |

Liste einiger wichtiger Zeichen in URL Kodierung.

Wechseln Sie jetzt wieder zu Dreameaver zurück, um die benötigten Parameter für die Übersichtsseite in der linken Navigationsleiste unterzubringen. Öffnen Sie dazu die Datei *menu_links.php*. Die Links mit den Herstellernamen sollen jetzt alle auf die Übersichtsseite verweisen. Zusätzlich bekommt jeder Link als Parameter den Namen des Herstellers.

```
<h1>Collection</h1>
   <ul>
      <li><a href="uebersicht.php?hersteller=Ellen%20Wille">Ellen
Wille</a></li>
      <li><a href="uebersicht.php?hersteller=Gisela%20Mayer">Gisela
Mayer</a></li>
      <li><a href="uebersicht.php?hersteller=GfH">GfH</a></li>
   </ul>
```

Ausschnitt aus der geänderten *menu_links.php*.

Jetzt können Sie sich über die Menüpunkte die entsprechenden Produkte eines Herstellers anzeigen lassen.

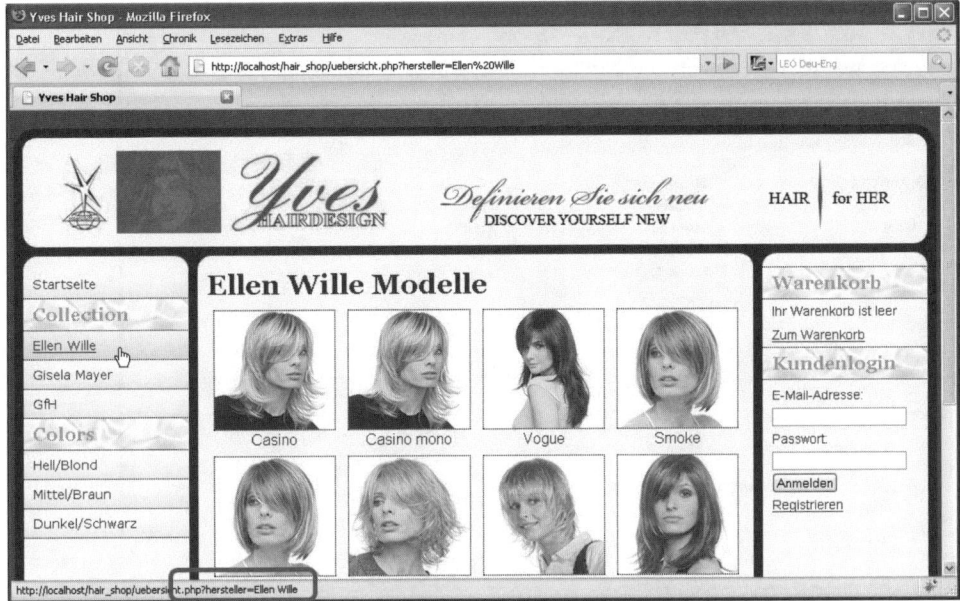

**Bild 7.123:** Auswahl der Modelle nach Hersteller über das Menü.

Damit beim Klick auf die Modellabbildung oder auf die Modellbezeichnung der entsprechende Datensatz auf der (noch zu erstellenden) Detailseite angezeigt werden kann, muss der Detailseite die Modell-ID übergeben werden. Das funktioniert auf die gleiche Weise wie bei den Menülinks, nur mit dem Unterschied, dass die Modell-ID aus der Datenbank ausgelesen wird.

Wechseln Sie zur Seite *uebersicht.php* und markieren Sie die Modellabbildung. Klicken Sie auf das Ordnersymbol neben dem Eintrag *Hyperlink* und schreiben Sie in dem sich öffnenden Fenster zur Dateiauswahl in das Feld URL *detail.php*.

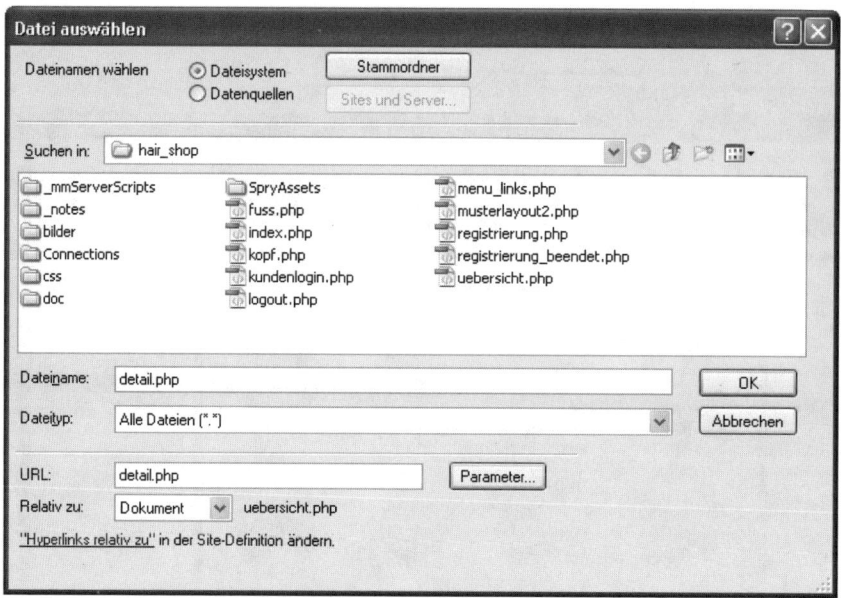

**Bild 7.124:** Fenster zur Auswahl des Linkziels.

Klicken Sie jetzt auf die Schaltfläche *Parameter* und in dem sich öffnenden Fenster *Parameter* auf das Plussymbol. Schreiben Sie in das Feld *Name* `modell_id` und wechseln Sie dann in die Spalte *Wert*.

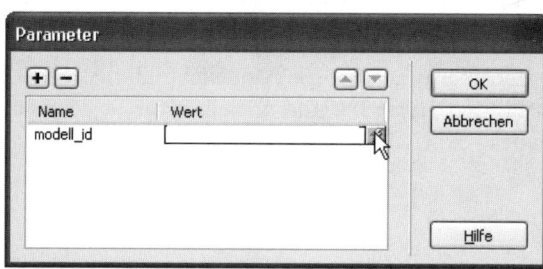

**Bild 7.125:** Fenster für Parameterangaben zum Linkziel.

Nun klicken Sie auf das Blitzsymbol und wählen in dem sich jetzt öffnenden Fenster *Dynamische Daten* die `modell_id` aus.

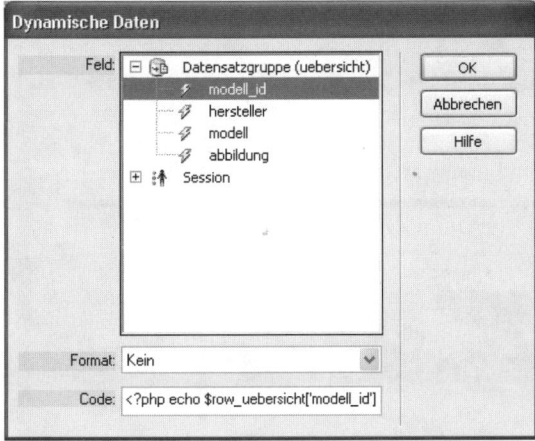

**Bild 7.126:** Auswahlfenster für dynamische Daten.

Nachdem Sie alle drei Fenster mit *OK* geschlossen haben, wird dynamisch die jeweilige Modell-ID an die Seite *detail.php* übergeben. Wiederholen Sie die gleichen Einstellungen auch für den Link auf der Modellbezeichnung. Wenn Sie jetzt in der Browservorschau mit dem Mauszeiger über die Modellabbildung oder die Modellbezeichnung fahren, sehen Sie in der Statuszeile die aktuelle Modell-ID.

**Bild 7.127:** Die Statuszeile mit der aktuellen Modell-ID.

# 7.16 Alternative Modellauswahl

Neben der Möglichkeit, Modelle nach Hersteller auszuwählen, soll der Benutzer auch die Möglichkeit erhalten, die Modelle über die Haarfarbe auszuwählen. Dafür werden zwei Seiten benötigt: eine Seite, auf der die verschiedenen Farbmuster angezeigt werden, und eine Seite, die die entsprechenden Modelle präsentiert. Auf der Seite mit den Farbmustern sollen nur die Farbtöne einer bestimmten Kategorie angezeigt werden, die durch das Farbmenü *Colors* ausgewählt werden sollen.

## 7.16.1 Farbmuster präsentieren

Zuerst wird die Seite mit der Farbauswahl erstellt. Der Seitenaufbau ist der eben erstellten Übersichtsseite sehr ähnlich, darum werden hier nicht alle Details noch einmal erklärt.

**Bild 7.128:** Auswahl der Modelle über Farbmuster.

Öffnen Sie dazu die Datei *musterlayout.php* und speichern Sie sie unter dem Namen *uebersicht_farbe.php* ab. Erstellen Sie im Div `inhalt` eine Überschrift der Ebene 1 mit dem Inhalt *Farbtöne Hell*. Dann fügen Sie darunter einen neuen Absatz ein und schreiben dort *Wählen Sie eine Farbe, um eine entsprechende Produktauswahl zu erhalten*. Danach erstellen Sie einen Div-Container mit der ID `farbtoene` für die einzelnen Farbmuster. Innerhalb dieses Div erzeugen Sie einen weiteren Div-Container mit der Klasse `uebersicht`.

In diesem Div wird dann später ein einzelnes Farbmuster angezeigt werden. Für das weitere Vorgehen brauchen wir in diesem Div eine Abbildung aus dem Ordner *bilder/ farbmuster/gross*. Geben Sie der Abbildung den Alternativtext *Farbton*. Hinter der Abbildung erstellen Sie einen neuen Absatz und schreiben dort einen Farbnamen hinein, z. B. *blond*. Verlinken Sie jetzt die Abbildung des Farbmusters und den Farbnamen mittels #.

Da der Div-Container mit der Klassenbezeichnung `uebersicht` die Eigenschaft `float` erhalten soll, muss diese Eigenschaft nach dem letzten Div dieser Klasse wieder aufgehoben werden. Erstellen Sie dazu nach dem Schließen des Div `uebersicht` einen Div-Container mit der Klassenbezeichnung `clearfloat`.

Der Quellcode des Div `inhalt` sollte jetzt wie im nachfolgenden Listing aussehen.

```
<div id="inhalt">
   <h1>Farbtöne Hell</h1>
   <p> Wählen Sie eine Farbe, um eine entsprechende Produktauswahl zu
erhalten </p>
   <div id="farbtoene"><!--Container für Farbtöne-->
```

```
    <div class="uebersicht">
                        <a href="#"><img
src="bilder/farbmuster/gross/hellblond.jpg" width="130" height="130"
alt="Farbton" /></a>
                        <p><a href="#">blond</a></p>
    </div>
    <div class="clearfloat"></div>
  </div><!--/Container für Farbtöne-->
</div><!--/inhalt-->
```

Der Quellcode des Div inhalt.

Damit die einzelnen Abbildungen der Farbmuster nicht so weit auseinander stehen und da die Farbnamen teilweise etwas länger sind als die Modellnamen, erstellen Sie eine CSS-Regel, um den Div uebersicht anzupassen. Damit nicht auch auf der Übersichtsseite der Modelle der Div-Container verändert wird, wählen Sie als Selektor #inhalt #farbtoene .uebersicht.

Kategorie *Schrift*:

```
Font-size: 14px
```

Kategorie *Box*:

```
Width: 116px
Height: 140px
```

Damit ist der Seitenaufbau abgeschlossen und wir können nun eine Datensatzgruppe für die Farbübersicht erstellen.

Öffnen Sie das Bedienfeld *Bindungen* und erstellen Sie eine neue Datensatzgruppe über das Plus-Symbol. Der Name der Datensatzgruppe ist diesmal *farbe*. Unter *Verbindung* wählen Sie den Eintrag *db* und unter *Tabelle farben* aus. Da für diese Seite alle Informationen aus der Tabelle benötigt werden, lassen Sie unter *Spalten* die Auswahl auf *Alle* stehen.

Um nun nur die Farben einer bestimmten Kategorie anzuzeigen, wählen Sie unter *Filter* die Spalte *farbkategorie* und als Vergleichsoperator das Gleichzeichen aus. Da zum jetzigen Zeitpunkt noch keine Informationen über die Farbkategorie an die Seite übertragen werden, wählen wir im Feld unterhalb von *Filter* den Eintrag *Eingegebener Wert* und schreiben in das Feld dahinter *hell* als Auswahlkriterium. Ein Klick auf die Schaltfläche *Testen* zeigt uns nun alle Farbtöne der Kategorie *hell* an.

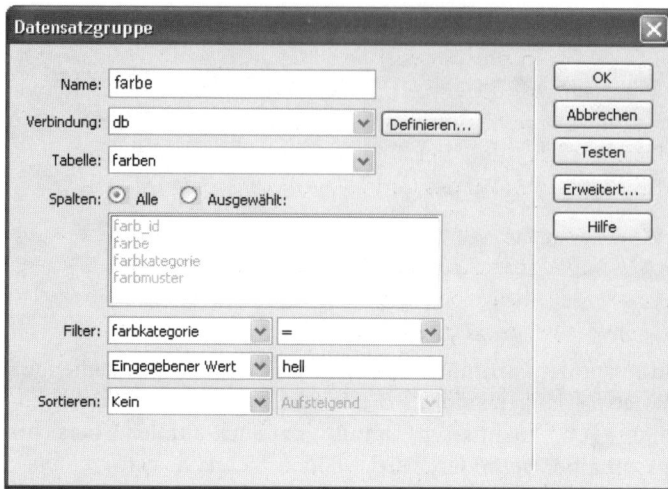

**Bild 7.129:**
Die Einstellungen der Datenbankabfrage für die Farbauswahlseite.

Durch das Erstellen der Datenbankabfrage ist der Befehl zum Starten der Session wieder nach unten verschoben worden. Stellen Sie diesen Befehl bitte wieder an den Anfang des Dokuments zurück. Nachdem nun alle benötigten Informationen in der Datensatzgruppe vorliegen, können wir diese Inhalte dynamisch ausgeben.

Dazu markieren Sie als Erstes den Text *Hell* in der Überschrift und ziehen den Eintrag *farbkategorie* auf die Markierung. Um die Farbkategorie mit einem Großbuchstaben anfangen zu lassen, markieren Sie den dynamischen Text {farbe.farbkategorie} und wechseln dann zum Bedienfeld *Bindungen*. In der Spalte *Format* wählen Sie über das Pfeil-Symbol für den Eintrag *Groß-/Kleinschreibung* den Untereintrag *Erster Buchstabe groß* aus. Dadurch fängt nun der Name der Farbkategorie mit einem Großbuchstaben an.

**Bild 7.130:** Formatierungsmöglichkeiten für ausgewählten dynamischen Text.

Als Nächstes soll der Farbname unterhalb der Abbildung ausgetauscht werden. Leider funktioniert das per Drag and Drop in der Entwurfsansicht nicht, denn Dreamweaver weist den Farbnamen immer dem umschließenden Link zu. Wechseln Sie deshalb in die Codeansicht und ersetzen Sie die Farbnamen dort durch den Eintrag *farbe*. Tauschen Sie nun den Bildnamen des Farbmusters aus. Hierzu markieren Sie die Abbildung und klicken dann im Bedienfeld *Eigenschaften* auf das Ordnersymbol für die Bildquelle.

In dem nun erscheinenden Fenster zur Bildauswahl klicken Sie unter *Dateinamen* auf den Auswahlknopf *Datenquellen* und markieren das *Feld farbmuster*. Jetzt muss wieder die *URL* zum Bild angepasst werden. Schreiben Sie vor den PHP-Bereich den Pfad zu den Farbmustern *bilder/farbmuster/gross/*. Nun kann auch das `alt`-Attribut der Abbildung mit dem Farbnamen versehen werden. Wechseln Sie wieder zurück in die Codeansicht und ziehen aus dem Bedienfeld *Bindungen* den Eintrag *farbe* in das `alt`-Attribut der Abbildung hinter den Text *Farbton*.

Jetzt müssen die Links noch so angepasst werden, dass sie der nächsten Seite *uebersicht_alternativ* die ausgewählte Farb-ID übergeben. Markieren Sie dazu zuerst die Abbildung und klicken Sie dann im *Eigenschaften*-Bedienfeld auf das Ordnersymbol neben dem Eintrag *Hyperlink*. In dem sich öffnenden Fenster zur Dateiauswahl tragen Sie in das Feld *Dateiname* den Wert *uebersicht_alternativ.php* ein.

Klicken Sie jetzt auf die Schaltfläche *Parameter* und klicken Sie in dem sich öffnenden Fenster zur Parametereingabe auf das Plus-Symbol. Schreiben Sie in das Feld *Name* `farb_id` und wählen Sie über das Blitzsymbol den Eintrag `farb_id` aus der Datensatzgruppe *farbe* aus. Nachdem Sie alle Fenster geschlossen haben, können Sie den Vorgang für den Textlink wiederholen oder einfach den Inhalt des `href`-Attributs der Abbildung kopieren.

Damit nun alle Datensätze angezeigt werden, muss der Bereich mit den Farbmustern wiederholt werden. Markieren Sie zuerst den zu wiederholenden Bereich (den Div mit dem Klassennamen `uebersicht`) und wechseln Sie dann zum Bedienfeld *Serververhalten*. Wählen Sie über das Plussymbol den Eintrag *Bereich wiederholen* aus. In dem nun erscheinenden Fenster wählen Sie unter *Anzeigen alle* aus.

**Bild 7.131:** Darstellung der Farbübersichtsseite in der *Entwurf*-Ansicht.

Nachdem die Seite soweit fertiggestellt ist, muss noch die Datenbankabfrage so angepasst werden, dass eine übergebene Farbkategorie zur Auswahl der Farbmuster genutzt werden kann. Öffnen Sie dazu das Bedienfeld *Serververhalten* und wählen Sie die Datensatzgruppe *farbe* aus. Ändern Sie nun in dem Feld unterhalb von *Filter* den Eintrag von *Eingegebener Wert* auf *URL-Parameter* ab. In das Feld dahinter schreiben Sie *farbkategorie*.

**Bild 7.132:** Die geänderten Einstellungen der Datenbankabfrage farbe.

Nun muss noch die Farbkategorie an die Seite *uebersicht_farben* übergeben werden. Das geschieht wieder über die Links aus dem linken Menü. Öffnen Sie dazu die Datei *menu_links.php* und ändern Sie die Links wie folgt:

```
<h1>Colors</h1>
<ul>
    <li><a
href="uebersicht_farben.php?farbkategorie=hell">Hell/Blond</a></li>
    <li><a
href="uebersicht_farben.php?farbkategorie=mittel">Mittel/Braun</a></li>
    <li><a
href="uebersicht_farben.php?farbkategorie=dunkel">Dunkel/Schwarz</a></li>
</ul>
```

Ausschnitt aus der geänderten Datei *menu_links.php*.

Wechseln Sie jetzt wieder zur Seite *uebersicht_farben* und schauen Sie sich die Seite in der Browservorschau an. Da zunächst noch keine Farbkategorie übergeben wurde, ist die Seite bis auf den statischen Text leer. Klicken Sie nun auf einen der Links zur Auswahl der Farbkategorien. Die entsprechenden Farbmuster werden nun auf der Farbübersichtsseite angezeigt.

**Bild 7.133:** Farbübersichtsseite mit ausgewählten Farbmustern und Übergabewert für die alternative Modellauswahl.

## 7.16.2 Modelle anzeigen

Um auf Basis des ausgewählten Farbtons die entsprechenden Modelle anzuzeigen, wird jetzt die Datei *uebersicht_alternativ.php* gebraucht. Da die Übersichtsseite für die Modelle schon den gleichen Zweck erfüllt, können wir diese Seite als Grundlage für die alternative Modellauswahl heranziehen. Öffnen Sie also die Datei *uebersicht.php* und speichern Sie sie unter dem Namen *uebersicht_alternativ.php*.

**Bild 7.134:** Alternative Übersichtsseite mit Modellen der gleichen Haarfarbe.

Damit der Benutzer von dieser Seite wieder zur Übersichtsseite mit den Farbtönen gelangt, ohne ständig über das Menü die Farbkategorie neu auswählen zu müssen, erstellen wir am Anfang der Seite einen Link, der auf die entsprechende Übersichtsseite verweist.

Erstellen Sie dazu vor der Überschrift einen Link mit dem Text *Zurück zur Farbübersicht*. Man könnte jetzt auf die Idee kommen, als Ziel die Datei *uebersicht_farbe.php* zu wählen, aber dann müsste man auch die Farbkategorie als Parameter angeben, da sonst die Übersichtsseite leer bleibt. Einfacher ist es, mit JavaScript einen Klick auf die Zurück-Schaltfläche des Browsers zu simulieren. Schreiben Sie im *Eigenschaften*-Bedienfeld unter *Hyperlink* folgenden kurzen JavaScript Befehl `javascript:history.back()`. Mit diesem Befehl gelangen Sie zu der Seite zurück, die Sie zuvor besucht haben.

Ändern Sie nun die Überschrift auf *Farbton*. Den jeweiligen Farbton können wir später aus der Datensatzgruppe hinzufügen. Das waren auch schon alle Änderungen, die an der Seite durchgeführt werden mussten. Kommen wir nun zur Anpassung der Datenbank-abfrage.

Öffnen Sie dazu das Bedienfeld *Serververhalten* und wählen Sie die *Datensatzgruppe (uebersicht)* aus. Ändern Sie unter *Tabelle* den Eintrag auf `farben` und wählen Sie unter *Filter* die Spalte `farb_id` aus. Das Fenster sollte dann wie auf der folgenden Abbildung aussehen.

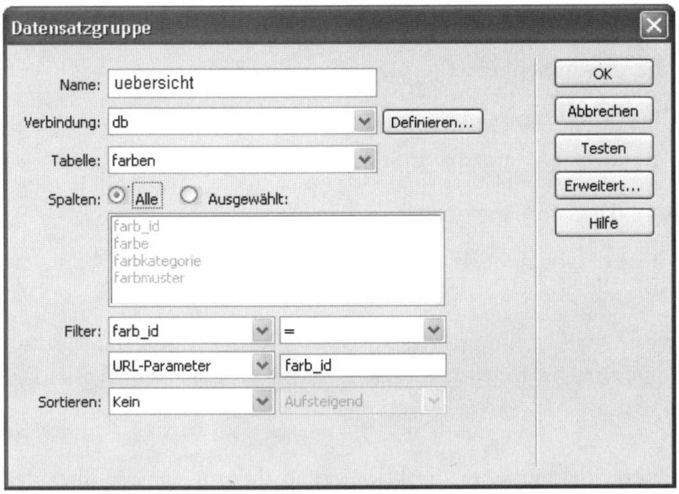

**Bild 7.135:**
Die geänderten
Einstellungen für die
*Datensatzgruppe*
*uebersicht.*

Für die alternative Übersichtsseite werden nun Informationen aus mehreren Tabellen gebraucht, die man in diesem Fenster nicht einstellen kann. Wechseln Sie darum über die Schaltfläche *Erweitert* in den erweiterten Modus für Datenbankabfragen. Im Feld *SQL* sehen Sie jetzt die zuvor erstellte Datensatzabfrage und im Feld *Variablen* eine Variable mit dem Namen `colname`, die zur Laufzeit die übergebene Farb-ID enthält. Da es am einfachsten ist, die Datenbankabfrage von Grund auf neu zu erstellen, löschen Sie bitte den Inhalt des Felds *SQL*.

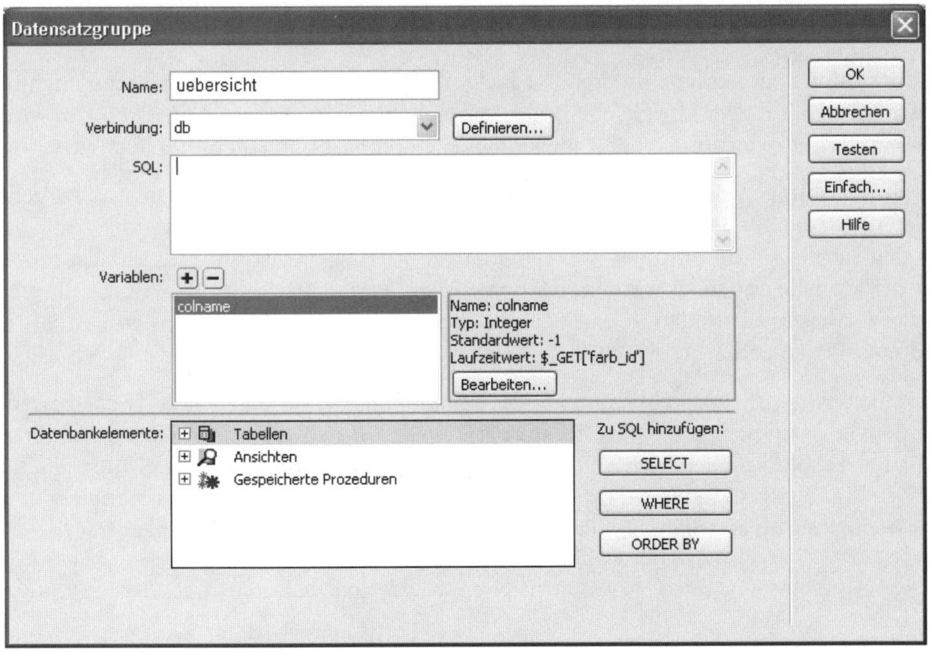

**Bild 7.136:** Fenster zur Erstellung von Datensatzgruppen im erweiterten Modus.

Für die alternative Übersichtsseite werden nun folgende Informationen benötigt:

- `modell_id`: um sie an die (noch nicht erstellte) Detailseite weiterzugeben
- `modell`: um die Modellbezeichnung unterhalb der Abbildung anzuzeigen
- `abbildung`: für die Darstellung der Modellabbildung
- `farbe`: um den Farbton in der Seitenüberschrift anzuzeigen
- `farb_id`: zur Auswahl der entsprechenden Farb-/Modell-Kombinationen

> **Hinweis:** Die Vorgehensweise zur Erstellung eines SQL-Befehls im erweiterten Modus des Fensters *Datensatzgruppe* wird ausführlich im nächsten Abschnitt »Detailansichtsseite« beschrieben.

Das Hinzufügen der einzelnen Spaltennamen funktioniert in diesem Fenster über den Bereich *Datenbankelemente*. Dort sehen Sie den Eintrag *Tabellen*. Öffnen Sie diesen Eintrag und suchen Sie die Tabelle `modelle`. Wählen Sie nun aus der Tabelle die Spalte `modell_id` aus und klicken Sie auf die Schaltfläche *Select*. Dadurch wird im Feld *SQL* die Datenbankabfrage aufgebaut. Wiederholen Sie den Vorgang für die Spalten `modell` und `abbildung`. Wechseln Sie nun zur Tabelle `farben` und fügen Sie die Spalte `farbe` hinzu. Die `farb_id` wählen Sie bitte aus der Tabelle `modelle_farben`. Das Feld SQL enthält dann folgende Datenbankabfrage:

```
SELECT modelle.modell_id, modelle.modell, modelle.abbildung, farben.farbe,
modelle_farben.farb_id
FROM modelle, farben, modelle_farben
```

Da hier Informationen aus mehreren Tabellen abgerufen werden und Spaltennamen in verschiedenen Tabellen die gleiche Bezeichnung haben können, wie z. B. `farb_id`, wird vor den Spaltennamen noch der Tabellenname, getrennt durch einen Punkt, gesetzt.

Mit dieser Abfrage würden nun alle Modelle und alle Farben aus der Datenbank zurückgeliefert. Es sollen aber nur die Datensätze ausgewählt werden, bei denen die `farb_id` aus der Tabelle `farben` mit der übergebenen `farb_id` übereinstimmt. Zusätzlich sollen nur die Modelle angezeigt werden, bei denen diese Farbe auch verfügbar ist. Dafür gibt es die Verweistabelle `modelle_farben`, die die einzelnen Kombinationen von `farb_id` und `modell_id` enthält.

Schränken wir die Auswahl aber zuerst einmal mit der übergebenen `farb_id` ein. Wählen Sie dazu die Spalte `farb_id` aus der Tabelle `farben` aus und klicken Sie diesmal auf die Schaltfläche *Where*. Dreamweaver fügt dadurch die Anweisung `WHERE farben.farb_id` in das *SQL*-Feld ein. Fügen Sie nun noch dahinter `= colname` ein, um eine Bedingung zu erstellen. Das Feld *SQL* enthält jetzt folgende Datenbankabfrage:

```
SELECT modelle.modell_id, modelle.modell, modelle.abbildung, farben.farbe,
modelle_farben.farb_id
FROM modelle, farben, modelle_farben
WHERE farben.farb_id = colname
```

Jetzt muss die Abfrage noch so eingeschränkt werden, dass nur Modelle ausgewählt werden, bei denen die `farb_id` aus der Tabelle `farben` mit der `farb_id` aus der Tabelle `modelle_farben` und die `modell_id` aus der Tabelle `modelle_farben` mit der `modell_id` aus der Tabelle `modelle` übereinstimmt.

Dazu wählen Sie zuerst die `farb_id` aus der Tabelle `farben` aus und klicken auf die Schaltfläche *Where*. Dreamweaver fügt dann die Anweisung `AND farben.farb_id` ein. Vervollständigen Sie die Bedingung, indem Sie dahinter noch `= modelle_farben.farb_id` schreiben. Wiederholen Sie nun den Vorgang auch für die `modell_id`. Das Feld `SQL` enthält nun die folgende Datenbankabfrage:

```
SELECT modelle.modell_id, modelle.modell, modelle.abbildung, farben.farbe,
modelle_farben.farb_id
FROM modelle, farben, modelle_farben
WHERE farben.farb_id = colname AND farben.farb_id = modelle_farben.farb_id
AND modelle_farben.modell_id = modelle.modell_id
```

Wenn Sie zwischenzeitlich die Anfrage über die Schaltfläche *Testen* überprüft haben, zeigte das Ausgabefenster immer *Keine Daten* an. Das liegt an der Variablen `colname`, die den Standardwert `-1` enthält, und mit dieser Nummer gibt es keine Farb-ID. Ändern Sie den Wert testweise auf 1 und Sie erhalten im Fenster *SQL Testen* alle Modelle angezeigt, die in der Farbe 1 (champagne mix) erhältlich sind.

| Daten... | modell_id | modell | abbildung | farbe | farb_id |
|---|---|---|---|---|---|
| 1 | 1 | Casino | casino.jpg | champagne mix | 1 |
| 2 | 2 | Casino mono | casino_mono.jpg | champagne mix | 1 |
| 3 | 3 | Vogue | vogue_lang.jpg | champagne mix | 1 |
| 4 | 4 | Smoke | smoke_mittel.jpg | champagne mix | 1 |
| 5 | 5 | Smoke mono | smoke_mittel_mo... | champagne mix | 1 |
| 6 | 6 | Grace | grace_mittel.jpg | champagne mix | 1 |
| 7 | 7 | Planet | planet_kurz.jpg | champagne mix | 1 |
| 8 | 10 | Moda Mono | moda_lang_mono... | champagne mix | 1 |

**Bild 7.137:** Testen der erstellten Datenbankabfrage für die alternative Übersichtsseite.

Stellen Sie nun den Standardwert der Variablen wieder auf `-1` zurück und schließen Sie das Fenster *Datensatzgruppe* durch einen Klick auf *OK*.

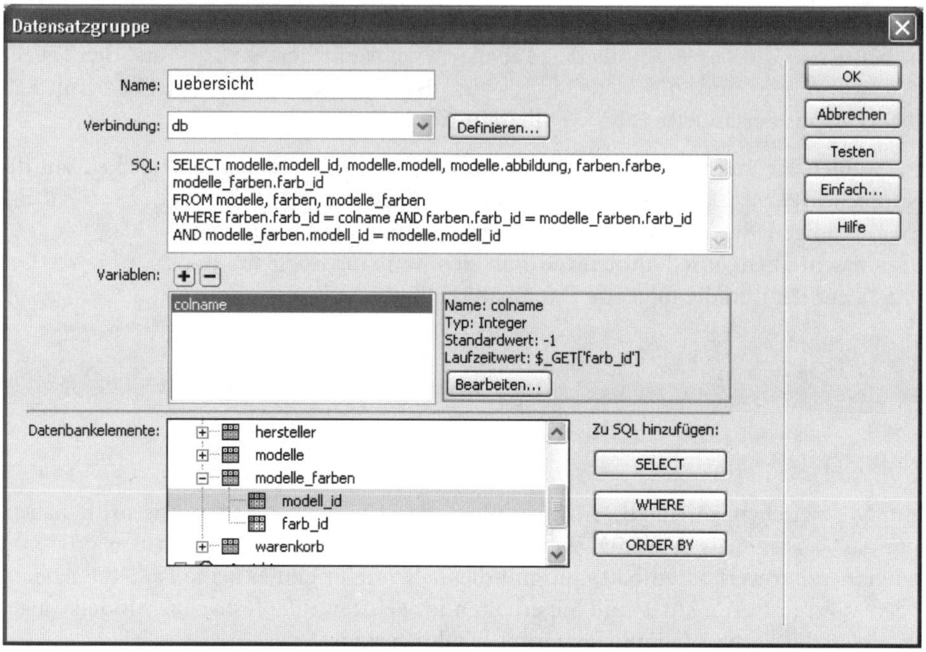

**Bild 7.138:** Die kompletten Einstellungen für die *Datensatzgruppe uebersicht*.

Jetzt können wir auch den Farbton aus der *Datensatzgruppe uebersicht* über das Bedienfeld *Bindungen* in die Überschrift ziehen. Alle anderen Bindungen, wie etwa die zur Abbildung und zum Modellnamen, sind durch die Änderung der Datenbankabfrage nicht betroffen und können so bleiben. Wenn Sie jetzt die Seite in der Browservorschau aufrufen und über die Übersichtsseite für die Farben einen Farbton auswählen, sehen Sie alle Modelle, die in diesem Farbton lieferbar sind.

**Bild 7.139:** Auswahl aller Modelle mit der gleichen Haarfarbe.

## 7.17 Die Detailansichtsseite

Auf der Detailansichtsseite sollen alle Einzelheiten des aktuellen Modells angezeigt werden. Zusätzlich sollen auch alle Muster der Farben, die für das jeweilige Modell verfügbar sind, angezeigt werden. Die Seite soll es dem angemeldeten Benutzer ermöglichen, das ausgewählte Modell inklusive der ausgewählten Farbe in den Warenkorb zu legen. Dazu sind einige Überprüfungen notwendig. Ist der Benutzer angemeldet? Hat der Benutzer eine Farbe ausgewählt? Kümmern wir uns erst einmal um die Präsentation des Modells. Ich gehe hier auf die gleiche Weise vor und erstelle die Seite zunächst mit statischem Inhalt für die benötigte Formatierung, um dann die statischen Inhalte gegen dynamische auszutauschen.

**Bild 7.140:** Detailseite mit Farbauswahl.

Öffnen Sie die Datei *musterlayout.php* und speichern Sie sie unter dem Namen *detail.php*. Um von der Detailseite wieder zurück zur Übersichtsseite zu gelangen, erstellen wir erst einmal einen Link mit dem Text *Zurück zur Übersicht*. Schreiben Sie im Eigenschaften-Bedienfeld unter *Hyperlink* wieder folgenden JavaScript-Befehl: `javascript:history.back()`. Fügen Sie nach dem Link eine beliebige Abbildung aus dem Ordner *bilder/modelle/gross* ein.

Anschließend brauchen wir den Modellnamen, z. B. *Venus*, als Überschrift der Ebene 1. Jetzt werden noch vier Absätze für Hersteller, Material, Preis und Modellbeschreibung benötigt. Den Inhalt für die einzelnen Absätze obliegt Ihnen – der Inhalt ist ja nur für Formatierungszwecke erforderlich.

Nach diesen Absätzen wird nun ein Formular benötigt, in dem der Benutzer Farbe und Stückzahl auswählen bzw. eingeben kann. Vorher soll jedoch das Floating des Bildes aufgehoben werden. Fügen Sie deshalb einen Div-Container der Klasse `clearfloat` ein. Erstellen Sie jetzt ein leeres Formular über das Bedienfeld *Einfügen*, Registerkarte *Formular*. Geben Sie diesem Formular die ID `in_warenkorb`. Innerhalb dieses Formulars erstellen Sie einen Div-Container mit der ID *stueckzahl*. Fügen Sie in diesen Div-Container zuerst ein Textfeld mit der ID `menge` und der Beschriftung `Stück` ein.

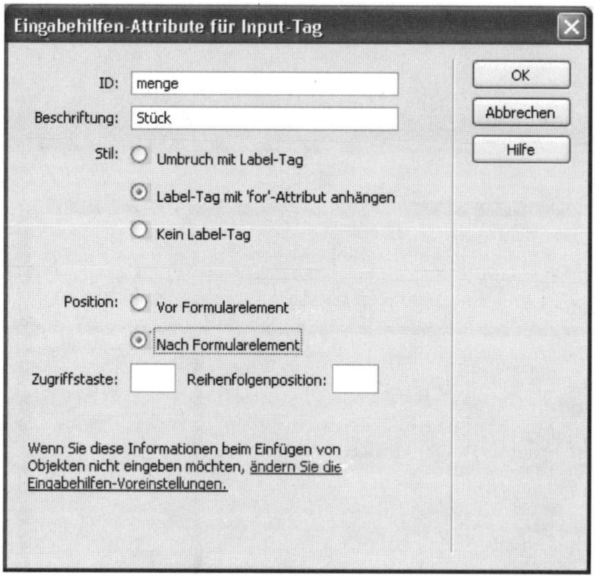

**Bild 7.141:** Einstellungen zum Erstellen des Textfeldes.

Zum Absenden des Formulars wird jetzt noch eine *Senden*-Schaltfläche benötigt. Erstellen Sie eine Schaltfläche mit der ID `hinzufuegen`. Nach der Erstellung der Schaltfläche geben Sie im Eigenschaften-Bedienfeld die Beschriftung (*Wert*) *In den Warenkorb* ein.

Für die Darstellung der Farbmuster wird ein neuer Div-Container erforderlich. Erstellen Sie nach dem Div `stueckzahl` einen neuen Div-Container mit der ID `farbauswahl`. Innerhalb dieses Div erzeugen Sie eine Überschrift der Ebene 2 mit dem Inhalt *Wählen Sie Ihre Farbe*. Danach brauchen wir für jedes Farbmuster wiederum einen eigenen Div-Container. Dieser Div erhält die Klasse *farbe*. Erstellen Sie innerhalb dieses Div zwei Absätze – <p>-Tags. In den ersten Absatz kommt ein beliebiges Farbmuster aus dem Ordner *bilder/farbmuster/klein*. In dem zweiten Absatz erstellen Sie einen Optionsschalter wie in der Abbildung ersichtlich.

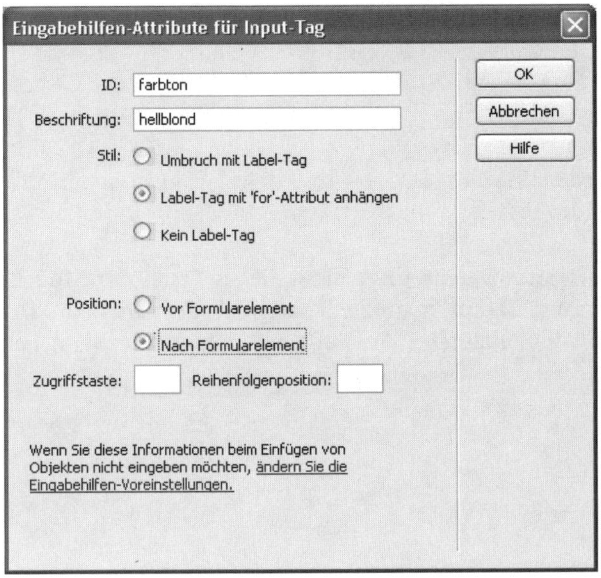

**Bild 7.142:** Einstellungen zum Erstellen des Optionsschalters.

Da der Div `farbe` die Eigenschaft `float` bekommen soll, brauchen wir nach diesem Div wieder einen Div-Container mit der Klasse `clearfloat`.

Hier nochmal der Quellcode des kompletten Divs `inhalt`:

```
<div id="inhalt">
   <p><a href="javascript:history.back()">Zurück zur Übersicht</a></p>
   <p><img src="bilder/modelle/gross/casino.jpg" alt="a" width="300"
height="300" /></p>
   <h1>Venus</h1>
   <p>Hersteller: <strong>Ellen Wille</strong></p>
   <p>Material: <strong>Echthaar</strong></p>
   <p>Preis: <strong>185,99 €</strong></p>
   <p>Jung und aufregend weiblich. Ein Bob, der Charme versprüht.</p>
   <div class="clearfloat"></div>
   <form id="in_warenkorb" name=" in_warenkorb" method="post" action="">
      <div id="stueckzahl">
            <input type="text" name="menge" id="menge" /> Stück
            <input type="submit" name="hinzufuegen" id="hinzufuegen"
value="In den Warenkorb" />
      </div>
      <div id="farbauswahl">
            <h2>Wählen Sie Ihre Farbe</h2>
            <div class="farbe">
                  <p><img src="bilder/farbmuster/klein/sand_mix.jpg"
width="90" height="60" /></p>
                  <p>
                  <input type="radio" name="farbe" id="farbton"
value="farbton" />
                  <label for="farbton">hellblond</label>
```

```
                        </p>
                </div><!--/farbe-->
                <div class="clearfloat"></div>
        </div><!--/farbauswahl-->
    </form>
</div><!--/inhalt-->
```

Inhalt des Div `inhalt` der Detailseite.

Kommen wir nun zur Formatierung der Detailseite. Weisen Sie als Erstes der Modellabbildung die Klasse `bild_links` zu. Dadurch umfließt jetzt der Text bis zum Div `clearfloat` die Abbildung. Der Div-Container `stückzahl` soll sich nun rechts neben die Farbauswahl stellen.

`#stückzahl`

Kategorie *Block*:

`Text-align: right`

Kategorie *Box*:

`Float: right`

Da das Textfeld für die Stückzahl sehr groß geraten ist, stellen Sie es im Bedienfeld *Eigenschaften* auf *Zeichenbreite 2* und *Zeichen max.* ebenfalls auf *2*. Den *Anfangswert* setzen Sie auf *1*.

Als Nächstes formatieren wir den Div `farbauswahl`. Er soll genauso breit werden wie die Abbildung und auch einen dünnen Rahmen bekommen.

`#farbauswahl`

Kategorie *Block*:

`Text-align: center`

Kategorie *Box*:

`Width: 300px`

Kategorie *Rahmen*:

`Border: 1px solid #621611`

Die Überschrift in der Farbauswahl sollte etwas kleiner und kursiv anstatt fett sein.

`#farbauswahl h2`

Kategorie *Schrift*:

```
Font-size: 18px
Font-style: italic
Font-weight: normal
```

Kommen wir nun zum Div für die Farbmuster. Damit diese nebeneinander stehen, brauchen sie eine Breite und die Eigenschaft `Float`.

Außerdem sollte noch eine Höhe vergeben werden, damit, falls eine neue Reihe entsteht, alle Divs gleich angeordnet sind.

```
#farbauswahl .farbe
```

Kategorie *Schrift*:

```
Font-size: 12px
```

Kategorie *Box*:

```
Float: left
Width: 100px
Height: 85px
```

Der Abstand zwischen den beiden Absätzen mit dem Bild und dem Text ist jetzt noch etwas zu groß und Bild und Text sollten mittig stehen, darum stellen Sie bitte die Abstände wie folgt ein:

```
#farbauswahl .farbe p
```

Kategorie *Block*:

```
Text-align: center
```

Kategorie *Box*:

```
Margin-top: 4px
Margin-bottom: 4px
```

**Bild 7.143:** Die formatierte Detailseite.

Kommen wir nun zur Programmierung der Seite. Diesmal ist die Erstellung der Datenbankabfrage um einiges komplexer, da Informationen aus verschiedenen Tabellen ausgelesen und in Beziehung zueinander gesetzt werden müssen.

Auf dieser Seite werden folgende Informationen zur Anzeige benötigt:

- Modellabbildung: Tabelle `modelle, abbildung`)
- Modellname: (Tabelle `modelle, modell`)
- Hersteller: (Tabelle `modelle, hersteller`)
- Material: (Tabelle `modelle, material`)
- Preis: (Tabelle `modelle, preis`)
- Beschreibung: (Tabelle `modelle, beschreibung`)
- Farbname: (Tabelle `farben, farbe`)
- Farbabbildung: (Tabelle `farben, farbmuster`)

Ferner werden für das Formular folgende Informationen gebraucht:

- Modell-ID: (Tabelle `modelle, modell_id`)
- Farb-ID: (Tabelle `farben, farb_id`)

Es werden also Informationen aus zwei verschiedenen Tabellen benötigt, hinzu kommt noch, dass ja nur Farben (Farbname, Farbmuster) angezeigt werden sollen, die für ein bestimmtes Modell verfügbar sind, diese Informationen stehen aber in der Tabelle `modelle_farben`.

Solch eine komplexe Datenbankanfrage kann Dreamweaver nicht mehr automatisch erzeugen, darum muss diese Abfrage manuell erstellt werden. Gehen wir die Abfrage Schritt für Schritt durch.

Das Schlüsselwort zum Auswählen von Spalten aus einer Datenbanktabelle heißt `SELECT`, danach folgt eine Liste der Namen der einzelnen Tabellenspalten, jeweils durch ein Komma getrennt.

```
SELECT modell, abbildung
```

Falls Spalten aus mehreren Tabellen ausgelesen werden sollen, müssen die Spaltennamen eindeutig sein, d. h. der Spaltenname darf in den auszulesenden Tabellen nicht mehrmals vorkommen. Um z. B. die Farb-ID aus der Tabelle `Farben` und aus der Tabelle `modelle_farben` auszulesen, könnte man nicht schreiben `SELECT farb_id, farb_id`, denn woher sollte die Datenbank wissen, welche Farb-ID aus welcher Tabelle ausgelesen werden soll? Um nun diese Eindeutigkeit herzustellen, schreibt man zusätzlich vor den Spaltennamen den Tabellennamen, getrennt durch einen Punkt. Also `SELECT farben.farb_id, modelle_farben.farb_id`.

Schreiben wir jetzt erst einmal alle benötigten Spalten jeweils mit Tabellennamen auf.

```
SELECT modelle.modell_id, modelle.hersteller, modelle.modell,
modelle.material, modelle.beschreibung, modelle.preis, modelle.abbildung,
farben.farb_id, farben.farbe, farben.farbmuster
```

Nach der Auswahl der Tabellenspalten muss der Datenbank mitgeteilt werden, in welcher Tabelle die Tabellenspalten vorkommen, dass geschieht mit dem Schlüsselwort `FROM`.

```
SELECT modell, abbildung
FROM modelle
```

Für unsere Detailseite sieht die Datenbankabfrage dann folgendermaßen aus:

```
SELECT modelle.modell_id, modelle.hersteller, modelle.modell,
modelle.material, modelle.beschreibung, modelle.preis, modelle.abbildung,
farben.farb_id, farben.farbe, farben.farbmuster
FROM modelle, farben, modelle_farben
```

Kommen wir nun zur Erstellung der Datenbankabfrage für die Detailseite. Öffnen Sie das Bedienfeld *Bindungen* und erstellen eine neue Datensatzgruppe. Im Fenster *Datensatzgruppe* klicken Sie auf die Schaltfläche *Erweitert*, es öffnet sich jetzt das Fenster für die erweiterte Bearbeitung der Datenbankabfrage.

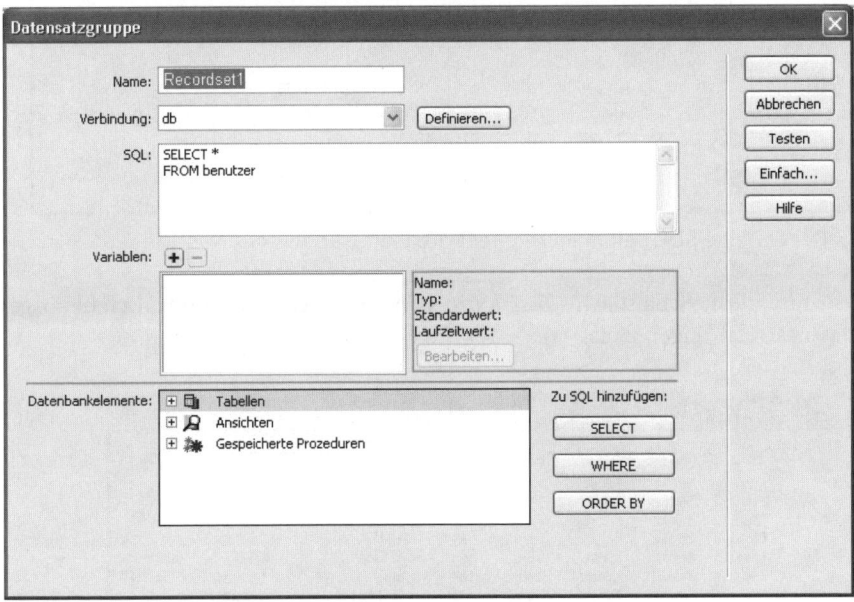

**Bild 7.144:** Fenster für die erweiterte Bearbeitung einer Datensatzgruppe.

Geben Sie dieser Datensatzgruppe den Namen *detail*. Um nun die Datenbankabfrage zu erstellen, klicken Sie im Bereich *Datenbankelemente* auf das kleine Plus-Symbol neben *Tabellen*. Sie sehen jetzt alle Tabellen, die in der Datenbank *hair_shop* gespeichert sind. Neben jeder Tabelle steht wiederum ein Plus-Symbol, um die in der Tabelle enthaltenen Spalten anzuzeigen.

Öffnen Sie über das Plussymbol die Tabelle `modelle`, um auf die darin enthaltenen Spalten zugreifen zu können. Wählen Sie jetzt die Spalte `modell_id` aus und klicken Sie auf die Schaltfläche `SELECT`. Jetzt erscheint im Bereich *SQL* der entsprechende Befehl, um die Spalte `modell_id` aus der Tabelle `modelle` auszulesen. Wiederholen Sie die Anweisung auch für die anderen Spalten der Tabelle `modelle`. Öffnen Sie nun die Tabelle `farben` und fügen Sie die Spalten `farb_id`, `farbe` und `farbmuster` auf die gleiche Weise hinzu.

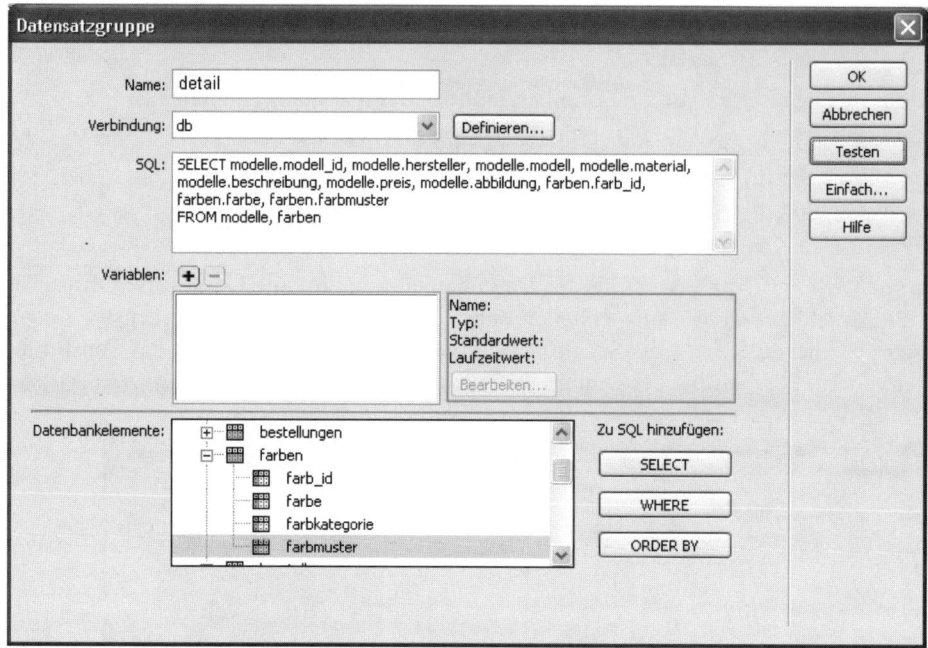

**Bild 7.145:** Der erstellte SQL-Befehl im Fenster Datensatzgruppe.

Klicken Sie nun auf die Schaltfläche *Testen* um sich die durch diesen SQL-Befehl ausgewählten Datensätze anzeigen zu lassen.

| Daten... | mode... | herst... | modell | material | besc... | preis | abbil... | farb_id | farbe | farb |
|---|---|---|---|---|---|---|---|---|---|---|
| 77 | 4 | Ellen ... | Smoke | Kunst... | Fransi... | 184 | smoke... | 5 | irish mix | irish_ |
| 78 | 4 | Ellen ... | Smoke | Kunst... | Fransi... | 184 | smoke... | 6 | flame ... | flame |
| 79 | 4 | Ellen ... | Smoke | Kunst... | Fransi... | 184 | smoke... | 7 | berns... | bern |
| 80 | 4 | Ellen ... | Smoke | Kunst... | Fransi... | 184 | smoke... | 8 | mocca... | mocc |
| 81 | 4 | Ellen ... | Smoke | Kunst... | Fransi... | 184 | smoke... | 9 | aubur... | aubu |
| 82 | 4 | Ellen ... | Smoke | Kunst... | Fransi... | 184 | smoke... | 10 | chocol... | choc |
| 83 | 4 | Ellen ... | Smoke | Kunst... | Fransi... | 184 | smoke... | 11 | espre... | espr |
| 84 | 4 | Ellen ... | Smoke | Kunst... | Fransi... | 184 | smoke... | 12 | silber... | silbe |
| 85 | 4 | Ellen ... | Smoke | Kunst... | Fransi... | 184 | smoke... | 13 | hellblond | hellb |
| 86 | 4 | Ellen ... | Smoke | Kunst... | Fransi... | 184 | smoke... | 14 | hellblo... | hellb |
| 87 | 4 | Ellen ... | Smoke | Kunst... | Fransi... | 184 | smoke... | 15 | hellblo... | hellb |
| 88 | 4 | Ellen ... | Smoke | Kunst... | Fransi... | 184 | smoke... | 16 | goldbl... | goldl |
| 89 | 4 | Ellen ... | Smoke | Kunst... | Fransi... | 184 | smoke... | 17 | rotblo... | rotbl |
| 90 | 4 | Ellen ... | Smoke | Kunst... | Fransi... | 184 | smoke... | 18 | dunke... | dunk |
| 91 | 4 | Ellen ... | Smoke | Kunst... | Fransi... | 184 | smoke... | 19 | hell-h... | hell_ |
| 92 | 4 | Ellen ... | Smoke | Kunst... | Fransi... | 184 | smoke... | 20 | hellbr... | hellb |
| 93 | 4 | Ellen ... | Smoke | Kunst... | Fransi... | 184 | smoke... | 21 | mittel... | mitte |
| 94 | 4 | Ellen ... | Smoke | Kunst... | Fransi... | 184 | smoke... | 22 | kastanie | kast |
| 95 | 4 | Ellen ... | Smoke | Kunst... | Fransi... | 184 | smoke... | 23 | dunke... | dunk |
| 96 | 4 | Ellen ... | Smoke | Kunst... | Fransi... | 184 | smoke... | 24 | schwarz | schw |
| 97 | 5 | Ellen ... | Smok... | Kunst... | Fransi... | 310.78 | smoke... | 1 | cham... | cham |
| 98 | 5 | Ellen ... | Smok... | Kunst... | Fransi... | 310.78 | smoke... | 2 | honey... | hone |
| 99 | 5 | Ellen ... | Smok... | Kunst... | Fransi... | 310.78 | smoke... | 3 | golde... | gold |
| 100 | 5 | Ellen ... | Smok... | Kunst... | Fransi... | 310.78 | smoke... | 4 | sand mix | sand |

**Bild 7.146:** Anzeige der durch den SQL-Befehl ausgewählten Datensätze.

Wie Sie sehen, werden alle Datensätze der Tabelle `farben` für jeden Datensatz der Tabelle `modelle` angezeigt. Das Fenster *SQL-Anweisung testen* zeigt dabei scheinbar nur die ersten 100 Ergebnisse an, sonst wäre die Liste noch viel länger.

Die Datenbankabfrage muss also eingeschränkt werden, dafür gibt es das Schlüsselwort `WHERE`.

```
SELECT modell, abbildung
FROM modelle
WHERE modell = "Casino"
```

Die erste Einschränkung betrifft das Modell, es soll ja nur das Modell angezeigt werden, das auf der Übersichtsseite ausgewählt wurde. Zum Testen der Datenbankabfrage wählen wir zunächst einmal einen festen Wert, der später dann durch den übermittelten Wert von der Übersichtsseite ersetzt wird. Der SQL-Befehl muss also um folgenden Zusatz erweitert werden:

```
WHERE modell_id = "1"
```

Öffnen Sie jetzt wieder die Tabelle `modelle`, wählen Sie die Spalte `modell_id` aus und klicken Sie auf die Schaltfläche `WHERE`. Dem SQL-Befehl wird nun die Erweiterung `WHERE modell_id` hinzugefügt. Der Rest der Anweisung muss von Hand eingetragen werden.

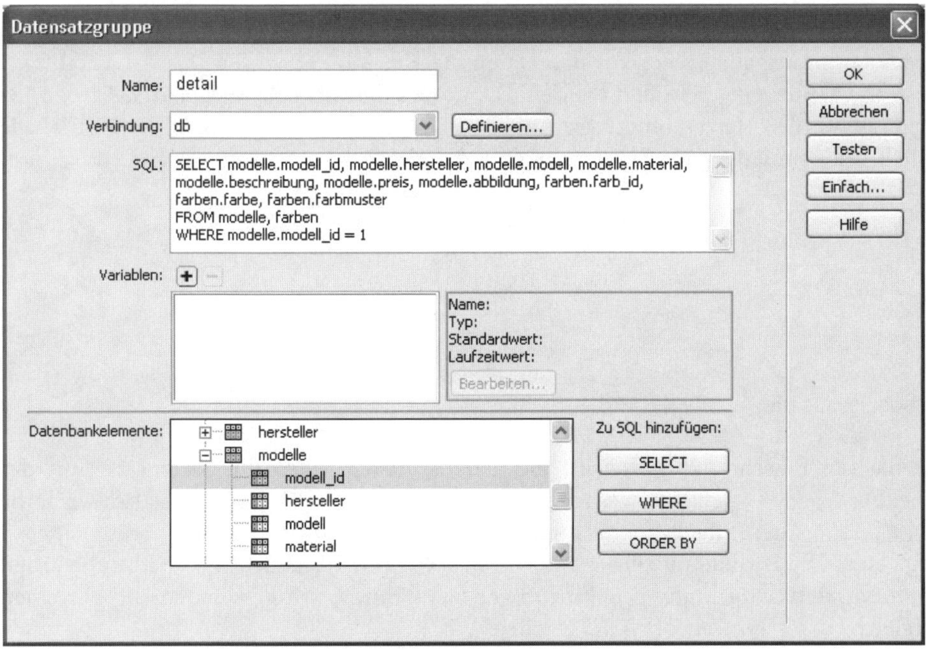

**Bild 7.147:** Der SQL-Befehl mit der Einschränkung `modell_id = 1`.

Klicken Sie nun wieder auf die Schaltfläche *Testen,* um sich die durch den geänderten SQL-Befehl ausgewählten Datensätze anzuzeigen.

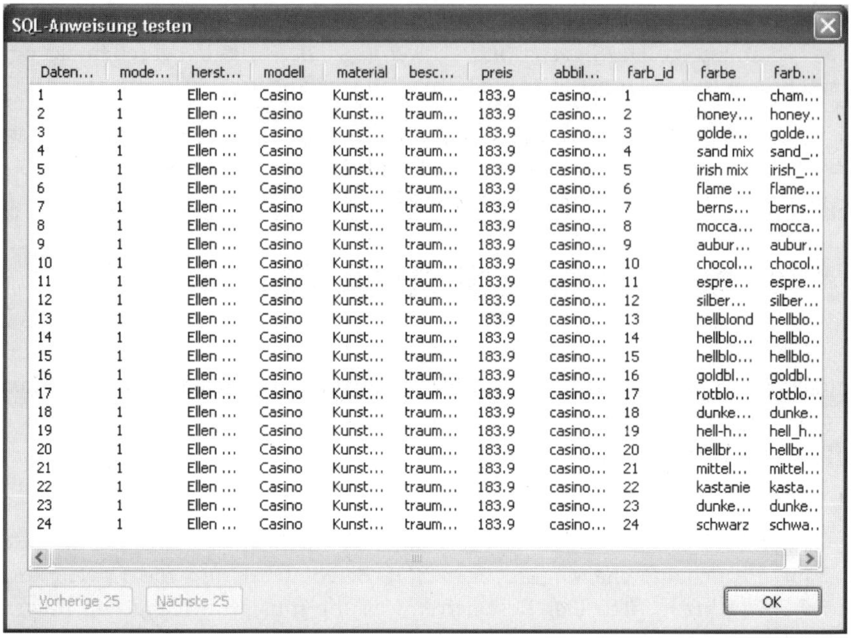

| SQL-Anweisung testen | | | | | | | | | | | |
|---|---|---|---|---|---|---|---|---|---|---|---|
| Daten... | mode... | herst... | modell | material | besc... | preis | abbil... | farb_id | farbe | farb... | |
| 1 | 1 | Ellen ... | Casino | Kunst... | traum... | 183.9 | casino... | 1 | cham... | cham... | |
| 2 | 1 | Ellen ... | Casino | Kunst... | traum... | 183.9 | casino... | 2 | honey... | honey.. | |
| 3 | 1 | Ellen ... | Casino | Kunst... | traum... | 183.9 | casino... | 3 | golde... | golde... | |
| 4 | 1 | Ellen ... | Casino | Kunst... | traum... | 183.9 | casino... | 4 | sand mix | sand_.. | |
| 5 | 1 | Ellen ... | Casino | Kunst... | traum... | 183.9 | casino... | 5 | irish mix | irish_... | |
| 6 | 1 | Ellen ... | Casino | Kunst... | traum... | 183.9 | casino... | 6 | flame ... | flame... | |
| 7 | 1 | Ellen ... | Casino | Kunst... | traum... | 183.9 | casino... | 7 | berns... | berns... | |
| 8 | 1 | Ellen ... | Casino | Kunst... | traum... | 183.9 | casino... | 8 | mocca... | mocca.. | |
| 9 | 1 | Ellen ... | Casino | Kunst... | traum... | 183.9 | casino... | 9 | aubur... | aubur... | |
| 10 | 1 | Ellen ... | Casino | Kunst... | traum... | 183.9 | casino... | 10 | chocol... | chocol.. | |
| 11 | 1 | Ellen ... | Casino | Kunst... | traum... | 183.9 | casino... | 11 | espre... | espre... | |
| 12 | 1 | Ellen ... | Casino | Kunst... | traum... | 183.9 | casino... | 12 | silber... | silber... | |
| 13 | 1 | Ellen ... | Casino | Kunst... | traum... | 183.9 | casino... | 13 | hellblond | hellblo.. | |
| 14 | 1 | Ellen ... | Casino | Kunst... | traum... | 183.9 | casino... | 14 | hellblo... | hellblo.. | |
| 15 | 1 | Ellen ... | Casino | Kunst... | traum... | 183.9 | casino... | 15 | hellblo... | hellblo.. | |
| 16 | 1 | Ellen ... | Casino | Kunst... | traum... | 183.9 | casino... | 16 | goldbl... | goldbl... | |
| 17 | 1 | Ellen ... | Casino | Kunst... | traum... | 183.9 | casino... | 17 | rotblo... | rotblo... | |
| 18 | 1 | Ellen ... | Casino | Kunst... | traum... | 183.9 | casino... | 18 | dunke... | dunke.. | |
| 19 | 1 | Ellen ... | Casino | Kunst... | traum... | 183.9 | casino... | 19 | hell-h... | hell_h... | |
| 20 | 1 | Ellen ... | Casino | Kunst... | traum... | 183.9 | casino... | 20 | hellbr... | hellbr... | |
| 21 | 1 | Ellen ... | Casino | Kunst... | traum... | 183.9 | casino... | 21 | mittel... | mittel... | |
| 22 | 1 | Ellen ... | Casino | Kunst... | traum... | 183.9 | casino... | 22 | kastanie | kasta... | |
| 23 | 1 | Ellen ... | Casino | Kunst... | traum... | 183.9 | casino... | 23 | dunke... | dunke.. | |
| 24 | 1 | Ellen ... | Casino | Kunst... | traum... | 183.9 | casino... | 24 | schwarz | schwa.. | |

Vorherige 25    Nächste 25         OK

**Bild 7.148:** Anzeige der durch den modifizierten SQL-Befehl ausgewählten Datensätze.

Die Anzahl der ausgewählten Datensätze ist jetzt schon auf 24 geschrumpft, es werden aber noch immer alle Farben für den Datensatz Nr. 1 angezeigt. Die Datenbankabfrage muss also weiter eingeschränkt werden, damit nur die wirklich verfügbaren Farben (3) angezeigt werden. Jetzt kommt die Tabelle modelle_farben ins Spiel. Diese Tabelle enthält ja die für jedes Modell verfügbaren Farben.

| modell_id | farb_id |
|---|---|
| 1 | 1 |
| 1 | 7 |
| 1 | 11 |

Ausschnitt aus der Tabelle modelle_farben.

Die nächste Einschränkung betrifft die modell_id. Es sollen nur Datensätze aus der Tabelle farben ausgewählt werden, die zur modell_id (*1*) passen. Dafür wird die modell_id aus der Tabelle modelle mit der modell_id aus der Tabelle modelle_farben verglichen. Die Bedingung WHERE modell_id = "1" wird natürlich weiterhin benötigt. Um nun weitere Bedingungen hinzufügen zu können, wird zwischen die einzelnen Vergleiche das Schlüsselwort *AND* geschrieben.

```
WHERE modell_id = "1" AND modelle.modell_id = modelle_farben.modell_id
```

Jetzt muss auch noch verglichen werden, ob die farb_id aus der Tabelle farben mit der farb_id aus der Tabelle modelle_farben übereinstimmt.

```
WHERE modell_id = "1" AND modelle.modell_id = modelle_farben.modell_id AND
farben.farb_id = modelle_farben.farb_id
```

Erweitern Sie nun die Bedingung im Fenster *Datensatzgruppe*, indem Sie die Spalte
modell-id aus der Tabelle modelle markieren und auf die Schaltfläche WHERE klicken.
Den Rest der Anweisung müssen Sie wieder von Hand eingeben. Fügen Sie nun auch die
Bedingung für die farb_id auf die gleiche Weise hinzu.

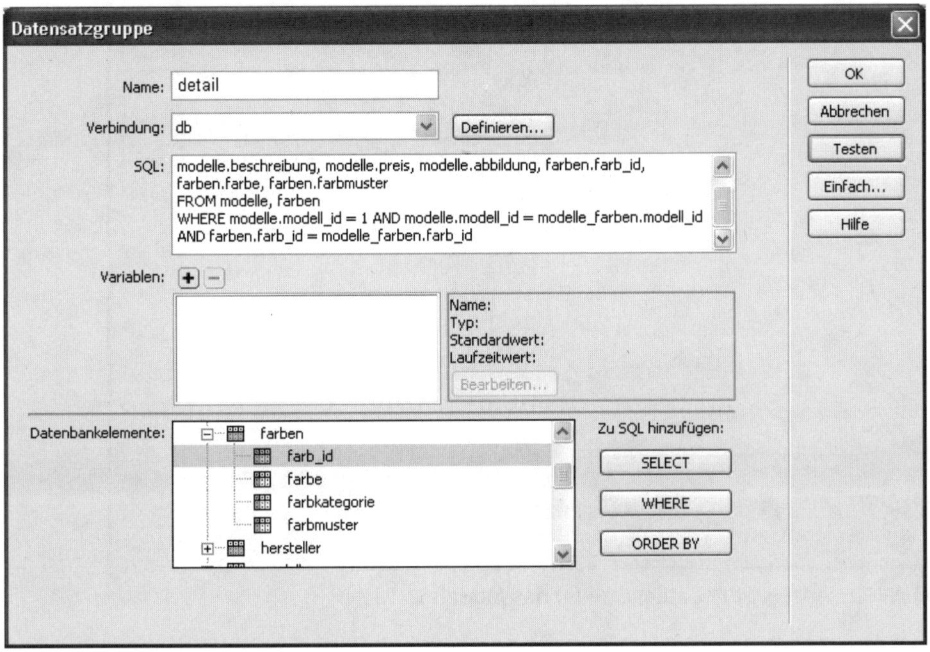

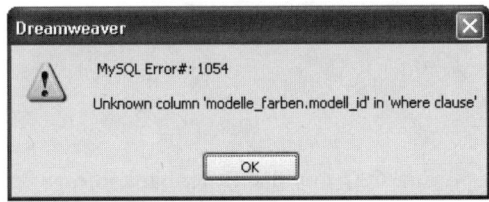

**Bild 7.149:** Der SQL-Befehl mit weiteren Einschränkungen.

Wenn Sie nun auf die Schaltfläche *Testen* klicken, erscheint die Meldung, dass die Spalte
modelle_farben.modell_id nicht bekannt ist.

**Bild 7.150:** Die Datenbank kennt
die Spalte modell_id nicht.

Die Meldung erscheint, da die Datenbank nicht weiß, zu welcher Tabelle die Spalte
modell_id gehört. Der Tabellenname vor dem Spaltennamen dient nur dazu, den
Spaltennamen eindeutig zu halten. Darum muss auch die Tabelle modelle_farben der
Liste der ausgewählten Tabellen hinzugefügt werden.

```
FROM modelle, farben, modelle_farben
```

Fügen Sie den fehlenden Tabellennamen `modelle_farben` der Zeile FROM am Ende hinzu, vergessen Sie nicht das Komma hinter `farben`.

Wenn Sie jetzt auf die Schaltfläche *Testen* klicken, werden nur noch die drei Datensätze für das erste Modell angezeigt.

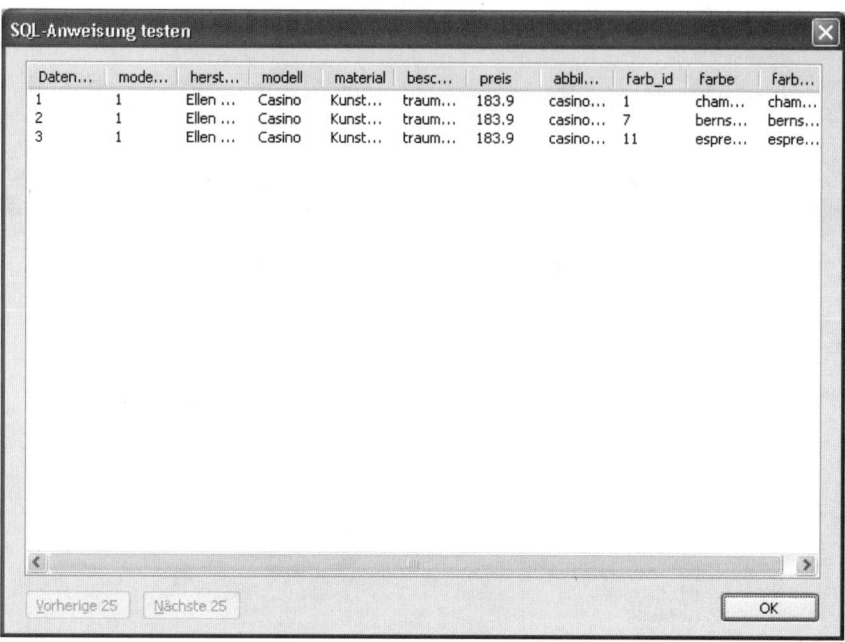

**Bild 7.151:** Anzeige der Datensätze für das Modell 1.

Hier noch einmal der komplette SQL-Befehl:

```
SELECT modelle.modell_id, modelle.hersteller, modelle.modell,
modelle.material,
modelle.beschreibung, modelle.preis, modelle.abbildung, farben.farb_id,
farben.farbe,
farben.farbmuster
FROM modelle, farben, modelle_farben
WHERE modelle.modell_id = 1 AND modelle.modell_id = modelle_farben.modell_id
AND
farben.farb_id = modelle_farben.farb_id
```

Klicken Sie nun im Fenster Datensatzgruppe auf *OK*, um die Datenbankabfrage zu erstellen. Dadurch wird der Befehl `session_start()` wieder nach unten verschoben. Da dieser Befehl aber am Anfang des Dokuments stehen muss, stellen Sie ihn bitte wieder nach oben.

Jetzt können die statischen Texte (Modellbezeichnung, Hersteller usw.) durch die Spalten aus der Datensatzgruppe *detail* per Drag and Drop wieder ersetzt werden. Markieren Sie erst den Text, der ersetzt werden soll, und ziehen Sie dann die entsprechende Spalte aus der Datensatzgruppe auf die Markierung. Achten Sie darauf, dass sich der Farbname innerhalb des `label`-Tags befindet.

Die Bilder können auch per Drag and Drop durch die entsprechenden Spalten aus der Datensatzgruppe ersetzt werden. Es muss allerdings der Pfad zum Ordner, in dem sich die entsprechenden Bilder befinden, dann noch nachträglich im *Eigenschaften*-Bedienfeld unter *Quelle* oder im Quellcode nachgetragen werden.

Die Maße der Bilder sind: großes Bild 300 x 300, kleines Bild 90 x 40.

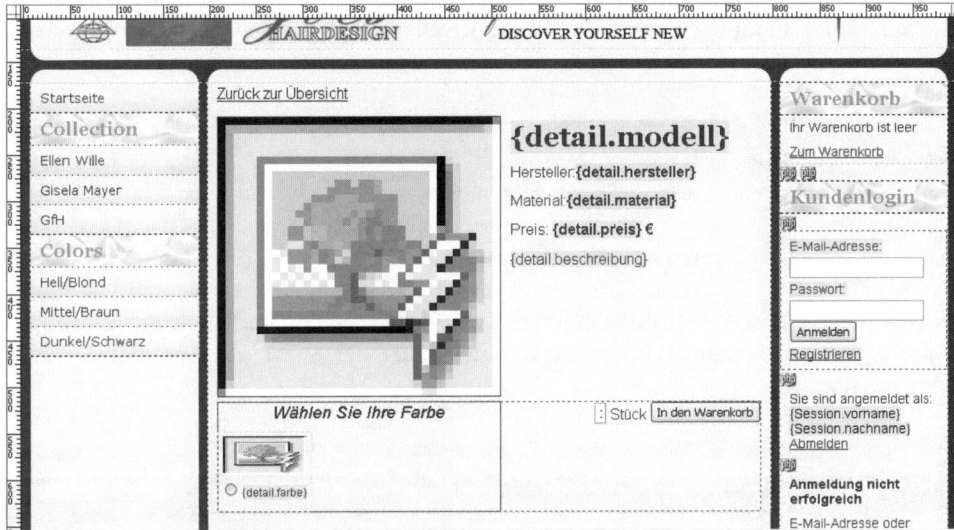

**Bild 7.152:** Die Detailseite mit dynamischen Daten in der *Entwurf*-Ansicht.

Fügen Sie den Abbildungen jeweils noch das `alt`-Attribut hinzu (falls noch nicht vorhanden), tragen Sie in das `alt`-Attribut der Modellabbildung den Modellnamen `modell` und in das `alt`-Attribut des Farbmuster den Farbnamen `farbe` ein.

Der Preis wird momentan noch so ausgegeben, wie er in der Datenbank steht, mit Punkt als Dezimaltrennzeichen und nur mit Nachkommastellen, wenn diese für den Wert erforderlich sind, z. B. 158.8 €. Um den Preis nun so darzustellen, wie es der Benutzer gewohnt ist, gibt es die PHP-Funktion `number_format()`, die genau das leistet. Wechseln Sie in der Codeansicht zum Absatz mit dem Preis.

```
<p>Preis: <strong><?php echo $row_detail['preis']; ?> €</strong></p>
```
Der Absatz mit dem noch unformatierten Preis.

Schreiben Sie hinter den Befehl `echo` die Funktion `number_format()`. Dreamweaver unterstützt Sie bei der Eingabe der einzelnen Parameter durch ein Quickinfo, das genau anzeigt, welcher Parameter an der aktuellen Stelle erwartet wird und von welchem Datentyp der Parameter sein muss.

```
64   <h1><?php echo $row_detail['modell']; ?></h1>
65   <p>Hersteller:<strong><?php echo $row_detail['hersteller']; ?></strong></p>
66   <p>Material:<strong><?php echo $row_detail number_format(float number, [int num_decimal_places], [string dec_seperator], string thousands_seperator)
67   <p>Preis: <strong><?php echo number_format($row_detail['preis'],); ?> €</strong></p>
68   <p><?php echo $row_detail['beschreibung']; ?></p>
```

**Bild 7.153:** Quickinfo zur Funktion `number_format()`.

Die Funktion braucht als ersten Parameter die Zahl, die formatiert werden soll. Markieren Sie den Arraywert `$row_detail['preis']` und ziehen ihn in die Funktionsklammern. Der zweite Parameter gibt die Anzahl der Nachkommastellen an. Schreiben Sie hier eine 2. Der dritte und vierte Parameter legen das Dezimaltrennzeichen und das Tausendertrennzeichen fest. Diese Parameter müssen in Anführungszeichen stehen, da die Funktion an dieser Stelle Zeichenketten erwartet. Als Dezimaltrennzeichen wählen Sie das Komma und als Tausendertrennzeichen den Punkt. Denken Sie bitte daran, dass die einzelnen Parameter einer Funktion jeweils durch Kommata getrennt werden müssen.

```
<p>Preis: <strong><?php echo number_format($row_detail['preis'],2,',','.');
?> €</strong></p>
```

**Der Absatz mit der Funktion zum Formatieren des Preises.**

Jetzt muss noch der Bereich für das Farbmuster wiederholt werden, damit alle verfügbaren Farben für das aktuelle Modell angezeigt werden. Markieren Sie den Div `farbe` und öffnen Sie das Bedienfeld Serververhalten. Fügen Sie das Verhalten *Bereich wiederholen* über das Plus-Symbol hinzu, bei der Frage nach der Anzahl der Datensätze wählen Sie *alle Datensätze*.

**Bild 7.154:** Die Detailseite in der *Live-Ansicht*.

Zwei kleine Schönheitsfehler hat die Farbauswahl allerdings noch:

- Beim Klick auf den Farbnamen ist immer das erste Optionsfeld markiert.

- Der vom Formular übermittelte Wert der Optionsfelder wird immer `farbton` sein.

Beheben wir zuerst das fehlerhafte Verhalten beim Klick auf den Farbnamen. Zum Verständnis: Wenn der `label`-Tag das Attribut `for` enthält, sucht der Browser beim Klick auf den Inhalt des `label`-Tags (Farbname) nach einem Optionsfeld mit der gleichen ID. Da alle Optionsfelder die gleiche ID haben, entscheidet sich der Browser meist für das erste Feld. Die ID des Optionsfeldes und der Wert des For-Attributs müssen also auch dynamisch zugewiesen werden.

Als eindeutige ID eignet sich die Farb-ID aus der Datensatzgruppe *detail* sehr gut. Zu bedenken ist jedoch, dass nach den Regeln von HTML IDs nicht mit einer Zahl beginnen dürfen. Die Farb-ID besteht allerdings nur aus einer Zahl. Um den Regeln für HTML gerecht zu werden, muss also noch vor der ID ein Text stehen.

Wechseln Sie in der *Code*-Ansicht zum Optionsfeld für die Farbauswahl, geben Sie im ID-Attribut hinter farbton einen Unterstrich ein und ziehen dann die Farb-ID aus der Datensatzgruppe detail hinter den Unterstrich. Wiederholen Sie den Vorgang für das for-Attribut des label-Tags. Wenn Sie sich jetzt die Detailseite in der *Live-Ansicht* anschauen, funktioniert auch das Klicken auf den Farbnamen.

Um es dem Benutzer der Seite noch ein wenig einfacher zu machen, die entsprechende Farbe auszuwählen, stellen Sie auch das Farbmuster in eine Kopie des label-Tags.

Kommen wir nun zum Wert (value) des Optionsfeldes. Die Lösung besteht hier – wie Sie wahrscheinlich schon vermuten – im Austausch des Textes farbton gegen den dynamischen Wert farbe aus der Datensatzgruppe detail.

Hier noch einmal der Quellcode des Div farbauswahl:

```
<div id="farbauswahl">
   <h2>Wählen Sie Ihre Farbe</h2>
   <?php do { ?>
   <div class="farbe">
      <p>
                        <label for="farbton_<?php echo
$row_detail['farb_id']; ?>"><img src="bilder/farbmuster/klein/<?php echo
$row_detail['farbmuster']; ?>" alt="<?php echo $row_detail['farbe']; ?>"
width="90" height="40" /></label>
      </p>
      <p>
                        <input type="radio" name="farbe" id="farbton_<?php
echo $row_detail['farb_id']; ?>" value="<?php echo $row_detail['farbe']; ?>"
/>
                        <label for="farbton_<?php echo
$row_detail['farb_id']; ?>"><?php echo $row_detail['farbe']; ?></label>
      </p>
   </div><!--/farbe-->
   <?php } while ($row_detail = mysql_fetch_assoc($detail)); ?>
   <div class="clearfloat"></div>
</div><!--/farbauswahl-->
```

Der Quellcode des Div farbauswahl.

Die Präsentation des Modells einschließlich Farbauswahl ist jetzt bis auf die automatische Übergabe der Modell-ID an die Datenbankabfrage abgeschlossen. Die Übersichtseite ruft ja schon über den Link auf die Miniaturabbildung oder den Modellnamen die Detailseite auf und übergibt ihr die entsprechende Modell-ID. Diese ID muss nun an die Datenbankabfrage weitergeleitet werden.

Stellen Sie dazu den Cursor in die Zeile vor dem Beginn der Datenbankabfrage – die Zeile mit `mysql_select_db($database_db, $db);`. Zuerst muss nun geprüft werden, ob die Modell-ID übergeben wurde, dann kann die Modell-ID in einer Variablen `$modell_id` gespeichert werden. Damit es bei der Datenbankabfrage zu keinen Fehlern kommt, wenn die Modell-ID nicht übergeben wurde, setzen wir sie auf den Standardwert `-1`, den Dreamweaver für Datenbankabfragen benutzt.

```
$modell_id = "-1";
if (isset($_GET['modell_id'])) {
   $modell_id = $_GET['modell_id'];
}
```

Erstellung der Variable zum Speichern der Modell-ID.

Kurz zur Erklärung: `$_GET` enthält alle Parameter, die an eine Seite übergeben wurden, die Funktion `isset()` prüft, ob eine Variable einen Wert enthält.

Um die Datenbank vor nicht erlaubten Zugriffen des Benutzers zu schützen, prüft Dreamweaver mit der Funktion `GetSQLValueString()` alle Werte, die vom Benutzer über Formulare oder URL-Übergaben an die Datenbank weitergegeben werden. Diese Funktion, die Dreamweaver für jede Datenbankabfrage automatisch erstellt, können wir auch zur Überprüfung der übergebenen Modell-ID verwenden. Die Funktion erwartet den Wert und die Art des Wertes (Text, Zahl, Datum) und gibt den bereinigten Wert zurück. Um nun die Modell-ID für die Datenbankabfrage vorzubereiten, geben Sie Folgendes ein:

```
$modell_id = GetSQLValueString($modell_id, "int");
```
Bereinigen der Modell-ID mit der Funktion `GetSQLValueString()`.

Jetzt steht uns die bereinigte Modell-ID für die Datenbankabfrage zur Verfügung. Zur Kontrolle noch einmal die Anweisungen im Zusammenhang:

```
$modell_id = "-1";
if (isset($_GET['modell_id'])) {
   $modell_id = $_GET['modell_id'];
}
$modell_id = GetSQLValueString($modell_id, "int");
```
Übername und Bereinigung der Modell-ID.

Nun braucht nur noch die 1 im SQL-Befehl gegen die Variable `$modell_id` ausgetauscht zu werden, damit die Details des auf der Übersichtsseite angeklickten Modells angezeigt werden.

Suchen Sie innerhalb des SQL-Befehls folgende Stelle: `WHERE modelle.modell_id = 1` und tauschen die 1 gegen die Variable `$modell_id` aus. Also so: `WHERE modelle.modell_id = $modell_id`.

Wenn Sie die Detailseite jetzt in der Browservorschau öffnen, wechseln Sie zuerst über die Herstellerlinks auf die Übersichtsseite und wählen dort ein Modell aus, damit die Modell-ID an die Detailseite übergeben wird.

**Bild 7.155:** Details des auf der Übersichtsseite ausgewählten Modells.

Die Präsentation des ausgewählten Modells auf der Detailseite ist nun abgeschlossen, die restlichen Arbeiten an der Seite betreffen die Informationen, die über das Formular an den Warenkorb weitergegeben werden sollen, und die Überprüfung, ob der Benutzer angemeldet ist und eine Haarfarbe ausgewählt hat.

Momentan werden vom Formular nur die Menge und der Farbname versandt. Diese Informationen reichen für eine eventuelle Bestellung aber nicht aus. Benötigt werden Informationen über Hersteller, Modellname, Material, Preis, den Benutzer, der dieses Modell bestellen möchte, und den Namen der Modellabbildung, um sie im Warenkorb anzuzeigen. Diese Informationen sind schon alle durch die Datenbankabfrage bzw. durch die Benutzerinformationen aus der Session bekannt und müssen nur mit in das Formular aufgenommen werden. Für diesen Zweck gibt es bei Formularen die versteckten Formularfelder.

Fügen Sie hinter dem öffnenden `form`-Tag über das Bedienfeld *Einfügen* ein verstecktes Formularfeld ein. Am besten funktioniert das, wenn Sie zuerst in die Codeansicht wechseln, den Cursor hinter den öffnenden `form`-Tag stellen und dann wieder in die *Entwurf*-Ansicht wechseln.

**Bild 7.156:** Neues Formular einfügen.

Geben Sie dem Feld im *Eigenschaften*-Bedienfeld den Namen *hersteller*. Bei *Wert* klicken Sie auf das Blitzsymbol und wählen in dem sich öffnenden Fenster *Mit dynamischer Quelle verbinden* aus der Datensatzgruppe *detail* den Hersteller aus. Wiederholen Sie die Aktion für Modellname (`modell`), Material (`material`), Preis (`preis`) und Modellabbildung (`abbildung`).

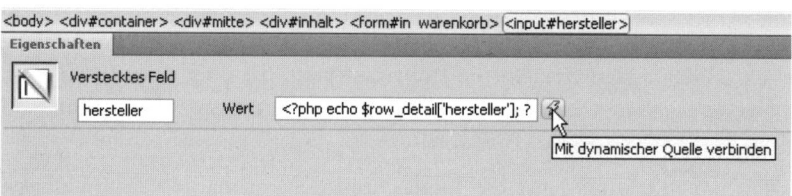

**Bild 7.157:** Dynamische Daten für das versteckte Formularfeld.

Um den Benutzer der Bestellung zuordnen zu können, verwenden wir die Benutzer-ID. Öffnen Sie dazu das Bedienfeld *Bindungen* und erstellen Sie über das Plus-Symbol im Menüeintrag *Sitzungsvariable* eine Bindung zur Benutzer-ID. Tragen Sie dazu im Fenster `Sitzungsvariable` unter `Namen` `benutzer_id` ein. Erstellen Sie jetzt noch ein verstecktes Formularfeld und geben ihm den Namen `benutzer_id`. Unter `Wert` weisen Sie ihm die soeben erstellte Bindung zur Benutzer-ID zu. Hier zur Kontrolle die erstellten versteckten Formularfelder:

```
<input name="hersteller" type="hidden" id="hersteller" value="<?php echo
$row_detail['hersteller']; ?>" />
<input name="modell" type="hidden" id="modell" value="<?php echo
$row_detail['modell']; ?>" />
<input name="material" type="hidden" id="material" value="<?php echo
$row_detail['material']; ?>" />
<input name="preis" type="hidden" id="preis" value="<?php echo
$row_detail['preis']; ?>" />
<input name="abbildung" type="hidden" id="abbildung" value="<?php echo
$row_detail['abbildung']; ?>" />
<input name="benutzer_id" type="hidden" id="benutzer_id" value="<?php echo
$_SESSION['benutzer_id']; ?>" />
```

Listing 54: Versteckte Formularfelder zur Übertragung der benötigten
Informationen an den Warenkorb

Bevor das Formular versendet wird, soll überprüft werden, ob der Benutzer angemeldet ist (benutzer_id ist vorhanden) und eine Haarfarbe ausgewählt hat (Optionsschalter ist aktiviert), da sonst keine Bestellung möglich ist. Eine Überprüfung mithilfe des Spry-Frameworks kommt in diesem Fall nicht in Frage, da eine Meldung hinter einem versteckten Formularfeld oder innerhalb der Farbauswahl den Benutzer nur verwirren würde. Für diesen Zweck erstellen wir eine eigene Formularprüfung mit JavaScript.

Die Formularprüfung soll aufgerufen werden, bevor das Formular versendet wird, dafür gibt es für den Form-Tag das Attribut onsubmit. Fügen Sie dieses Attribut dem öffnenden form-Tag hinzu. Die Aktion, die ausgeführt werden soll, wenn das Formular versendet wird, lautet detailpruefung(). Damit das Formular nur versendet wird, wenn die Detailprüfung keinen Fehler gefunden hat, muss der Rückgabewert der Funktion mit return an das Formular weitergeleitet werden.

```
<form id="in_warenkorb" name="in_warenkorb" method="post" action=""
onsubmit="return detailpruefung()">
```

Ausführen der Detailprüfung vor dem Versand des Formulars.

Die eigentliche Prüfung wird in einer externen Funktion ausgeführt, die auf der Detailseite eingebunden wird. Erstellen Sie für diese Funktion ein neues Dokument vom Seitentyp JavaScript und speichern es unter *detailpruefung.js*. Erstellen Sie innerhalb der Datei eine Funktion detailpruefung.

```
// JavaScript Document
function detailpruefung()
{

}
```

Die noch leere Funktion.

Die Funktion muss jetzt auf der Seite *detail.php* eingebunden werden. Wechseln Sie also zurück zur Detailseite in die Codeansicht und stellen den Cursor in den Headbereich des Dokuments. Fügen Sie jetzt über das Bedienfeld *Einfügen,* Karteikarte *Allgemein,* Schaltfläche *Skript* die soeben erstellte Datei ein.

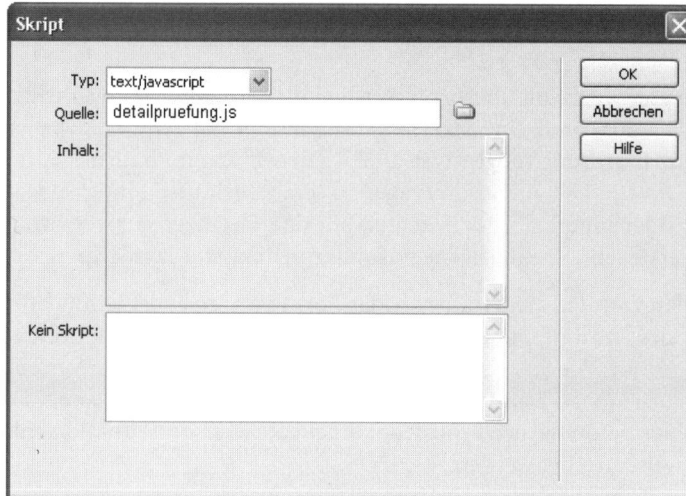

**Bild 7.158:**
Einstellungen zum
Einbinden der
Detailprüfung.

Die eventuell erscheinende Meldung, dass Sie die Funktion in der Entwurfsansicht nicht sehen können, bestätigen Sie mit *OK*.

Zuerst soll innerhalb der Funktion geprüft werden, ob ein Benutzer angemeldet ist. Dafür eignet sich der Span-Tag "benutzername", der nur vorhanden ist, wenn sich ein Benutzer angemeldet hat. Um das zu überprüfen, gibt es in JavaScript die Funktion getElementById(), mit der man auf jedes Element einer Webseite, das eine ID besitzt, zugreifen kann. Wenn diese Funktion nichts zurückliefert, wird über die Funktion alert() ein Meldungsfenster mit entsprechendem Text angezeigt. Danach wird die Funktion detailpruefung() über ein return verlassen.

```
if(!document.getElementById("benutzername"))
{
    //wenn Benutzername nicht existiert Meldung ausgeben
    alert("Bitte melden Sie sich zuerst an.");
    return false;
}
```

Prüfung, ob der Benutzer angemeldet ist.

**Bild 7.159:** Meldung, wenn der Benutzer nicht angemeldet ist.

Falls sich nun der Benutzer auf der Detailseite über das Kundenlogin anmeldet, gibt es ein kleines Problem mit dem versteckten Formularfeld `benutzer_i`, das in diesem Falle zunächst leer bleibt. Das Problem entsteht über die Reihenfolge, in der die einzelnen Teile der Seite geladen werden. Wenn ein Benutzer auf der Detailseite im Loginformular seine E-Mail-Adresse und sein Passwort eingibt und anschließend auf *Anmelden* klickt, wird die Detailseite neu geladen. Dabei wird zuerst der Div `inhalt` mitsamt dem Formular und dem versteckten Formularfeld `benutzer_id` geladen und erst danach der Div `kundenlogin`. Innerhalb des Kundenlogin wird jetzt die Datenbankabfrage gestartet und bei Erfolg werden die `benutzer_id` sowie die anderen Benutzerdaten in der Session gespeichert. Erst jetzt steht die `benutzer_id` in der Session zur Verfügung, die für das versteckte Formularfeld benötigt wird.

Dieses Problem lässt sich mit JavaScript relativ einfach lösen, da man mit JavaScript auf alle Elemente mit einer ID zugreifen kann. Dafür muss zuerst eine JavaScript-Variable für die Benutzer-ID erstellt werden, die, nachdem der Div `kundenlogin` komplett geladen ist, mit der Benutzer-ID aus der Session gefüllt wird.

Öffnen Sie dazu die Datei *kundenlogin.php* und wechseln Sie in die *Code*-Ansicht. Stellen Sie den Cursor ans Ende der Datei und fügen Sie einen JavaScript-Bereich ein. Das geht am einfachsten über das *Einfügen*-Bedienfeld *Allgemein* und die Schaltfläche *Skript*. Hier stellen Sie bei *Typ* die Option *text/javascript* ein und schreiben unter Inhalt `var benutzer_id = ""`; schließen Sie das Fenster anschließend mit *OK*.

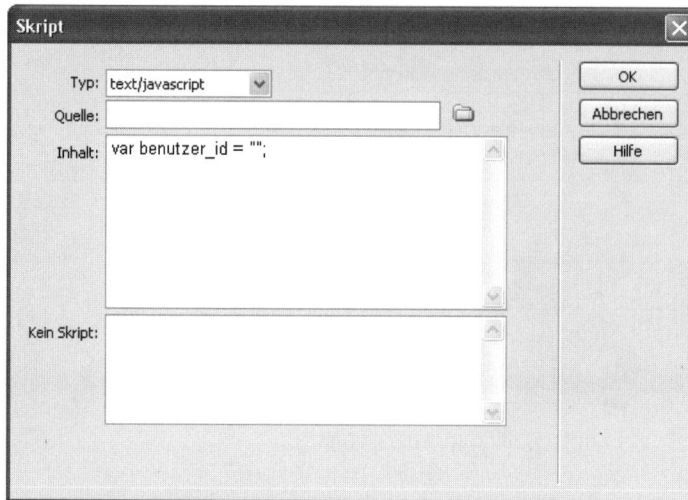

**Bild 7.160:** Erstellen eines JavaScript-Bereichs für die Benutzer-ID.

Ziehen Sie nun die Benutzer-ID aus dem Bedienfeld *Bindungen* zwischen die Anführungszeichen.

```
</div><!--/div kundenlogin-->
<script type="text/javascript">
var benutzer_id = "<?php echo $_SESSION['benutzer_id']; ?>";
</script>
```

JavaScript-Bereich mit Variable für die Benutzer-ID.

Die Benutzer-ID steht jetzt in einer JavaScript-Variablen zur Verfügung und kann von der Funktion detailpruefung() genutzt werden. Wechseln Sie nun wieder zur JavaScript-Datei *detailpruefung.js*. Falls sich nun der Benutzer auf der Detailseite angemeldet hat, ist das versteckte Formularfeld benutzer_id zunächst noch leer.

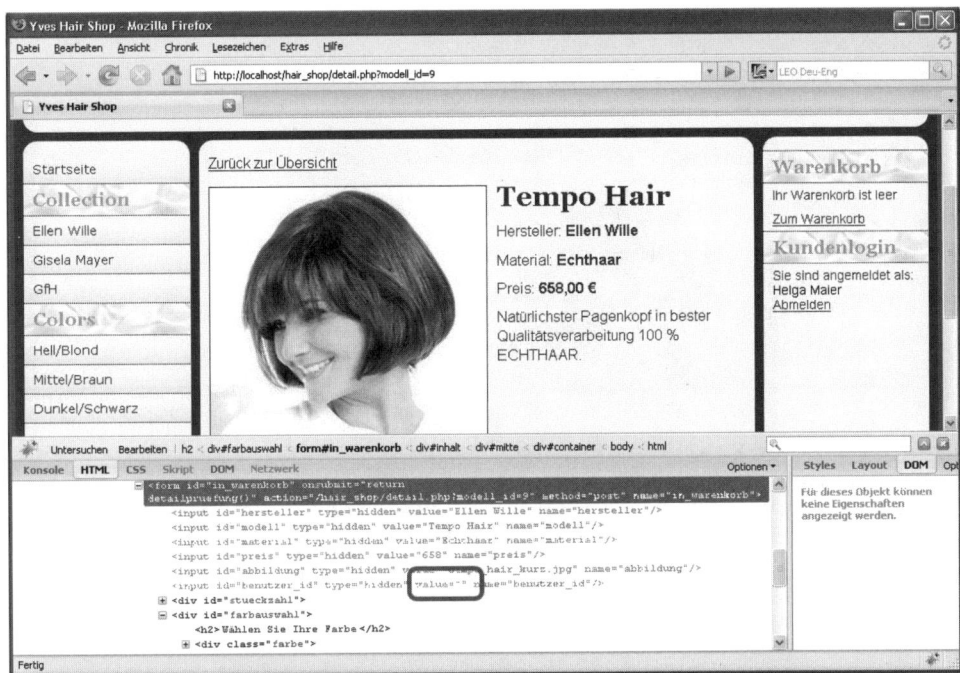

**Bild 7.161:** Quellcode des Formulars auf der Detailseite mit den versteckten Formularfeldern.

Wenn nun der Benutzer auf die Schaltfläche *In den Warenkorb* klickt, wird zuerst die Detailprüfung aufgerufen. Jetzt kann man mit JavaScript das versteckte Formularfeld füllen.

Zuerst wird geprüft, ob das Formularfeld leer ist. Wenn das der Fall ist, wird die Benutzer-ID, die jetzt in der Variable `benutzer_id` in der Datei *kundenlogin.php* vorhanden ist, dem versteckten Formularfeld zugewiesen.

```
if(document.getElementById("benutzer_id").value == "")
{
    document.getElementById("benutzer_id").value = benutzer_id;
}
```

Benutzer-ID ins Formularfeld schreiben.

**Bild 7.162:** Durch die Funktion `detailpruefung()` eingetragene Benutzer-ID.

Als Nächstes wird nun geprüft, ob der Benutzer eine Farbe ausgewählt hat. Dazu lässt sich die Eigenschaft `checked` auslesen, die ein ausgewählter Optionsschalter hat. Da mehrere Optionsschalter geprüft werden müssen, wird das Ganze in einer Schleife erledigt. Zuerst werden die zusammengehörigen Optionsschalter über die Funktion `getElementsByName()` in einer Variablen gespeichert. Anschließend wird in einer Schleife jeder Optionsschalter daraufhin geprüft, ob er ausgewählt ist. Wird ein ausgewählter Optionsschalter gefunden, veranlasst ein `return` die Beendigung der Funktion. Sollte kein Optionsschalter ausgewählt sein, wird eine entsprechende Meldung ausgegeben und die Funktion ebenfalls mit einem `return` verlassen.

```
var farbe = document.getElementsByName("farbe");
for(var i = 0; i < farbe.length; i++)
{
   if(farbe[i].checked == true)
   {
      return true;
   }
}
alert("Bitte eine Haarfarbe auswählen.");
return false;
```

Prüfung, ob eine Farbe ausgewählt wurde.

**Bild 7.163:**
Meldung, wenn der Benutzer keine Haarfarbe ausgewählt hat.

Durch die Reihenfolge, in der die einzelnen Prüfungen durchgeführt werden, und durch Einsatz der Kontrollanweisung return wird jetzt nur ein angemeldeter Benutzer, der auch eine Haarfarbe ausgewählt hat, die Möglichkeit erhalten, ein Perückenmodell in den Warenkorb zu legen. Hier die komplette Funktion detailpruefung:

```
function detailpruefung()
{
    //Prüfen ob benutzername existiert
    if(!document.getElementById("benutzername"))
    {
        //wenn Benutzername nicht existiert Meldung ausgeben
        alert("Bitte melden Sie sich zuerst an.");
        return false;
    }
    //Wenn der Benutzer sich auf der Detailseite angemeldet hat benutzer_id
ins Formular übertragen
    if(document.getElementById("benutzer_id").value == "")
    {
        document.getElementById("benutzer_id").value = benutzer_id;
    }
    //In einer Schleife prüfen ob der Benutzer eine Farbe ausgewählt hat
    var farbe = document.getElementsByName("farbe");
    for(var i = 0; i < farbe.length; i++)
    {
        if(farbe[i].checked == true)
        {
                        return true;
        }
    }
    //Falls keine Farbe ausgewählt wurde Meldung ausgeben
    alert("Bitte eine Haarfarbe auswählen");
    return false;
}
```

Die Funktion detailpruefung im Zusammenhang.

Nachdem nun alle Punkte überprüft sind, kann das ausgewählte Modell in den Warenkorb gelegt werden.

## 7.18 Der Warenkorb

### 7.18.1 Artikel dem Warenkorb hinzufügen

Das Hinzufügen von Artikeln (Modelle) in den Warenkorb erledigt noch die Detailseite, darum schließen Sie diese Seite noch nicht, sondern öffnen das Bedienfeld *Serververhalten* und fügen über das Plus-Symbol das Verhalten *Datensatz einfügen* der Detailseite hinzu. Im Fenster *Datensatz hinzufügen* wählen Sie unter *Werte senden aus* zuerst das Formular `in_warenkorb` aus, falls es nicht schon vorausgewählt ist. Die *Verbindung* ist auch in diesem Fall wieder *db*. Unter *Tabelle einfügen* wählen Sie bitte die Tabelle *warenkorb* aus. Beim Punkt *Spalten* ist die Verbindung zwischen Tabellenspalten und Formularfeldern von Dreamweaver schon komplett ausgefüllt worden, da Tabellenspalten und Formularfelder die gleichen Namen haben.

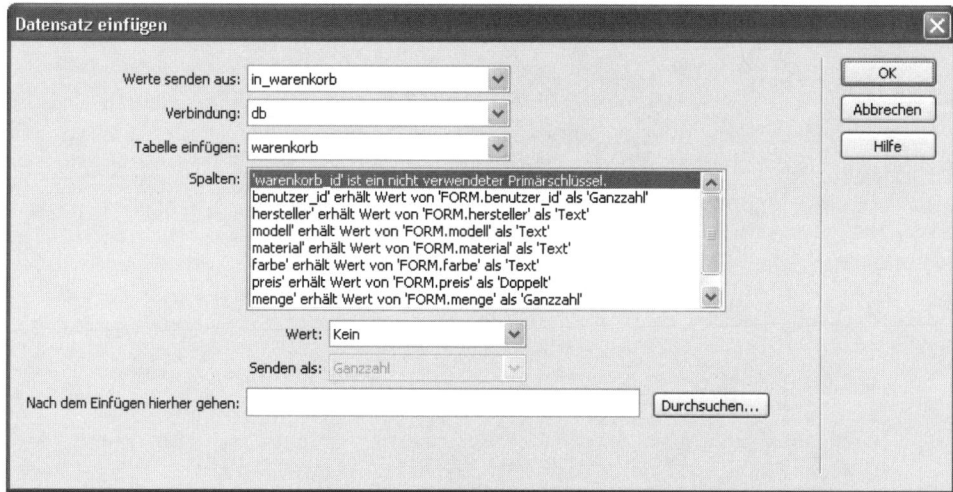

**Bild 7.164:** Einstellungen zum Hinzufügen eines Artikels in die Warenkorbtabelle.

Weitere Einstellungen sind zum jetzigen Zeitpunkt nicht notwendig. Testen Sie nun zuerst einmal in der Browservorschau, ob das Hinzufügen von Artikeln in die Warenkorbtabelle funktioniert.

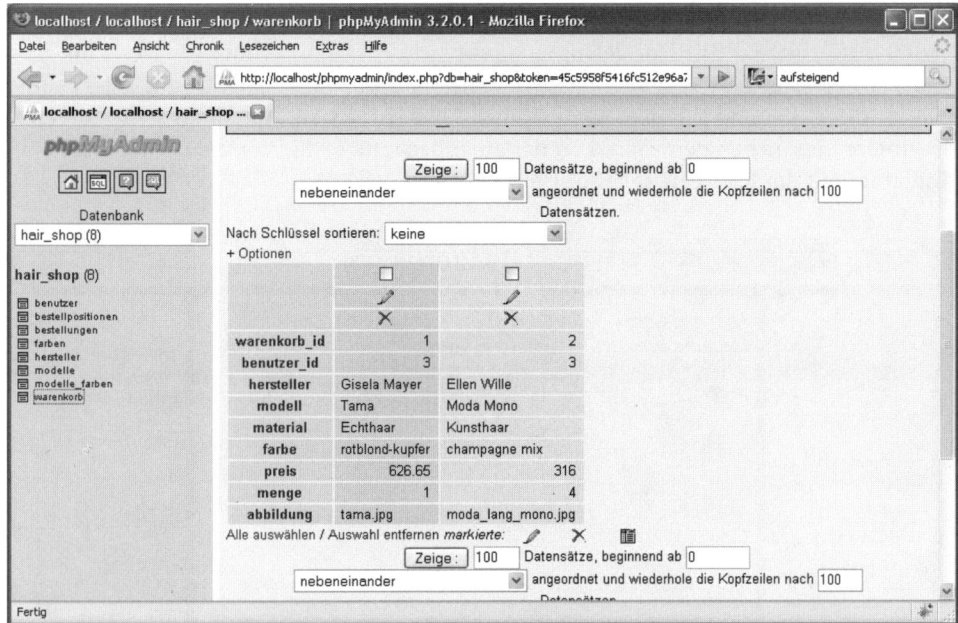

**Bild 7.165:** Über die Detailseite eingefügte Datensätze in der Tabelle `warenkorb`.

Nachdem das Einfügen von Datensätzen in die Warenkorbtabelle funktioniert, soll nun der Benutzer eine Rückmeldung erhalten, dass der Artikel jetzt im Warenkorb liegt. Dafür erstellen wir eine Hinweisseite mit den Artikelinformationen, die aufgerufen wird, sobald der Datensatz gespeichert wurde.

Öffnen Sie die Datei *musterlayout.php* und speichern Sie sie unter *warenkorb_hinzu.php*. Erstellen Sie die Seite zunächst mit statischem Inhalt, der danach durch den Inhalt aus der Warenkorbtabelle ersetzt wird. Der Inhalt des Div `inhalt` besteht aus sechs Absätzen für die verschiedenen Inhalte. Tragen Sie die Inhalte wie aus der Abbildung ersichtlich in die verschiedenen Absätze ein.

**Bild 7.166:** Inhalt der Hinweisseite für den Warenkorb.

Das Ziel für den Link *zurück zum Modell* ist wieder die JavaScript-Funktion, um zur letzten aufgerufenen Seite zu gelangen `javascript:history.back()`. Der Link *zum Warenkorb* verweist auf die noch nicht erstellte Seite *warenkorb.php*. Damit der Text das Bild umfließt, weisen Sie dem Bild die Klasse `bild_links` zu. Allerdings steht nun auch der untere Link neben dem Bild. Um das zu ändern, fügen Sie vor dem Link einen Div-Container mit der Klasse `clearfloat` ein.

**Bild 7.167:** Die formatierte Hinweisseite.

Nachdem die Seite nun soweit fertiggestellt ist, können Sie den statischen Inhalt gegen die Daten aus der Warenkorbtabelle austauschen. Dazu muss allerdings zuerst eine Datensatzgruppe erstellt werden.

Öffnen Sie das Bedienfeld *Bindungen* und erstellen Sie über das Plussymbol eine neue Datensatzgruppe. Geben Sie der Datensatzgruppe den Namen `warenkorb`, die *Verbindung* ist wie immer `db`. Die Tabelle, die ausgelesen werden soll, ist die Tabelle `warenkorb`. Wählen Sie unter *Spalten* alle Spalten außer der `warenkorb_id` und der `benutzer_id` aus. Die Datensätze sollen nun so gefiltert werden, dass nur die Einträge des angemeldeten Benutzers angezeigt werden und der letzte hinzugefügte Datensatz zuerst angezeigt wird.

Wählen Sie dazu unter *Filter* die `benutzer_id` aus und im Feld darunter `Sitzungsvariable`. Dadurch werden nur die Einträge des angemeldeten Benutzers ausgewählt. Bei *Sortieren* wählen Sie die Spalte `warenkorb_id` und in dem Feld dahinter `Absteigend` aus. Jetzt wird der letzte hinzugefügte Datensatz des angemeldeten Benutzers zuerst angezeigt. Das ist genau der Datensatz, den der Benutzer zuvor über das Formular auf der Detailseite der Tabelle `warenkorb` hinzugefügt hat.

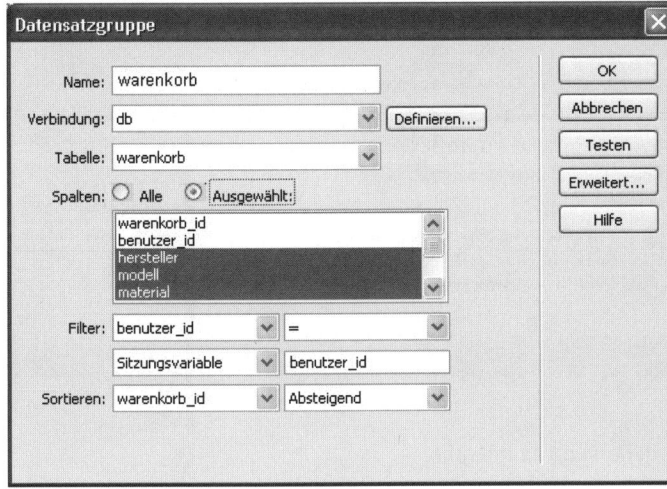

**Bild 7.168:**
Einstellungen für die Datensatzgruppe `warenkorb`.

Stellen Sie den Befehl zum Starten der Session `session_start()` wieder in die erste Zeile des Dokuments, da sonst ein Zugriff auf die Benutzer-ID für die Datenbankabfrage nicht zur Verfügung steht.

Jetzt können Sie die statischen Inhalte durch die Inhalte aus der Datensatzgruppe *warenkorb* per Drag and Drop ersetzen. Markieren Sie zuerst den Text, der ersetzt werden soll, und ziehen Sie dann den entsprechenden Inhalt der Datensatzgruppe auf die Markierung. Wenn Sie den Eintrag *abbildung* auf das Bild ziehen, denken Sie daran, auch den Pfad (*bilder/modelle/klein/*) im *Eigenschaften*-Bedienfeld unter *Quelle* einzutragen.

Damit der Preis mit Komma und zwei Nachkommastellen angezeigt wird, verwenden Sie wieder die Funktion `number_format()` wie auch schon auf der Detailseite.

```
<?php echo number_format($row_warenkorb['preis'],2,',','.'); ?>
```
Formatierung des Preises.

**Bild 7.169:** Hinweisseite mit dynamischen Inhalten.

Wenn Sie sich die Seite in der Browservorschau ansehen, wird der letzte von Ihnen hinzugefügte Artikel angezeigt, vorausgesetzt Sie sind noch angemeldet.

**Bild 7.170:** Browservorschau der Hinweisseite.

Diese Seite soll aufgerufen werden, wenn der Benutzer einen Artikel in den Warenkorb gelegt hat. Wechseln Sie wieder zur Datei *detail.php* und öffnen Sie das Bedienfeld *Serververhalten*. Suchen Sie in der nun schon sehr langen Liste des Serververhaltens den Eintrag *Datensatz einfügen (in_warenkorb, db, warenkorb)* und öffnen Sie ihn. Unter *Nach dem Einfügen hierher gehen* wählen Sie die gerade erstellte Datei *warenkorb_hinzu.php* aus. Schließen Sie das Fenster mit *OK* und rufen Sie die Detailseite in der Browservorschau auf. Wählen Sie über die Übersichtsseite ein Modell aus und legen Sie es in den Warenkorb. Jetzt zeigt die Hinweisseite den letzten Artikel, den Sie in den Warenkorb gelegt haben, an.

## 7.18.2 Warenkorb anzeigen

Damit der Kunde weiß, welche Artikel sich in seinem Warenkorb befinden, und um Artikel aus dem Warenkorb zu entfernen bzw. die Menge des einzelnen Artikels zu ändern, braucht er eine Übersichtseite, die den Inhalt des Warenkorbs anzeigt. Je nachdem, ob der Warenkorb gefüllt oder leer ist, soll entweder eine Tabelle mit den einzelnen Artikeln angezeigt werden – sowie ein Link zur Kasse – oder, wenn der Warenkorb leer ist, der Text *Ihr Warenkorb ist leer*. Dafür werden verschiedene Bereiche benötigt, die dann entsprechend angezeigt werden.

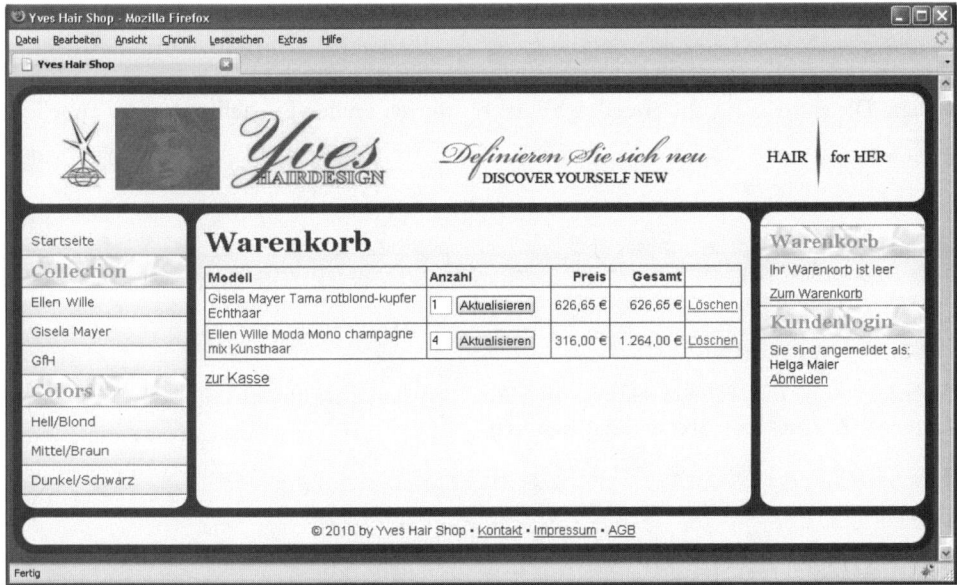

**Bild 7.171:** Der gefüllte Warenkorb.

Öffnen Sie dazu die Datei *musterlayout.php* und speichern Sie sie unter *warenkorb.php*. Im Div `inhalt` erstellen Sie eine Überschrift der Ebene 1 mit dem Text *Warenkorb*. Nach der Überschrift fügen Sie einen Absatz mit dem Text *Ihr Warenkorb ist leer* ein. Dieser Absatz soll dann angezeigt werden, wenn in der Warekorbtabelle keine Einträge für den angemeldeten Benutzer vorhanden sind.

Nach dem Absatz erstellen Sie eine Tabelle mit *2 Zeilen, 5 Spalten, Randstärke 0* und einer Kopfzeile oben. Der Text für die Kopfzeile ist *Modell, Anzahl, Preis, Gesamt*. Die letzte Spalte der Kopfzeile bleibt leer, sie wird später zum Löschen von Artikeln benötigt. Geben Sie der Tabelle im *Eigenschaften* Bedienfeld unter *Tabelle* die ID `warenkorb`. Zum Schluss erstellen Sie noch unterhalb der Tabelle einen Link mit dem Text *Zur Kasse*, der auf die nächste Seite *lieferung.php* verweist.

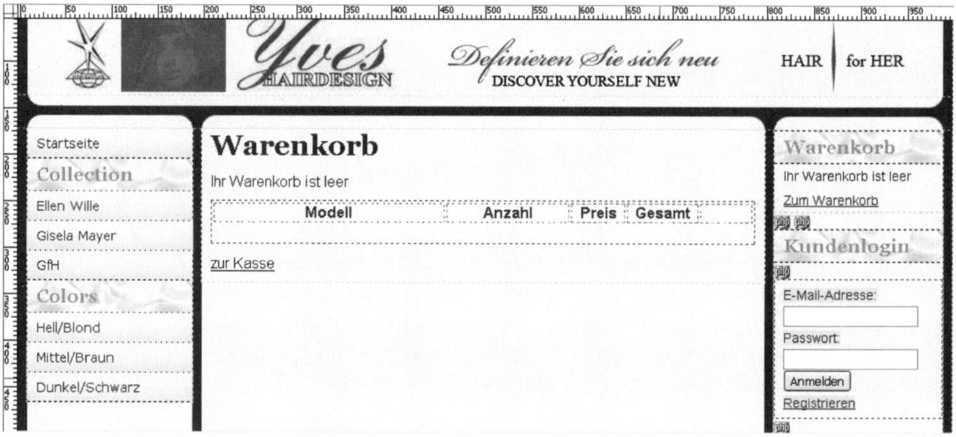

**Bild 7.172:** Warenkorbseite mit Tabelle.

Die Warenkorbseite soll nun formatiert werden, um die Tabelle ansprechender darzustellen. Die erste Regel, die erstellt wird, ist für die generellen Einstellungen der Tabelle.

```
#warenkorb
```

Kategorie *Schrift*:

```
Font-size: 14px
```

Kategorie *Rahmen*:

```
Border: 1px solid #621611
```

Nachdem nun die Tabelle selber einen Rahmen hat, bekommen auch die Kopf- und Datenzellen einen entsprechenden Rahmen.

```
#warenkorb th , #warenkorb td
```

Kategorie *Box*:

```
Padding: 3px
```

Kategorie *Rahmen*:

```
Border: 1px solid #621611
```

Um den Abstand zwischen den einzelnen Tabellenzellen und dem Tabellenrahmen auf 0 zu stellen, kann man im *Eigenschaften*-Bedienfeld unter *Zellraum* den Wert 0 eintragen. Allerdings stoßen dann die Rahmen der einzelnen Tabellenzellen aneinander und verdoppeln so die Rahmenstärke. Damit nun die Rahmenstärke nicht größer als gewollt erscheint, gibt es eine CSS-Eigenschaft, die über das CSS-Regel-Definitions-Fenster nicht erreichbar ist.

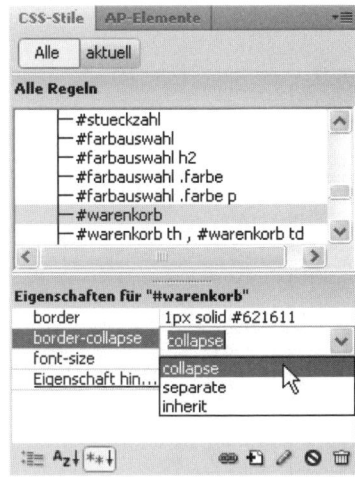

**Bild 7.173:** CSS-Stil für den Rahmen der Tabelle hinzufügen.

Wählen Sie im Bedienfeld *CSS* die Regel für die Tabelle `warenkorb` aus. Aktivieren Sie anschließend im unteren Bereich des Bedienfeldes den Eintrag *Eigenschaft hinzu*. In dem nun erscheinenden Textfeld tragen Sie die CSS-Eigenschaft `border-collapse` ein und können jetzt im Feld dahinter den Eintrag `collapse` auswählen. Jetzt stoßen die Rahmen der Tabellenzellen nicht mehr aneinander, sondern fallen zusammen.

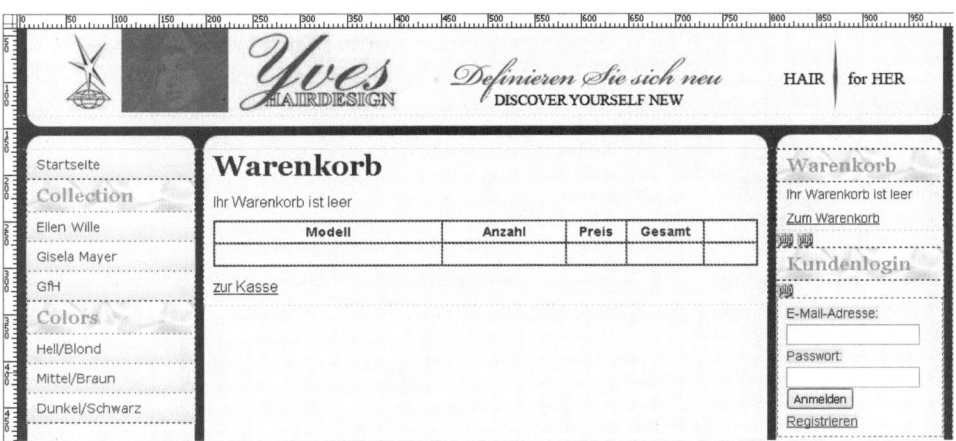

**Bild 7.174:** Die formatierte Warenkorbseite.

Stellen Sie jetzt noch die Ausrichtung der Spalten *Preis* und *Gesamt* über das *Eigenschaften*-Bedienfeld unter *Horiz* auf *Rechts*, damit die Kommas bei verschieden großen Preisangaben immer untereinander stehen.

Nun kann die Tabelle mit den Daten aus der Warenkorbtabelle gefüllt werden. Erstellen Sie dazu über das Bedienfeld *Bindungen* eine neue Datensatzgruppe mit dem *Namen* *warenkorb*. Unter *Tabelle* wählen Sie die Tabelle `warenkorb` aus und unter *Spalten* alle Spalten außer der Spalte `abbildung`, sie wird für die Darstellung des Warenkorbs nicht benötigt. Beim Punkt *Filter* wählen Sie die `benutzer_id` und in dem Feld darunter `Sitzungsvariable` aus.

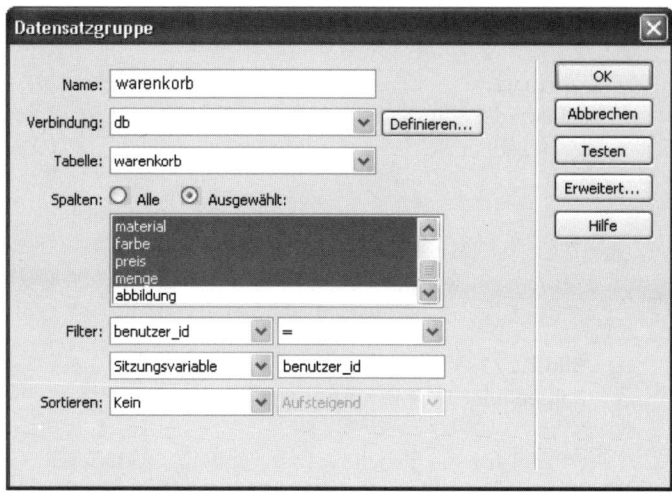

**Bild 7.175:**
Einstellungen im Fenster *Datensatzgruppe* für den Warenkorb.

Stellen Sie jetzt die Funktion `session_start()` an den Anfang des Dokuments, sonst steht die Benutzer-ID für die Datensatzabfrage nicht zur Verfügung. Über das Bedienfeld *Bindungen* können Sie nun die einzelnen Werte in die verschiedenen Tabellenspalten ziehen. Die Spalte *Modell* bekommt die Werte `hersteller`, `modell`, `farbe` und `material`, jeweils durch ein Leerzeichen getrennt. In die Spalte *Anzahl* ziehen Sie den Wert `menge`, in die Spalte *Preis* den Wert `preis` und schreiben noch ein €-Zeichen dahinter.

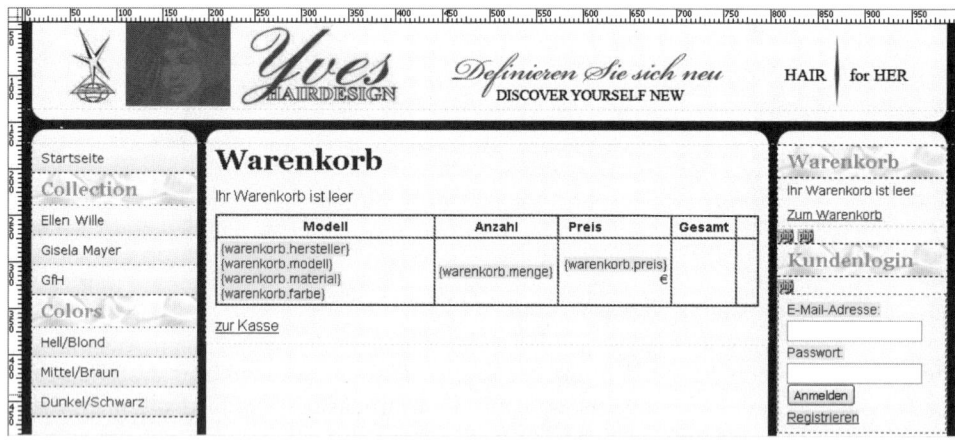

**Bild 7.176:** Die Warenkorbseite mit dynamischen Inhalten.

Um die Spalte *Gesamt* zu füllen, muss der Gesamtpreis für den Artikel aus Anzahl und Preis berechnet werden. Diese Berechnung machen wir direkt in der Tabellenzelle. Erstellen Sie dazu einen PHP-Bereich und berechnen den Gesamtpreis wie folgt:

```php
<?php
  $gesamt = $row_warenkorb['menge'] * $row_warenkorb['preis'];
?>
```

Berechnung des Gesamtpreises.

Nun muss der Gesamtpreis noch formatiert – mit Komma und Nachkommastellen – ausgegeben werden. Nutzen Sie dazu wieder die Funktion `number_format()`. Hier der komplette Quellcode für die Anzeige des formatierten Gesamtpreises:

```php
<?php
  $gesamt = $row_warenkorb['menge'] * $row_warenkorb['preis'];
  echo number_format($gesamt,2,',','.');
?> €
```

Berechnung und formatierte Ausgabe des Gesamtpreises.

Formatieren Sie auf die gleiche Weise auch den Einzelpreis.

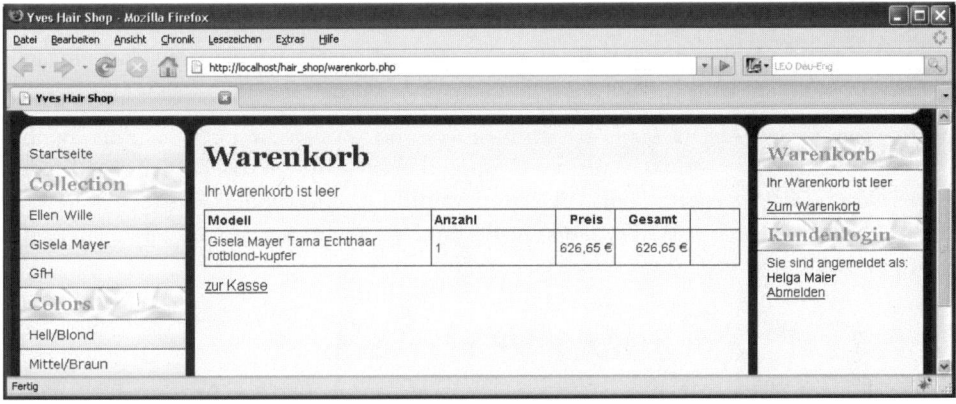

**Bild 7.177:** Die Warenkorbseite mit dem formatierten Einzel- und Gesamtpreis.

Um nun alle Artikel, die im Warenkorb des Benutzers liegen, anzuzeigen, muss die Tabellenzeile mit dem Artikel wiederholt werden. Markieren Sie dazu die Tabellenreihe, am einfachsten geht das über den Tag-Selektor am unteren Rand des Dokumentenfensters. Öffnen Sie nun das Bedienfeld *Serververhalten* und wählen Sie über das Plussymbol das Verhalten *Bereich wiederholen* aus. In dem nun erscheinenden Fenster wählen Sie unter *Anzeigen* den Eintrag *alle Datensätze* aus.

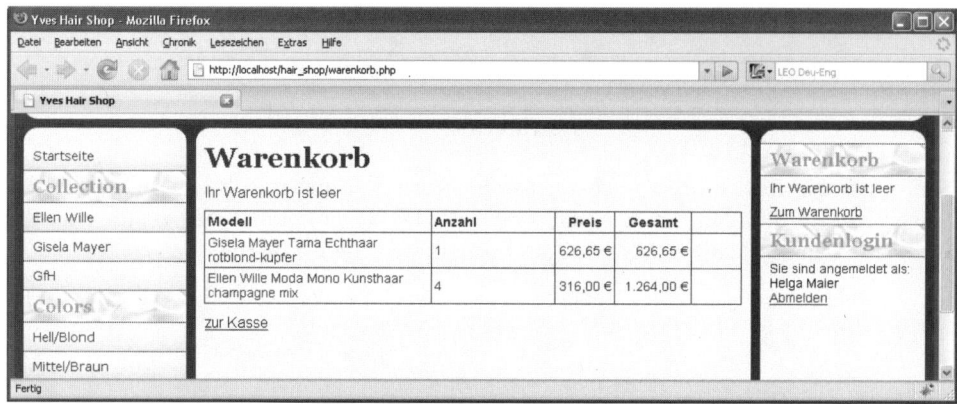

**Bild 7.178:** Anzeige aller Artikel eines Benutzers.

Als Nächstes sollen nun die verschiedenen Ansichten des Warenkorbs eingestellt werden. Dafür gibt es ja schon den Bereich mit dem Text *Ihr Warenkorb ist leer*, falls keine Artikel im Warenkorb liegen, und die Tabelle mit den einzelnen Artikeln sowie dem Link *zur Kasse*, wenn der Warenkorb gefüllt ist. So etwas Ähnliches hatten wir ja schon beim Kundenlogin manuell umgesetzt. Zuerst stellen wir den Zustand ein, falls der Warenkorb leer ist.

Markieren Sie den Absatz *Ihr Warenkorb ist leer* und wählen Sie über das Plus-Symbol des Bedienfelds *Serververhalten* aus der Gruppe *Bereich anzeigen* das Verhalten *Anzeigen, wenn Datensatzgruppe leer ist* aus. In dem daraufhin erscheinenden Fenster können Sie die Datensatzgruppe für das Verhalten festlegen. Da auf dieser Seite nur eine Datensatzgruppe erstellt wurde, ist diese schon ausgewählt.

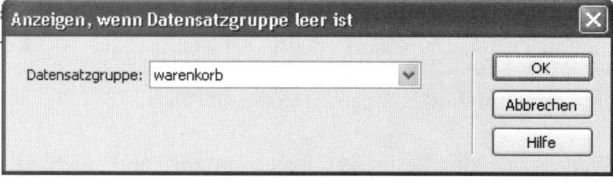

**Bild 7.179:** Festlegung, ob ein Bereich angezeigt werden soll, in Abhängigkeit von der Datensatzgruppe.

Jetzt stellen wir den Zustand ein, wenn der Warenkorb gefüllt ist. Markieren Sie dazu die komplette Tabelle und den Link *zur Kasse*. Das geht am einfachsten in der Code-ansicht, da in der Entwurfsansicht der schließende p-Tag des letzten Absatzes meistens nicht mit markiert wird. Erstellen Sie nun über das Plus-Symbol des Bedienfelds *Serververhalten* aus der Gruppe *Bereich anzeigen* das Verhalten *Anzeigen, wenn Datensatzgruppe nicht leer ist*.

Das Fenster zur Auswahl der Datensatzgruppe, die geprüft werden soll, ist das gleiche wie schon oben beschrieben. Testen Sie die verschiedenen Zustände, indem Sie sich zuerst den gefüllten Warenkorb eines angemeldeten Benutzers anzeigen lassen und sich dann abmelden und die Warenkorbseite über die Adresszeile des Browsers aufrufen.

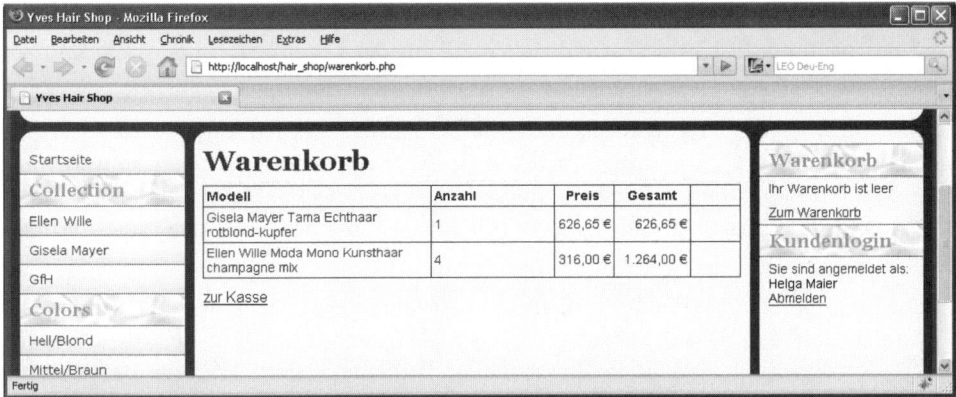

**Bild 7.180:** Der gefüllte Warenkorb eines angemeldeten Benutzers.

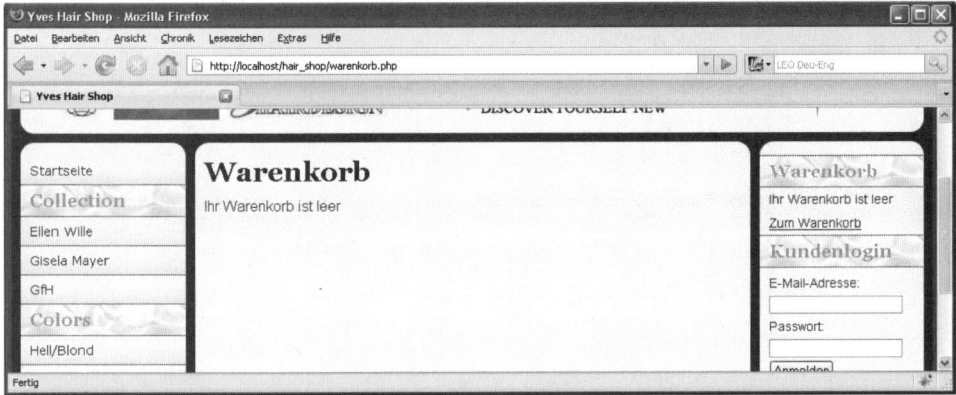

**Bild 7.181:** Die leere Warenkorbseite, wenn kein Benutzer angemeldet ist oder wenn der Benutzer noch keinen Artikel in den Warenkorb gelegt hat.

> **Hinweis:** Die Aktualisierung des Warenkorbinhalts wird auch auf der Warenkorbseite umgesetzt, darum schließen Sie die Daten *warenkorb.php* bitte nicht.

### 7.18.3 Warenkorb, Einträge aktualisieren

Damit der Benutzer die Anzahl der Artikel noch nachträglich ändern kann, ohne gleich den Artikel zu löschen und mit der korrigierten Anzahl wieder in den Warenkorb zu legen, wird für die Artikelanzahl ein Formularfeld benötigt, in das der Benutzer die gewünschte Anzahl eintragen kann.

Stellen Sie dazu den Cursor in die Tabellenzelle, in der die Artikelanzahl angezeigt wird, und löschen Sie den dynamischen Text aus der Zelle. Fügen Sie stattdessen einen Form-Tag über das *Einfügen*-Bedienfeld, Karteikarte *Formulare* ein. Geben Sie diesem Formular die ID `anzahl`.

Innerhalb des `form`-Tags erstellen Sie ein Textfeld mit der ID `menge` ohne `label`-Tag und Beschriftung. In dieses Textfeld ziehen Sie aus der Datensatzgruppe *warenkorb* des Bedienfelds *Bindungen* die zuvor gelöschte `menge`.

Damit die Menge in der Warenkorbtabelle aktualisiert werden kann, wird zusätzlich noch die `warenkorb_id` benötigt. Erstellen Sie dafür ein verstecktes Feld und weisen Sie ihm über das *Eigenschaften*-Bedienfeld unter *Verstecktes Feld* die ID `warenkorb_id` und unter *Wert* über das Blitzsymbol die `warenkorb_id` aus der Datensatzgruppe *Warenkorb* zu.

Hinter dem versteckten Feld erstellen Sie noch eine Schaltfläche zum Versenden des Formulars mit der ID `aktualisieren`, ebenfalls ohne `label`-Tag und Beschriftung. Geben Sie dieser Schaltfläche im *Eigenschaften*-Bedienfeld unter *Wert* die Bezeichnung *Aktualisieren*.

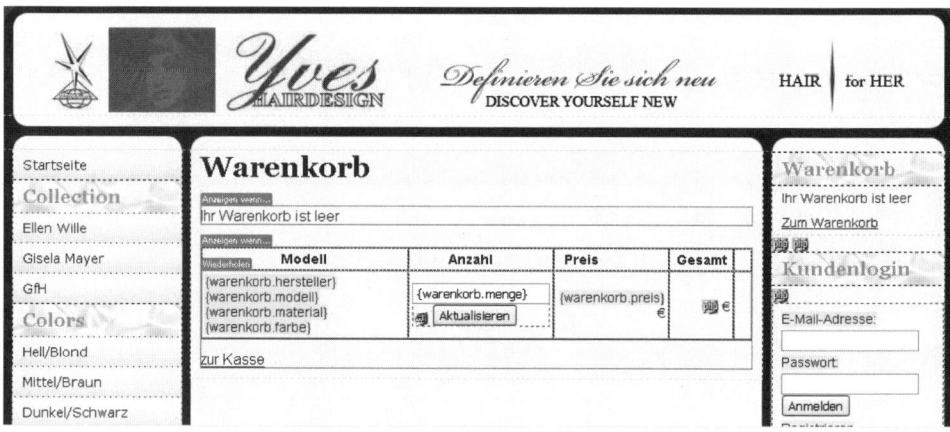

**Bild 7.182:** Warenkorbseite mit Formular zum Ändern der Artikelanzahl.

Da sich die Breite des Textfelds über das Attribut `size` nicht so recht einstellen lässt – je nach verwendetem Browser ist das Feld entweder zu groß oder zu klein –, erstellen Sie für das Feld eine CSS-Regel. Mit CSS lässt sich das Textfeld so einstellen, dass es in allen Browsern annähernd gleich aussieht.

```
#warenkorb #menge
```

Kategorie *Box*:

```
Width: 20px
```

Nachdem das Formular erstellt ist, können wir auf der Warenkorbseite ein neues Serververhalten hinzufügen, um die Artikelanzahl zu ändern.

Öffnen Sie dazu das Bedienfeld *Serververhalten* und fügen Sie über das Plus-Symbol das Verhalten *Datensatz aktualisieren* ein. Im gleichnamigen Einstellungsfenster wählen Sie unter *Werte senden aus* das Formular *anzahl* aus, wenn es nicht schon vorausgewählt ist. Die Verbindung ist wie immer `db`. Unter *Tabelle aktualisieren* wählen Sie die Tabelle `warenkorb` aus. Beim Punkt *Spalten* ist die Spalte `warenkorb_id` schon mit dem Formularfeld gleichen Namens verknüpft.

Die Warenkorb-ID wird für das Verhalten *Datensatz aktualisieren* zwingend benötigt, um den zu aktualisierenden Datensatz eindeutig zu identifizieren. Darum ist bei dieser Spalte unter *Senden als* das Kontrollkästchen *Primärschlüssel* aktiviert. Auch die Spalte menge ist schon mit dem entsprechenden Formularfeld verbunden. Da für die restlichen Tabellenspalten keine Formularfelder existieren, werden auch diese Spalten nicht aktualisiert, was ja auch so beabsichtigt ist. Weitere Einstellungen müssen in diesem Fenster nicht vorgenommen werden.

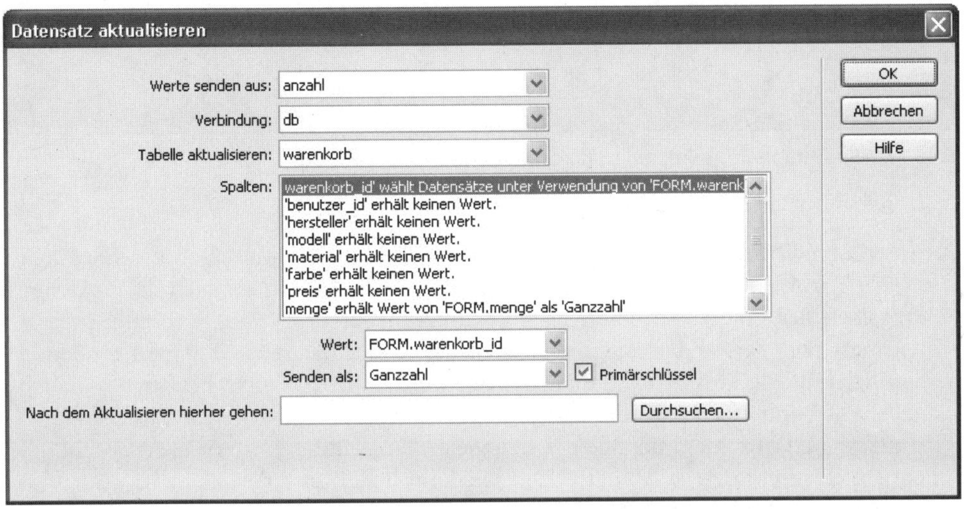

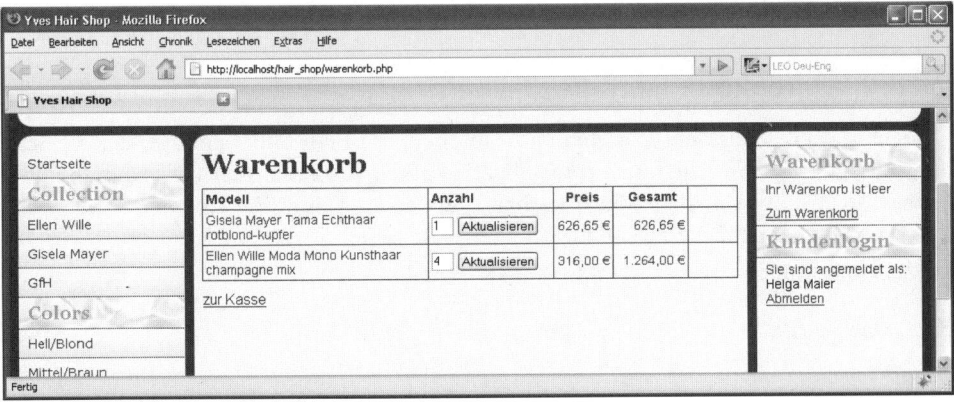

**Bild 7.183:** Fenster *Datensatz aktualisieren* mit den Einstellungen für die Artikelanzahl.

Wenn Sie die Seite jetzt in der Browservorschau testen, können Sie für jeden Artikel die Anzahl ganz nach Belieben ändern und erhalten in der Spalte *Gesamt* auch den aktualisierten Gesamtpreis.

**Bild 7.184:** Ursprüngliche Anzahl des Modells im Warenkorb.

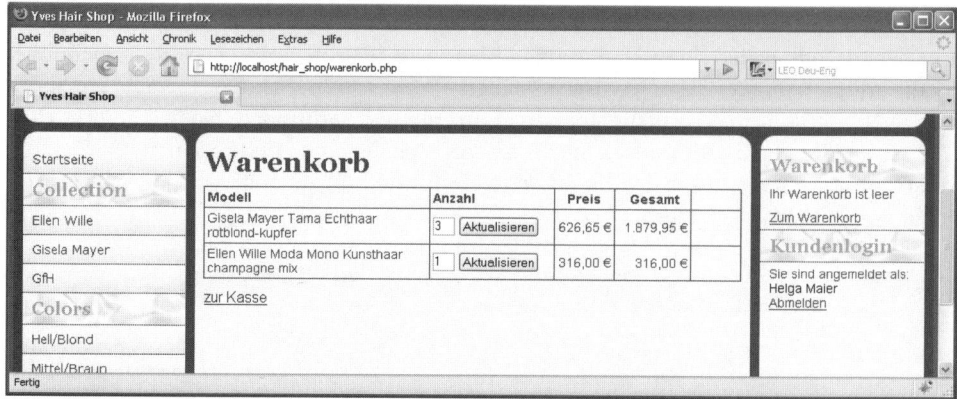

**Bild 7.185:** Aktualisierte Anzahl und neuberechneter Gesamtpreis.

**Anmerkung:** Durch das Verhalten *Bereich wiederholen* wird nun auch das Formular mit den Formularfeldern wiederholt. Da sowohl das Formular als auch die einzelnen Formularfelder eine ID erhalten haben, kommen auf der Warenkorbseite die IDs mehrmals vor. Das widerspricht dem Sinn einer ID, die ja ein Element eindeutig identifizieren soll. Für die Datenbankabfrage werden die IDs nicht benötigt, lediglich die Name-Attribute der Formularfelder werden zum Server übertragen. Dreamweaver benutzt die IDs, um dem Benutzer in den vielen Einstellungsfenstern die Auswahl der richtigen Elemente zu erleichtern. Der wiederholte Einsatz derselben ID führt auf einer Webseite zu keinem Fehler, solange nicht per JavaScript auf eines der Elemente über die ID zugegriffen werden muss.

**Hinweis:** Da für das Löschen einzelner Artikel die Warenkorbseite gebraucht wird, um den zu löschenden Artikel auszuwählen, schließen Sie die Datei *warenkorb.php* noch nicht.

## 7.18.4  Warenkorb: Einträge löschen

Um einen Artikel aus dem Warenkorb zu löschen, wird ein Link benötigt, der die Seite zum Löschen von Artikeln aufruft. Erstellen Sie diesen Link mit dem Text *Löschen* in der letzten Spalte der Tabellenreihe unterhalb der leeren Kopfzeile. Um den Link farbig hervorzuheben, erstellen Sie eine CSS-Regel für den Link.

```
#warenkorb a
```

Kategorie *Schrift*:

```
Color: #F00
```

Dieser Link soll nun eine Seite aufrufen, die den ausgewählten Datensatz löscht, dafür braucht diese Seite die ID des Datensatzes aus dem Warenkorb. Diese Information lässt sich einfach als Parameter über die Adresszeile übergeben. Erstellen wir aber zuerst die Seite zum Löschen.

Erstellen Sie ein neues Dokument vom Seitentyp *PHP* Layouttyp *<kein>* und speichern Sie es unter dem Dateinamen *warenkorb_loeschen.php* ab. Löschen Sie den kompletten Inhalt des Dokuments und erstellen Sie über das Plussymbol des Bedienfelds *Serververhalten* ein neues Verhalten vom Typ *Datensatz löschen*.

Im Einstellungsfenster für das Löschen von Datensätzen lassen Sie unter *Zuerst prüfen, ob Variable definiert ist* die Einstellung auf *Primärschlüsselwert* stehen. Die *Verbindung* ist auch in diesem Fall db. Unter *Tabelle* wählen Sie die Tabelle warenkorb aus. Dadurch wird unter *Primärschlüsselspalte* automatisch die warenkorb_id ausgewählt.

Die Warenkorb-ID wird von der Warenkorbseite später über die Adresszeile übertragen, deshalb ist unter *Primärschlüsselwert* der Eintrag *URL-Parameter* schon richtig ausgewählt. Falls Sie den Parameternamen nicht ändern wollen, ist auch der Wert warenkorb_id im Feld hinter dem Primärschlüsselwert richtig eingetragen. Unter *Nach dem Löschen zu URL wechseln* wählen Sie über die Schaltfläche *Durchsuchen* die Datei *warenkorb.php* aus.

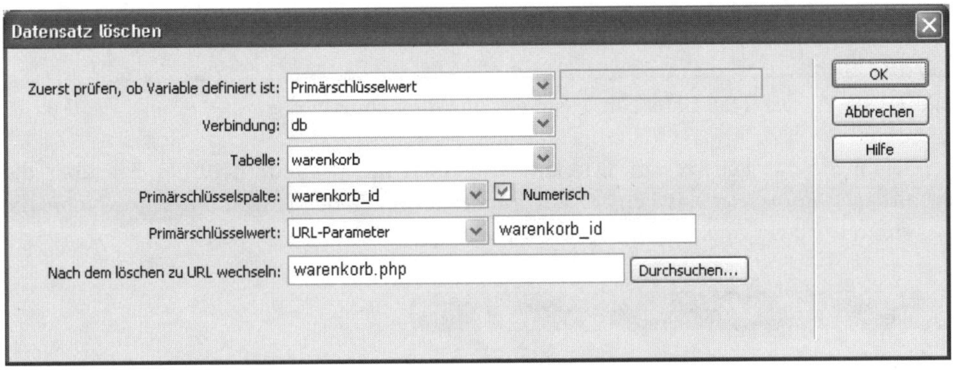

**Bild 7.186:** Einstellungen zum Löschen von Artikeln aus dem Warenkorb.

Nach einem Klick auf *OK* wird die Datenbankanfrage erstellt und damit ist die Seite auch schon fertiggestellt. Speichern Sie die Datei und wechseln Sie wieder zur Seite *warenkorb.php*.

Markieren Sie den Link zum Löschen von Artikeln in der letzten Tabellenspalte und wählen Sie im *Eigenschaften*-Bedienfeld unter *Hyperlink über das Ordnersymbol* die Datei *warenkorb_loeschen.php* aus.

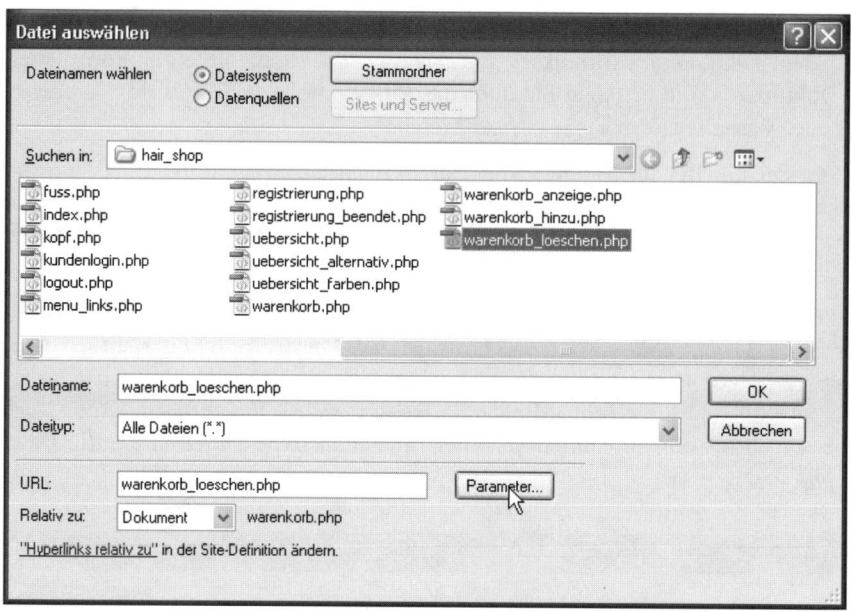

**Bild 7.187:** Auswahl der Datei zum Löschen von Warenkorbeinträgen.

Schließen Sie das Fenster zur Dateiauswahl noch nicht, sondern öffnen Sie über die Schaltfläche *Parameter* das Fenster zur Parameterübergabe. Tragen Sie unter *Name* die warenkorb_id ein und wechseln Sie dann zur Spalte *Wert*.

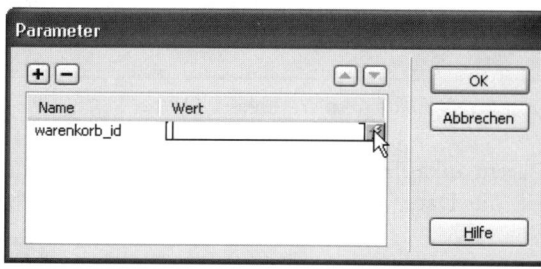

**Bild 7.188:** Erstellung des Parameters *warenkorb_id*.

Klicken Sie auf das Blitzsymbol und wählen Sie in dem darauf erscheinenden Fenster *Dynamische Daten* die Zeile warenkorb_id aus.

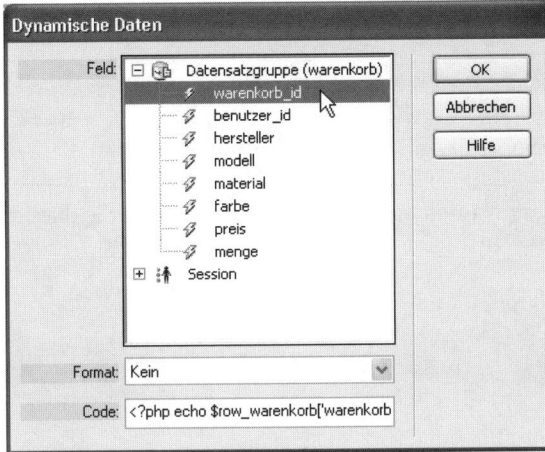

**Bild 7.189:** Auswahl der Warenkorb-ID aus der Datensatzgruppe `warenkorb`.

Nachdem Sie alle drei Fenster mit *OK* geschlossen haben, können Sie das Löschen von Artikeln in der Browservorschau testen. Sollte beim Klick auf den *Löschen*-Link die Meldung *Objekt nicht gefunden* erscheinen, stellen Sie die Datei *warenkorb_loeschen.php* über den blauen Pfeil im Bedienfeld *Dateien* auf dem Testserver bereit.

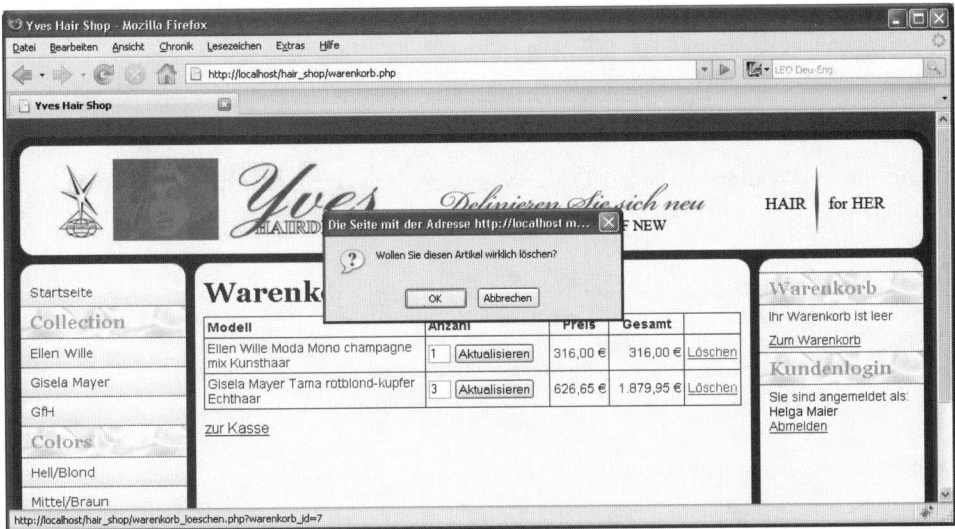

**Bild 7.190:** Bestätigung, ob der Artikel gelöscht werden soll.

Damit der Benutzer nicht aus Versehen die Artikel aus dem Warenkorb löscht, sollte er vor dem Löschen um Bestätigung gebeten werden. Dafür gibt es die JavaScript-Funktion `confirm()`, die den Benutzer um eine Bestätigung für eine geplante Aktion bittet. Sollte der Benutzer auf *Abbrechen* klicken, wird die Aktion nicht ausgeführt.

Zur Umsetzung der Löschbestätigung wechseln Sie in die Codeansicht und suchen Sie die Tabellenzelle mit dem *Löschen*-Link.

```
<td align="right">
    <a href="warenkorb_loeschen.php?warenkorb_id=<?php echo
$row_warenkorb['warenkorb_id']; ?>">Löschen</a>
</td>
```

Tabellenzelle mit dem Link zum Löschen von Artikeln.

Fügen Sie dem Link ein Attribut mit dem Namen onclick hinzu und weisen Sie diesem Attribut den Funktionsaufruf confirm() zu.

```
<td align="right">
    <a onclick="confirm()" href="warenkorb_loeschen.php?warenkorb_id=<?php
echo $row_warenkorb['warenkorb_id']; ?>">Löschen</a>
</td>
```

Einfügen des Funktionsaufrufs über das Attribut onclick.

Innerhalb der Funktionsklammern schreiben Sie in einfachen Anführungszeichen den Meldungstext: *Wollen Sie diesen Artikel wirklich löschen?*

```
<td align="right">
    <a onclick="confirm('Wollen Sie diesen Artikel wirklich löschen?')"
href="warenkorb_loeschen.php?warenkorb_id=<?php echo
$row_warenkorb['warenkorb_id']; ?>">Löschen</a>
</td>
```

Festlegen des Meldungstextes.

Damit nun die Weiterleitung zur Datei *warenkorb_loeschen.php* verhindert wird, falls der Benutzer auf *Abbrechen* klickt, fügen Sie vor dem Funktionsaufruf das Schlüsselwort return ein.

```
<td align="right">
    <a onclick="return confirm('Wollen Sie diesen Artikel wirklich
löschen?')" href="warenkorb_loeschen.php?warenkorb_id=<?php echo
    $row_warenkorb['warenkorb_id']; ?>">Löschen</a>
</td>
```

Weitergabe der Benutzerauswahl an den Browser.

Auf diese Weise wird die Seite zum Löschen eines Artikels aus dem Warenkorb nur dann aufgerufen, wenn der Benutzer zuvor dem Löschen zugestimmt hat.

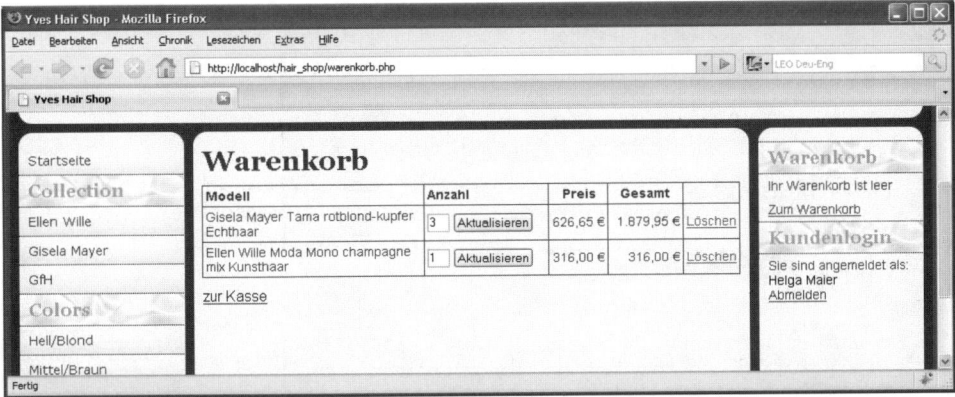

**Bild 7.191:** Warenkorb vor dem Löschen der Artikel.

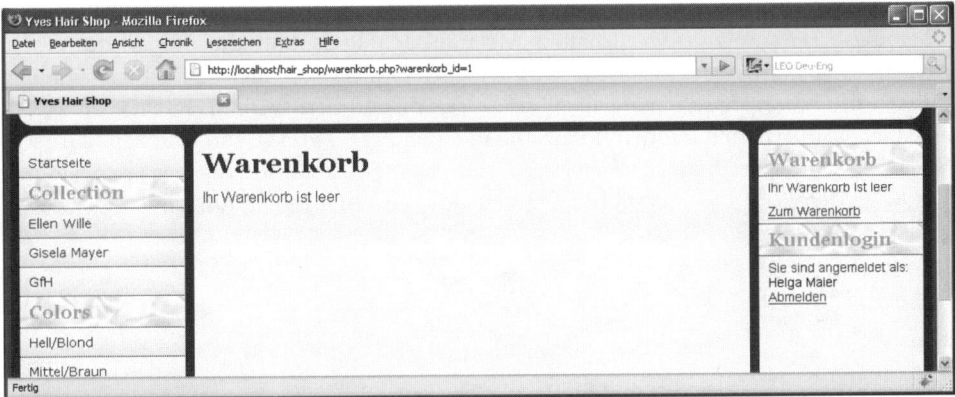

**Bild 7.192:** Warenkorb, nachdem alle Artikel gelöscht sind.

## 7.18.5  Warenkorb: Statusanzeige

Nachdem der Warenkorb nun voll funktionsfertig ist, soll die Warenkorb-Statusanzeige im Benutzer-Menü auch die richtigen Informationen darstellen. Öffnen Sie dazu die Datei *warenkorb_anzeige.php*. Um die Anzahl der Artikel und den Gesamtpreis zu ermitteln, wird hier wieder eine Datensatzgruppe benötigt. Öffnen Sie das Bedienfeld *Bindungen* und erstellen Sie über das Plus-Symbol eine neue Datensatzgruppe. Geben Sie der Datensatzgruppe den Namen `status` und wählen Sie in der Tabelle `warenkorb` die Spalten `preis` und `menge` aus. Da nur die Einträge des angemeldeten Benutzers angezeigt werden sollen, stellen Sie unter Filter die `benutzer_id` und in dem Feld darunter die `Sitzungsvariable` ein.

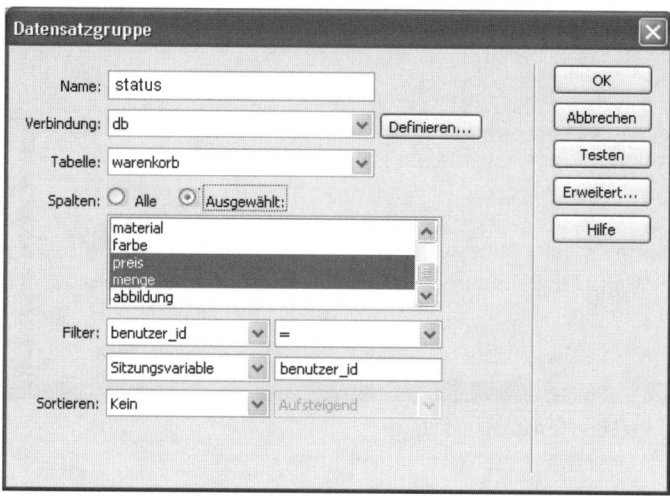

**Bild 7.193:**
Einstellungen für die
Datensatzgruppe *status*.

Über diese Datensatzgruppe erhalten wir nun den Preis und die Menge des ersten Artikel. Um nun den Gesamtpreis und die Gesamtmenge aller Artikel zu erhalten, müssen die Einzelpreise/ -mengen in einer Variable addiert werden. Für diesen Zweck erstellen Sie oberhalb des Div mit dem Inhalt einen PHP-Bereich und erstellen in diesem Bereich je eine Variable für den Gesamtpreis und die Gesamtmenge. Weisen Sie den Variablen den Wert 0 zu, damit beim Hinzuaddieren keine Fehler auftreten.

```php
<?php
$gesamtpreis = 0;
$gesamtmenge = 0;
?>
```

Definition der Variablen zur Ermittlung des Gesamtpreises und der Gesamtmenge.

Zur Berechnung der einzelnen Werte erstellen Sie nun innerhalb des Div-Containers einen weiteren PHP-Bereich. Dieser PHP-Bereich muss innerhalb des sichtbaren Bereichs der Seite liegen, um ihn später für das Serververhalten *Bereich wiederholen* zu markieren.

Die Formel zur Berechnung des Preises für einen einzelnen Artikel lautet: Preis * Menge. Das Ergebnis dieser Berechnung soll dann der Variablen *Gesamtpreis* hinzugefügt werden. Für die Menge braucht keine Berechnung vorgenommen zu werden, sondern dieser Wert kann sofort der Variablen für die Gesamtmenge hinzugefügt werden.

```php
<?php
    $gesamtpreis = $gesamtpreis + $row_status['preis'] *
$row_status['menge'];
    $gesamtmenge = $gesamtmenge + $row_status['menge'];
?>
```

Berechnung des Gesamtpreises für einen Artikel.

Um den gespeicherten Wert einer Variable zu erhalten, gibt es auch eine etwas kürzere Schreibweise mit dem erweiterten Zuweisungsoperator "+=".

```
<?php
    $gesamtpreis += $row_status['preis'] * $row_status['menge'];
    $gesamtmenge += $row_status['menge'];
?>
```

Verkürzte Schreibweise zur Berechnung des Gesamtpreises.

Um nun den Gesamtpreis und die Gesamtmenge aller Artikel zu erhalten, muss dieser PHP-Bereich wiederholt werden. Wenn Sie jetzt in die *Entwurf*-Ansicht wechseln, sehen Sie den PHP-Bereich, der sich innerhalb des Div-Containers befindet. Falls das nicht der Fall sein sollte, wählen Sie in den *Voreinstellungen* unter der Kategorie *Unsichtbare Elemente* den Eintrag *Sichtbare Server-Markup-Tags* aus.

Markieren Sie das Icon des PHP-Bereichs und wählen Sie über das Plus-Symbol des Bedienfelds *Serververhalten* den Eintrag *Bereich wiederholen* aus. In dem Einstellungs-fenster zu diesem Verhalten markieren Sie unter *Anzeigen* den Eintrag *Alle Datensätze*. Durch die Wiederholung werden nun die Berechnung und die Zuweisungen für jeden Artikel im Warenkorb durchgeführt. Am Ende stehen dann der Gesamtpreis und die Gesamtmenge in den beiden Variablen.

Die Ausgabe des Gesamtpreises und der Gesamtmenge sollte dann wie folgt aussehen:

```
Ihr Warenkorb enthält:
3 Artikel 344,60 €
```

Erstellen Sie für diesen Zweck zwei neue Absätze unterhalb des Textes Ihr *Warenkorb ist leer* und schreiben Sie in den ersten Absatz den Text *Ihr Warenkorb enthält:*. In den zweiten schreiben Sie $gesamtmenge Artikel $gesamtpreis €. Markieren Sie nun die Variable $gesamtmenge und wählen Sie über das Bedienfeld *Einfügen*, Karteikarte *PHP* den Eintrag echo aus. Wiederholen Sie den Vorgang auch für die Variable $gesamtpreis.

```
<p>Ihr Warenkorb ist leer</p>
<p>Ihr Warenkorb enthält:</p>
<p><?php echo $gesamtmenge ?> Artikel <?php echo $gesamtpreis ?> &euro;</p>
```

Anzeige von Gesamtmenge und Gesamtpreis innerhalb der Warenkorbanzeige.

Wenn Sie jetzt die Anzeige in der Browservorschau kontrollieren möchten, führt ein Aufruf der Datei *warenkorb_anzeige.php* zu keinem Ergebnis, da auf dieser Seite die Benutzer-ID nicht verfügbar ist. Rufen Sie deshalb einfach die Startseite auf, da die Datei *warenkorb_anzeige.php* über ein Server-Side Include unter anderem auch in die Startseite eingebunden ist und dort die Benutzer-ID zur Verfügung steht, falls der Benutzer angemeldet ist.

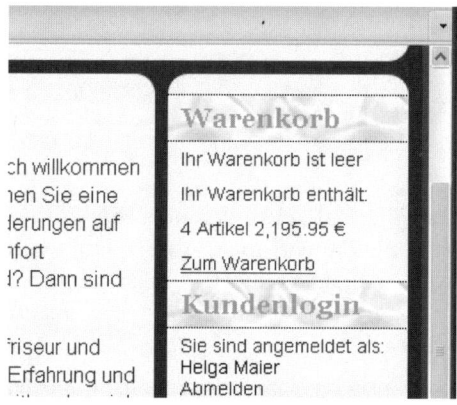

**Bild 7.194:** Anzeige von Gesamtmenge und Gesamtpreis in der Warenkorbanzeige

Die Anzeige des richtigen Textes *Ihr Warenkorb ist leer* oder *Ihr Warenkorb enthält...* können wir wieder über das Serververhalten *Bereich anzeigen* umsetzen. Markieren Sie dazu den Absatz mit dem Text *Ihr Warenkorb ist leer* und wählen Sie über das Plus-Symbol des Bedienfelds *Serververhalten* das Verhalten *Bereich anzeigen*, Unterpunkt *Anzeigen, wenn Datensatzgruppe leer ist* aus. Markieren Sie nun die beiden unteren Absätze und wählen diesmal den Punkt *Anzeigen, wenn Datensatzgruppe nicht leer ist*.

Zum Schluss sollte der Gesamtpreis wieder mit der Funktion `number_format()` auf die deutsche Währungsanzeige umgestellt werden und der Link *Zum Warenkorb* auf die Seite *warenkorb.php* verweisen.

```php
<?php echo number_format($gesamtpreis,2,',','.') ?>
```
Formatierung des Gesamtpreises.

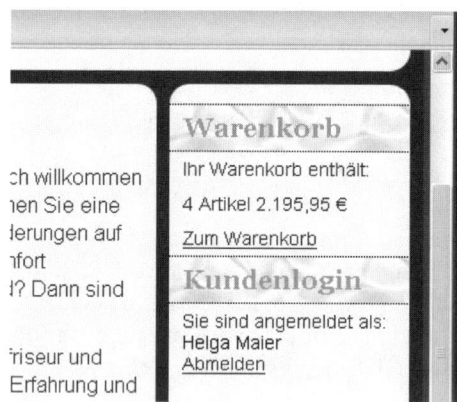

**Bild 7.195:** Die fertige Warenkorbanzeige.

# 7.19    Bestellinformationen sammeln

Damit ein Benutzer (bzw. Kunde) die im Warenkorb gesammelten Artikel bestellen kann, sind noch einige Informationen vom Benutzer nötig.

Dazu gehören:

- Adresse, an die die Artikel geliefert werden sollen

- Transportunternehmen, das die Artikel liefert

- Zahlungsweise

Da in diesem Shop nur angemeldete Benutzer einkaufen können und Artikel wie Perücken wohl immer nach Hause geliefert werden sollen, wird als Lieferadresse die bei der Registrierung eingegebene Adresse verwendet. Bei anderen Artikeln wie z. B. großen oder sperrigen Gegenständen müsste man es dem Benutzer ermöglichen, eine abweichende Lieferadresse anzugeben.

Möchte man dem Kunden die Wahl lassen, mit welchem Transportunternehmen er seine Waren geliefert bekommt, muss diese Information noch abgefragt werden. Der Hair Shop soll hier die Wahl zwischen zwei Transportunternehmen (DHL, UPS) ermöglichen.

Auch bei der Zahlungsweise soll der Kunde entscheiden können. Die gängigsten Zahlungsarten (Nachnahme, Vorkasse) sollen vom Hair Shop unterstützt werden.

Da die Adressdaten schon feststehen, wird nur noch eine Seite benötigt, auf der der Benutzer Versand- und Zahlungsart festlegen kann.

## 7.19.1  Versandhinweise und Zahlungsweise festlegen

Für die Festlegung der Versand- und Zahlungsweise werden Formularelemente benötigt, die aus einer bestimmten Anzahl von Möglichkeiten jeweils nur eine zulassen. Das sind entweder Listen oder Optionsschalter. Für die Versand- und Zahlungsweise habe ich hier Optionsschalter verwendet, da für den Benutzer alle möglichen Optionen direkt überschaubar sind.

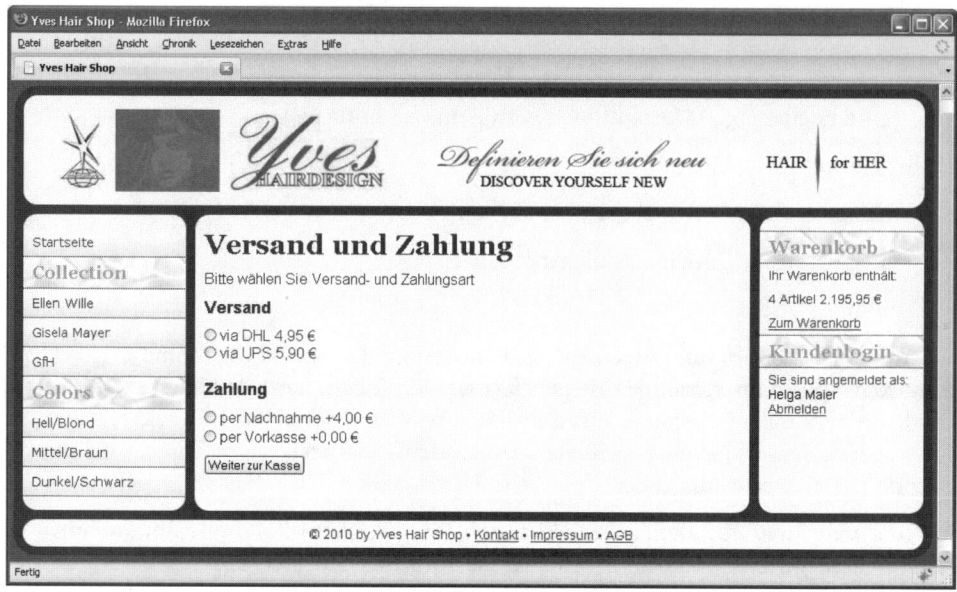

**Bild 7.196:** Versand- und Zahlungsweise für die Bestellung.

Kommen wir nun zur Erstellung der Seite. Öffnen Sie dazu die Datei *musterlayout.php* und speichern Sie sie unter *lieferung.php*. Erstellen Sie innerhalb des Div inhalt eine Überschrift der Ebene 1 mit dem Text *Versand und Zahlung*. In den Absatz darunter kommt der Hinweis für den Benutzer *Bitte wählen Sie Versand- und Zahlungsart*.

Für die Benutzereingaben wird nun ein Formular benötigt. Erstellen Sie über das *Einfügen*-Bedienfeld und *Formulare* ein neues Formular und geben Sie ihm im *Eigenschaften* Bedienfeld die ID lieferung.

Innerhalb des Formulars soll zuerst die Versandart auswählbar sein. Erstellen Sie eine Überschrift der Ebene 2 mit dem Text *Versand*. Die einzelnen Versandarten sollen über eine Optionsschaltergruppe auswählbar sein und über das Spry-Framework geprüft werden. Da das nachträgliche Hinzufügen einer Spry-Überprüfung zu einer Optionsschaltergruppe nicht funktioniert, erstellen Sie direkt über das Bedienfeld *Einfügen/Spry* eine *Spry-Überprüfung – Optionsschaltergruppe*. In dem jetzt erscheinenden Fenster geben Sie unter *Namen* versand ein. Unter *Optionsschalter* tragen Sie folgende Beschriftungen und Werte ein:

| Beschriftung | Wert |
|---|---|
| via DHL 4,95 € | 4.95 |
| via UPS 5,90 € | 5.90 |

Liste der einzelnen Versandarten.

Unter *Layout erstellen mit* lassen Sie die Auswahl auf Zeilenumbruch stehen.

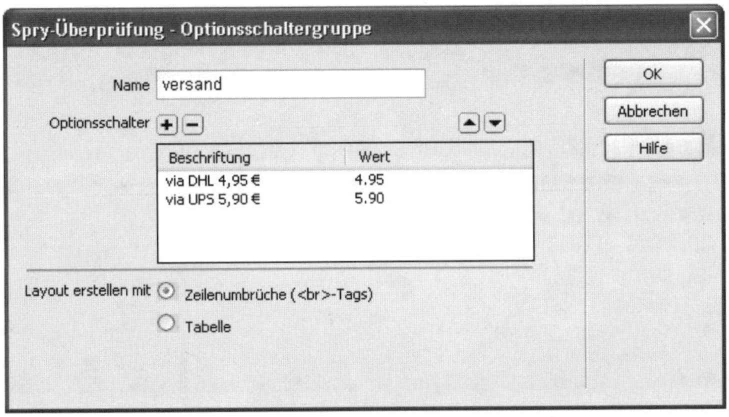

**Bild 7.197:**
Einstellungen für die Optionsschalter-gruppe *versand*.

Nachdem Sie die Optionsschaltergruppe erstellt haben, wird das Gleiche noch einmal für die Zahlungsart benötigt. Erstellen Sie zunächst wieder eine Überschrift mit dem Text *Zahlung* und fügen dann eine Optionsschaltergruppe mit dem Namen zahlung und folgenden Werten hinzu:

| Beschriftung | Wert |
|---|---|
| per Nachnahme +4,00 € | 4 |
| per Vorkasse +0,00 € | 0 |

Liste der einzelnen Zahlungsarten.

Um das Formular zu versenden, wird nach den Zahlungsarten noch eine Schaltfläche mit der ID vz (Versand und Zahlung) benötigt. Nachdem Sie die Schaltfläche erzeugt haben, geben Sie ihr im *Eigenschaften*-Bedienfeld unter *Wert* die Beschriftung *Weiter zur Kasse*.

Jetzt müssen wir noch die Spry-Überprüfung einstellen. Markieren Sie zuerst die Spry-Optionsschaltergruppe spryradio1 und geben Sie ihr im *Eigenschaften*-Bedienfeld unter *Spry-optionsschaltergruppe* die ID spry_versand.

Stellen Sie nun die Zustandsvorschau auf *Erforderlich,* um den Meldungstext unterhalb der Optionsschaltergruppe einzublenden. Ändern Sie den Text in *Bitte wählen Sie eine Versandart.* Fügen Sie nach dem Text, noch innerhalb des Span-Tags, einen Zeilenumbruch ein, damit der Meldungstext nicht an der nächsten Überschrift klebt, wenn er eingeblendet wird.

Wiederholen Sie den Vorgang für die zweite Optionsschaltergruppe. Geben Sie ihr die ID spry_zahlung und den Meldungstext *Bitte wählen Sie eine Zahlungsart.*

Zum Schluss soll auch das Aussehen des Meldungstexts angepasst werden. Dafür ist die Regel .radioRequiredState zuständig. Ändern Sie die Regel wie folgt:

Kategorie *Schrift*:

```
Font-size: 14px
Color: #F00
```

Kategorie *Block*:

```
Display: inline
```

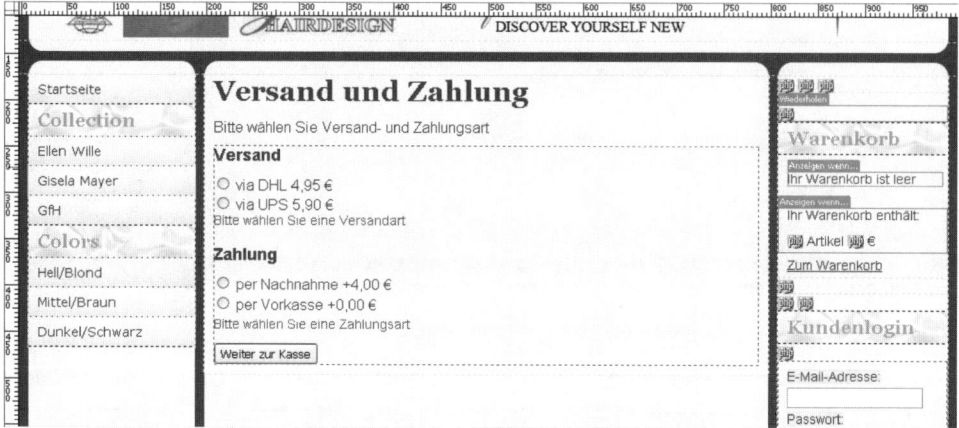

**Bild 7.198:** Die Versand-und-Zahlung-Seite mit eingeblendeten Meldungstexten.

Damit die Daten auch versendet werden können, braucht das Formular noch den Namen der Datei, an die die Daten geschickt werden sollen. Markieren Sie das Formular und geben Sie im *Eigenschaften*-Bedienfeld unter *Aktion* den Namen der nächsten Seite *zusammenfassung.php* ein. Die Auswertung des Formulars findet dann auf dieser Seite statt.

## 7.19.2  Die Bestellinformationen zusammengefasst darstellen

Nachdem nun alle benötigten Informationen feststehen, sollen sie nun dem Benutzer auf einer Seite zusammengefasst dargestellt werden. Dabei sollen auch der endgültige Rechnungsbetrag inklusive Versand und eventueller Gebühren für die Zahlungsart (Nachnahme) sowie die im Rechnungsbetrag enthaltene Mehrwertsteuer angezeigt werden. Nachdem der Benutzer die allgemeinen Geschäftsbedingungen für den Shop akzeptiert hat, soll mit einem Klick auf die Schaltfläche *Jetzt Bestellen* der Bestellvorgang ausgelöst werden.

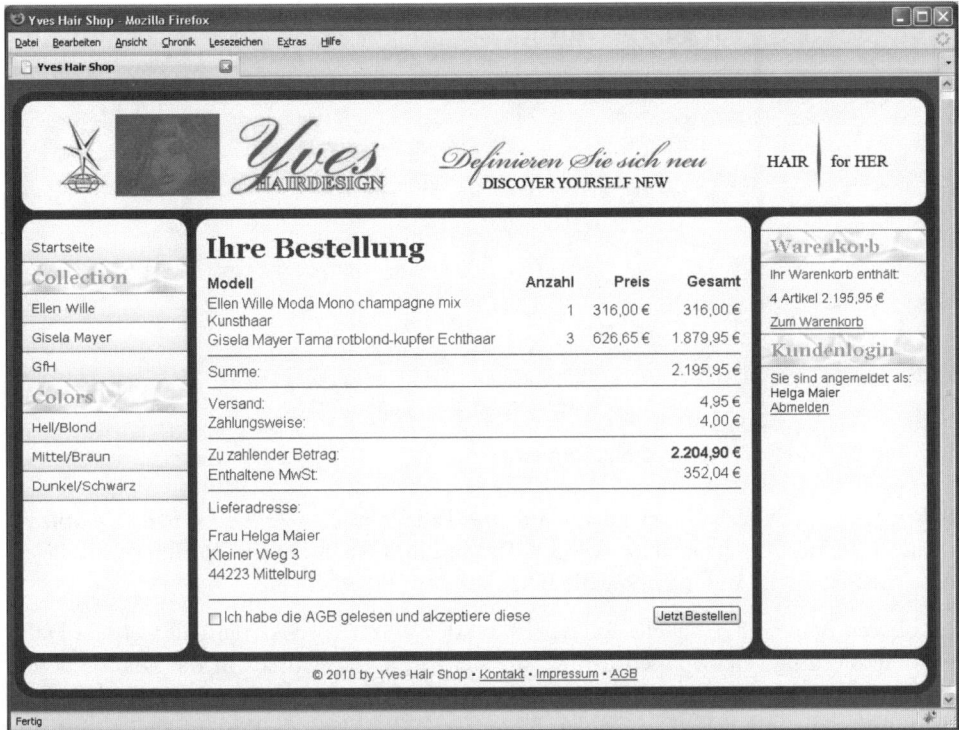

**Bild 7.199:** Bestellinformationen auf einer Seite zusammengefasst dargestellt.

Erstellen Sie dazu aus einer Kopie der Datei *musterlayout.php* die Datei *zusammenfassung.php*. Die Seite erhält als Überschrift den Text *Ihre Bestellung*. Nach der Überschrift wird ein Formular benötigt, um die für die Bestellung benötigten Informationen in die Datenbank zu speichern. Geben Sie diesem Formular im *Eigenschaften*-Bedienfeld die ID `bestellung`. Den Rest der Seite bildet eine Tabelle, die sich innerhalb des Formulars befindet. In dieser Tabelle sollen die einzelnen Bestellinformationen dargestellt und die benötigten Formularfelder untergebracht werden.

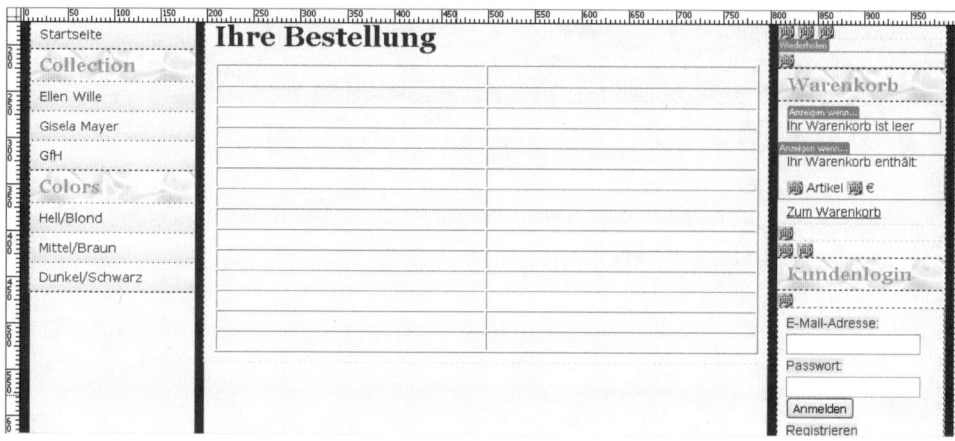

**Bild 7.200:** Tabelle für die Bestellinformationen.

Fügen Sie dazu innerhalb des Formulars eine Tabelle mit *14 Zeilen, 2 Spalten*, Kopfzeile oben und einer Tabellenbreite von *580* Pixeln ein. Geben Sie dieser Tabelle im *Eigenschaften*-Bedienfeld unter *Tabelle* die ID zusammenfassung.

Im oberen Bereich der Tabelle soll der Inhalt des Warenkorbs dargestellt werden. Dafür werden allerdings vier Spalten gebraucht. Stellen Sie den Cursor in die linke Zelle der ersten Reihe und wählen im *Eigenschaften*-Bedienfeld die Schaltfläche *Zelle teilen*. Im darauf erscheinenden Fenster wählen Sie unter *Zelle teilen* den Eintrag *Spalten* aus und unter *Anzahl der Spalten* den Wert 3. Nachdem Sie das Fenster geschlossen haben, wiederholen Sie den Vorgang auch für die linke Spalte der zweiten Reihe.

**Zeile 1:** Tragen Sie jetzt in die vier Zellen der Kopfzeile den Text *Modell, Anzahl, Preis, Gesamt* ein. Damit die Zahlen später richtig untereinander stehen, stellen Sie für die Spalten *Anzahl, Preis* und *Gesamt* über das *Eigenschaften*-Bedienfeld unter *Horiz* die horizontale Ausrichtung auf *Rechts*. Für die Spalten *Preis* und *Gesamt* wird eine feste Spaltenbreite benötigt, um ein ungewolltes Umbrechen der Zahlen zu verhindern. Stellen Sie deshalb unter *B* die Breite auf *80*.

**Zeile 2:** In der zweiten Zeile soll jetzt der entsprechende Inhalt des Warenkorbs angezeigt werden. Dafür wird wieder eine Datensatzgruppe benötigt. Öffnen Sie das Bedienfeld *Bindungen* und erstellen Sie über das Plussymbol eine neue Datensatzgruppe. Geben Sie der Datensatzgruppe den *Namen* warenkorb und wählen Sie auch unter *Tabelle* warenkorb aus. Die benötigten *Spalten* aus der Warenkorbtabelle sind hersteller, modell, material, farbe, preis und menge. Unter *Filter* wählen Sie die benutzer_id und in dem Feld darunter Sitzungsvariable aus.

**Bild 7.201:**
Einstellungen für die Datensatzgruppe *warenkorb*.

Fügen Sie nun die Werte aus der Datensatzgruppe in die entsprechenden Zellen der zweiten Tabellenreihe ein. Wenn Sie nun in der *Live-Ansicht* oder in der Browservorschau keine Daten sehen, liegt es daran, dass der Befehl zum Starten der Session `session_start()` durch die Datenbankabfrage nicht mehr am Anfang des Dokuments steht. Stellen Sie deshalb den Befehl an den Anfang des Dokuments zurück.

In der Spalte *Gesamt* muss nun auf die gleiche Weise wie auch schon beim Warenkorb der Gesamtpreis des Artikels berechnet werden. Zusätzlich wird auf dieser Seite auch die Summe der einzelnen Gesamtpreise benötigt. Dafür werden zwei Variablen benötigt, erstens die Variable `$gesamt` zur Ermittlung des Gesamtpreises und zweitens die Variable `$gesamtsumme`, in der die Summe der Gesamtpreise gespeichert wird. Damit diese zweite Variable später innerhalb eines wiederholenden Bereichs den jeweiligen Gesamtpreis addieren kann, braucht sie einen definierten Startwert.

Stellen Sie dazu den Cursor in die Kopfzelle *Gesamt* und wechseln Sie in die *Code-Ansicht*. Erstellen Sie einen PHP-Bereich und definieren Sie die Variable `$gesamtsumme` mit dem Wert 0.

```
<th scope="col">Gesamt<?php $gesamtsumme = 0; ?></th>
```
Definieren der Gesamtsumme.

Stellen Sie jetzt den Cursor in die Tabellenzelle unterhalb von *Gesamt* und erstellen Sie dort auch einen PHP-Bereich. Schreiben Sie dort zuerst `$gesamt =` und ziehen Sie dann aus dem Bedienfeld *Bindungen* die `menge` hinter das Gleichzeichen. Vervollständigen Sie auf diese Weise die Berechnung des Gesamtpreises.

```
$gesamt = $row_warenkorb['menge'] * $row_warenkorb['preis'];
```
Berechnung des Gesamtpreises.

Formatieren Sie nun den Gesamtpreis mithilfe der Funktion `number_format()`.

```
echo number_format($gesamt,2,',','.');
```
Formatierung des Gesamtpreises.

Um nun die Gesamtsumme zu berechnen, wird der Gesamtpreis der Gesamtsumme hinzugefügt.

```
$gesamtsumme = $gesamtsumme + $gesamt;
```
Berechnung des Gesamtpreises.

Mit dem kombinierten Zuweisungsoperator sieht es aus wie folgt:

```
$gesamtsumme += $gesamt;
```
Berechnung des Gesamtpreises, alternative Methode.

Hier noch einmal der komplette Inhalt der Tabellenzelle für den Gesamtpreis:

```
<td>
   <?php
   $gesamt = $row_warenkorb['menge'] * $row_warenkorb['preis'];
   echo number_format($gesamt,2,',','.');
   $gesamtsumme += $gesamt;
   ?> €
</td>
```
Inhalt der Tabellenzelle für den Gesamtpreis.

Denken Sie bitte auch daran, den Preis mit der Funktion `number_format()` für die Ausgabe zu formatieren.

Nachdem nun alle notwendigen Berechnungen durchgeführt wurden, kann in einer Schleife der Warenkorb des Benutzers ausgelesen werden. Markieren Sie dazu die zweite Tabellenzeile mit den dynamischen Daten und fügen Sie über das Plussymbol des Bedienfelds `Serververhalten` das Verhalten `Bereich wiederholen` ein. Im gleichnamigen Fenster wählen Sie *Alle Datensätze* aus.

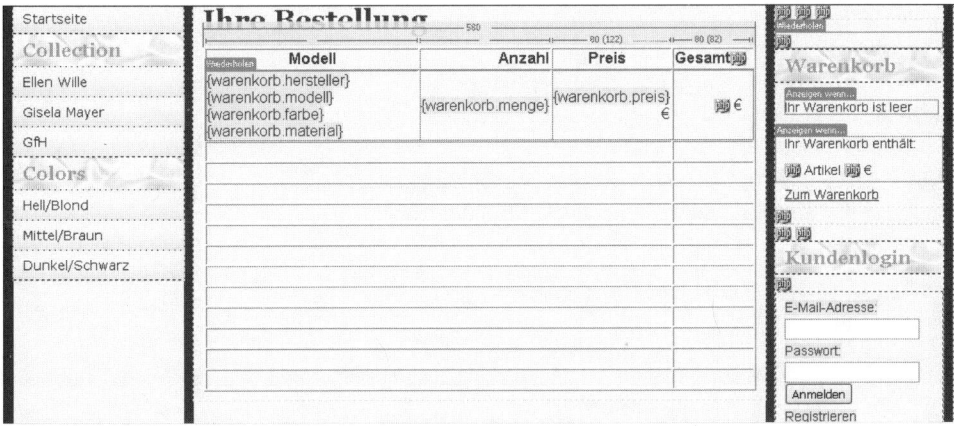

**Bild 7.202:** Ausgabe des Warenkorbinhalts auf der Seite *zusammenfassung.php*.

Zum Abtrennen des Warenkorbinhalts vom Rest der Tabelle soll nun in die dritte Tabellenzeile eine horizontale Linie eingefügt werden. Damit die Linie sich über die volle Tabellenbreite ausdehnen kann, müssen die beiden Zellen zusammengelegt werden. Wählen Sie dazu die beiden Tabellenzellen aus und klicken Sie im *Eigenschaften*-Bedienfeld auf die Schaltfläche *Ausgewählte Zellen verbinden*. Fügen Sie über das *Einfügen*-Bedienfeld, Karteikarte *Allgemein* in die zusammengelegte Tabellenzelle eine horizontale Linie ein. Stellen Sie die Linie nun über folgende CSS-Regel ein:

```
#zusammenfassung hr
```

Kategorie *Box*:

```
Margin-top: 5px
Margin-bottom: 5px
```

Kategorie *Rahmen*:

```
Border-top-width: 1px
Border-top-style: solid
Border-top-color: #621611
Border-right-style: none
Border-bottom-style: none
Border-left-style: none
```

**Zeile 4:** In dieser Tabellenzeile soll die Gesamtsumme der Artikel aus dem Warenkorb ausgegeben werden. Schreiben Sie dazu in die linke Tabellenzelle den Text *Summe:*, in der rechten Zelle geben Sie mit der Funktion `number_format()` die Variable `$gesamtsumme` aus.

```
<tr>
  <td colspan="3">Summe:</td>
  <td width="80" align="right"><?php echo
number_format($gesamtsumme,2,',','.'); ?> €
  </td>
</tr>
```

Ausgabe der Gesamtsumme in der vierten Tabellenzeile.

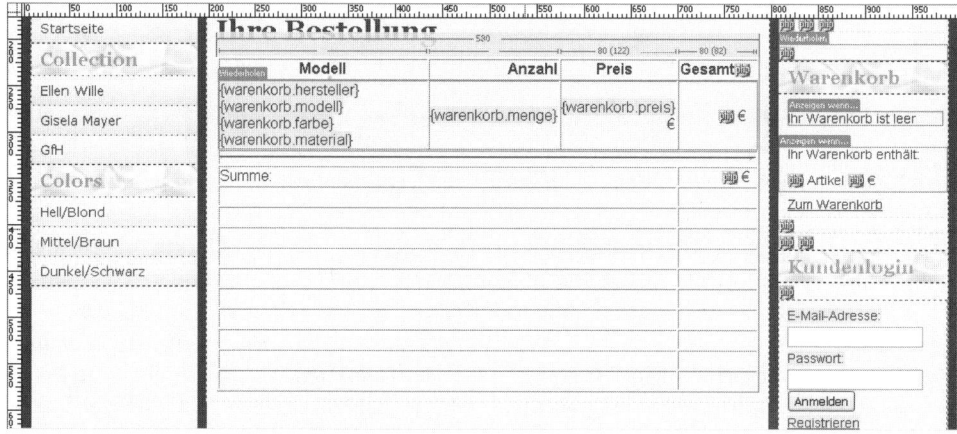

**Bild 7.203:** Ausgabe der Gesamtsumme.

In die fünfte Tabellenzeile fügen Sie auf die gleiche Weise wie schon oben beschrieben eine horizontale Linie ein.

**Zeile 6, 7:** In diesen beiden Tabellenzeilen sollen nun die Kosten für Versand und Zahlungsweise angezeigt werden. Diese Werte wurden ja von der *lieferung.php* an diese Seite übermittelt. Um auf die Werte zuzugreifen, erstellen Sie über das Plus-Symbol des Bedienfelds *Bindungen* eine neue Bindung zu einer *Formularvariablen*. Tragen Sie in das darauf erscheinende Fenster unter *Namen* versand ein. Das ist der Name des Formularfelds für die Versandkosten auf der Seite *lieferung.php*. Wiederholen Sie den Schritt auch für die Variable zahlung.

**Bild 7.204:** Bindung mit den Formularvariablen für Versand- und Zahlungsweise.

Schreiben Sie nun in die linken Tabellenzellen *Versand:* bzw. *Zahlungsweise* und geben dann die Werte der beiden Variablen formatiert aus.

```
<tr>
  <td colspan="3">Versand:</td>
  <td width="80" align="right"><?php echo
number_format($_POST['versand'],2,',','.'); ?> €</td>
</tr>
<tr>
  <td colspan="3">Zahlungsweise:</td>
  <td width="80" align="right"><?php echo
number_format($_POST['zahlung'],2,',','.'); ?></td>
</tr>
```

Formatierte Ausgabe der Kosten für Versand und Zahlungsweise.

Damit die beiden Variablen versand und zahlung angezeigt werden können, müssen Sie zuvor auf die Seite *lieferung.php* wechseln und dort das Formular ausfüllen.

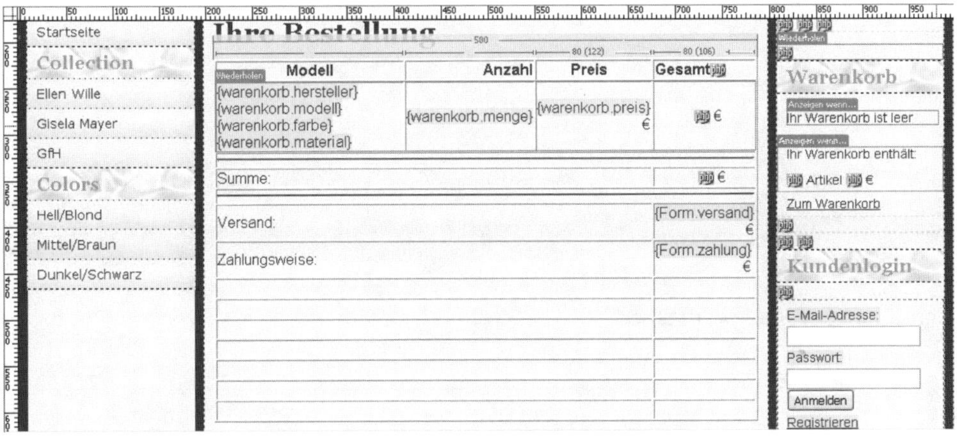

**Bild 7.205:** Ausgabe der Kosten für Versand und Zahlungsweise

**Zeile 8:** Die Tabellenzeile enthält wieder eine horizontale Linie, um Versand und Zahlungsweise von der Berechnung des Gesamtbetrags abzutrennen.

**Zeile 9:** In Zeile neun kann nun der zu zahlende Gesamtbetrag berechnet werden. Dazu muss lediglich der Wert aus der Variablen $gesamtsumme und den beiden Formularvariablen versand und zahlung addiert werden. Schreiben Sie dazu in die linke Tabellenzelle den Text *Zu zahlender Betrag:* und in die rechte Tabellenzelle innerhalb eines PHP-Bereichs die Berechnung und anschließende Formatierung des Gesamtbetrags. Da dieser Wert gebraucht wird, speichern Sie ihn in der Variablen $gesamtbetrag ab. Hier der Quellcode der Tabellenzeile zur Berechnung des Gesamtbetrags:

```
<tr>
  <td colspan="3">Zu zahlender Betrag:</td>
  <td width="80" align="right">
    <?php
```

```
                         $gesamtbetrag = $gesamtsumme + $_POST['versand'] +
   $_POST['zahlung'];

                         echo number_format($gesamtbetrag,2,',','.');
      ?> €
   </td>
</tr>
```

Berechnung des zu zahlenden Gesamtbetrags.

Damit der zu zahlende Betrag besser erkennbar ist, stellen Sie über das *Eigenschaften*-Bedienfeld den Inhalt der Tabellenzelle auf *Fett*.

**Zeile 10:** In der Tabellenzeile zehn soll aus rechtlichen Gründen die im Gesamtbetrag enthaltene Mehrwertsteuer ausgegeben werden. Die Formel dafür lautet Gesamtbetrag / 119 * 19. Schreiben Sie zuerst in die linke Tabellenzelle den Text *Enthaltene MwSt:* und berechnen dann in der rechten Tabellenzelle die Mehrwertsteuer.

```
<tr>
   <td colspan="3">Enthaltene MwSt:</td>
   <td width="80" align="right">
      <?php
                         $mwst = $gesamtbetrag / 119 * 19;
                         echo number_format($mwst,2,',','.');
      ?> €
   </td>
</tr>
```

Berechnung der Mehrwertsteuer.

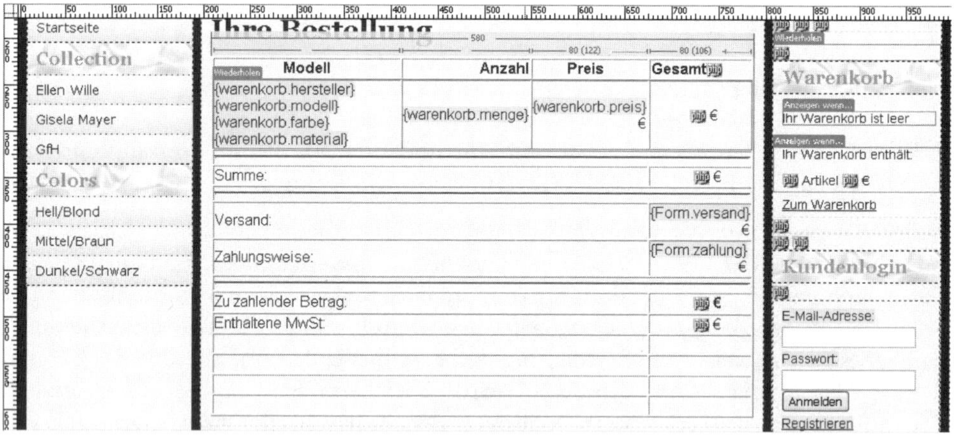

**Bild 7.206:** Ausgabe des zu zahlenden Gesamtbetrags und der darin enthaltenen MwSt.

**Zeile 11:** In dieser Tabellenzeile wird zur Abtrennung des Gesamtbetrags und der Mehrwertsteuer von der Lieferadresse wieder eine horizontale Linie benötigt.

**Zeile 12:** Um nun in der Tabellenzeile zwölf die Lieferadresse ausgeben zu können, muss wieder über das Bedienfeld *Bindungen* eine Datensatzgruppe erstellt werden. Geben Sie dieser Datensatzgruppe den *Namen* kunde. Wählen Sie aus der *Tabelle* benutzer die

*Spalten* anrede, vorname, nachname, strasse, hausnr, plz und ort aus. *Filtern* Sie die Einträge nach der in der Sitzungsvariable enthaltenen benutzer_id.

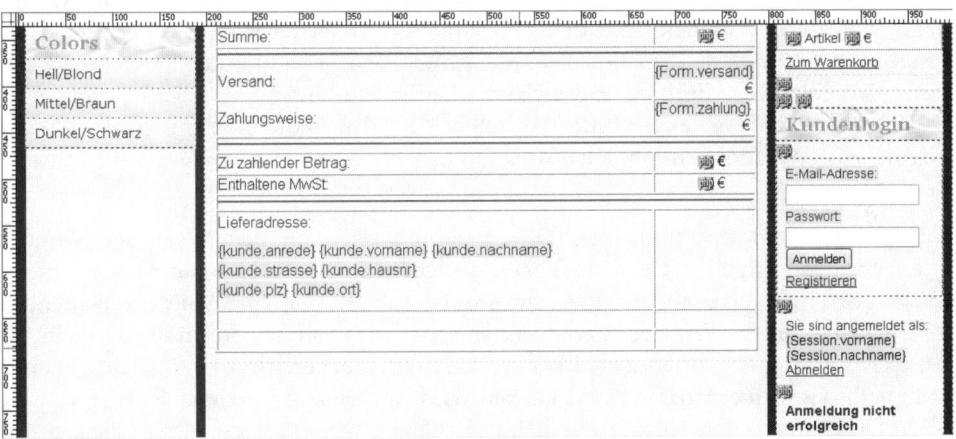

**Bild 7.207:**
Einstellungen für die Datensatzgruppe *kunde*.

Jetzt können Sie die Lieferadresse wie in der folgenden Abbildung ersichtlich in die linke Tabellenzelle einfügen.

**Bild 7.208:** Ausgabe der Werte aus der Datensatzgruppe *kunde* in der Tabellenzelle *Lieferadresse*.

**Zeile 13:** In dieser Tabellenzeile wird nun noch eine letzte horizontale Linie zur Abtrennung von Lieferadresse und Formularfeldern für die Bestellung benötigt.

**Zeile 14:** In der letzten Tabellenzeile sollen nun die für die Bestellung notwendigen Formularfelder eingefügt werden. Da die Felder auf beide Tabellenzellen verteilt werden sollen, musste das Formular die ganze Tabelle umschließen, denn innerhalb einer Tabellenreihe ist kein Form-Tag erlaubt.

Bevor die Bestellung versendet werden kann, muss der Benutzer die allgemeinen Geschäftsbedingungen des Hair Shops akzeptieren. Dafür wird in der linken Zelle ein Kontrollkästchen mit der ID `agb` und der Beschriftung *Ich habe die AGB gelesen und akzeptiere diese* gebraucht. Da dieses Kontrollkästchen vor Versendung des Formulars geprüft werden soll, fügen Sie es direkt mit einer Spry-Überprüfung ein.

Wählen Sie dazu aus dem Bedienfeld *Einfügen*, Karteikarte *Spry* die Schaltfläche *Spry-Überprüfung-Kontrollkästchen*. Geben Sie der Spry-Überprüfung im *Eigenschaften*-Bedienfeld die ID `spry_agb` und wählen Sie dann unter *Zustandsvorschau* `Erforderlich` aus, um den Meldungstext zu formatieren. Stellen Sie zuerst den Meldungstext mit einem Zeilenumbruch in eine neue Zeile und ändern Sie den Text wie folgt. *Bitte akzeptieren Sie unsere AGB*. Formatieren Sie nun den Meldungstext mithilfe der von Dreamweaver erstellten Regel `.checkboxRequiredState`.

Kategorie *Schrift*:

```
Font-size: 14px
Color: #F00
```

Kategorie *Block*:

```
Display: inline
```

Die weiteren Informationen zum Bestellvorgang stehen zwar alle schon innerhalb des Formulars in Variablen, diese werden aber beim Versenden des Formulars nicht berücksichtigt, da nur der Inhalt von Formularfeldern übertragen wird. Um nun die benötigten Informationen mit dem Formular zu übertragen, verwenden wir die versteckten Formularfelder. Erstellen Sie hinter dem Meldungstext ein verstecktes Formularfeld, geben ihm im *Eigenschaften*-Bedienfeld unter *Verstecktes Feld* die ID `benutzer_id` und wählen Sie unter *Wert* über das Blitzsymbol die Benutzer-ID aus der Session aus. Wiederholen Sie den Vorgang auch für die Formularfelder `versand` und `zahlung`.

Das nächste Feld bekommt die ID `warenwert` und soll den Wert der Variable `$gesamtsumme` erhalten. Da diese Variable nicht im Bedienfeld *Bindungen* erscheint, müssen wir hier eine andere Vorgehensweise wählen. Schreiben Sie im Bedienfeld *Eigenschaften* unter *Wert* den Variablennamen `$gesamtsumme`, wechseln dann in die Ansicht Code und Entwurf, markieren Sie im Codebereich den Variablennamen innerhalb des Value-Attributs und klicken dann im *Einfügen*-Bedienfeld *PHP* auf die Schaltfläche *echo*. Für den zu zahlenden Gesamtbetrag `gesamtbetrag` und die Mehrwertsteuer `mwst` wählen Sie die gleiche Vorgehensweise.

Für die korrekte Speicherung der Bestellinformationen wird nun noch das aktuelle Datum benötigt. Erstellen Sie ein weiteres verstecktes Formularfeld und geben Sie ihm die ID `datum`. Unter *Wert* schreiben Sie folgenden PHP-Befehl zur Erzeugung des aktuellen Datums `date`. Dabei steht `Y` für die vierstellige Jahreszahl, `m` für die zweistellige Monatszahl und `d` für die zweistellige Tageszahl. Markieren Sie nun im Codebereich den PHP-Befehl und klicken Sie wieder auf die Schaltfläche *echo*.

Hier noch einmal zur Kontrolle der Quellcode der linken Tabellenzelle:

```
<td colspan="3">
  <span id="spry_agb">
    <input type="checkbox" name="agb" id="agb" />
    <label for="agb">Ich habe die AGB gelesen und akzeptiere diese</label>
    <span class="checkboxRequiredMsg"><br />
                     Bitte akzeptieren Sie unsere AGB
    </span>
  </span>
  <input name="benutzer_id" type="hidden" id="benutzer_id" value="<?php
echo $_SESSION['benutzer_id']; ?>" />
  <input name="versand" type="hidden" id="versand" value="<?php echo
$_POST['versand']; ?>" />
  <input name="zahlung" type="hidden" id="zahlung" value="<?php echo
$_POST['zahlung']; ?>" />
  <input name="warenwert" type="hidden" id="warenwert" value="<?php echo
$gesamtsumme ?>" />
  <input name="gesamtbetrag" type="hidden" id="gesamtbetrag" value="<?php
echo $gesamtbetrag ?>" />
  <input name="mwst" type="hidden" id="mwst" value="<?php echo $mwst ?>" />
  <input name="datum" type="hidden" id="datum" value="<?php echo date("Y-m-
d") ?>" />
</td>
```

Inhalt der Tabellenzelle mit den versteckten Formularfeldern.

Zum Schluss wird noch eine Schaltfläche zum Versenden des Formulars gebraucht. Erstellen Sie diese Schaltfläche in der rechten Tabellenzelle, geben Sie ihr die ID bestellen und die Beschriftung *Jetzt Bestellen*. Damit die Schaltfläche bei eingeblendetem Meldungstext des Kontrollkästchens *AGB* nicht nach unten rutscht, stellen Sie im *Eigenschaften*-Bedienfeld die vertikale Ausrichtung der rechten Tabellenzelle auf Oben.

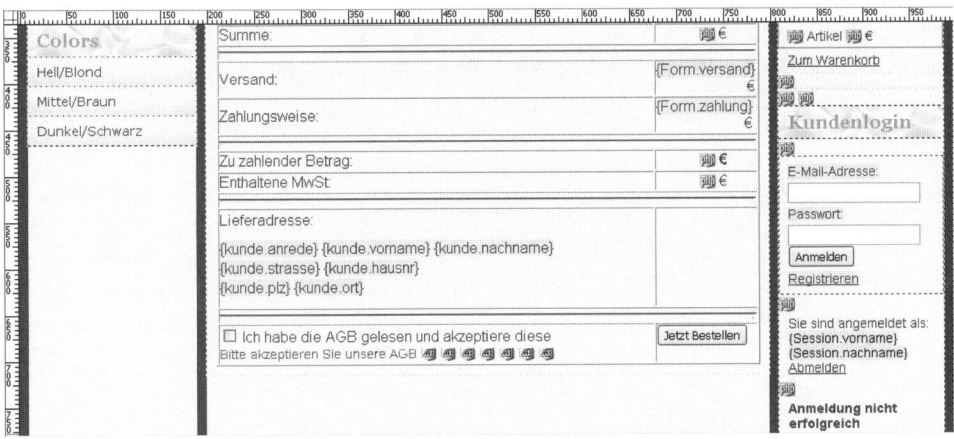

**Bild 7.209:** Formularfelder zur Speicherung der Bestellinformationen in der Datenbank.

Nachdem nun alle Formularfelder erstellt sind, können wir über das Bedienfeld *Serververhalten* die Formulardaten über das Verhalten *Datensatz einfügen* in die Bestelltabelle einfügen. Wählen Sie dazu unter *Werte senden aus* das Formular bestellung aus. Datenbankverbindung ist wie immer db. Unter *Tabelle einfügen* wählen Sie die Tabelle bestellungen. Da die Spaltennamen mit den Formularfeldern übereinstimmen, brauchen Sie unterer *Spalten* keine Einstellungen mehr vorzunehmen. In das Feld *Nach dem Einfügen hierher gehen* tragen Sie den Namen der nächsten Seite bestellung.php ein.

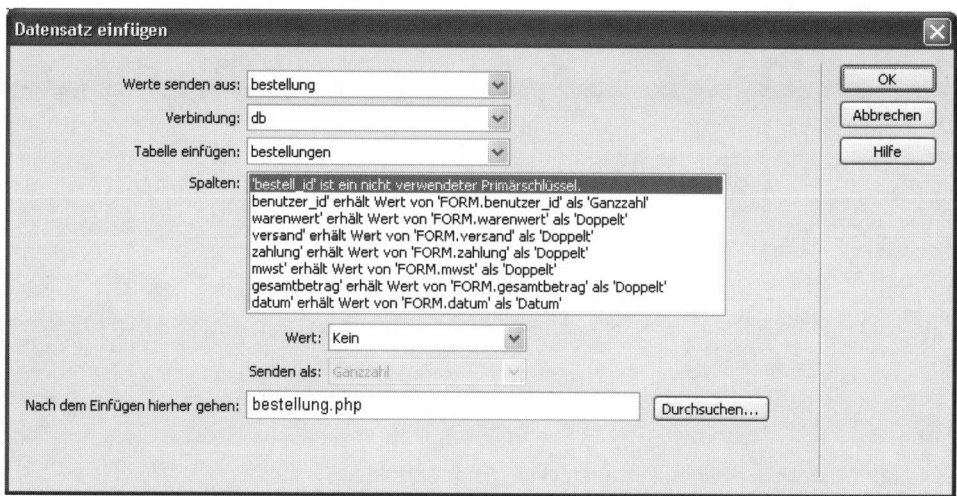

**Bild 7.210:** Einstellungen für das Einfügen der Bestellinformationen in die Tabelle bestellungen.

Zum Testen der Seite *zusammenfassung.php* stellen Sie die Seite zuerst über die Schaltfläche *Dateiverwaltung* aus der Dokumentensymbolleiste (grüner und blauer Pfeil) bereit und rufen dann die Seite *lieferung.php* in der Browservorschau auf. Nachdem Sie auf die Schaltfläche *Jetzt Bestellen* geklickt haben, wird in der Tabelle bestellungen die aktuelle Bestellung gespeichert. Da die Seite *bestellung.php* zurzeit noch nicht existiert, gibt der Browser eine entsprechende Fehlermeldung aus.

**Bild 7.211:**  Browservorschau der Seite *zusammenfassung.php*.

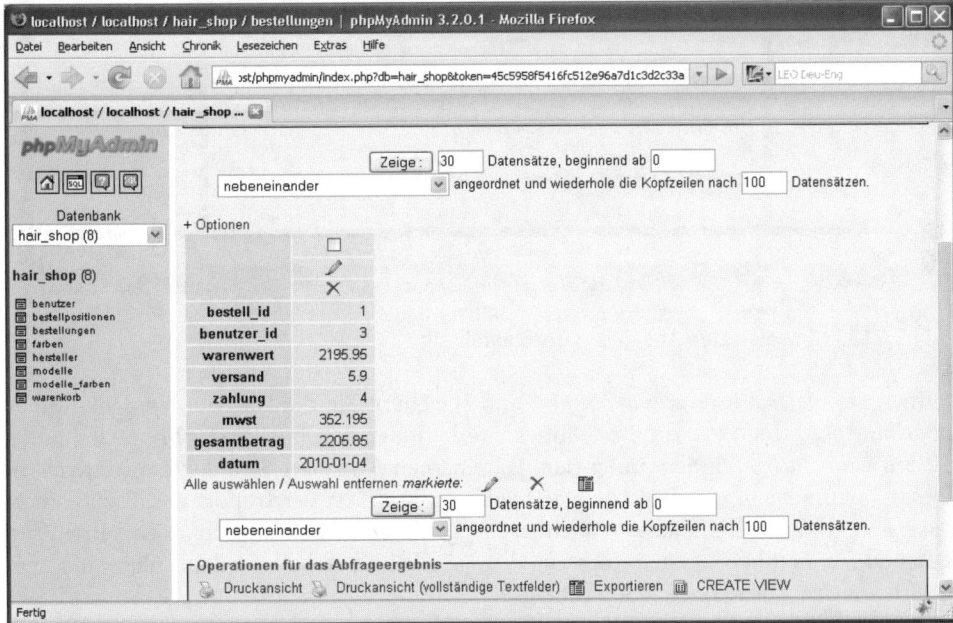

**Bild 7.212:**  Durch das Formular eingefügter Datensatz in der Tabelle `bestellungen`.

## 7.20 Bestellvorgang abschließen

Nachdem nun die Informationen für den Bestellvorgang gespeichert sind, muss auch der Warenkorb des Benutzers in der Tabelle `bestellpositionen` gespeichert werden und anschließend der Warenkorb geleert werden. Zusätzlich sollen dem Benutzer Hinweise zur Bezahlung der bestellten Artikel gegeben werden.

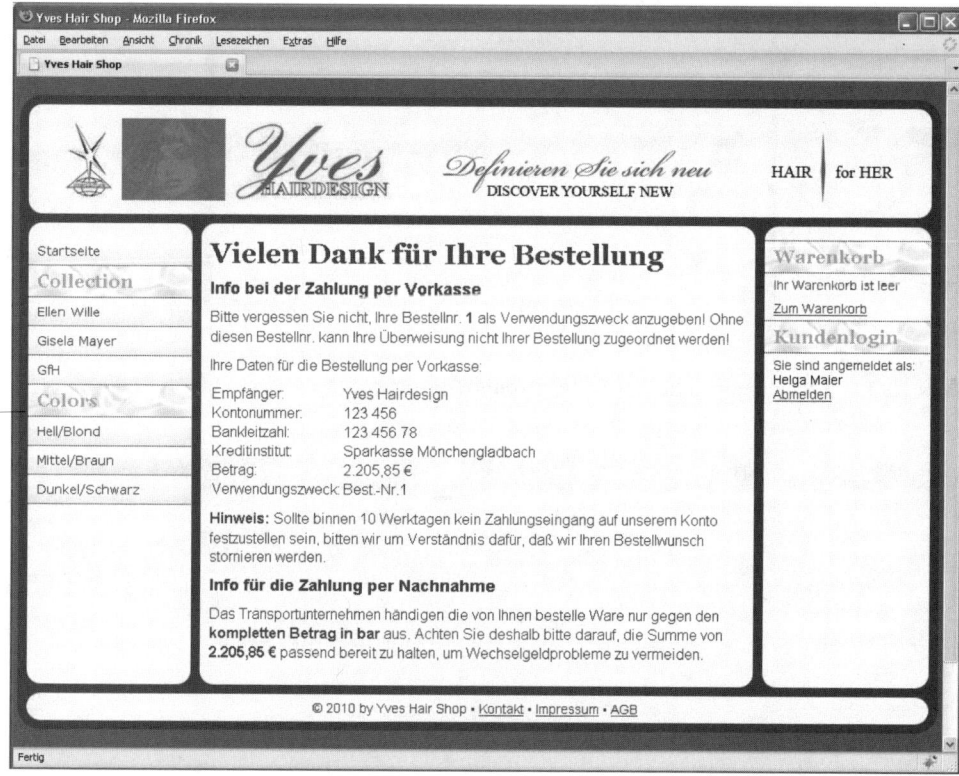

**Bild 7.213:** Hinweise zum Abschluss der Bestellung.

Öffnen Sie die Datei *musterlayout.php* und speichern Sie die Datei unter dem Namen *bestellung.php*. Der Text zur Bestellungsseite befindet sich im Zip-Archiv *texte.zip*, das Sie auf *www.buch.cd* finden, unter dem Dateinamen *Bestellung Text.doc*. Importieren Sie dieses Dokument in den Div `inhalt`. Leider funktioniert der Import der Tabelle nicht so ganz problemlos: In jeder Tabellenzelle befindet sich zusätzlich noch ein P-Tag. Löschen Sie die überflüssigen Tags aus der Tabelle und stellen Sie dann über eine neue CSS-Regel den Abstand nach der Tabelle ein.

```
#inhalt table
```

Kategorie *Box*:

```
Margin-bottom: 10px
```

Um nun die tatsächliche Bestellnummer und den entsprechenden Gesamtbetrag im Text anzuzeigen, wird wieder eine Datensatzgruppe benötigt. Öffnen Sie dazu das Bedienfeld

*Bindungen* und erstellen Sie über das Plussymbol eine neue Datensatzgruppe. Der *Name* dieser Datensatzgruppe ist `bestellung`. Wählen Sie aus der *Tabelle* `bestellungen` die *Spalten* `bestell_id` und `gesamtbetrag` aus. Um nun die korrekte Bestell-ID zu erhalten, müssen die Einträge nach der Benutzer-ID aus der Session gefiltert und der letzte Eintrag zuerst aufgelistet werden. Stellen Sie also unter *Filter* die `benutzer_id` und in dem Feld darunter `Sitzungsvariable` ein. Bei *Sortieren* wählen Sie die Spalte `bestell_id` und die Sortierreihenfolge `Absteigend`.

**Bild 7.214:** Einstellung, um die Bestellnummer und den Gesamtbetrag auszulesen.

Markieren Sie nun die Bestellnummer im Text und ziehen Sie die `bestell_id` auf die Markierung. Wiederholen Sie den Vorgang auch für den Gesamtbetrag und formatieren ihn wieder mit der Funktion `number_format()`.

**Bild 7.215:** Ausgabe der Bestellnummer und des Gesamtbetrags im Text.

Die Hinweise für den Benutzer zur Bezahlung der bestellten Artikel sind hiermit schon fertiggestellt. Jetzt muss noch der Inhalt des Warenkorbs in die Tabelle bestellpositionen verschoben werden. Leider bietet Dreamweaver hier kein passendes Serververhalten an. Deshalb müssen wir nun das Verschieben selbst programmieren. Damit Sie die einzelnen Schritte besser nachvollziehen können, habe ich eine leere PHP-Datei erstellt. Wenn das Programm fertiggestellt ist, kann es dann einfach in die Datei *bestellung.php* kopiert werden.

Da ein Verschieben von bestimmten Tabellenspalten von einer Tabelle in eine andere mit Hinzufügen weiterer Informationen unter SQL nicht vorgesehen ist, müssen folgende Schritte durchgeführt werden:

- Warenkorb des Benutzers auslesen

- Für jeden Artikel aus dem Warenkorb die benötigten Spalten in Variablen speichern

- Diese Spalten dann zusammen mit der Bestell-ID als Datensatz in der Tabelle bestellpositionen speichern

- Den Datensatz dann aus der Tabelle warenkorb löschen

Wenn Sie die einzelnen Schritte nachvollziehen möchten, erstellen Sie eine neue Datei vom Seitentyp PHP Layout <kein> und speichern Sie sie unter dem Namen *bestellung_programm.php*. Für die Programmierung ist das HTML-Grundgerüst nicht notwendig, darum können Sie es ruhig löschen. Bevor wir nun anfangen können, müssen wir zuerst einmal die Informationen, die auf der Seite *Bestellung* schon vorhanden sind, auch diesem Dokument zur Verfügung stellen.

Erstellen Sie dazu eine Datensatzgruppe mit dem Namen bestellung mit den gleichen Einstellungen wie oben beschrieben. Schreiben Sie dann den Befehl session_start() an den Anfang der Datei. Für die Programmierung der Bestellung erstellen Sie bitte am Ende des Dokuments einen PHP-Bereich. Die Datei sieht dann wie im folgenden Listing aus. Aus Platzgründen haben wir den Mittelteil mit der Funktion weggelassen.

```php
<?php session_start();?>
<?php require_once('Connections/db.php'); ?>
<?php
if (!function_exists("GetSQLValueString")) {
// Funktion steht hier
}

$colname_bestellung = "-1";
if (isset($_SESSION['benutzer_id'])) {
  $colname_bestellung = $_SESSION['benutzer_id'];
}
mysql_select_db($database_db, $db);
$query_bestellung = sprintf("SELECT bestell_id, gesamtbetrag FROM
bestellungen WHERE benutzer_id = %s ORDER BY bestell_id DESC",
GetSQLValueString($colname_bestellung, "int"));
$bestellung = mysql_query($query_bestellung, $db) or die(mysql_error());
$row_bestellung = mysql_fetch_assoc($bestellung);
$totalRows_bestellung = mysql_num_rows($bestellung);
```

```
mysql_free_result($bestellung);
?>
<?php
//Hier steht später die Programmierung für die Bestellung
?>
```

Inhalt der Datei *bestellung_programm.php* – ohne Funktion `GetSQLValueString()`.

Die komplette Programmierung findet im unteren PHP-Bereich statt. Dieser Bereich wird dann später in die Datei *bestellung.php* kopiert.

Um die SQL-Befehle für die Datenbank einfacher zu gestalten, werden alle Werte aus den verschiedenen Arrays `$_SESSION`, `$row_bestellung` usw. in einfache Variablen gespeichert, da die Ausgabe von Arraywerten in Zeichenketten zu Verwirrung führen kann.

Erstellen wir also eine Variable für die Benutzer-ID mit dem Namen `$benutzer_id`. Schreiben Sie zuerst den Variablennamen und weisen Sie der Variablen über das Bedienfeld *Bindungen* die `benutzer_id` aus der Session zu. Denken Sie daran, jeden Befehl mit einem Semikolon abzuschließen. Wiederholen Sie den Vorgang für die Variable `$bestell_id`.

```
<?php
$benutzer_id = $_SESSION['benutzer_id'];
$bestell_id = $row_bestellung['bestell_id'];
?>
```

Speicherung der Benutzer-ID und der Bestell-ID in Variablen.

Da wir den Inhalt des Warenkorbs brauchen, müssen wir zuerst die Datenbank auswählen. Das geschieht mit dem Befehl `mysql_select_db()`. Dieser Befehl befindet sich schon bei der von Dreamweaver erstellten Datensatzgruppe `bestellung`. Kopieren Sie diesen Befehl unter die beiden Variablen. Jetzt können wir den SQL-Befehl zum Auslesen des Warenkorbs erstellen. Dieser Befehl wird der Übersichtlichkeit zuerst in der Variablen `$query_warenkorb` gespeichert und anschließend an die Datenbank geschickt.

Der SQL-Befehl zur Abfrage des Warenkorbs sieht wie folgt aus:

Da wir Datensätze auslesen möchten, brauchen wir zuerst den SQL-Befehl `SELECT`. Danach folgen die Namen der Spalten die ausgelesen werden sollen getrennt durch ein Komma:

```
SELECT warenkorb_id, hersteller, modell, material, farbe, preis, menge
```

Als Nächstes folgt das Schlüsselwort `FROM` und danach der Name der Tabelle:

```
SELECT warenkorb_id, hersteller, modell, material, farbe, preis, menge FROM
warenkorb
```

Damit nur die Artikel ausgelesen werden, die der angemeldete Benutzer in den Warenkorb gelegt hat, muss die Auswahl eingeschränkt werden. Das geschieht mit dem

Schlüsselwort WHERE und einer oder mehrerer Bedingungen. In unserem Fall muss die Spalte benutzer_id mit dem Inhalt der Variablen $benutzer_id übereinstimmen.

```
SELECT warenkorb_id, hersteller, modell, material, farbe, preis, menge FROM
warenkorb WHERE benutzer_id = '$benutzer_id'
```

Die Anführungszeichen um die Variable sind hier eigentlich nicht notwendig, da der Inhalt der Variablen eine Zahl ist.

Nachdem der SQL-Befehl nun erstellt ist, kann er mit der Funktion mysql_query() an die Datenbank geschickt werden. Der Befehl liefert dann einen Verweis auf die zurück-gelieferten Datensätze oder bei Fehlern im SQL-Befehl den Wert false. Um nun zu verhindern, dass bei Datenbankfehlern weitere Befehle ausgeführt werden und falsche oder fehlerhafte Daten angezeigt werden, kann man mit der Funktion die() (to die, engl. sterben) die weitere Programmausführung abbrechen. Das sieht dann so aus:

```
mysql_query($query_warenkorb, $db) or die("Es ist ein Fehler aufgetreten");
```
Abbruch der Programmausführung bei Datenbankfehlern.

Statt des statischen Fehlertextes kann man auch die aussagekräftigere Fehlermeldung der Datenbank ausgeben. Diese Fehlermeldung erhält man durch die Funktion mysql_error(). Der Programmcode sieht dann folgendermaßen aus:

```
mysql_query($query_warenkorb, $db) or die(mysql_error());
```
Abbruch der Programmausführung und Ausgabe der Fehlermeldung der Datenbank.

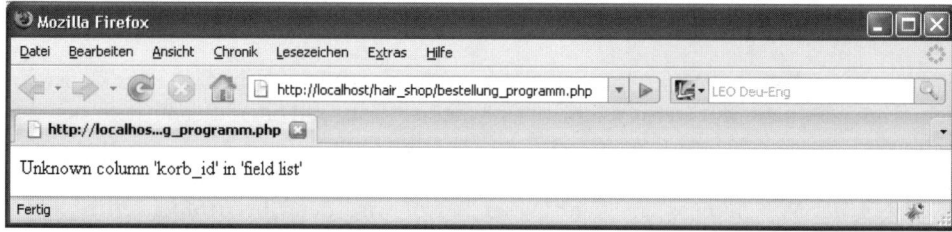

**Bild 7.216:** Anzeige der Datenbank-Fehlermeldung bei einem fehlerhaften SQL-Befehl.

Tritt kein Fehler auf, liefert die Funktion mysql_query() einen Verweis auf die zurück-gelieferten Datensätze zurück. Da dieser Verweis noch benötigt wird, wird er in der Variablen *$warenkorb* gespeichert.

```
$warenkorb = mysql_query($query_warenkorb, $db) or die(mysql_error());
```
Vollständige Programmzeile für die Datenbankabfrage.

Hier der komplette Programmcode für die Datenbankabfrage:

```
<?php
$benutzer_id = $_SESSION['benutzer_id'];
$bestell_id = $row_bestellung['bestell_id'];
```

```
$query_warenkorb = "SELECT warenkorb_id, hersteller, modell, material,
farbe, preis, menge FROM warenkorb WHERE benutzer_id = '$benutzer_id'";
$warenkorb = mysql_query($query_warenkorb, $db) or die(mysql_error());
?>
```

Datenbankabfrage der Warenkorbtabelle des angemeldeten Benutzers.

Über die Funktion *mysql_fetch_assoc()* können nun mithilfe des in der Variablen *$warenkorb* gespeicherten Verweises die einzelnen Datensätze ausgelesen werden. Dabei liefert diese Funktion ein Array mit den Werten der einzelnen Spalten zurück. Dieses Array speichern wir in der Variablen *$row_warenkorb*.

```
$row_warenkorb = mysql_fetch_assoc($warenkorb);
```

Speicherung des ersten Datensatzes in $row_warenkorb.

Mit der Funktion print_r() kann man sich jetzt den Inhalt der Variablen $row_warenkorb anschauen. Um die Ausgabe übersichtlicher zu gestalten, verwenden wir den HTML-Tag für vorformatierten Text <pre>.

```
$row_warenkorb = mysql_fetch_assoc($warenkorb);
echo "<pre>";
print_r($row_warenkorb);
echo "</pre>";
```

Inhalt der Variable $row_warenkorb.

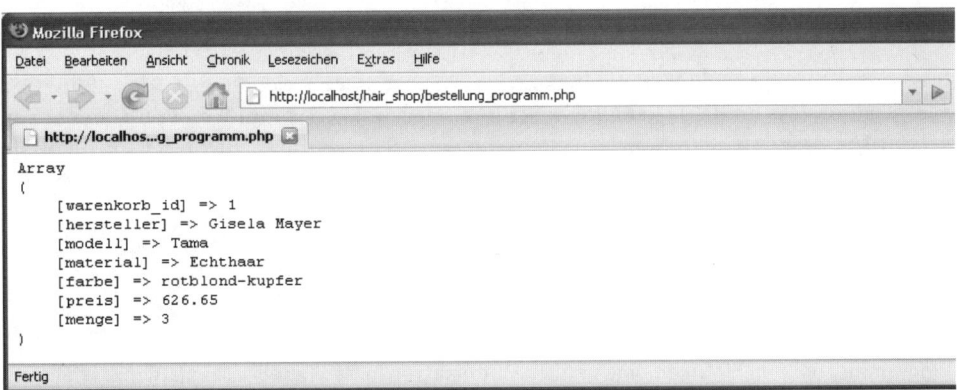

**Bild 7.217:** Ausgabe des Inhalts der Variable $row_warenkorb.

Für die nächste Datenbankabfrage – Einfügen der Daten in die Tabelle bestellpositionen – werden die einzelnen Arraywerte in Variablen gespeichert.

```
$warenkorb_id = $row_warenkorb['warenkorb_id'];
$hersteller = $row_warenkorb['hersteller'];
$modell = $row_warenkorb['modell'];
$material = $row_warenkorb['material'];
```

```
$farbe = $row_warenkorb['farbe'];
$preis = $row_warenkorb['preis'];
$menge = $row_warenkorb['menge'];
```
Speicherung der Arraywerten in einzelnen Variablen.

Da die Daten des ersten Artikels nun in einzelnen Variablen gespeichert sind, können wir den Befehl zum Einfügen der Daten in die Tabelle bestellpositionen erstellen. Zum Speichern des SQL-Befehls verwenden wir die Variable $query_bestellposition.

Um Daten in eine Tabelle einzufügen, wird der SQL-Befehl INSERT benutzt. Dann folgt das Schlüsselwort INTO und anschließend der Name der Tabelle.

```
INSERT INTO bestellpositionen
```

Nach dem Tabellennamen kommen in runden Klammern die Namen der Tabellenspalten, in die Daten eingefügt werden sollen, getrennt durch Kommata.

```
INSERT INTO bestellpositionen (bestell_id, hersteller, modell, material,
farbe, preis, menge)
```

Danach folgt das Schlüsselwort VALUES und anschließend wieder in runden Klammern die Liste der Werte, die eingefügt werden sollen, ebenfalls durch Komma getrennt. Sämtliche Werte, die keine Zahlen sind, müssen dabei innerhalb von Anführungszeichen stehen. Es schadet aber auch nicht, wenn auch Zahlenwerte in Anführungszeichen stehen.

```
INSERT INTO bestellpositionen (bestell_id, hersteller, modell, material,
farbe, preis, menge) VALUES ('$bestell_id', '$hersteller', '$modell',
'$material', '$farbe', '$preis', '$menge')
```

Nachdem nun der SQL-Befehl erstellt ist, kann er wieder mit der Funktion mysql_query() an die Datenbank geschickt werden. Da das Einfügen von Datensätzen keinen Verweis auf irgendwelche Datensätze zurückliefert, braucht hier auch nichts in einer Variablen gespeichert zu werden.

```
$query_bestellposition = "INSERT INTO bestellpositionen (bestell_id,
hersteller, modell, material, farbe, preis, menge) VALUES ('$bestell_id',
'$hersteller', '$modell', '$material', '$farbe', '$preis', '$menge')";
mysql_query($query_bestellposition, $db)or die(mysql_error());
```
Programmcode zum Einfügen eines neuen Datensatzes in der Tabelle bestellpositionen.

Wenn Sie sich jetzt die Datei *bestellung_programm.php* in der Browservorschau ansehen – viel sehen werden Sie nicht –, wird der erste Artikel aus dem Warenkorb des Benutzers inklusive der bestell_id in der Tabelle bestellpositionen gespeichert.

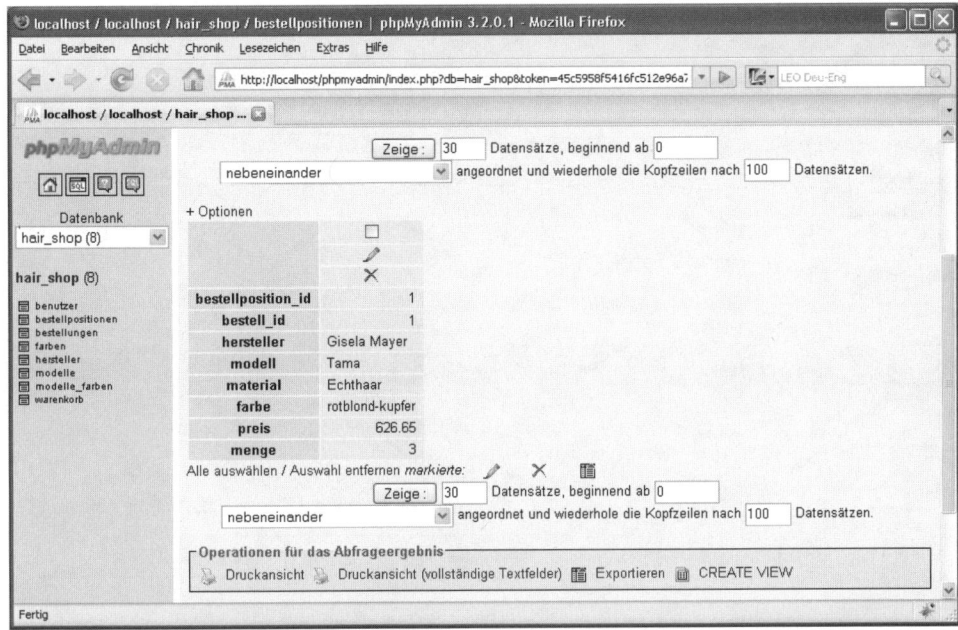

**Bild 7.218:** Der durch die Datei *bestellung_programm.php* neu hinzugefügte Datensatz.

Nachdem sich nun der Artikel in der Tabelle `bestellpositionen` befindet, kann er auch aus dem Warenkorb gelöscht werden. Die Variable für den SQL-Befehl ist in diesem Fall wieder `$query_warenkorb`. Der SQL-Befehl zum Löschen von Datensätzen lautet `DELETE`, gefolgt von dem Schlüsselwort `FROM`. Danach muss der Name der Tabelle angegeben werden, aus der Datensätze gelöscht werden sollen.

```
DELETE FROM warenkorb
```

**Achtung!** Wenn Sie diesen Befehl so aufrufen, wird der komplette Inhalt der Tabelle gelöscht. Da nur ein bestimmter Datensatz gelöscht werden soll, muss man die Auswahl wieder mit dem Schlüsselwort `WHERE` einschränken. Dafür ist die zuvor ausgelesene `warenkorb_id` geeignet.

```
DELETE FROM warenkorb WHERE warenkorb_id = '$warenkorb_id'
```

Jetzt kann der Befehl an die Datenbank gesendet werden. Da auch das Löschen von Datensätzen nichts zurückliefert, braucht hier nichts gespeichert zu werden.

```
$query_warenkorb = "DELETE FROM warenkorb WHERE warenkorb_id =
'$warenkorb_id'";
mysql_query($query_warenkorb, $db)or die(mysql_error());
```

Programmcode zum Löschen eines Datensatzes aus der Tabelle *warenkorb*.

Wenn Sie jetzt die Datei *bestellung_programm.php* in der Browservorschau öffnen, wird der zuvor in der Tabelle `bestellpositionen` gespeicherte Artikel aus der Tabelle `warenkorb` gelöscht.

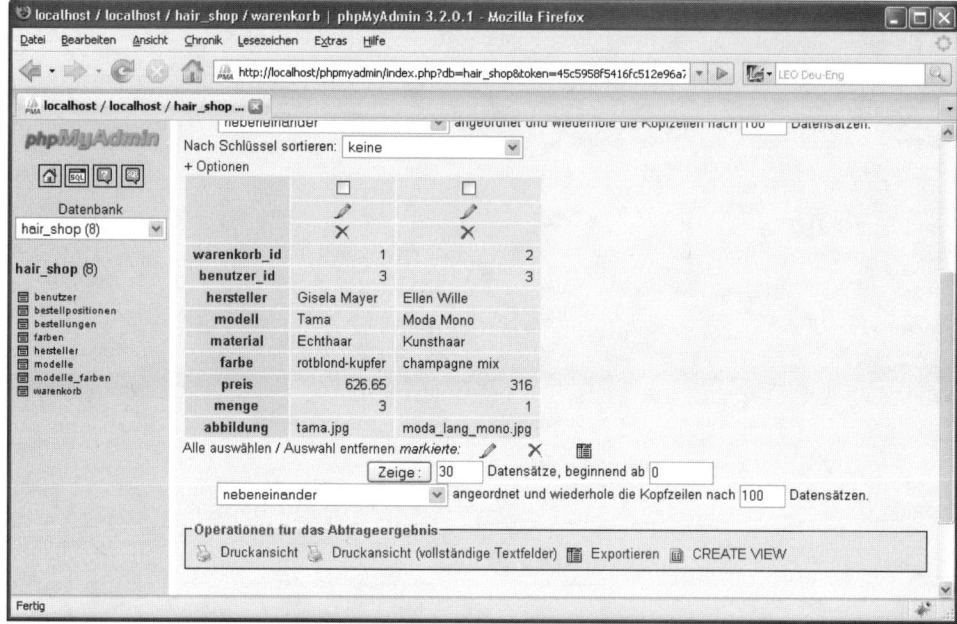

**Bild 7.219:** Inhalt der Warenkorbtabelle vor dem Aufruf der Datei *bestellung_programm.php*.

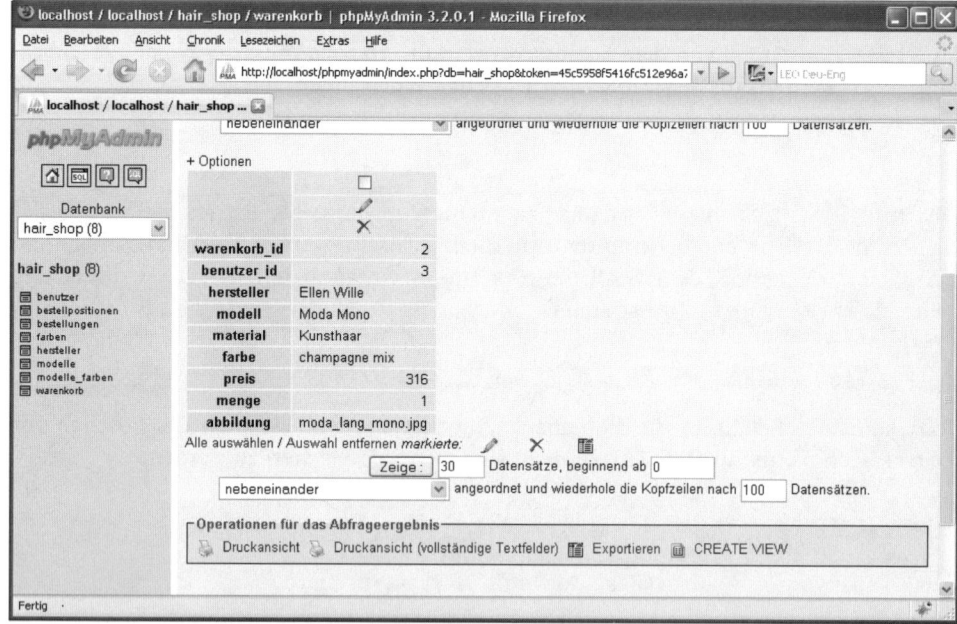

**Bild 7.220:** Nach dem Aufruf der Datei *bestellung_programm.php* ist der Datensatz aus der Warenkorbtabelle gelöscht.

Da bei jedem Programmaufruf jeweils nur ein Artikel »verschoben« wird, muss das Programm so oft aufgerufen werden, bis sich keine Artikel mehr im Warenkorb des Kunden befinden. Das lässt sich einfach über eine Schleife erledigen. Da zum Zeitpunkt der Programmierung nicht feststeht, wie viele Artikel sich im Warenkorb des Kunden befinden, kommt hier nur eine while- oder do-while-Schleife in Frage.

Da die do-while-Schleife hier keine Vorteile bringt, verwenden wir eine while-Schleife. Die Bedingung zum Abbruch der Schleife liefert die Funktion mysql_fetch_assoc(), die jeweils einen Datensatz aus dem Verweis $warenkorb zurückliefert. Sind keine Datensätze mehr vorhanden, liefert diese Funktion den Wert false zurück, der dann den Abbruch der Schleife auslöst.

```
while($row_warenkorb = mysql_fetch_assoc($warenkorb))
```
Schleifenkopf zur mehrmaligen Programmausführung des "Verschiebens" von Artikeln in die Tabelle bestellpositionen.

Nachfolgend der komplette Programmcode für das »Verschieben« der Artikel in die Tabelle bestellpositionen inklusive Kommentar. Die Funktion print_r() mit den umschließenden Pre-Tags habe ich wieder entfernt, da sie nur zur Demonstration des Warenkorbinhalts gebraucht wurde.

```php
<?php
//Variablen festlegen
$benutzer_id = $_SESSION['benutzer_id'];
$bestell_id = $row_bestellung['bestell_id'];
//Datenbank auswählen
mysql_select_db($database_db, $db);
//SQL-Befehl erstellen
$query_warenkorb = "SELECT warenkorb_id, hersteller, modell, material,
farbe, preis, menge FROM warenkorb WHERE benutzer_id = '$benutzer_id'";
//Befehl an die Datenbank senden und Ergebnis in Variable speichern
$warenkorb = mysql_query($query_warenkorb, $db)or die(mysql_error());

//Datensätze in einer While-Schleife auslesen
while($row_warenkorb = mysql_fetch_assoc($warenkorb))
{
   //Daten in einzelne Variablen speichern
   $warenkorb_id = $row_warenkorb['warenkorb_id'];
   $hersteller = $row_warenkorb['hersteller'];
   $modell = $row_warenkorb['modell'];
   $material = $row_warenkorb['material'];
   $farbe = $row_warenkorb['farbe'];
   $preis = $row_warenkorb['preis'];
   $menge = $row_warenkorb['menge'];

   //Datensatz in der Tabelle "bestellpositionen" speichern
   $query_bestellposition = "INSERT INTO bestellpositionen (bestell_id,
hersteller, modell, material, farbe, preis, menge) VALUES ('$bestell_id',
'$hersteller', '$modell', '$material', '$farbe', '$preis', '$menge')";
```

```
mysql_query($query_bestellposition, $db)or die(mysql_error());
//Datensatz aus der Tabelle "warenkorb" löschen
$query_warenkorb = "DELETE FROM warenkorb WHERE warenkorb_id =
'$warenkorb_id'";
mysql_query($query_warenkorb, $db)or die(mysql_error());
}
?>
```

Programmcode für die Datei *bestellung.php*.

Kopieren Sie nun den hier abgebildeten kompletten Programmcode in die Datei *bestellung.php*, noch vor die Zeile mit dem Doctype.

```
$totalRows_bestellung = mysql_num_rows($bestellung);
?> <!--Ende des PHP-Bereichs der Datensatzgruppe "bestellung" -->
<!--Kopieren Sie den Programmcode an diese Stelle-->
<!DOCTYPE html PUBLIC "-//W3C//DTD XHTML 1.0 Transitional//EN"
"http://www.w3.org/TR/xhtml1/DTD/xhtml1 transitional.dtd">
```

Einfügestelle für den Programmcode aus der Datei *bestellung_programm.php*.

Damit ist der Bestellvorgang abgeschlossen, alle benötigten Daten für die Bestellung liegen nun in den Tabellen `bestellungen` und `bestellpositionen`. Mithilfe dieser Tabellen kann nun Yves Hairdesign die bestellten Perücken an den Kunden verschicken.

Testen Sie den Shop, indem Sie neue Benutzer anlegen, sich an- und abmelden, Artikel auswählen, in den Warenkorb legen, die Artikelanzahl ändern oder Artikel aus dem Warenkorb löschen und zum Schluss die Artikel aus dem Warenkorb bestellen.

# Stichwortverzeichnis

**A**

a-Tag 28
Absatz 27, 38
action 21
active 236
Active Server Pages 114
Adobe Community Help 126
Adobe Extension Manager 45
Adobe Photoshop 53
AGB 201, 203
alt-Attribut 85
Alternative Produktübersicht 200
Ansichten 33
Anwendungsserver 111
Apache-Webserver 111, 115, 120, 121, 209
AP-Elemente 48
Apple Safari 38
Arbeitsbereichlayout 16
ASP 114
ASP.NET 114
Attribute 19

**B**

Barrierefreiheit 222
Bedienfelder 16, 17
 Eigenschaften 36
 neu platzieren 18
Bedienfeldgruppen 17
Begrüßungsbildschirm 15
Bildeigenschaften 40
Bilder 28
 einfügen 38
Blindtext 68
body 19, 133
Body-Element 19
border 28
br-Tag 20, 27
Browser 38

Browserkompatibilität 238
Browservorschau 49, 50, 130

**C**

Cascading Style Sheets 19, 59
center 224
Cloaking 55
Code-Ansicht 33
*Coder* 17
ColdFusion 115
color 22
Container 66, 70
 anlegen 63
Content-Management-Systeme 93
Crossmedia Publishing 54
CS Live 14
CSS 19, 21, 59
 Datei erstellen 59
 Templates 24
 Zen Garden 24
CSS-Datei 31
 Verknüpfung 62
CSS-Regeln 31
CSS-Verknüpfung 31
CSS-Vorlagen 14

**D**

Dateien, verknüpfte 14
Dateiendung 129
Dateioperationen 58
Datenbank 111
Datenbankserver 111
Designer 17
Device Central 49
div-Tag 63
Dokumente 14
Dokumentnamen 107
Domainname 107

Dreamweaver
  Communities 38
  Foren 37
Dreamweaver CS5 5, 13
Dynamische Webseiten 111
  Shopsystem 200, 201

**E**
Editoren 32
Eigenschaften 36
Einfache Variablentypen 135
Entwurf 52
Entwurf-Ansicht 33
Erweiterungen 45
Eventhandler 26
Extension Manager 45
Extensions 45

**F**
Farbauswahl 200
Fenster
  Bedienfelder 17
FLA-Format 48, 79
Flash 77
  einbinden 77
Fließtext 85
focus 236
font-family 22
form 21
Formatierung 82
Formulare 30
FTP 98
FTP-Server einrichten 98

**G**
Geteilte Fenster 35
GIF 28
  transparent 88

**H**
h1-Tag 27
h2-Tag 27
Header 31, 62
Header-Element 19

Hilfen 126
Hintergrundbild 75
Hotspot 43
hover 236
href 28
HTML 19
HTML-Dokument 19, 32
HTML-Vorlage 60
Hyperklinks 43
Hyperlinks 28, 57, 88

**I**
ID 22, 42
Image Map 43
img 28
Impressum 201, 203
InContext Editing 14
Inhalte formatieren 82
input 30
Internet-Explorer 38

**J**
Java Server Pages 113
JavaScript 26
Joomla 93
JPEG 28
JSP 113

**K**
Klassen 22
Klassennamen 68
Kontakt 201, 203
Kundenbedürfnisse 51

**L**
Linktexte 89
Listen 28
Live-Ansicht 14
localhost 209
Lorem Ipsum Generator 45

**M**
Meta-Angaben 104
Meta-Tags 104, 19

method 30
Microsoft SQL Server 112
Mozilla Firefox 38
MySQL 5, 113, 129, 190, 199
  Abfragen 182
  Artikel importieren 173
  Artikelgruppen filtern 177
  Artikelinformationen 176
  Artikelnamen sortieren 179
  Datenbank anlegen 170
  Datenbank verwalten 169
  Datensätze ändern 185, 186
  Datensätze hinzufügen 183
  Datensätze löschen 188
  Filter 182
  phpMyAdmin 169
  SQL.Befehle eingeben 174
MySQL-Datenbank 115, 120, 169, 209


**N**

Navigation 68
Navigationsstruktur 69, 80
Neue CSS-Regel 226
Neuerungen 13
noresize 21


**O**

Offline-Optimierung 103
Onpage-Optimierung 103
Opera 38
Oracle Database Server 112
Ordnerstruktur 107


**P**

p-Tag 27
PHP 5, 113, 129, 190, 199
  Arithmetische Operatoren 138
  Arrays 153
  Assoziative Arrays 156
  Bedingte Anweisungen 143
  Berechnungen durchführen 137
  Dekrementoperatoren 140
  Funktionen definieren 159
  Geltungsbereich Variablen 167

Inkremtoperatoren 140
Kommentare 134
Mehrdimensionale Arrays 158
Nummerische Arrays 154
Programmcode 132
Schleifen 147
Variableninhalte ausgeben 136
Variablennamen 135
Variablentypen 135
Verzweigung 144
Zeichenkettenoperatoren 141
phpMyAdmin 169
PHP-Skript 129
Platzhalterbilder 85
Platzhalterlinks 88
Platzhaltertext 66
PNG 28
PostgreSQL 112
Primärbrowser 129
Produktdetails 200
Produktübersicht 200
Projekt planen 51
Projektstruktur 54
PSD 48
Pseudo-Klassen 22


**Q**

Quellcode 5, 26


**R**

Rechtschreibprüfung 14
Referenzen 126
Registrierung 200


**S**

Schleifen 147
  do-while 147, 149
  for 147
  foreach 152
  while 148
Schlüsselwörter 62, 104
Screendesign 53
Seiteneigenschaften 75, 107
Sekundärbrowser 129

SEO 103
Shopsystem 199
  agb.html 201
  Benutzermenü 240
  Bestellinformationen 371
  Bestellinformationen zusammenfassen 374
  bestellung.php 201
  Bestellvorgang abschließen 388
  Datenanalyse 206
  Datenbank erstellen 209
  Datenmaterial sichten 201
  Datensätze importieren 216
  detail.php 200
  Detailansichtseite 323
  Dynamische Seiten 200, 201
  Farbmuster präsentieren 311
  Felder erstellen 209
  Feldtypen 214
  Fußzeile 233
  Grundlayout skizzieren 203
  Hyperlinks 226
  impressum.html 201
  index.php 200
  kontakt.html 201
  Kopfzeile 233
  Kundenlogin 257, 275
  Kundenlogout 290
  Kundenpasswörter verschlüsseln 291
  Kundenregistrierung 257
  Layout 223
    erstellen 222
    horizontal 230
    vertikal 226
  Layoutkombinationen 203
  Menüs 235
  Modellauswahl 311
  Modelle
    anzeigen 317
  Navigationsmenü 236
  Ordnerstruktur 218
  Produkte präsentieren 294
  registrierung.php 200

Session-Technik 275
Site einrichten 219
Site-Struktur 199
  Startseite erstellen 245
  Statische Seiten 201
  Tabellenstruktur 208
  Testen 398
  Testserver einrichten 217
  uebersicht.php 200
  uebersicht_alternativ.php 200
  uebersicht_farbe.php 200
  Versandhinweise 371
  Warenkorb 348
  Warenkorb aktualisieren 359
  Warenkorb anzeigen 353
  Warenkorb löschen 362
  Warenkorb Statusanzeige 367
  warenkorb.php 200
  Zahlungsweise 371
  zusammenfassung.php 201
Site 55
  Dateioperationen 58
  einrichten 55
SiteCatalyst 14
Site-Name 123
Site-Verwaltung 13, 58
Skizze 52
Spezielle Variablentypen 136
Spry-Funktionalität 26
SQL-Befehle 174
Standalone-Tags 20
Startseite 200
  Inhalte 84
Statische Webseiten 59
  Shopsystem 201
style 22
Suchmaschinenabfrage 111
Suchmaschinenbots 61
Suchmaschinenoptimierung 103
SWF-Datei 77

**T**
Tabellen 28, 29

table 29
Tags 19
  a 28
  br 20, 27
  div 63
  form 21
  h1 27
  h2 27
  img 28
  input 30
  p 27
  table 29
  td 29
  tr 29
Tags_body 19
td 29
Teilen-Ansicht 34
Templates 90
TemplaVoilà 93
Text eingeben 35
Textausrichtung 224
Textdateien 35
Texte optimieren 108
Titel 105
tr-Tag 29
Transparente GIFs 88
type 29
Typo3 93
Typo3-Extension 93

**U**
Überschrift 27
Überschriften 108
ul-Tag 28

**V**
Variablennamen 135
Variablentypen 135
Voreinstellungen 46

Vorlage 60
Vorlagen
  Bearbeitbare Bereiche 91
  erstellen 90
  Typo3 93
  Unterseiten 92

**W**
Warenkorb 200
Webdokument, neu 32
Webmaster 52
Webseiten
  dynamische 111
  statische 59
Webserver 111
Webshop 199
Worddokumente 35
WordPress 93
  in Dreamweaver 94
  wp-config editieren 98
  XAMPP aufsetzen 94
WYSIWYG 5

**X**
XAMPP
  Control Panel 120, 169
  Dreamweaver 122
  installieren 116
  Site einrichten 123
  Site testen 125
  Webserverpaket 115
XHTML 38

**Z**
Zeilenumbruch 27, 38
Zen Garden 24
Zielgruppe 52
Zusammenfassung 201
Zusammengesetzte Variablentypen 135

# Bildnachweis

**Kapitel 1**

Andreas Mylius

Peter Schmid-Meil

**Kapitel 2**

Andreas Mylius

Fotolia

**Kapitel 3**

Andreas Mylius

Fotolia

**Kapitel 4**

Andreas Mylius

**Kapitel 5**

Raimund Boller

**Kapitel 6**

Raimund Boller

**Kapitel 7**

Raimund Boller

und mit freundlicher Unterstützung der Unternehmen:

ellen wille THE HAIR-COMPANY GmbH

gfh gesellschaft für haarästhetik mbH

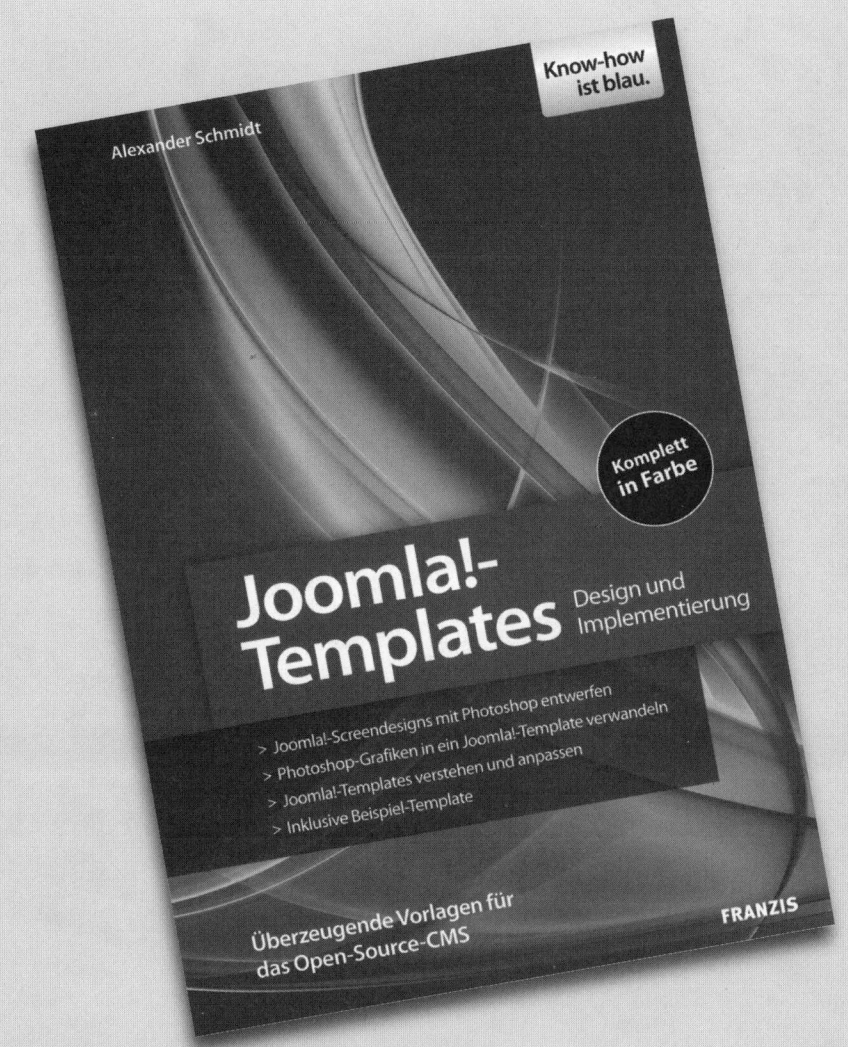